Dieter Giesen / Andrea Lossen

Entdeckertouren mit dem Wohnmobil

Neuseeland

Nordinsel

Die Anleitung für
einen Erlebnisurlaub

WOMO®
Der Wohnmobil-Verlag

MIX
Papier | Fördert gute Waldnutzung
FSC® C089473

4. Auflage 2024
ISBN 978-3-86903-934-3

Titelbild: Cape Reinga Lighthouse – Tour N02
Bild in vorderer Klappe: Cape Reinga Lighthouse – Tour N02

Reihen- und Umschlaggestaltung: www.martinveicht.de
Karten: Dieter Giesen
Fotos: von den Autoren
Druck: Beltz Grafische Betriebe GmbH, 99947 Bad Langensalza
Vertrieb: GeoCenter GmbH, 70794 Filderstadt
Herausgeber: WOMO-Verlag, An der Liethe 4, 36452 Kaltennordheim
Telefon +49(0)36946 20691 · verlag@womo.de · www.womo.de
GPS: N 50°36'38.2" E 10°07'55.6"
Autoren-E-Mail: giesen@womo.de

Einladung

Neuseeländer leben in einem jungen Land. Vor tausend Jahren gab es hier noch keine Menschen. Die Natur ist atemberaubend, die Tier- und Pflanzenwelt einzigartig. Dazu gehören die riesigen Kauri-Bäume, der flugunfähige Nationalvogel Kiwi und der freche Bergpapagei Kea. Die polynesisch geprägte Kultur der Maori wird Sie mit ihrem Kunsthandwerk, ihrer Begrüßungszeremonie, ihren im Erdofen zubereiteten Hangi-Gerichten und ihren Mythen verzaubern. Die ersten Einwanderer Neuseelands nannten ihre neue Heimat in ihrer bildhaften Sprache Aotearoa, Land der langen weißen Wolke.

Sie haben die Möglichkeit, die Kultur und Traditionen der Maori hautnah zu erleben. In Rotorua oder bei einem Spaziergang durch historische Stätten wie Waitangi und das Te Papa Museum in Wellington.

Tauchen Sie ein in die atemberaubende Natur, die faszinierende Kultur und die einzigartigen Erlebnisse, die diese magische Insel zu bieten hat. Von den geothermischen Wundern Rotoruas über die spektakulären Landschaften des Tongariro Nationalparks bis hin zu den idyllischen Stränden der Bay of Islands - die Nordinsel ist voller spektakulärer Highlights, die es zu entdecken gilt. Ihre Tage werden mit aufregenden Aktivitäten gefüllt sein.

Neuseeland ist ein dünn besiedeltes, sicheres und sehr einfach zu bereisendes Land, ein Paradies für Camper. Wer Camping, Wandern und die Natur liebt, kommt hier voll auf seine Kosten. Lassen Sie sich von uns auf 14 ausgewählten Touren durch die Naturschönheiten der Nordinsel Aotearoa führen, vom Cape Reinga im winterlosen Norden bis in die 1.050 km südlich gelegene Hauptstadt Wellington. Neuseeland wird als Reiseziel immer beliebter, machen Sie sich auf den Weg!

Wir wünschen Ihnen viel Freude

Ihre

Andrea Lossen und Dieter Giesen

Waitangi Treaty Grounds

Besuchen Sie das Museum, das Treaty House und das prachtvolle Maori-Versammlungshaus Whare Runanga an diesem stimmungsvollen Geburtsort Neuseelands.

Tour N02, Seite 52

Waipoua Kauri Forest

Im größten zusammenhängenden Bestand an Kauribäumen ragen die Giganten Tane Mahuta (Herr des Waldes) und Te Matua Ngahere (Vater des Waldes) heraus.

Tour N02, Seite 75

Tongaporutu, Three Sisters

Wandern Sie bei Ebbe zur Mündung des Tongaporutu. Hier finden Sie bizarre Felsformationen, die sich durch die Kraft von Wind und Wellen ständig verändern.

Tour N04, Seite 100

Whanganui River Road

Sie folgen dem Whanganui River und genießen die Ausblicke auf den meist gemächlich dahinfließenden Fluss mit seinen unzähligen Sandbänken und Stromschnellen.

Tour N05, Seite 133

Tongariro National Park

Unsere Lieblingswanderung ist der Taranaki Falls Walk durch offene Tussock-Landschaft mit wunderbaren Ausblicken auf dem Vulkankegel des Mount Ngauruhoe.

Tour N05, Seite 140

Castle Point Lighthouse

Folgen Sie uns zum unserer Meinung nach schönsten Leuchtturm Neuseelands, der am windumtosten Castlepoint vorgelagert auf einem steilen Klippenvorsprung thront.

Tour N07, Seite 181

Lake Taupo

Genießen Sie eine anmutige Bootsfahrt zu den Maori Rock Carvings mit Blick zu den Vulkanen des Tongariro NP. Vor dem 14m hohen Felsenkunstwerk können Sie schwimmen.

Tour N08, Seite 196

Thermalgebiet Rotorua

Das Dorf Whakarewarewa bietet neben einer informativen Führung durch das Thermalgebiet die unserer Meinung nach autentischste Aufführung der lebendigen Maori Kultur.

Tour N10, Seite 239

Mount Maunganui

Der 232 Meter hohe Vulkankegel ist weithin sichtbar und kann entweder über den Base Track gemütlich umwandert oder über den Summit Track bestiegen werden.

Tour N10, Seite 247

Coromandel, Cathedral Cove

Ein Spaziergang von 40 Minuten entlang der felsigen Steilküste führt Sie zu einem Strandabschnitt, dessen magische Atmosphäre Sie sicherlich in ihren Bann ziehen wird.

Tour N13, Seite 287

Inhaltsverzeichnis

Reisegebiet

Neuseeland liegt am anderen Ende der Welt. Seine Gesamtfläche entspricht etwa 75 % der Größe Deutschlands. Die Nordinsel (3,9 Mio. Einw.) zeichnet sich durch eine abwechslungsreiche Landschaft und eine reiche Maori-Kultur aus. Von den subtropischen Stränden der Bay of Islands im Norden über die geothermischen Wunder von Rotorua und den beeindruckenden Tongariro National Park mit seinen aktiven Vulkanen bis hin zu den pulsierenden Städten Auckland (1,7 Mio. Einw.) und Wellington im Süden bietet die Nordinsel ein breites Spektrum an Erlebnissen. Dieser Reiseführer hilft Ihnen bei der Planung Ihrer Reiseroute und der Suche nach Übernachtungsmöglichkeiten. Er informiert über die wichtigsten Sehenswürdigkeiten, Wanderwege, Badestrände, Cafés und Restaurants.

Übersichtskarte, der Aufbau des WOMO-Buches

Die beste Grundlage für die Orientierung im Buch ist die Übersichtskarte in der hinteren Umschlagklappe, die Ihnen einen Überblick darüber gibt, in welchen Teilen der Südinsel Neuseelands die einzelnen Touren verlaufen. Hier wählen Sie eine unserer 14 Touren aus, die Sie sich näher betrachten möchten. Über die in dieser Tourenübersicht angegebene Seitenzahl gelangen Sie schnell und direkt zur detaillierten Übersichtskarte der von Ihnen ausgewählten Tour. Die verwendeten Symbole sind auf der hinteren Umschlagklappe erläutert.

Tourenkarte

Jede Tour beginnt mit einer Tourenkarte, auf der die Sehenswürdigkeiten und alle Übernachtungsplätze verzeichnet sind. Die Übernachtungsplätze sind innerhalb einer Tour fortlaufend nummeriert. Alle nummerierten Plätze sind für eine Übernachtung geeignet. Bitte beachten Sie eventuelle Verbotsschilder vor Ort. Die Stellplatzsymbole auf der Tourenkarte zeigen auf den ersten Blick, ob es sich um einen Stellplatz (Oval), einen offiziellen Wohnmobilstellplatz (Camper) oder einen Campingplatz (Zeltsymbol) handelt. Die zusätzlichen Symbole bei den Stellplätzen geben erste Hinweise auf die Ausstattung des Platzes. Die Tourenkarte dient zur Orientierung. Eine professionelle Straßenkarte, die Sie in der Regel von Ihrem Wohnmobilvermieter erhalten, ist zusätzlich unbedingt erforderlich

Der Textteil einer Tour

Der Textteil der Tour schließt sich direkt an die Tourenkarte an. Eine farbig unterlegte Übersicht gibt Ihnen einen kurzen Überblick über die Stell- und Campingplätze, Besichtigungstipps,

Badestrände, Wanderrouten und empfohlene Cafés oder Restaurants. Alle diese Informationen werden im folgenden Textteil der Tour ausführlich beschrieben. Nach dem Überblicksteil folgt ein Textabschnitt in kursiver Schrift, der Sie kurz über die Sehenswürdigkeiten und besonderen Merkmale informiert, die Sie auf der beschriebenen Tour erwarten.

Übernachtungsplätze

Zu jedem Übernachtungsplatz auf der Tourenkarte finden Sie an geeigneter Stelle im Textteil der Tour einen farblich korrespondierenden Übernachtungsplatz mit der gleichen Nummer, der Ihnen detaillierte Informationen zur Verfügung stellt. Die Farben entsprechen den Symbolen auf der Tourenkarte (siehe Umschlagklappe). Hier erhalten Sie für alle Stell- und Campingplätze umfassende Informationen, meist auch mit Fotos und immer mit GPS-Koordinaten und einer Anfahrtsbeschreibung.

Die Infos in den Stellplatzkästen

GPS-Koordinaten: Für alle Übernachtungsplätze geben wir die GPS-Koordinaten an, zunächst für die geografische Breite, dann für die geografische Länge. Der WOMO-Verlag hat sich für die Angabe in Grad(°), Minuten(′) und Sekunden(″) entschieden. Dem Breitengrad wird ein (N) für die Nordhalbkugel oder (S) für die Südhalbkugel vorangestellt. Dem Längengrad ein (W) für West oder ein (E) für East. Wir empfehlen die Verwendung eines Navigationsgerätes. Den GPS-Koordinaten folgen die Kontaktdaten des Platzes.

Zufahrt: Für diejenigen unter Ihnen, die den Weg zum Ziel ohne Navigationsgerät suchen möchten, geben wir eine Anfahrtsbeschreibung. Die Angaben links oder rechts beziehen sich auf die Fahrtrichtung der jeweiligen Tour.

Max. WOMOs: Hier wird auf die maximale Kapazität von Stellplätzen hingewiesen (Nicht bei Campingplätzen). In Neuseeland haben viele Übernachtungsplätze eine wohl definierte Anzahl von Stellplätzen. Diese sind oft genau markiert oder umfassen einen Bereich zwischen zwei Markierungspfosten. Die Strafe bei Nichtbeachtung beträgt derzeit 200 NZD, soll aber deutlich erhöht werden. Diese Gebühr wird in der Regel mitten in der Nacht erhoben!

Preise: Für die erhobene Übernachtungsgebühr wird eine Preisspanne angegeben. Fehlt diese Angabe, wird keine Gebühr erhoben. Die angegebenen Preisspannen beziehen sich auf die Gebühren für eine Übernachtung für zwei Personen ohne Strom in der Hochsaison im Januar und Februar 2023. Neben den Stellplätzen haben wir auch kommerzielle Campingplätze für Sie ausgewählt und beschrieben. Fast alle dieser Campingplätze können wir Ihnen wärmstens empfehlen.

Die anderen Campingplätze haben wir aufgenommen, um bestehende Lücken zu schließen und Ihnen bei Bedarf eine Übernachtungsmöglichkeit zu bieten.

Ausstattung: Die üblichen Einrichtungen auf kommerziellen Campingplätzen umfassen Strom, Abwasserentsorgung und Wasserversorgung, sanitäre Einrichtungen, gut ausgestattete Gemeinschaftsküchen, Waschmaschinen, Trockner und Grillbereiche. Bietet der Campingplatz darüber hinaus ein Restaurant, einen Spielplatz, einen Swimmingpool, eine Einkaufmöglichkeit oder andere Extras, so weisen wir im zugehörigen Kasten unter Ausstattung darauf hin. Fast jeder Campingplatz bietet eine Entsorgungsstation (dump station), die für Übernachtungsgäste kostenfrei ist. Sollte dies nicht der Fall sein, vermerken wir dies. In praktisch jeder Gemeinde gibt es eine gut ausgeschilderte Entsorgungsstation.

Öffnungszeiten: Campingplätzen und offizielle Stellplätze sind in Neuseeland in der Regel das ganze Jahr über geöffnet. Wir nennen Ihnen daher lediglich Einschränkungen.

Beschreibung: Im Allgemeinen geben wir Ihnen in der Rubrik »Beschreibung« unsere persönliche Einschätzung des Platzes, seiner Beschaffenheit und seiner Lage. Um Ihnen überall eine Übernachtungsmöglichkeit anbieten zu können, nahmen wir auch einige weniger schöne Stellplätze auf. Diese erkennen Sie an der Beschreibung im zugehörigen Kasten. Dort steht dann eine Formulierung wie: »Gut für eine Nacht«.

Tourenplanung

Wir beschreiben insgesamt 14 Touren auf der Nordinsel Neuseelands. Die Touren unterscheiden sich in Länge und Zeitaufwand. Während die Touren N02 und N09 jeweils mindestens drei Tage in Anspruch nehmen, können die Touren N12 und N14 problemlos an einem Tag gefahren werden. Wer alle 14 Touren in voller Länge fahren möchte, sollte sich unserer Meinung nach mindestens fünf Wochen Zeit nehmen. Um alle Touren entspannt genießen zu können, sollte man zwei bis drei Monate einplanen. So viel Zeit werden viele Neuseelandurlauber nicht haben. Sie müssen Prioritäten setzen, einige Touren auslassen oder Abkürzungen wählen. Wer nur drei Wochen Zeit hat, sollte sich zunächst auf die Nordinsel konzentrieren. Die Südinsel kann dann in einem anderen Neuseelandurlaub besucht werden. Die Schönheit Neuseelands sollte man in aller Ruhe und ohne Hektik genießen. Damit Sie nicht unnötig Zeit mit der Suche nach Übernachtungsmöglichkeiten verlieren, schlagen wir Ihnen 245 Übernachtungsmöglichkeiten vor. Wenn Sie sich für eine der von uns ausgearbeiteten Touren entscheiden, ist einer dieser Plätze immer in Ihrer Nähe.

Besichtigen, Wandern, Essen und Baden

In der Übersicht, die jeder Tour vorangestellt ist, finden Sie neben Stell- und Campingplätzen die Rubriken Besichtigen, Wandern, Essen und Baden. Die aufgeführten Stichworte sind im folgenden Text fett gedruckt. Bei den Badestränden haben wir die schönsten Strände aufgenommen, die sich zum Baden eignen. Bitte informieren Sie sich vor Ort über Sicherheitsaspekte beim Schwimmen. Auf attraktive Wanderungen weisen wir hin. Sofern wir sie nicht im Detail beschreiben, nennen wir Ihnen den Namen der Wanderbroschüren, die Ihnen die Touristeninformationen (i-Sites) gerne zur Verfügung stellen. Von einzelnen Cafés oder Restaurants, die wir empfehlen können, haben wir Namen, Anschrift und Telefonnummer notiert. Bitte beachten Sie, dass bei der Angabe der Webseite ein Trennzeichen entstehen kann, das nicht Bestandteil der Webseite ist.

Tipps und Infos

Diese Rubrik finden Sie im hinteren Teil des Buches. Wir haben dort viele wichtige Informationen zu den Gegebenheiten in Neuseeland für Sie zusammengestellt. Insbesondere die Hinweise unter den Stichworten »Campen« und »Wohnmobil« dürften Sie brennend interessieren. Wenn Sie Informationen zu einem bestimmten Ort suchen, hilft Ihnen das **Stichwortverzeichnis** auf Seite 341 weiter. Immer wieder werden Sie in diesem Reiseführer auf englische Ausdrücke wie Hauraki Gulf, Raukumara Range, Whangarei Harbour oder Coromandel Peninsula stoßen. Wir haben uns entschieden diese nicht zu übersetzen, da sie in Neuseeland immer im Original auf Schildern, in Broschüren oder in Landkarten zu finden sind. Einige häufig verwendete englische Begriffe haben wir für Sie unter »Sprache« in der Rubrik »Tipps und Infos« übersetzt.

Reiseführer und der Zahn der Zeit

Wir haben nach bestem Wissen gründlich recherchiert, können jedoch nicht für die Richtigkeit und Gültigkeit aller Informationen garantieren. Restaurant-Empfehlungen erweisen sich oft als kurzlebig, und ein heute noch heißer Stellplatz-Tipp kann schon morgen durch Baumaßnahmen oder behördliche Aktivitäten seine Qualität einbüßen. Es lohnt sich, vor Reisebeginn einen Blick in das Forum des Womo-Verlages zu werfen (www.womoverlag.de). Wir haben dort aktuelle Informationen für Sie bereitgestellt. Sie helfen uns sehr, wenn Sie von Ihnen festgestellte Veränderungen mitteilen und uns zum Beispiel auf neue Stellplätze aufmerksam machen. Bitte richten Sie Ihr Schreiben an den Verlag oder an giesen@womo.de.

Wir freuen uns über Ihre Zuschrift!

TOUR N01
Tour N02
Tour N02
25 km
N
Baylys Beach
Dargaville
14
WC 013
Whangarei
Whangarei Falls
14
012
Whangarei Harbour
Marsden Point
Ruakaka
Waipu Caves
011 WC
Waipu
Bream Bay
Waipu Beach
10
Long Beach
Ruawai
WC 15
12
16
Matakohe
1
Kaipara Harbour
Kaiwaka
008 WC
09
Mangawhai Heads
Kaipara Entrance
WC 017
Port Albert
Wellsford
C
Pakiri
Goat Island
Whangaripo
07
06
Leigh
Kaipara Harbour
Mt Auckland 308 m
018
Glorit
Gibbs Farm
Matakana
Sculptureum
Warkworth
004
Sandspit
Perry Kauri Park
Tawharanui Halbinsel
005 WC
Scandrett Regional Park
Kawau Island
Shelly Beach
Puhoi
Parakai Hot Springs
Wenderholm Regionalpark
Toll Road
Waiwera
003 WC
01
Helensville
Orewa
Shakespear Regionalpark
16
Tölpelkolonie
19
002 WC
Tiritiri Matangi Island
Muriwai Beach
Kumeu
Albany
Hauraki Gulf
Te Henga Bethels Beach
Rangitoto Island
Motutapu Island
20
Waitemata Harbour
Piha
Waitakere Ranges Regional Park
Waiheke Island
Karekare
Arataki Visitor Centre
WC 021
WC 022
Auckland
Manukau Harbour
Tamaki Strait
Stellplätze siehe Tour N14

Tour N01: Aucklands Norden und Westen 500 km

Orewa - Hibiscus Coast - Leigh - Whangarei - Dargaville - Helensville - Muriwai - Waitakere Range - Auckland

Stellplätze:	Gulf Harbour, Hatfields Beach, Warkworth, Snells Beach, Whangarei Hatea East, Bascule, Kaikawa, Ureti Beach, Ruawai Wharf, Port Albert, Glorit, Arataki, Griffen Park
Camping:	Orewa, Goat Island, Whangateau, Mangawhai Heads, Waipu Cove, Whangarei Top10, Matakohe, Muriwai, Piha Beach
Besichtigen:	Orewa Hillary Statue, Shakespear RP, Wenderholm RP, Couldrey House, Waipu Caves, Whang. Falls, Town Basin, Kauri Museum, Muriwai Tölpel Kolonie, Lion Rock Piha Beach
Wandern:	Shakespear RP, Moir Hill, Whangarei Waterfall, Canopy Walkway, Mangawhai Cliff Walkway, Baylys Beach, Te Henga Walk, Lake Wainamu Track, Kitekite Falls Walk, Tasman Lookout Track, Cave Rock Track, Hillary Trail
Essen:	Whangarei: The Quay, Suk Jai Thai, Brauhaus Frings, Waimaukau, Bees Online, Olive Kitchen, Piha Aryeh
Baden:	Orewa Beach, Sandspit Beach, Snells Beach, Ureti Beach, Mangawhai Heads, Langs Cove, Waipu, Baylys Beach, Parakai Springs, Lake Wainamu Kitekite Falls

Die Reise durch Neuseelands Norden, von den Neuseeländern »The Winterless North« genannt, bietet sich als Einstieg oder Abschluss eines Neuseelandurlaubs an. Im subtropischen Klima mit milden Wintern zwischen 15 bis 20 Grad Celsius und Sommertemperaturen zwischen 24 bis 35 Grad Celsius gedeihen Palmen, Zitrusfrüchte und Bananen. Mehr als die Hälfte der Fläche wird land- und forstwirtschaftlich genutzt. Das hügelige Land mit seinen kurvenreichen Straßen trennt die grüne Tasmanische See der Westküste vom blauen Pazifik der Ostküste. Während die Ostküste von vielen kleinen Fjorden, Halbinseln und Buchten mit ruhigen und sicheren Stränden geprägt ist, erstrecken sich auf der wenig strukturierten Westküste lange Dünenstrände, an denen das Baden wegen gefährlicher Strömungen nur bedingt zu empfehlen ist.

Den nördlich von Auckland gelegenen Teil Neuseelands beschreiben wir in den Touren N01 und N02. Die Streckenführung folgt dabei im Wesentlichen dem Twin Coast Discovery Highway, der von Auckland hinauf in den hohen Norden Neuseelands bis hin zum Cape Reinga führt. Für die Gesamtstrecke von 950 Kilometer sollten Sie sich idealerweise fünf Tage Zeit nehmen.

Tour N01 führt entlang der Ostküste bis Whangarei, wobei Sie zunächst der Hibiscus Coast folgen. Der Shakespear Regional Park, der Wenderholm Regional Park und das Meeres-

Strand von Orewa Beach

reservat um die vorgelagerte Insel Goat Island gehören zu den Höhepunkten. In Whangarei besuchen Sie das am Whangarei Harbour gelegene Town Basin mit schicken Cafés, Museen und Kunstgalerien. Der Besuch des neu gebauten Hundertwasser Art Centre ist ein Muss. Danach durchqueren Sie Northland Richtung Westen und folgen ab Dargaville auf dem Weg zurück nach Auckland dem Kaipara Harbour. In Matakohe können Sie sich im Kauri Museum über die empfindlichen Baumriesen informieren. Abschließend erkunden Sie den Westen Aucklands, die Waitakere Ranges, die Tölpelkolonie von Muriwai und die schwarzen Quarzstrände von Piha Beach und Karekare Beach. Eine Beschreibung von Auckland erfolgt in Tour N14.

(001) WOMO-Campingplatz: Orewa Beach HP

GPS: S 36°35'47" E 174°41'57", 265 Hibiscus Coast Highway, Orewa, Tel. 0800 673 921. **Preise:** 55-65 NZD. **Beschreibung:** Der Platz liegt direkt am Strand mit sehr guten Bademöglichkeiten. Die Stellplätze liegen sehr schön unter alten Pohutukawas. Das hat zwei Nachteile, es fliegen viele trockene Blätter herum und es wächst kein Gras. Dem versucht man mit Kunstrasen beizukommen. **Zufahrt:** Direkt am SH17.

Auckland - Wellsford

Sie verlassen Neuseelands größte Stadt über die Harbour Bridge. Die 1.150 m lange stählerne Brückenkonstruktion über den Waitemata Harbour mit seinen unzähligen Segelbooten ist das Wahrzeichen der Stadt. Der State Highway 1 (SH1) führt 30 Kilometer nördlich Auckland, kurz vor Orewa, auf einen 7,5 Kilometer langen mautpflichtigen Abschnitt, der sich **Northern Gateway Toll Road** nennt. Sie fahren hier vom SH1 ab und erreichen über den Grand Drive nach 2,5 Kilometern Orewa, einen kleinen Ferienort, in dem die **Hibiscus Coast** beginnt. Das Malvengewächs verleiht der Küstenlandschaft zwischen

Freier Stellplatz am Gulf Harbour

Dezember und März mit seinen rötlichen Blüten einen bezaubernden Reiz. Einige Kilometer außerhalb des Ortes befindet sich das Wohnhaus des 2008 verstorbenen Mt. Everest Bezwingers **Sir Edmund Hillary**. Zum Gedenken an ihn gibt es in der 5.000 Einwohner zählenden Stadt eine Statue (Hillary Square).

(002) Offizieller WOMO-Badeplatz: Hatfields Beach

GPS: S 36°33'53" E 174°41'42", 544 Hibiscus Coast Hwy. **Max. WOMOs:** 5. **Ausstattung:** Toilette, Entsorgungsstation auf der gegenüberliegenden Straßenseite. **Beschreibung:** Parkplatz zwischen Straße und Meer. Saubere Toiletten. Am oberen Ende des Strandes gelegen. Der zulässige Bereich ist gekennzeichnet. Maximal zwei Nächte. **Zufahrt:** Am nördlichen Ende von Orewa die Anhöhe hoch rechts neben dem Highway.

(003) WOMO-Badeplatz: Gulf Harbour Boat Ramp

GPS: S 36°37'29" E 174°47'12", 1311 Laurie Southwick Pde, Gulf Harbour. **Max. WOMOs:** 10. **Ausstattung:** Toilette, Picknicktische, Entsorgungsstation. **Beschreibung:** Großer Parkplatz am Meer neben dem Yachthafen und dem Fährterminal. Tolle Übernachtungsmöglichkeit kurz vor dem Shakespear Regional Park mit wunderbarem Blick auf Rangitoto Island und Auckland Downtown. Einige Wohnmobile stellen sich auf die Grasfläche. **Hinweise:** Am vorderen Teil des Platzes gibt es eine Badebucht. Das Auckland Distrikt Council erlaubt maximal zwei Nächte. Derzeit (Februar 2024) fährt leider keine Fähre nach Auckland. **Zufahrt:** In Orewa die Whangaparaoa Rd bis Laurie Southwick Parade in Gulf Harbour, Whangaparaoa nehmen. Im Kreisverkehr zweite Ausfahrt.

Orewa bietet dem Besucher vielfältige Freizeitmöglichkeiten und hat einen sehr schönen drei Kilometer langen Sandstrand. Wer genügend Zeit mitbringt, dem empfehlen wir einen Abstecher über den SH17 zur Whangaparaoa Halbinsel. Sie finden hier neben ausgezeichneten Möglichkeiten zum Windsurfen und Kajakfahren auch herrliche Sandstrände. Das System von Wanderwegen des **Shakespear Regional Parks** sei vor allem an Botanik Interessierten ans Herz gelegt, da sich hier

Blick auf den Wenderholm Regional Park

ursprüngliche neuseeländische Flora und Fauna wunderbar beobachten lassen. Im Naturschutzgebiet gibt es einen Campingplatz für Zelte, der auch einige Stellplätze für Wohnmobile bereithält, die Sie über die Auckland Regional Council (www.aucklandcouncil.govt.nz, Tel. 0800 806040, GPS: 36°36′48″S 174°49′16″E) buchen können.

Fünf Kilometer nördlich Orewa liegt an einer breiten Flussmündung der Ort Waiwera. Nur fünf Minuten hinter Waiwera liegt der besuchenswerte **Wenderholm Regional Park** mit friedvollen Sandstränden. Der seichte Wellengang und der flach abfallende Strand sind wie geschaffen für Eltern mit Kindern. Die von den Maori Pohutukawa genannten Bäume des Parks blühen in der Zeit zwischen Mitte Dezember und Mitte Januar in herrlichem Rot und werden deswegen von den Neuseeländern liebevoll »Christmas Tree« genannt. Der Park liegt zwischen dem Waiwera und dem Puhoi River und bietet die Möglichkeit zu schönen Kajak Touren. Umgeben von einem Waldstück und umrahmt von einer Blumenwiese finden Sie in der Nähe des Parkplatzes das **Couldrey House**. Dieses über 150 Jahre alte Holzhaus im viktorianischen Stil wurde während der zurückliegenden Jahre in mühevoller Kleinarbeit renoviert, restauriert und steht nun als Museum zur Verfügung. Eingerichtet wie in der Gründerzeit und mit entsprechenden Informationen ausgestattet bietet es den Besuchern einen Einblick in die Lebensweise und den Alltag der ehemaligen Bewohner. Und wenn man genug von der Sonne hat und sich etwas bewegen möchte, dann steigt man den Berg der Halbinsel hinauf. Mehrere leichte und gut ausgebaute Wanderwege führen direkt vom Parkplatz aus durch dichten Regenwald hinauf zu verschiedenen Aussichtspunkten, die einen wunderbaren Blick auf den Park und die Flussmündung bieten. Auch die Skyline

Couldrey House, Wenderholm Regional Park

von Auckland mit Skytower und Harbourbridge können Sie in der Ferne erkennen. Es gibt einen Campingplatz mit Basisausstattung, der auch einige Stellplätze für Wohnmobile aufweist, die Sie über die Auckland Regional Council buchen können (www.aucklandcouncil.govt.nz, Tel. 09 366 2000, GPS: S 36°31′53″ E 174°42′41″).

Kurz hinter dem Wenderholm Regional Park treffen Sie wieder auf den SH1, dessen mautpflichtigen Teil Sie damit umfahren haben. Bald darauf bietet sich Ihnen die Gelegenheit zu einem Abstecher nach **Puhoi**. Das verträumte Dörfchen wurde 1863 von einer Gruppe von böhmischen (Egerländer) Einwanderern besiedelt. Daher stammt auch der Beiname des Ortes Bohemian Settlement. Puhoi liegt in einem abgeschiedenen Tal. Das Puhoi Cottage lädt zu einer Rast ein, ebenso der urige Country Pub des Puhoi Hotels, der mit alten Fotos und landwirtschaftlichen Geräten ein Hauch Pionierzeit vermittelt. In der neuseelandweit bekannten Puhoi Käserei - in jedem Supermarkt wird Ihnen der Name begegnen - können Sie sich zu sehr günstigen Preisen mit Käse eindecken.

Zurück auf dem SH1 halten Sie kurz vor Warkworth an einem Aussichtspunkt. Hier beginnt der **Moirs Hill Walkway** (3,5 km Rundweg) mit herrlichen Ausblicken auf den Hauraki Gulf. Kurz vor Warkworth zweigt rechts eine Straße zum **Parry Kauri Park** und zum Warkworth District Museum ab. Dieser kurze Abstecher ist sehr zu empfehlen. Schon vom Parkplatz aus sind die beiden größten Kauri-Bäume der Region zu sehen, 600 und 800 Jahre alt. Für den wunderschön auf Holzbohlen angelegten Rundweg benötigen Sie zwischen 20 und 40 Minuten. Wer sich die Zeit nimmt und auf die Vögel am Wegesrand achtet, verweilt sicher länger. Der in mehreren Schleifen angelegte Weg führt durch dichten Busch und Kau-

General Store, Puhoi

riwald. An einer Aussichtsplattform befindet sich eine Futterstelle für Vögel. Vor oder nach dem Rundweg bietet sich der Besuch des Museums an. The Warkworth and District Museum (32 Tudor Collins Drive, täglich von 10-16 Uhr). Auf dem Parkplatz stehen drei ausgewiesene Wohnmobilstellplätze für kostenlose Übernachtungen zur Verfügung.

Warkworth selbst liegt am Mahurangi River und bietet neben der Touristeninformation auch einen freien Stellplatz. Wer lieber am Meer übernachten möchte, kann zum Campingplatz nach Sandspit fahren, der idyllisch an der Kawau-Bay liegt.

(004) Offizieller WOMO-Stellplatz: Warkworth - Church Hill

GPS: S 36°24'4" E 174°39'49". 8 Church Hill, Warkworth, Auckland Council 09 301 0101. **Max. WOMOs:** 3. **Ausstattung:** Keine. **Beschreibung:** In der Mitte des Platzes steht eine kleine Community Hall, die gelegentlich von dem Warkworth Brass Band genutzt wird. Nebenan befindet sich eine Firestation. Trotz der zentrumsnähe sehr ruhig. **Zufahrt:** Vom SH1 rechts abbiegen auf Twin Coast Discovery Hwy/Whitaker Rd, dann rechts abbiegen auf Church Hill. Der Platz liegt gleich rechts hinter der Firestation.

Sandspit ist ideal als Ausgangspunkt für eine Fährfahrt zur vorgelagerten Kawau-Insel. Kawau wurde 1862 von dem damaligen Generalgouverneur von Neuseeland Sir George Grey als privater Rückzugsort gekauft. Er baute das Haus des Bergwerkverwalters zu einem der schönsten Gebäude im Kolonialstil aus (Mansion House). Das umliegende Land verwandelte er mit eingeführten Pflanzen und Tieren in einen Botanischen und Zoologischen Garten. Inzwischen beherbergt die Insel wieder ausschließlich einheimische Arten. Das Mansion House gehört heute zum Kawau Island Historic Reserve. Das historische Gebäude hält jede Menge spannende Geschichte bereit und das angeschlossene Café bietet dem Besucher gutes Essen an.

Parry Kauri Park in Warkworth

An Sandspit schließt sich die Mahurangi Halbinsel an. An deren nordöstlicher Spitze liegt wunderschön der **Scandrett Regional Park**, in dem Sie auch übernachten können (www.aucklandcouncil.govt.nz, Tel. 09 366 2000).

(005) Offizieller WOMO-Badeplatz: Snells Beach Sunrise Boulevard

GPS: S 36°25'11" E 174°43'47", 6 Sundrise Boulevard, Snells Beach. **Max. WOMOs:** 5. **Ausstattung:** Toilette, kalte Dusche, Picknicktische, Mülleimer, Spielplatz. **Beschreibung:** Wunderbarer Übernachtungsplatz mit Bademöglichkeit. Saubere Toiletten. Maximal zwei Nächte. **Zufahrt:** 9 km von Warkworth entfernt. Sie biegen dort vom SH1 in die Sandspit Road ein, nach 5 km rechts in die Mahurangi East Rd, dann links in die Snells Beach Road.

Von Warkworth aus bietet sich ein Ausflug nach Matakana an. Der **Matakana Country Park (**1151 Leigh Road, Matakana, www.matakanacountrypark.co.nz, tgl. 6-21 Uhr) bietet eine große Auswahl an familienfreundlichen Aktivitäten, von der Begegnung mit Tieren über eine Miniaturrutsche und einen Abenteuerspielplatz bis hin zu Kutschfahrten. Wer gerne einkaufen geht, sollte den Kunsthandwerksladen oder die Matakana Art Gallery besuchen. Es gibt auch ein Restaurant und eine Bar. Ein Campingplatz ist ebenfalls vorhanden.

Wir waren begeistert von den **Sculpture Gardens & Art Galleries in Matakana** (40 Omaha Flats Rd, Matakana, Tel. 09 422 7375, www.sculptureum.nz, täglich 10-16 Uhr). Hier sind über 800 Kunstwerke in sechs Galerien und drei Skulpturengärten ausgestellt. Besonders beeindruckt hat uns der 1,4 Kilometer lange Skulpturengarten, der sich durch dichten Nikau Palmen Bewuchs hindurch schlängelt. Skulpturen, prähistorische Felsen, Zitate berühmter Persönlichkeiten, Statement-Bäume und farbenfrohe Bepflanzung haben uns inspiriert und zum Nach-

Matakana, Sculpture Gardens

denken angeregt. Neben den überlebensgroßen Tier-Skulpturen gibt es auch lebende exotische Vögel, die in fünf Volieren auf dem Gelände leben. Große Kaninchen und Schildkröten sind in einer grasbewachsenen Arena namens Rabbiton untergebracht. In den Galerien sind Werke aus aller Welt ausgestellt, darunter Picasso, Chagall, Rodin, Chihuly und Cézanne Wir verbrachten hier fünf kurzweilige und unterhaltsame Stunden. Ein kulinarisches Erlebnis im angeschlossenen Restaurant Rothko oder eine Verkostung der im Sculptureum angebauten Weine runden den Besuch ab.

(006) WOMO-Campingplatz: Whangateau Holiday Park
GPS: S 36°18'53" E 174°45'55". 559 Leigh Road, Whangateau, Tel. 09 427 3305 oder 0800 947 275, www.whangateauholidaypark.co.nz.
Ausstattung: Standard. **Preise:** 60-70 NZD. **Beschreibung:** Genießen Sie die Aussicht auf den Whangateau Harbour. Die Stellplätze in der ersten Reihe am Wasser sind etwas teurer. Die Plätze sind auf Gras gelegen und gut nivelliert. Die Einrichtungen sind sehr sauber und ordentlich. Der Campingplatz hat eine familiäre Atmosphäre.
Zufahrt: Auf der Strecke von Warkworth über Matakana nach Leigh.

Gerade einmal zwölf Kilometer nordöstlich von Matakana liegt Leigh mit seinem anmutigen Hafen. Vier Kilometer nördlich von Leigh finden Sie das erste Meeresreservat Neuseelands, das Cape Rodney-Okakari Marine Reserve. Dort gibt es einen tollen Strand zum Schnorcheln im glasklaren Wasser und die Möglichkeit, mit einem Glasbodenboot um die vorgelagerte Insel Goat Island zu fahren. Sie werden über die Artenvielfalt erstaunt sein, die Ihnen hier unter Wasser begegnet. Sie hat ihre Ursache darin, dass hier die geschützten Gewässer des Hauraki Golfes und des nährstoffreichen Pazifiks aufeinandertreffen. Eine starke Meeresströmung sorgt für die nötige

Durchmischung. Glasbodenboote starten wetterabhängig zu jeder vollen Stunde direkt am Ufer. Lassen Sie sich keinesfalls das 100 Meter neben dem Parkplatz liegende neue Meeresmuseum »Goat Island Marine Discovery Centre« entgehen. Ein am Hang gelegener Campingplatz mit toller Aussicht auf die Bucht wird Ihnen obendrein geboten.

(007) WOMO-Campingplatz: Goat Island Camping

GPS: S 36°16'21" E 174°47'38", 123 Goat Island Road, Warkworth, Tel. 09 422 6185. **Ausstattung:** Skateboard Rampe. **Preise:** 50-60 NZD.
Beschreibung:

Am Hang gelegen, mit Blick auf Goat Island. Ein wilder und unkonventioneller Campingplatz, der Kindern sicherlich sehr gut gefallen wird. Die Erwachsenen werden sich an der ungenügenden Zahl von sanitären Einrichtungen stören. Wer gerne schnorchelt, kann sich hier die Ausrüstung ausleihen und bekommt Tipps obendrein. 400 m zur Beach.
Zufahrt: Von Leigh aus fahren Sie 2 km die Pakiri Road und dann 1,2 km die steil abfallende Goat Island Road. Die Einfahrt liegt links.

(008) WOMO-Stellplatz: Kaiwaka Tennis Club

GPS: S 36°9'31" E 174°26'42", Tel. 09 431 2005. **Max. WOMOs:** 5. **Ausstattung:** Toilette, Dusche. **Beschreibung:** Übernachtungsmöglichkeit in camperfreundlicher Umgebung auf einem Parkplatz am Tennisclub. **Hinweis:** Die Toiletten sind normalerweise die ganze Nacht geöffnet. Falls die Duschen abgeschlossen sind, bekommen Sie den Schlüssel im Four Square Supermarkt. Dort können Sie auch eine freiwillige Spende entrichten. **Zufahrt:** 14 Gibbons Rd. In Kaikawa rechts abbiegen auf die Kaiwaka-Mangawhai Rd, dann links abbiegen auf Gibbons Rd. Parkschild folgen.

Auf dem Weg von Warkworth nach Norden verlassen Sie die Ostküste und passieren nach vier Kilometer die *Sheepworld*, eine der zahlreichen Gelegenheiten, gegen Eintritt etwas über die Schafzucht zu lernen.

Wellsford - Whangarei

Wir empfehlen Ihnen, sieben Kilometer hinter Wellsford den SH1 zu verlassen und über die Mangawhai Road zum idyllischen **Mangawhai Harbour** zu fahren. Falls Sie auf dem Parkplatz des Kaiwaka Tennis Club übernachten wollen, können Sie auch dort, 20 Kilometer hinter Wellsford, nach Mangawhai abbiegen. Am südlichen Ende des Mangawhai Harbour treffen Sie auf den Ort Mangawhai und später auf Mangawhai Heads. Dort, am Ausgang des Naturhafens mit großer Düne, finden

Blick auf den Campingplatz in Mangawhai Heads (rechts)

Sie einen ausgesprochen charmant am Wasser gelegenen Campingplatz mit sehr guten Bademöglichkeiten. Besonders reizvoll ist es, von hier aus den **Mangawhai Cliff Walkway** in Angriff zu nehmen. Die Wanderung startet nahe dem Surf Club, führt zunächst 15 Minuten am Strand entlang und dann an markierter Stelle steil nach oben mit grandiosen Ausblicken auf die vorgelagerten Inseln (5 km, 2-3 h hin und zurück).

(009) WOMO-Campingplatz: Mangawhai Heads Holiday Park

GPS: S 36°5'7" E 174°35'20". 2 Mangawhai Heads Road, Tel. 09 431 4675, www.mangawhaiheadsholidaypark.co.nz **Ausstattung:** Spielplatz. **Beschreibung:** Sehr schön gelegener Platz, direkt am Strand des Mangawhai Harbour und einer gegenüber liegenden langgestreckten Sanddüne gelegen. Der Platz hat links vom Office einen nördlichen und rechts einen südlichen Teil. Viele Plätze sind von Dauercampern belegt. Dies und die vielen Zelte zeigen, dass der Platz bei Neuseeländern sehr beliebt ist. Bei Flut herrscht ein geschäftiges Strandleben mit geschützter Möglichkeit zu schwimmen. Etwa 1 km nördlich beginnt am Surfstrand der Clifff Walkway, der zunächst über Treppen steil nach oben führt und dann als Höhenweg verläuft (2.15 h hin und zurück). **Preise:** 50-60 NZD. **Zufahrt**: 7 km hinter Wellsford rechts in die Mangawhai Rd einbiegen und dieser 31 km bis Mangawhai Heads folgen. Dann rechts in die Mangawhai Heads Road einbiegen.

Danach fahren Sie zunächst durch sanft hügeliges Hinterland und dann entlang der **Bream Bay** nach Waipu. Auf dem Weg dorthin liegen die beliebten Strände von **Langs Beach** und **Waipu Cove**. An letzterem gibt es einen schönen Picknickplatz mit Toiletten und Umkleidekabinen. Das ausgezeichnete Waipu Museum zeigt die sehr anschaulich illustrierte Geschichte von 900 schottischen Siedlern, die Mitte des 19. Jahrhunderts in Waipu eine neue Heimat suchten. Im Hinterland zwischen Waipu und Ruakaka befinden sich die **Waipu Caves**, in denen Sie neben Glühwürmchen die längsten Stalagmiten des

Blick vom Mangawhai Cliff Walkway

Landes bewundern können. Informieren Sie sich in der i-Site über die Besonderheiten der Höhle. Auf Höhe der Bream Bay liegen die Hen and Chicken Islands, eine Inselgruppe, bestehend aus Henne und Küken. Hier versank 1940 die Niagara, getroffen von einer deutschen Mine. Der Schiffsrumpf nahm einen Goldschatz im Wert von fünf Millionen Dollar mit auf den Meeresgrund. Kurz dahinter liegt unweit des Highways die *Marsden Point Refinery.* Hier wird das bei New Plymouth geförderte Gas und Öl verarbeitet. Wer Lust auf Technik hat: die einzige Ölraffinerie Neuseelands hat ein Informationszentrum, das Ihnen einen Überblick über die aktuellen umwelttechnologischen Entwicklungen der Erdöl-Raffinerie gibt.

(010) WOMO-Campingplatz: Camp Waipu Cove

GPS: S 36°1'40" E 174°30'18", 869 Cove Road, Waipu, Tel. 09 432 0410, www.campwaipucove.com. **Ausstattung:** Spielplatz, Sprungkissen, Tennisplatz, auf der anderen Straßenseite liegt das The Cove Café, Bar & Restaurant. **Beschreibung:** Am südlichen Ende der unberührten Bream Bay gelegener Platz. Plätze direkt am Strand, gepflegt und sauber. Perfekt, für einen Tag am Strand. **Preise:** 40-50 NZD
Zufahrt: An der Cove Road zwischen Langs Beach und Waipu.

(011) WOMO-Badeplatz: Uretiti Beach - DOC Scenic

GPS: S 35°56'4" E 174°27'36", 3149 SH1, Waipu, Tel. 09 432 1051.
Max. WOMOs: 300. **Ausstattung:** Toilette, Dusche (2 NZD / 5 Min), Mülleimer. **Preise:** 30-50 NZD. **Beschreibung:** Freundlicher großer Platz am Meer, hinter den Dünen. Wenn Sie sich in die Nähe der Zugänge zur Beach stellen, sind Sie in drei Minuten an einem prachtvollen langen weißem Sandstrand mit tollem Blick auf die vorgelagerten Inseln. Einfache aber saubere Toiletten. Das Gelände ist etwas hügelig mit vereinzelten Büschen und Bäumen.
Hinweis: Der Schlagbaum ist zwischen 21 Uhr und 7.30 Uhr geschlossen. In der Hochsaison ist eine Buchung zu empfehlen, Tel. 09 432 1051.
Zufahrt: Am SH1, 3 km vor Ruakaka. Nicht zu übersehen.

Café am Whangarei Town Basin

Whangarei

Das kommerzielle und industrielle Zentrum des *Nordlandes*, begrüßt seine Besucher als »Tor zum Norden«. Bei der Anfahrt auf die Stadt haben Sie einen Panorama-Blick auf den Whangarei Hafen und die dahinter liegenden, bizarren Felsrücken. Zu den Attraktionen der 50.000 Einwohner zählenden Stadt gehören das *Uhrenmuseum* am Jachthafen (Town Basin), der *Rose Garden*, ein kleiner öffentlicher Park, und der mit einer Farnzuchtanlage ausgestattete *Cafler Park*.

Seit Februar 2022 erstrahlt zudem ein einzigartiges architektonisches Meisterwerk: **Das Hundertwasserhaus**. Dieses außergewöhnliche Gebäude ist ein Meisterwerk des österreichischen Künstlers und Architekten Friedensreich Hundertwasser und zieht Kunstliebhaber, Architekturbegeisterte und neugierige Reisende aus aller Welt an. Zwei Säulen, eine „europäische" und eine „Maori"-Säule an den Ecken des Gebäudes betonen die Fassade. Auf dem zweistöckigen Gebäude befindet sich ein begehbares bewaldetes Dach. Das Hauszeichnet sich durch organische Formen, lebendige Farben und eine spielerische Integration der Natur aus. Die Fassade ist mit bunten Fliesen, unregelmäßigen Fenstern und organisch geschwungenen Linien gestaltet, was dem Haus eine einzigartige und märchenhafte Ästhetik verleiht. Das Innere des Museums ist eine ebenso faszinierende Wunderwelt, in der Hundertwassers Kunstwerke ausgestellt sind und die Geschichte und die dahinterstehende ökologische und künstlerische Philosophie Hundertwassers hochaktuell und berührend erzählt werden. Ein Film zeigt Ausschnitte aus dem Leben des Künstlers. Die integrierte ‚Wairau Maori Arts Gallery' folgt seiner Bedingung, dass Maori-Kunst unbedingt Teil des Kunstzentrums sein muss. Es ist die erste moderne Kunstgalerie Neusee-

Hundertwasser Art Centre

lands, die ausschließlich zeitgenössischen Maori-Künstlern vorbehalten ist. Das Hundertwasser Art Center ist täglich von 10 bis 16 Uhr geöffnet (an Weihnachten und Karfreitag geschlossen). Buchen Sie im Voraus online. Erleben Sie Architektur im Einklang mit der Natur und individueller Kreativität. **Hundertwasser Art Centre with Wairau Maori Art Gallery** (81 Dent Street, Whangārei, Tel. 09 430 4230, www.hundertwasserartcentre.co.nz).

(012) WOMO-Stellplatz: Whangarei Hatea East

GPS: S 35°43'19" E 174°19'26", Hatea Drive. **Max. WOMOs:** 4. **Ausstattung:** Keine. **Beschreibung:** Großer Parkplatz am Hatea River, nahe der Victoria Bridge. Zum Town Basin laufen Sie 5 Minuten. Nicht geräuschfrei. Bitte parken Sie auf den ausgewiesenen Stellen. Maximal eine Nacht. **Zufahrt:** Kurz hinter der i-Site biegen Sie rechts vom SH1 rechts auf die Tarewa Road ab. Den Schildern Richtung Tutukaka Coast folgen.

(013) WOMO-Stellplatz: Whangarei Bascule Carpark

GPS: S 35°44'5" E 174°19'59", 131 Port Road. **Max. WOMOs:** 8. **Ausstattung:** Toilette, Wasser. **Beschreibung:** Großer Parkplatz am Hatea River, nahe der 2013 eröffneten *Te Matau a Pohe Bridge*. Saubere Toiletten. Zum im kulturellen Zentrum von Whangarei, dem Town Basin, laufen Sie 20 Minuten am Hatea River entlang. Bitte parken Sie auf den ausgewiesenen Stellen. Maximal drei Nächte. **Zufahrt:** Vom SH1 biegen Sie am Bunnings Warehouse rechts in die Rewa Rewa Street ein, folgen dieser für drei Kilometer und biegen am Hatea River links in die Port Road ein.

Das bezaubernde Town Basin mit seinen Galerien, Bars, Cafés und Restaurants wird Ihnen sicherlich gefallen. Wenn Sie am Wasser entlangspazieren, können Sie bis zur *Waka & Wave Sculpture* einige Kunstwerke bewundern. Der Wanderweg führt weiter über die elegante Fußgängerbrücke

Whangarei, Uhrenmuseum

»Kotuitui Whitinga« und die Klappbrücke »Te Matau a Pohe«, die einen Architekturpreis gewonnen hat. Der 4,2 Kilometer lange **Hatea Loop Walkway** führt durch den William Fraser Memorial Park und über die »Victoria Canopy Bridge« zurück zum Town Basin. Die camperfreundliche Stadt bietet Ihnen zwei zentral gelegene freie Stellplätze.

Wenn Sie am Town Basin einen Kaffee trinken wollen, empfehlen wir das **The Quay** (31 Quayside, Tel. 09 430 2628), gegenüber dem Uhrenmuseum. Auf der einladenden Terrasse serviert man Ihnen auch leckere Imbisse. Sehr gute Reviews bekommt auch das nur 100 m entfernte **Brauhaus Frings** (104 Dent St, Whangarei, Tel. 09 438 4664) mit einer ausgezeichneten Auswahl handgemachter Biere. Abends gibt es oft Livemusik und im gemütlichen Garten-Restaurant können Sie zu einem in deutscher Tradition frisch gezapften Bier eine leckere Pizza essen. Im La Familia, 84 Cameron Street, können Sie von Dienstag bis Samstag sehr gutes Brot kaufen.

(014) WOMO-Campingplatz: Whangarei Top 10 Holiday Park

GPS: S 35°42'40" E 174°19'40", 24 Mair St, Tel. 09 437 6856, www.whangareitop10.co.nz. **Preise:** 50-60 NZD. **Ausstattung:** Campingplatzüblich. **Beschreibung:** Noch recht neuer ruhiger kleiner Platz neben dem Mair Park, oberhalb des Hatea River. Stellplätze sind eng, aber sehr gut gepflegt. Freundliches Personal. Neue, aber nicht hochwertige Sanitäranlagen. Trampolin für Kinder. Freier Internetzugang für bis zu 100 MB täglich. Diverse Wanderwege, 2 km zum Town Basin, 4 km zu den Wasserfällen. **Zufahrt:** Vom Zentrum die Hatea St 2 km nach Norden. Mair St rechts.

Vom *Parahaka War Memorial*, einem Kriegerdenkmal in Form eines metallverkleideten Obelisken, genießen Sie die beste Aussicht auf die Stadt. Sie erreichen den Aussichtspunkt auf dem 240 Meter hohen Mt Parihaka vom Town Basin aus über den Riverside Drive und den Memorial Drive. Empfehlenswert ist auch der Besuch des etwa vier Kilometer Richtung Dargaville gelegenen Whangarei Museumparks *Kiwi North*. Neben reizvoll präsentierten Exponaten aus der Lokalgeschichte ist besonders das Kiwi House sehenswert. Die 25 Meter hohen **Whangarei Falls** finden Sie 4,5 Kilometer nördlich in Richtung Bay of Islands. Sie werden verblüfft sein, den oberen Bereich des Wasserfalles bereits nach wenigen Metern zu erreichen. Ein Fußweg führt Sie in 5 Minuten zum unteren Bereich der Fälle mit einem großartigen Blick auf die wunderbar vielfältig bewachsene Steilwand. Wenn Sie dem am Hatea River entlangführenden Wanderweg folgen, erreichen Sie nach 30 Minuten den **A.H. Reed Memorial Kauri Park.** Der **Canopy Walkway** führt Sie zu 500 Jahre alten Kauri Bäumen.

Whangarei Falls

Kulinarische Empfehlung: Ausgezeichnet thailändisch speisen können Sie im **Suk Jai Thai Restaurant (**93 Kamo Rd, Kensington, Tel. 09 437 7287). Vom Top 10 Holiday Park laufen Sie 700 Meter zum Restaurant.

Über Dargaville zurück nach Auckland

Tour N01 führt über das an der Westküste gelegene Dargaville, und dann vorbei am tief ins Land reichenden Kaipara Harbour, zurück nach West-Auckland. Wenn Sie weiter nach Norden fahren wollen, so wechseln Sie jetzt bitte zu Tour N02.

Dargaville liegt am Ufer des mächtigen Wairoa River und verdankt Namen und Entstehung dem Holzhändler und Politiker Joseph McMullen Dargaville (1837-1896). Die Stadt wurde während des Booms des Holz- und Bernsteinhandels im 19. Jahrhundert gegründet und war kurzzeitig die bevölkerungsreichste Stadt Neuseelands. Der ursprünglich dichte Kauri Wald ist inzwischen abgeholzt. Das Umland von Dargaville wird heute von der Landwirtschaft dominiert, dazu gehören Milchwirtschaft, Rinderhaltung und Schafzucht. Das Gebiet um die Stadt ist außerdem eines der bedeutendsten Anbaugebiete für Süßkartoffeln in Neuseeland. Von den Äckern der Umgebung stammen etwa 95% aller in Neuseeland angebau-

Blick vom Maritim Museum auf Dargaville

ten Kumaras, weshalb sich die durchaus charmante, touristisch aber kaum beachtete, Kleinstadt den Beinamen »Kumara Capital« zulegte. Wer mehr über dieses Grundnahrungsmittel der Ureinwohner Neuseelands erfahren möchte, sollte bei Warren Suckling eine Traktor-Tour über seine Farm buchen. Ernie der Kumara König, wie ihn Einheimische gerne nennen, kennt jede Menge Geschichten rund um die Süßkartoffel und wird Sie auf der kurzweiligen Tour mit Anekdoten über Maoris, Farmer und Holzfäller unterhalten. Jede Führung endet mit einem hausgemachten Essen, in dessen Mittelpunkt natürlich die Kumara steht. The Kumara Box, Tel. 09 439 7018, www.kumarabox.co.nz.

Dargaville ist heute mit ca. 4500 Einwohnern das administrative Zentrum des Kaipara-Distrikts. Neben hübschen Holzhäusern kann man sich in der Stadt das sehenswerte Dargaville Maritime Museum anschauen, vor dem die Masten des berühmten Greenpeace Schiffes Rainbow Warrior aufgestellt sind. Es gibt ein gut erhaltenes 150 Jahre altes Maori Kriegskanu zu bewundern und viele Erinnerungsstücke an die im tückisch flachen Kaipara Harbour havarierten Schiffe. Das Museum liegt sehr attraktiv im Harding Park oberhalb des Wairoa River.

Dargaville hat einen der längsten ununterbrochenen Sandstrände Neuseelands, den **Baylys Beach**, der 13 Kilometer von der Stadt entfernt liegt und 90 Kilometer lang ist. An der Küste lebt die große und sehr schmackhafte Muschelart Toheroa. Der Campingplatz von Baylys Beach liegt 500 Meter vom Strand entfernt. Wer auf Rockgeschichte steht, ist im schrillen Funky Fish gleich nebenan an der richtigen Adresse (The Funky Fish, Restaurant, Café and Bar, 34 Seaview Rd, Baylys Beach, Tel. 09 439 8883): Mitbesitzer David war jahrelang internationaler Tourmanager der Rockgruppe Led Zeppelin.

Stellplatz an der Ruawai Wharf

Durch flaches Farmland fahren Sie nun in den 28 km südlich von Dargaville gelegenen Ort **Ruawai**. Nahe Tokatoka, etwa auf halber Strecke, ragt der Tokatoka Peak 180 m hoch über der Landschaft. Die Besteigung des erloschenen Vulkans nimmt etwa 15 Minuten in Anspruch und ist absolut lohnend. Die erste Passage ist relativ einfach zu laufen, nur gegen Ende geht es steil bergauf. Auf der Kuppe angelangt bietet sich Ihnen ein fantastischer Panoramablick auf den Bereich des nördlichen Wairoa River. Zum Ausgangspunkt der kurzen Wanderung gelangen Sie, indem Sie in Tokatoka in die Tokatoka Road einbiegen und dem Schild »Scenic Reserve« folgen.

(015) WOMO-Stellplatz: Ruawai Wharf

GPS: S 36°8'19" E 174°1'19". **Max. WOMOs:** 8. **Ausstattung:** Toilette, Wasser, Picknicktische. **Beschreibung:** Schotterplatz neben Wharf und Bootsrampe. Mit einigen Bäumen, Picknicktischen und einer modernen Toilettenanlage, am Ufer des Wairoa River gelegen. Die Toilettenanlage wird gelegentlich auch nachts besucht.
Zufahrt: 28 km hinter Dargaville biegen Sie in Ruawai vom SH12 rechts in die Ruawai Wharf Street ein und folgen dieser 270 m.

(016) WOMO-Campingplatz: Matakohe Holiday Park

GPS: S 36°8'1" E 174°11'20", 66 Church Road, Matakohe, Tel. 09 431 6431, www.matakoheholidaypark.co.nz. **Preise:** 40-60 NZD.
Beschreibung: Schön und friedvoll am Kaipara Harbour gelegener Platz. Sauber und sehr gut gepflegt. Kurzer Fussweg zum Kaurimuseum.
Zufahrt: Sie folgen der Church Road 500 Meter am Kauri Museum vorbei.

In Ruawai können Sie an der Wharf frei übernachten. Der Wairoa River ist hier schon sehr breit und geht bald in den Kaipara Harbour über. Am Ortsausgang links am SH12 liegt das gemütliche »award winning« Ellecee Café mit kostenlosem Internetzugang. Matakohe, ein Ort mit 400 Einwohnern und einem ausgezeichneten Kauri-Museum, das sich der Geschichte der

Kunstwerk auf dem Gelände der Gibbs Farm

Holzindustrie der Region widmet, die auf der Ernte von Kauribäumen basiert, liegt 16 Kilometer hinter Ruawai. Auf dem Parkplatz können Sie frei übernachten.

Hinter Matakohe folgen Sie dem SH12 etwa 26 Kilometer bis zum SH1 und folgen diesem Richtung Auckland bis Wellsford. Hier biegen Sie rechts in den Kaipara Coast Highway SH16 Richtung Helensville ein. Drei Kilometer hinter Wellsford zweigt rechts eine acht Kilometer lange Straße nach Port Albert ab. Dort finden Sie einen freien Übernachtungsplatz am Ufer des Kaipara Harbour. Die Niederlassung am Oruawharo River wurde zwischen 1862 und 1865 gegründet und nach dem Mann von Queen Victoria benannt.

(017) Offizieller WOMO-Stellplatz: Port Albert Domain

GPS: S 36°16'17" E 174°25'48". 140 Wharf Rd, Port Albert. **Max. WOMOs:** 8.
Ausstattung: Toilette, Picknicktische, Spielplatz.
Beschreibung: Großer Schotterplatz am Ufer des Kaipara Harbour an einer Bootsrampe. Auf einer Grasfläche mit einigen Bäumen gibt es Picknicktische. Saubere Toiletten. Ruhiger Platz zum Entspannen.
Hinweis: Das Rodney District Council erlaubt maximal zwei Nächte.
Zufahrt: Vom SH16 biegen Sie 3 km hinter Wellsford links in die Port Albert Rd ein und folgen dieser 8 km.

Kaipara Harbour

Die Bucht des **Kaipara Harbour** ist mit ihren weit in das Land hineinragenden Ausläufern einer der größten Naturhäfen der Erde. Die verzweigten Arme der Bucht bilden insgesamt eine Wasserfläche von 530 Quadratkilometern und weisen eine beeindruckende Uferlinie von 3200 Kilometer Länge auf. Die Einfahrt in die Bucht, die Kaipara Entrance genannt wird, hat eine Breite von etwa vier Kilometern. Der Kaipara Entrance wird von den Halbinseln Pouto Peninsula im Norden und South Head im Süden eingerahmt. Direkt vor der Einfahrt befinden sich mehrere gefährliche Klippen und wandernde Sandbänke,

Kunstwerk auf dem Gelände der Gibbs Farm

die einige Anforderungen an die Schiffsnavigation stellen. Zudem ist der Naturhafen sehr flach und bei Ebbe fallen weite Teile trocken. Alles zusammen führte in den 1950er Jahren zur Einstellung der Nutzung als Wirtschaftshafen. Heute wird er zunehmend von Sport- und Segelbooten genutzt. Schiffstouren im Kaipara Harbour starten in Helensville.

Auf der Fahrt durch flaches Farmland ins 60 Kilometer entfernte Helensville liegt der 305 Meter hohe Mount Auckland. Es gibt zwei Möglichkeiten, den Gipfel zu erreichen. Der erste Startpunkt liegt zwei Kilometer vor Glorit am SH16. Von hier aus ist der Weg zum Gipfel ziemlich steil. Den zweiten Ausgangspunkt finden Sie, wenn Sie in Glorit der Kaipara Hills Road drei Kilometer nach links folgen. Dieser Weg führt durch einheimischen Wald mit Rimu- und Kauri-Bäumen (**Mount Auckland Atuanui Walkway**, 3h hin und zurück).

(018) WOMO-Stellplatz: Glorit Memorial Hall

GPS: S 36°28'29" E 174°26'53". 2995 Kaipara Coast Highway, Glorit.
Max. WOMOs: 3. **Ausstattung:** Keine.
Beschreibung: Schotterplatz neben der Memorial Hall in freiem Gelände. Sie werden den Platz vermutlich nur in Anspruch nehmen, wenn Sie hier übermüdet ankommen. **Zufahrt:** Direkt hinter Glorit am Highway.

Sieben Kilometer hinter Glorit treffen Sie mit der **Gibbs Farm** auf die andere Option. Der erfolgreiche Geschäftsmann und Kunstsammler Alan Gibbs hat auf dem weiträumigen Gelände der Farm dutzende riesige Skulpturen von neuseeländischen und internationalen Künstlern platzieren lassen. Inmitten von absoluter Stille und grünen Wiesen können Sie mit Blick auf den Kaipara Harbour die eindrucksvollen Kunstwerke in einem Rundgang von drei bis vier Stunden Dauer auf sich wirken lassen. Dieses unglaublich eindrucksvolle Erlebnis will allerdings von langer Hand geplant sein. Es gibt pro Monat nur ei-

Kaipara Coast Sculpture Gardens

nen - kostenlosen - Besichtigungstermin, der oft lange vorher ausgebucht ist. Versuchen Sie Ihr Glück (**Gibbs Farm**, GPS: S 36°31'11" E 174°26'56", www.gibbsfarm.org.nz).

Neun Kilometer hinter der Gibbs Farm sollten Sie am »**Kaipara Lookout**« einen Stopp einlegen (GPS: 36°35'7" E 174°29'17"). Kurz hinter dem Aussichtspunkt führt rechts ein Zufahrtsweg hinunter zu einer Gärtnerei mit Skulpturengarten (**Kaipara Coast Sculpture Gardens**, 1481 Kaipara Coast Highway, Kaukapakapa, Tel. 09 420 5655). Trinken Sie hier in angenehmster Umgebung einen Kaffee und machen Sie einen Spaziergang durch den liebevoll angelegten Garten, Sie werden an den Skulpturen Ihre Freude haben.

Helensville - Waitakere Ranges

Bis Mitte des neunzehnten Jahrhunderts war **Helensville** von Kauri-Wald umgeben. Der erste europäische Siedler in diesem Gebiet war der schottische Holzfäller John McLeod, der hier ein Haus mit dem Namen Helen's Villa im Gedenken an seine Frau errichtete. Die Stadtbewohner eiferten ihm nach und gaben der Stadt den Namen seiner Frau. Helensville wuchs durch die aufstrebende Kauri-Industrie schnell. Auf dem Höhepunkt des Booms der Holzindustrie lebten in der Stadt mehr als 10 000 Menschen. Sie waren größtenteils beim Holzeinschlag, dem Transport mit Pferdefuhrwerken und Waldbahnen sowie der Verarbeitung in Sägewerken beschäftigt.

Nach dem Niedergang der Holzindustrie, Anfang des 20. Jahrhunderts, entstanden auf den abgeholzten Waldflächen fruchtbare Weiden, die die Basis für die Milchwirtschaft legten. Heute versprüht das von grünen Wiesen umgebene Helensville

Historisches Post Office in Helensville

den Charme einer Kleinstadt auf dem Lande. Es hat einige historische Gebäude und freundliche, bodenständige Bewohner. Zwei kleine Museen geben einen Einblick in die vergangenen Zeiten der Region. Es gibt Antiquitätenläden und Cafés, eine **i-Site** im Moment leider nicht. Es gibt einen *Helensville Heritage Trail* und *Helensville Riverside Walkway*.

Die Stadt liegt am *Kaipara River*, der bald in einen nahe gelegenen Ausläufer des *Kaipara Harbour* mündet. Der heute nicht mehr kommerziell genutzte Hafen, früher gab es einen regelmäßigen Fährverkehr nach Dargaville, diente bis in die 1950er Jahre zur Anlieferung von Gütern und dem Abtransport von Produkten der Region. Sie können ihn heute zu einem Bootsausflug nutzen (**Kaipara Cruises**, Tel. 09 420 8466, www.kaiparacruises.co.nz). Ganz in der Nähe der Stadt wurden die thermischen Kräfte der Erde für ein natürlich beheiztes Schwimmbad erschlossen. Schon vor 100 Jahren wurde der Ort durch die drei Kilometer westlich der Stadt bei Parakai entdeckten heißen Quellen zu einem kleinen Touristenzentrum. Heute wird der Aquatic Park, besonders an kühlen Wintertagen, gerne von Auckländern besucht (**Aquatic Park Parakai Springs**, 150 Parkhurst Rd, Tel. 09 420 8998, große Thermalschwimmbecken, kleine Privatpools, Wasserrutsche, tgl. 10-21 Uhr).

Der Woodhill Forest liegt 14 Kilometer südlich von Helensville. Dort wartet ein ganz besonderes Abenteuer auf Sie. **Tree Adventures** bietet insgesamt neun Hochseilstrecken unterschiedlichster Ausgestaltung an: Balancebalken, Netze, schwingende Baumstämme und einen Flying Fox (Boundary Road, Woodhill Forest, Tel. 0800 827 926, www.treeadven-

Tölpelkolonie in Muriwai

tures.co.nz). Nebenan gibt es den **Woodhill Mountainbike Park** (Tel. 027 278 0949).

An den Woodhill Forest schließt sich südlich der Muriwai Beach Regional Park an. In Waimauku zweigt die acht Kilometer lange Muriwai Road zur **Muriwai Beach** ab. Diesen Abstecher sollten Sie sich alleine wegen der Tölpelkolonie nicht entgehen lassen. Von einem großen Parkplatz aus führen hölzerne Stege zu Beobachtungspunkten oberhalb der Brutplätze auf den Klippen. Zwischen August und April nisten dort bis zu 3.000 Austral-Tölpel, in der Maorisprache auch Takapu genannt. Die Tölpel sind mit ihrer Flügelspannweite von 1,8 – 2 Metern elegante Flugkünstler, die geschickt die Aufwinde am Kliff zu nutzen wissen. Ihrem Namen machen sie bei der Landung alle Ehre. Sie verläuft sehr schwerfällig und endet oft mit Stürzen. Ein Schmunzeln kann man sich als Beobachter dann nicht verkneifen. Da die Nester sehr eng beieinander liegen haben die Tölpel aber auch nicht viel Platz zur Landung. Besonders schön anzuschauen ist das Begrüßungsritual, bei dem die Tiere ihre Hälse wie im Tanz gegeneinander reiben. Die Eltern wechseln sich bei der Brut und Futterbeschaffung ab und sind dazu oft lange unterwegs. Wenn die jungen Tölpel flügge geworden sind, fliegen sie 2.000 Kilometer nach Australien, um dann nach ein paar Jahren für den Rest ihres Tölpel-Lebens wieder zur Kolonie zurückzukehren. Für die Neuseeländer - den Australiern in brüderlicher Liebe verbunden - ist der Grund für die Rückkehr nach Neuseeland klar: Die Tölpel haben von den Australiern die Nase gestrichen voll.

Auf einem Felsplateau unterhalb der Klippen stehen zahlreiche Angler. Ein gefährlicher Platz, denn die See ist oft aufgewühlt und es wurden schon Menschen von großen Wellen

Tölpelkolonie in Muriwai

ins Meer gespült. Zur 60 Kilometer langen Muriwai Beach kommen aber nicht nur Angler und Vogelbeobachter, sondern auch Surfer und Allradfreaks, denn der Strand ist für allradbetriebene Autos freigegeben. Die oft vorherrschenden Westwinde werden auch zum Drachenfliegen, Kiteboarding, Parasailing und Hanggleiten genutzt. Strandsegler werden an der Küste vermietet. Ausflüge in den Busch werden durch Plankenwege erleichtert. Der **Muriwai Lookout Track** führt in einer halben Stunde zu einem Aussichtspunkt. Er startet in 32 Domain Cresent, einer Nebenstraße der Motutara Road, unweit des empfehlenswerten **Sand Dunz Beach Cafés** (455 Motutara Rd, Tel. 09 411 8558).

(019) WOMO-Campingplatz: Muriwai Beach Campground

GPS: S 36°49'38" E 174°25'41", 50 Jack Butt Lane, Muriwai Beach, www.muriwaibeachcampground.co.nz. **Preise:** 45–50 NZD. **Beschreibung:** Großer, wilder Platz, der bei Surfern sehr beliebt ist. Er liegt im 380 Hektar großen Muriwai Regionalpark und ist nur durch die Dünen vom langen Surfstrand getrennt. Bis zur Tölpelkolonie laufen Sie 20 Min. Das Gelände ist nicht sehr eben. Von der Rezeption bis zu den Sanitäranlagen ist alles neu. **Zufahrt:** Vom SH16 sind es nach 8 km nach Muriwai. Dort ausgeschildert.

Gegenüber dem Café führt eine Straße zu einem Parkplatz oberhalb eines Surfstrandes. Sie können von hier aus zu den Beobachtungspunkten der Tölpelkolonie laufen. Falls der Campingplatz ausgebucht ist, können Sie hier auch über Nacht stehen (GPS: S 36°50'3" E 174°25'39"). Eine ausgezeichnete Toilettenanlage ist vorhanden. Es gibt auch viele Mountainbike-Strecken in den Kiefernwald, besonders Downhill- und Freeride-Strecken. Auf dem Campingplatz tummeln sich viele junge Leute, die letztgenannten Beschäftigungen mit Begeisterung nachgehen. **Achtung:** In Folge von Schäden durch den

Tölpelpaar bei der Begrüßungszeremonie

Zyklon Gabrielle im Februar 2023 wurde die Wege zu den Beobachtungspunkten gesperrt, weil eine geotechnische Untersuchung ergab, dass das Gelände instabil ist. Umfangreiche Sanierungsarbeiten sind erforderlich.

Aucklands Westen - Waitakere Ranges

Um zu den anderen Stränden des *Waitakere Ranges Regional Parks* zu gelangen, müssen Sie zum SH16 zurückkehren. Der Highway bringt Sie ins sechs Kilometer entfernte und 7.000 Einwohner zählende Städtchen **Kumeu**, das sich selbst als »The Fruit Bowl of Auckland« (Die Fruchtschale Aucklands) bezeichnet. Das Gebiet um Kumeu - von Waimauku bis Huapai - ist aber vor allem ein Weinbaugebiet, das von dem milden Klima mit nicht zu heißen Sommern profitiert. Die Weingüter werden heute oft noch von den gleichen Familien betrieben, die hier vor mehr als 100 Jahren die ersten Reben pflanzten. Namen wie Sapich (**Weingut Sapich**, 150 Forest Rd, Henderson, Tel. 09 8134 4902), Braikovich (**Weingut Kumeu River Wines**, 550 SH16, 09 412 8415) und Slojans (**Slojans Estate**, 366 SH16, Tel. 09 412 2680) sind drei hervorzuhebende Vertreter. Die heutige Nobilo Wine Group, 1943 von Nikola Nobilo gegründet, ist Neuseelands zweitgrößter Weinproduzent. **Fine Wine Tours** (Tel. 0800 023 111, www.insidertouring.co.nz) bietet von Auckland aus Weintouren nach Kumeu mit Besuch von Muriwai Beach an.

Wenn Sie ein Bier bevorzugen, sind Sie in der **Kleinbrauerei Hallertau** (1171 Coatesville Riverhead Hwy, Riverhead, Tel. 09 412 5555 www.hallertau.co.nz) richtig. Ein 3-km-Abstecher bringt Sie auf die Terrasse des Bar-Restaurants mit fünfteiligen Bierproben, darunter auch ein Kölsch. Nächstes Ziel sind die traumhaften Beaches im Westen Aucklands, Bethells Beach, Piha Beach und Karekare Beach, alle mit Stränden aus gol-

Te Henga Beach

den-schwarzem Sand, einer starken Brandung und markanten Felsen ausgestattet. Die 42 km lange Strecke zur Piha Beach können Sie über den SH16 und die Piha Road zurücklegen oder über die Waitakere Road und den Scenic Drive.

Te Henga, früher Bethells Beach genannt, können Sie nur über den Scenic Drive erreichen. Der Strand ist dort nicht so beliebt wie die anderen Strände der Waitakere Ranges, dafür bieten sich ausgesprochen tolle Wanderungen an. Der **Te Henga Walkway** und der **Lake Wainamu Track (**8 km, 2,5 h, hin und zurück). Letzterer startet am Parkplatz an der Bethells Road, folgt dem flachen Waiti Stream bis zum Lake Wainamu mit kleinem Wasserfall. Hier können Sie gut schwimmen.

Am Treffpunkt von Scenic Drive und Piha Road befindet sich auf einer Hügelkuppe das **Elevation** (473 Scenic Drive, Waiatarua, Tel. 09 814 1919). Vor Zyklon Gabrielle (Februar 2023) konnten Sie hier bei traumhafter Aussicht - 350 Meter oberhalb Aucklands ist sogar der Skytower zu sehen - hausgemachten Kuchen essen. Der Status im Februar 2024: Dauerhaft geschlossen. Die landschaftlich sehr reizvolle Fahrt führt Sie nun quer durch die Waitakere Ranges in den kleinen Ort **Piha**, der nur wenige Einwohner hat. Piha war durch vom Zyklon Gabrielle verursachte massive Erdrutsche ab Februar 2023 für drei Monate von der Außenwelt abgeschnitten. Vierzig Häuser gingen verloren. Heute bietet die Anfahrt nach Piha wieder einen spektakulären Blick auf den gold-schwarzen Sandstrand mit dem 80 Meter hohen **Lion Rock** in seiner Mitte. Der Fels war ein Maori Wehrdorf, er kann derzeit nicht mehr bestiegen werden. Der Strand ist zum Schwimmen nur bedingt zu empfehlen, da die Brandung sehr stark ist. Gehen Sie daher nur in den bewachten Bereichen schwimmen. Die beste Möglichkeit für ein Wellenbad gibt es in South Piha, da

Piha Beach mit dem Lion Rock

dort die Wellen flacher sind. Bei Surfern ist Piha Beach sehr beliebt, ja ein richtiggehender Surfer Hotspot und am Wochenende meist überfüllt. Surfer sehen bei ihren waghalsigen Wellenritten manchmal einige der bedrohten Maui-Delfine. Im Ort gibt es einen kleinen Kramladen (The Piha Store, 26 Seaview Road), eine Bibliothek, ein Café, den RSA Memorial Club, den Surf Lifesaving Club mit tollen Blicken auf die Beach, einen Campingplatz, aber keine Tankstelle! Sehr empfehlenswert ist das neue exquisite **Aryeh Restaurant**, das seinen Schwerpunkt auf lokale Bio-Produkte legt (20 Seaview Road, Tel. 027 411 7046). Am nördlichen Ende des Strandes gibt es eine Kolonie von Zwergpinguinen. Zwei kurze Wanderungen möchten wir Ihnen empfehlen:

Kitekite Falls Walk (1,5 h Rundgang).
Packen Sie Ihre Schwimmsachen ein, denn der einfach zu laufende Weg führt zu einem klaren Pool, in den sich das Wasser der Kitekite Falls über drei Ebenen mit insgesamt 40 m Höhe ergießen. Die Wanderung startet an einem Parkplatz am Ende der Glenesk Rd.

Tasman Lookout Track (40 Min. hin und zurück).
Der kurze, aber steile Weg führt vom Südende des Strandes zu einem Aussichtspunkt hinauf. Unten am Strand drücken sich die anrollenden Wellen durch eine schmale Öffnung, was bei kräftiger Brandung eindrucksvolle Gischtfontänen erzeugt.

Zur sieben Kilometer südlich gelegenen **Karekare Beach** fahren Sie auf einer engen Straße, die sich durch den dichten Regenwald hindurch windet. Um vom Parkplatz zu dem charaktervollem flach ins Meer abfallendem schwarzsandigem Strand zu gelangen, müssen Sie einen knöcheltiefen Bach durchwaten. An dem stimmungsvollen Strand wurde 1993 die Eingangsszene zu Jane Campoins Welterfolg »Das Piano« gedreht. Doch Vorsicht, bei Flut kann die Brandung ungeahnte Gewalt erreichen, die Karekare Beach zu einer der

Piha Beach nördlich des Lion Rock

gefährlichsten des Landes macht. Wenn keine Lifeguards am Strand sind, sollten Sie nicht mal an das Schwimmen denken! Es lauern überall gefährliche »rips« mit starken Rückströmungen, die Sie in kurzer Zeit weit auf´s offene Meer hinaus ziehen können. Also, nur zwischen den Flaggen ein Bad im Meer nehmen! Oder ist Ihnen eher nach einer Wanderung zumute? An der Lone Kauri Road beginnt eine kurze Wanderung zu einem Aussichtspunkt auf die 30 Meter hohen **Karekare Falls**. Ergänzend können Sie den steilen **Cave Rock Track** laufen, der am Picknickplatz neben dem Parkplatz startet.

(020) WOMO-Campingplatz-Tipp: Piha Domain Motor Camp

GPS: S 36°57'14" E 174°28'20", 21 Seaview Road, Piha, Tel. 09 812 8815, www.pihacamp.com.

Buchung: Ausschließlich online, selbst wenn sie physisch im Office angelangt sind!
Ausstattung: Keine Entsorgungsstation.
Preise: 50-55 NZD.
Beschreibung: Großer Grasplatz, der sehr von der Nähe zur Black Beach profitiert. Sie haben Blick auf den Lion Rock und den schwarzen Sandstrand. Neue Sanitäranlagen, etwas ältere Kücheneinrichtungen. **Zufahrt:** In Piha nicht zu verfehlen, gegenüber Lion Rock.
Zugang zur Beach: Vom Kinderspielplatz führt ein Weg über eine Brücke und einen Bohlenweg durch die Dünen zur Beach.

Sie verlassen nun die wilde Westküste Aucklands, fahren zurück zum Scenic Drive und folgen diesem nach rechts für vier

Nördliches Ende der Piha Beach

Kilometer. Auf der rechten Straßenseite liegt nun das beeindruckende **Arataki Visitor Centre** (300 Scenic Dr, Oratia, Tel. 09 817 0077, tgl. 9 bis 17 Uhr). In dem kinderfreundlichen Gebäude können Sie sich auf Nachfrage einen 12-minütigen Film über die Waitakere Ranges anschauen. Beeindruckend sind die Maori Schnitzereien, besonders der aus einem Kauri Baum herausgearbeitete Pou (Maori Pfahl). Herausragend ist auch die Sicht von der Terrasse. Ein Besuch ist auf jeden Fall lohnend. Besorgen Sie sich den Waitakere Ranges Recreation and Track Guide. Einige der dort aufgeführten Wanderwege beginnen hier, darunter zwei Naturlehrpfade von 10 bzw. 90 Minuten Länge. Kurz vor dem Visitor Centre befindet sich das empfehlenswerte **Olive Kitchen and Bar** (233 Scenic Drive, Titirangi, Tel. 09 281 9590). Gut für ein Essen oder einen Kaffee.

(021) Offizieller WOMO-Wanderplatz: Arataki Visitor Centre

GPS: S 36°56'48" E 174°36'25". 300 Scenic Drive, Oratia, Auckland Regional Council, Tel. 09 366 2000. **Max. WOMOs:** 5. **Ausstattung:** Toilette, Wasser, Picknicktische. **Preise:** 15-20 NZD. **Beschreibung:** Parkplatz in attraktiver Lage, von Wald umgeben. Wie der gesamte Parkplatz, befinden sich die Stellplätze in Schräglage. Free WiFi im Visitor Centre. Das Auckland Regional Council erlaubt maximal zwei Nächte. Achtung: Es muss vorab gebucht werden! Der Schlagbaum bleibt zwischen 21 Uhr und 6 Uhr geschlossen. **Zufahrt:** Am Scenic Drive nicht zu verfehlen. 5 km vor Titirangi.

Zu Ehren von Sir Edmund Hillary wurde der **Hillary Trail** (70 km, 3-4 Tage) ins Leben gerufen. Er führt vom Arataki Visitor Centre über Karekare, Piha und Te Henga nach Muriwai Beach. Die enorm abwechslungsreiche Route führt vorbei an entlegenen Staudämmen, Seen und bizarr geformten Sanddünen, durch Sumpfgebiete und urwaldgleiche Buschlandschaften. Auf dem letzten Abschnitt der Wanderung haben Sie immer wie-

Arataki Visitor Centre

der Ausblicke auf die typischen gold-schwarzen Strände der West Coast. Die Strecke wurde ganz im Geiste des Everest-Erstbesteigers angelegt, denn schon nach wenigen hundert Metern wird klar, der Hillary Trail richtet sich eher an Liebhaber der ruppigen Gangart. In stetem Auf und Ab führt ein schmaler Weg über Wurzeln und Felsblöcke durch die zerklüfteten Hügel der Waitakere Range (maximale Höhe 390 m). Oft watet man durch Schlamm, manchmal auch durch kleine Bäche. Sollten Sie nun noch Interesse an dieser urigen Mehrtageswanderung haben, Informationen gibt es im Visitor Centre.

Nur 600 Meter westlich des Visitor Centre gab es eine wesentlich weniger anstrengende Möglichkeit, die Waitakere Ranges kennen zu lernen. Der **Rain Forest Express**, der auf einer alten für den Kauri Transport eingerichteten Strecke verlief, startete an Jacobson's Depot, 280 Scenic Drive, Titirangi. Nach einem Erdrutsch wurde die Linie 2014 eingestellt. Erkundigen Sie sich im Visitor Centre, ob es zwischenzeitlich eine Wiedereröffnung gab. Zum Zentrum Aucklands, haben Sie nun nur noch 22 Kilometer zurückzulegen.

(022) Offizieller WOMO-Stellplatz: Auckland
Margaret Griffen Park

GPS: S 36°55'14" E 174°43'16", 16-38 Griffen Park Road. **Max. WOMOs:** 5. **Ausstattung:** Toilette. **Beurteilung:** Parkplatz in attraktiver Lage neben einem Sportgelände. Ruhig. Plätze etwas uneben. Die zugelassenen Übernachtungsplätze sind durch Pfeile gekennzeichnet. Erlaubt sind maximal zwei Nächte. Platz nach zwei Nächten um 9 Uhr räumen. **Zufahrt:** Sie biegen von der Route 15 in die Griffen Park Rd ab.

TOUR N02
30 km
Cape Reinga
Cape Maria van Diemen
048 WC
Te Paki Recreation Reserve
Te Paki Sanddünen
Te Paki
North Cape
Parengarenga Harbour
Ninety Mile Beach
Aupouri Halbinsel
Great Exhibition Bay
Houhora Heads
47
46
Hukatere
Rangaunu Bay
Cape Karikari
P
Maitai Bay
043 WC
Whatuwhiwhi
42
Rangaunu Harbour
Karikari Halbinsel
Ahipara Bay
045
Awanui
44
10
Doubtless Bay
Ahipara
49
Kaitaia
Mangonui
40
Hihi
WC 041
Herekino Forest
Raetea Forest
Taupo Bay
WC 50
Whangaroa Bay
Wrack der Rainbow Warrier
C
Warawara Forest
Whangaroa
Cavalli Islands
Puketi Forest
Matauri Bay
39
Takou Bay
Hokianga Harbour
51
Koutu Boulders
Rawene
Wairere Boulders
1
Omapere
Opononi
P
Rainbow Falls
Kerikeri
12
Hone Heke Monument
Kaikohe
Haruru Falls
Waitangi Treaty Grounds
Bay of Islands
WC 038
Ngawha Springs
37
35
Cape Brett
Paihia
Russell
WC 52
Waipoua Forest
WC 34
36
Kawakawa
Aranga Beach
053 WC
WC 056
Trounson Kauri Park
Russell Forest
Kai-Iwi-Lakes
54
C
Oakura
WC 055
033 WC
Helena Bay
12
15
P
Baylys Beach
Hikurangi
C
Sandy Bay
Dargaville
14
Whangarei Falls
31
032 WC
Tour N01
Whangarei
Tutukaka

Tour N02: Durch den winterlosen Norden 640 km

Whangarei - Tutukaka - Bay of Islands - Kerikeri - Kaitaia - Cape Reinga - Rawene- Waipoua Kauri Forest - Dargaville

Stellplätze:	Woolleys Bay, Oakura Beach, Kawakawa, Raetea North Side, Tapotupotu Bay, Kaikohe, Waipoua Forest, Trounson Kauri Park, Kai Iwi Lakes
Camping:	Tutukaka, Russell Top 10, Paihia Top 10, Paihia Waitangi, Matauri Bay, Hihi Beach, Whatuwhiwhi Top 10, Awanui Motel, Hukatere Lodge, Wagener HP, Ahipara, Rawene, Kauri Coast Top 10, Matakohe HP
Besichtigen:	Kawakawa Hundertwasser, Russell Flagstaff Hill, Waitangi Treaty Grounds, Kerikeri Stone Store, Te Waimate Mission Station, Rainbow Warrier Mem., Cape Reinga Lighthouse, Ninety Mile Beach, Hokianga Harbour, Tane Mahuta
Wandern:	Mangawhai Cliffs Walkway, Russell Heritage Walk, Flagstaff Hill Walk, Waitangi Treaty Grounds, Cape Reinga: Te Werahi Beach Walk, Kaitaia Walkway, Rawene Mangrove Walkway, Wairere Boulders Walk, Arai Te Uru Heritage Walk, Waiotemarama, Waipoua Kauri Forest, Lake Taharoa, Trounson Kauri Park Loop Track
Essen:	Russell Road: Gallery & Café, Russell: The Wharf Restaurant & Bar, Paihia:Only Seadfood, Waterfront, Treaty Grounds: Whare Waka Café, Kerikeri: Pear Tree Mangonui Fish Shop, Kaitaia: Bushman‘s Hut Restaurant, Pukenui Pacific Bar & Café, Rawene: Copthorne Hotel
Baden:	Whale Bay, Woolleys Bay, Helena Bay, Russell Oneroa Bay, Paihia TeTi Bay, Ngawha Springs, Whatuwhiwhi Beach, Tokerau Beach, Tapotupotu Bay, Ahipara Bay, , Aranga Beach, Kai Iwi Lakes, Lake Taharoa, Baylys Beach

Tour N02 führt Sie tiefer hinein in die nördlichste der sechzehn Verwaltungsregionen Neuseelands. Zur Weihnachtszeit erleben Sie hier einen wahren Farbenrausch. Das Potpourri von allgegenwärtigen knallroten Pohutukawa-Blüten, türkisblauem Meerwasser, dunkelgrün bewaldeten Kalkfelsen und saftig grünen Wiesen wird auch Sie bezaubern. Northland mit dem Verwaltungssitz Whangarei gilt als die »Wiege Neuseelands«. In Northland wurden einige der ältesten Spuren menschlicher Besiedlung in Neuseeland gefunden, und auch die ersten dauerhaften europäischen Siedlungen entstanden hier. Die ersten Maori in ihren Auslegerbooten, aus dem legendären Hawaiki kommend, landeten in Northland und in der Bay of Islands wurde im 19. Jahrhundert der gleichnamige Friedensvertrag zwischen Maori und europäischen Siedlern geschlossen. Der am 6. Februar 1840 unterzeichnete Vertrag von Waitangi ist die Gründungsurkunde des modernen Neuseelands. Dieser Pakt gilt heute noch als neuseeländische Verfassung schlechthin.

Strandleben an der Matapouri Bay

Wenn Sie die Geschichte von Maori und Europäern hautnah erleben möchten, besuchen Sie das 71 km nördlich Whangarei gelegene Waitangi Treaty House in der Bay of Islands.

Danach folgen Sie der Ostküste und fahren bis zum 450 km nördlich Auckland gelegenen Cape Reinga. Dort treffen die Tasmanische See und der Pazifik eindrucksvoll aufeinander. Kilometerweit sichtbar ringen sie schäumend um Vorherrschaft. Nach dem Mythos der Maori reisen die Seelen der Verstorbenen entlang der Ninety Mile Beach, um Aotearoa vom Cape Reinga aus in Richtung Hawaiki zu verlassen. Auf der Rückreise nach Süden werden Sie den Hokianga Harbour passieren, in dem, den Legenden der Maori zufolge, vor etwa 1000 Jahren der legendäre polynesische Seefahrer und Navigator Kupe anlandete. Im benachbarten Waipoua Kauri Forest werden Sie anschließend den riesigen und 2000 Jahre alten Tane Mahuta kennen lernen. Der Gott des Waldes, wie er auch genannt wird, ragt 51 Meter hoch in den Himmel und hat einen Umfang von 13,8 Meter.

Ein perfekter Tag an der Tutukaka Coast

Wir raten Ihnen, sich auf dem Weg nach Norden die **Tutukaka Coast** anzuschauen. Sie fahren nach dem Besuch der Whangarei Falls nicht zurück zum SH1, sondern auf der Ngunguru Road Richtung Küste. Die wunderschöne Straße ist recht schmal und sehr kurvenreich. Nach der kleinen Siedlung Ngunguru erreichen Sie den Hafenort **Tutukaka**. Hier werden Tauchfahrten in die farbenfrohe Unterwasserwelt der vorgelagerten **Poor Knights Islands** angeboten, die als eines der besten Tauchgebiete der Welt gelten (www.diving.co.nz). Sehr zu empfehlen ist die Perfect Day Ocean Cruise zu den Poor Knights Islands, die einen Lunch, Heißgetränke, Schnorcheln

Whale Bay

und Kajakfahren beinhaltet (**Dive Tutukaka und Perfect Day**, Marina Rd, Tel. 0800 288 882, www.diving.co.nz, www.aperfectday.co.nz). Im Hafen von Tutukaka liegt eine stattliche Zahl von Fischerbooten, die Gelegenheit zum Hochseeangeln bieten. Kurz bevor sich die Straße wieder von der Küste abwendet, befindet sich die Woolleys Bay mit einem feinen Sandstrand. Auf dem Hügel vor der Woolleys Bay liegt ein Parkplatz, von dem aus Sie eine 20-minütige Wanderung zur idyllischen **Whale Bay** unternehmen können.

(031) WOMO-Campingplatz: Tutukaka Holiday Park

GPS: S 35°36'31" E 174°31'23", 288 Matapouri Road, Tutukaka 1073, Tel. 09 434 3938. **Preise:** 30-50 NZD. **Beschreibung:** Die Stellplätze liegen alle auf gepflegtem Rasen. Sanitärbereich und Küche sind sehr schön und sauber. Bis zum Shoppingzentrum und zum Hafen haben Sie 5 Minuten zu laufen. **Zufahrt:** In Tutukaka direkt an der Hauptstraße, Schildern folgen.

(032) Offizieller WOMO-Badeplatz: Matatapouri-WoolleysBay

GPS: S 35°33'36" E 174°29'6", 1194 Matatapouri Rd, **Max. WOMOs:** 3. **Ausstattung:** Toiletten, Picknicktische. **Beschreibung:** Ruhige und geschützte kleine Übernachtungsstelle nahe der Beach. Wunderschöner Strand mit guter Badegelegenheit. **Zufahrt:** 2 km hinter Matatapouri.

Über die Russell Road in die Bay of Islands

Wenn Sie sich gegen den Abstecher zur Tutukaka Coast entscheiden, folgen Sie ab Whangarei dem SH1 und haben nach etwa 22 Kilometer kurz vor Whakapapa erneut die Qual der Wahl. Sie können auf dem SH1 bleiben oder rechts in die Russell Road abbiegen. Die Russell Road ist eng, sehr kurvenreich, hat steile Passagen und kann nur langsam befahren werden. Wer sich dennoch traut, wird mit einsamen, zauberhaften Sandstränden und einem der schönsten erhaltenen Urwälder Neuseelands belohnt. Vorsicht, die Abzweigung zur

Elliot Bay

Russell Road sechs Kilometer hinter Hikurangi ist leicht zu übersehen. 21 Kilometer nach Verlassen des SH1 erreicht die Russell Road die Küste bei Helena Bay.Hier können Sie die Nacht verbringen und in der Bucht schwimmen. Kurz vor der Helena Bay empfiehlt sich eine Rast im hoch gelegenen **The Gallery & Café** (www.galleryhelenabay.co.nz, Tel. 09 433 9934) an. Genießen Sie hier Fair-Trade-Kaffee und leckeren Kuchen bei herrlichem Fernblick.

(033) WOMO-Badeplatz: Oakura Beach

GPS: S 35°23'22" E 174°20'38". 153 Oakura Rd, Oakura, Tel. 09 430 4200. **Max. WOMOs:** 4. **Ausstattung:** Toiletten, Picknicktische, Mülleimer. **Beschreibung:** Parkplatz neben der Strasse an der Oakura Beach. Die Toiletten sind gut gepflegt. Kiosk über die Strasse. Tauchshop 300 m. **Zufahrt:** Von der Russell Road rechts in die Oakura Rd abbiegen. 1,5 km.

Zwanzig Kilometer hinter Helena Bay gabelt sich die Straße. Links führt die nun unbefestigte Russell Road in das **Ngaiotanga Scenic Reserve** mit dem 10-minütigen Kauri Grove Nature Walk und dem Twin Bole Kauri Walk. Rechts zweigt die asphaltierte Rawhiti Rd ab, die ebenfalls nach Russell führt - 5 Kilometer länger, aber asphaltiert. Drei Kilometer nach dieser Abzweigung führt eine Nebenstraße auf eine reizvolle Halbinsel. Das dort gelegene Whangaruru Horth Head Scenic Reserve bietet tolle Strände und einen sehr schönen DOC-Campingplatz (**Puriri Bay** - DOC Standard Campsite, GPS: S 35°21'50" E 174°21'36"). Nach weiteren drei Kilometern biegt man links in die Whangaruru North Road ein, die an einigen malerischen Buchten vorbeiführt und schließlich wieder in die Russell Road mündet. Nach weiteren 14 Kilometern ist Russell erreicht.

Über den SH1 in die Bay of Islands

Wer dem SH1 folgt, sollte sich in Towai, 17 Kilometer vor Kawakawa, einen Besuch der **Ruapekapeka Historic Reserve**

Blick auf die Strandpromenade Russell

mit einem der bedeutendsten Maori Pa nicht entgehen lassen. An diesem historischen Ort fand 1845/46 die letzte Schlacht zwischen Engländern und Maori - mit Häuptling Hone Heke - statt. Vom Parkplatz aus, wo kostenlose Infobroschüren bereitliegen, laufen Sie 15 Minuten zur alten Maori Festung, dem Schauplatz der Schlacht. Maori Anführer Te Ruki Kawiti hatte eine ausgetüftelte Verteidigungsanlage gebaut, von der heute noch einige Stellungen in der Landschaft erahnt werden können. Sein ausgetüfteltes System aus Tunneln, Gräben und Unterständen diente als Vorbild für die Schützengräben im ersten Weltkrieg. Auch die in die Erde gebaute Stellung der Briten samt einigen Kanonen ist noch zu sehen. Deren Beschuss konnte die Anlage aber auf Dauer nicht standhalten.

Fünf Kilometer vor Kawakawa führt eine ein Kilometer lange Abzweigung zu den Kawiti Caves in Waiomio. Die weit verzweigten und vielgestaltigen Tropfsteinhöhlen faszinieren ihre Besucher durch riesige Stalaktiten und Stalagmiten. In der eindrucksvollen Glühwürmchen-Grotte hängen tausende klebriger Fäden von der Decke, auf denen die leuchtenden Larven sitzen. Es werden täglich zwischen 9 und 16 Uhr halbstündige Führungen angeboten. **Kawiti Caves,** 49 Waiomio Road, Waiomio, Tel. 09 404 0583.

Eine Stunde oder 55 Kilometer nördlich Whangarei erreichen Sie auf dem SH1 **Kawakawa**, das hübsch am gleichnamigen Fluss gelegene Verwaltungszentrum der **Bay of Islands**. Im Sommer kann man täglich mit einer restaurierten Dampfeisenbahn eine wunderschöne 45-minütige Fahrt durch Tunnel und über Brücken entlang des Kawakawa River unternehmen. Eng verbunden mit Kawakawa ist auch der Name **Friedensreich Hundertwasser**. Der österreichische Künstler ließ sich hier

Hundertwasser Toilette in Kawakawa

1975 nieder und lebte bis zu seinem Tode im Jahr 2000 im nahe gelegenen Kaurinui Valley in einem grün bewachsenen, windschiefen Holzhaus auf seinem 180 Hektar großen Grundstück. Seinen Mitbürgern in Kawakawa gestaltete er 1997 die extravagante öffentliche Toilette des Ortes, die heute jährlich von vielen tausend Besuchern bewundert und fotografiert wird.

(034) WOMO-Stellplatz: Kawakawa Library
GPS: S 35°22'45" E 174°4'2", 26 Gillies St, Kawakawa, Tel. 0800 920 029.
Max. WOMOs: 4. **Ausstattung:** Toilette, kalte Dusche, Wifi (Bibliothek).
Beschreibung: Parkplatz hinter den Hundertwasser Toiletten, an der neuen Bibliothek. Viel Platz, sehr angenehme Atmosphäre.
Zufahrt: Über die Mackereth Lane.
Hinweis: Maximal 2 Nächte und 9 m Länge. Zwischen 18 Uhr und 9 Uhr.

Um die Bay of Islands zu erkunden, müssen Sie spätestens in Kawakawa den SH1 verlassen. Sie folgen dem SH11, der zunächst North Rd und wenig später Paihia Rd heißt, zunächst bis **Opua** und nehmen in dem kleinen, attraktiven Jachthafen die Fähre Richtung Russell. Sie ist nicht sehr geräumig, aber es verkehren ständig zwei Fähren, so dass fast keine Wartezeit entsteht. Kassiert wird während der kurzen Überfahrt nach **Okiato**.

Bay of Islands

Die ehemalige Walfanghochburg **Russell** hat ihren viktorianischen Charme bewahrt. Heute ein beliebter Ferienort mit etwa 1.200 Einwohnern war Russell Anfang des 19. Jahrhunderts die erste weiße Stadt Neuseelands. Nach der Unterzeichnung des Vertrages von Waitangi wurde Russell 1840 für kurze Zeit zur Hauptstadt des Landes. Trotz bewegter Vergangenheit (die *Christ Church* weist heute noch Einschüsse aus der Zeit der Auseinandersetzung zwischen einer Gruppe Maori und der

Bay of Islands

britischen Marine im Jahr 1844 auf) zeigt sich Russell heute als Schmuckstück im viktorianischen Stil. Vor allem an der Hafenfront mit seinem Pier blieb die Zeit stehen. Dort finden Sie den *Duke of Marlborough*, ein Hotel mit den angeblich ältesten Schankrechten im Lande, den *Swordfish Club* der Hochseeangler, das Rathaus, das *Pompallier House* sowie die ehemalige *Missionsdruckerei*. Im neben der i-Site gelegenen Museum wird an die Zeit des großen Seefahrers Captain James Cook erinnert. Es zeigt u.a. einen Nachbau von Cooks Schiff Endeavour im Maßstab 1:5.

(035) WOMO-Campingplatz: Russell Top 10

GPS: S 35°15'32" E 174°7'29", 1 James St, Russell, www.russelltop10.co.nz Tel. 0800 148 671,
Preise: 60-80 NZD. Je nach Lage gestaffelt.
Beschreibung: Sehr gepflegter Platz am Hang, an ein Wohngebiet angrenzend. Die höher gelegenen Plätze bieten tolle Ausblicke auf die Bay of Islands. Bis zum Bootsanleger haben Sie zehn Minuten zu laufen.
Zufahrt: In Russell geradeaus fahren und den Schildern folgen.

An der Uferpromenade »The Strand« liegen eine ganze Reihe von Cafés und Restaurants, unter denen das **The Wharf Restaurant & Bar** (29 The Strand, Tel. 09 403 7771) mit seiner großzügigen Terrasse und ausgezeichnetem Essen herausragt. Die historischen Stätten Russells kann man am besten

In der Mangahawea Bay vor Anker liegende Tucker Thompson

kennenlernen, wenn man den drei **Heritage Walkways** folgt. Eine imposante Aussicht auf Russel hat man vom **Flagstaff Hill** und dem **Tapeka Point**. Badestrände findet man an der östlichen Seeseite der Landzunge in der **Oneroa Bay**.

(036) WOMO-Campingplatz: Paihia Top 10 Holiday Park

GPS: S 35°18'3" E 174°6'7", 1290 SH11, Paihia, Tel. 09 402 7678, www.paihiatop10.co.nz

Preise: 50-70 NZD. Starke Preisstaffelung, abhängig von der Reihe in der Sie stehen.
Beschreibung: Ein toll gelegener Platz, bei dem alles stimmt. Zu den in Paihia startenden Ausflugsfahrten werden Sie abgeholt.
Zufahrt: 3,5 km vor Paihia biegen Sie rechts vom SH11 ab.

Da von Russel nur eine Personenfähre zum nahe gelegenen Paihia führt, müssen Sie, um nach Paihia zu gelangen, die Bucht umfahren und erneut die Fähre von *Okiato* nach *Opua* nehmen. Früher war **Paihia** ein kleines Fischerdorf, das überwiegend durch seine Nähe zum historischen Waitangi bekannt war. Heute ist Paihia ein beliebter und umtriebiger Ferienort in abwechslungsreicher landschaftlicher Umgebung an der Bay of Islands gelegen, der seinen Besuchern Kauribäume, Obstplantagen und einen langen Sandstrand bietet. Hochseeangler starten hier ihren Trip zu den reichhaltigen Fanggründen vor der Küste, und auch für Taucher beginnt im Hafen ein schöner Tag auf und in dem Meer.

Hole in the Rock

Ausflugsboote laden zu verschiedenen Bootsausflügen durch die Bucht ein, die auch per Kajak erkundet werden kann. Anbieter von Touren zum »Hole in the Rock« oder »Schwimmen mit Delfinen« sind **Great Sights** (Tel. 0800 653 339, www.dolphincruises.co.nz) und **Explore NZ** (Tel. 0800 397 567, www.exploregroup.co.nz), deren Büros an der *Paihia Wharf* liegen. Delfine sind bei den Touren fast immer zu sehen. Wenn Delfinbabys mit vor Ort sind, ist das Schwimmen mit ihnen allerdings nicht erlaubt. Einen gemütlichen 5,5 stündigen Ausflug können Sie mit dem Segelschiff R. Tucker Thompson unternehmen (Tel. 0800 633 255, www.tucker.co.nz). Das beeindruckende Segelschiff ist nach dem legendären Neuseeländischen Segler und Umweltschützer Robert Tucker Thompson benannt.

(037) WOMO-Campingplatz-Tipp: Waitangi Holiday Park

GPS: S 35°16'36" E 174°4'39", 21 Tahuna Road, Paihia Bay of Islands, Tel. 09 402 7866, www.waitangiholidaypark.co.nz. **Preise:** 40-60 NZD. **Beschreibung:** Liegt schön am Strand des Waitangi River, bis zu den Waitangi Treaty Grounds 10 Minuten zu laufen, bis zum Zentrum Paihias 1,5 km. **Ausstattung:** Trampolin. **Zufahrt:** In Paihia geradeaus weiterfahren, vor der Brücke nach Waitangi links abbiegen und den Schildern folgen.

Wenn Sie gerne Fisch essen, sind Sie im **Only Seadfood** (40 Marsden Rd, Tel. 09 402 6066) an der richtigen Adresse. Das reizvoll an der Uferpromenade gelegene **Waterfront** serviert Ihnen schmackhaftes und sehr liebevoll angerichtetes Essen zu moderaten Preisen (48 Marsden Road, Tel. 09 402 6701). Die Straße von Paihia nach Waitangi verläuft entlang des Sandstrandes der TeTi-Bay. Hinter dem Shipwreck Museum führt die Straße einspurig über eine schmale Brücke direkt zu den **Waitangi Treaty Grounds**, also mitten hinein in Neuseelands Geburtsstätte. Es gibt einen Parkplatz für Wohnmobile.

Der Vertrag von Waitangi (Treaty of Waitangi)

Um die britischen Handelsinteressen zu wahren und der zunehmenden Rechtlosigkeit entgegenzuwirken, ernannte die britische Regierung 1833 James Busby zu ihrem Regierungsvertreter in Neuseeland. Seine Aufgabe war es, ein legitimes Abkommen für das Zusammenleben der Maori und der britischen Siedler auszuarbeiten. Als Ende der 1830er Jahre die Angst wuchs, Neuseeland an Frankreich zu verlieren, wurde der Vertrag eilig vorangetrieben. Der Vertragstext wurde von James Busby und dem Generalgouverneur William Hobson mit Hilfe des Missionars Henry William, der die Sprache der Maori perfekt beherrschte und das Vertrauen einiger ihrer Häuptlinge genoss, ausgearbeitet. Die 46 anwesenden Maori-Häuptlinge berieten zwei Tage lang über den Inhalt des Vertrags, bevor sie ihn am 6. Februar 1840 im Treaty House unterzeichneten. In der Folge traten über 500 Maori-Häuptlinge aus dem ganzen Land dem Treaty of Waitangi bei. Sie unterstellten sich damit der britischen Krone, bekamen im Gegenzug deren Schutz zugesichert und wurden britische Staatsbürger mit allen Rechten und Pflichten. Den Maori wurde uneingeschränktes Recht an ihrem Besitz, Land, Wäldern, Fischgründen usw. zugesichert; nur die Krone durfte Land von den Maori kaufen.

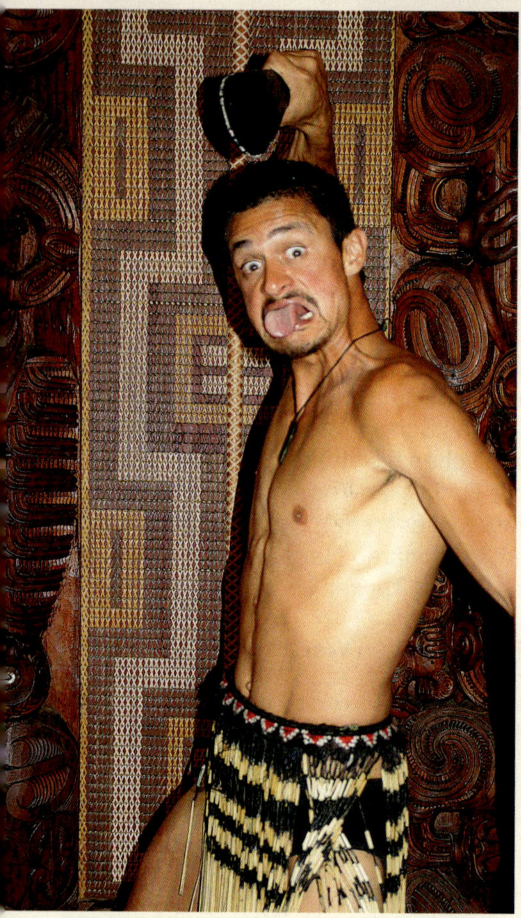

Schon bald nach der Unterzeichnung des Vertrags kam es zu Problemen und Spannungen über seine Auslegung. Diese Streitigkeiten hatten ihren Ursprung darin, dass der Vertrag in zwei Fassungen vorlag: einer englischen und einer maorischen. Diese wichen teilweise voneinander ab. Vor allem die konkrete Umsetzung des Vertrages erzürnte die Maori, denn die britische Krone verkaufte das den Maori abgekaufte Land zu wesentlich höheren Preisen an Siedler weiter. Bis heute beschäftigt die korrekte Auslegung die höchsten Gerichte des Landes, und bei den Feiern zu den Jahrestagen des Vertrags kommt es immer wieder zu heftigen Protesten. In jüngster Zeit kam es zu Entschädigungszahlungen an Maori-Stämme für die unrechtmäßige Enteignung von Fischgründen. Der Vertrag von Waitangi gilt als Gründungsdokument Neuseelands. Der 6. Februar ist Nationalfeiertag und wird jährlich als **Waitangi Day** begangen.

Waitangi Treaty House

Direkt hinter dem Eingang befindet sich das neue und wirklich sehr beeindruckende Museum »Te Kōngahu - Museum of Waitangi«. Durch Mangrovenwald, vorbei an Maorisäulen und einem 35 Meter langen, aus zwei Kauristämmen zusammengesetzten Maori-Kriegskanu, es kann neben den 80 Ruderern 70 Krieger aufnehmen, führt der Weg zu dieser wichtigsten historischen Stätte Neuseelands. Hier wurde am 6. Februar 1840 im **Treaty House** der **Treaty of Waitangi** unterzeichnet. Von der riesigen, gepflegten Rasenfläche vor dem Treaty House hat man einen herrlichen Blick auf die Bay of Islands. Das häufig umgebaute Haus ist wenig spektakulär; sein ursprüngliches Aussehen kann nur erahnt werden. Einige Schritte vom Treaty House entfernt steht das prunkvolle **Whare Runanga**, ein Maori Versammlungshaus, mit Schnitzereien und Symbolen mehrerer Maori-Stämme aus dem Northland. Es wurde 1934 neben dem Treaty House im Stile eines traditionellen Versammlungshauses errichtet und bei der Hundertjahrfeier im Jahre 1940 eingeweiht. Im Visitor Centre wird man in einer ausgezeichneten audiovisuellen Show über die historischen Zusammenhänge informiert. Es empfiehlt sich, eine Führung zu buchen. Besuchen Sie auch die sehr instruktive Abendveranstaltung im Carved Meeting House mit anschließendem Hangi im **Whare Waka Café** (**Hangi & Concert**, Tel. 0800 9248 2644, www.waitangi.org.nz).

Sie fahren von Paihia aus über den SH11 Richtung Kerikeri. Nach vier Kilometer biegen Sie rechts ab, um den **Haruru Falls** einen kurzen Besuch abzustatten. Die Wasser des

Whare Runanga, Maori Versammlungshaus

Waitangi River stürzen hier kurz vor seiner Mündung hufeisenförmig fünf Meter in die Tiefe, ein imposantes Schauspiel. Sie finden hier auch einen beliebten Campingplatz. Etwa neun Kilometer hinter den Haruru Falls biegen Sie rechts auf den SH10 ab, dem Sie für acht Kilometer folgen, um dann rechts in die Kerikeri Road abzubiegen. Schnell werden Sie feststellen, dass Sie sich nun in der ergiebigen **»Fruchtschüssel des Nordlands«** befinden, denn entlang der Straße laden Farmer durch Schilder dazu ein, Käufe ihrer Feldfrüchte in ihrem Hof zu tätigen. Darüber hinaus finden Sie am Wegrand Stände, an denen Orangen, Äpfel, Kiwis, Paprika oder Tomaten auf Selbstbedienungsbasis angeboten werden. Die ebenfalls angebauten Weine können Sie in einer Winery kosten. Immer wieder sind hohe Hecken zu sehen, die die Anbaugebiete vor dem oft heftigen Wind schützen sollen.

In der kleinen Hafenbucht von **Kerikeri** (6.000 Einw.) befindet sich mit dem 1822 gebauten **Kemp House**, das einen guten Einblick in die Zeit der europäischen Besiedlung vermittelt, das älteste Gebäude Neuseelands und mit dem **Stone Store** das älteste Steingebäude des Landes (1835), dessen historische Mauern heute einen kleinen Kramladen beherbergen. Beide Gebäude gehör-

Kerikeri Stone Store

ten zur *Kerikeri Missionsstation,* die 1821-1822 unter Reverend *John Gare Butler* errichtet wurde. Das Missionshaus war die erste ständige Mission Neuseelands, weswegen Kerikeri häufig auch als die »Wiege der Nation« bezeichnet wird. Mit der *St. James Kirche* und der *Methodist Church* befinden sich auch noch zwei Kirchen aus dem 19. Jahrhundert in Kerikeri. Im oberhalb des Yachthafens gelegenen Freilichtmuseum **Rewa's Maori Village** ist die Nachbildung eines Maori-Dorfes (Kainga) aus der Zeit vor der Ankunft der Europäer zu bewundern (Sept.-April tgl. 9-17, sonst 10-16 Uhr). Auch das Naturschauspiel der **Rainbow Falls** sollten Sie sich nicht entgehen lassen. Vom nahe gelegenen Parkplatz laufen sie fünf Minuten zu den Wasserfällen, schauen von oben in das *Kerikeri Basin* und können bei Sonnenschein einen Regenbogen bewundern. Vom Rewa's Maori Village Parkplatz aus startet der Kerikeri Walkway, der Sie in einer Stunde zu den Rainbow Falls führt. Unterwegs können Sie die nicht weniger schönen **Wharepuke Falls** bewundern.

Tipp: Gegenüber dem Kemp Haus liegt mit Blick auf den kleinen Hafen das **Plough & Feather Restaurant** (215 Kerikeri Rd, Far North, Tel. 09 407 8479). Auf der sehr schönen Terrasse können Sie das hübsch angerichtete Essen bei dezenter Livemusik genießen. Kunden des Restaurants dürfen mit dem Wohnmobil auf dem Parkplatz kostenlos übernachten! Nur 50 Meter oberhalb gibt es saubere und gepflegte öffentliche Toiletten.

Von Kerikeri zum Hokianga Harbour

Wenn Ihr Zeitplan eine Weiterfahrt nach Far North und Cape Reinga nicht vorsieht, können Sie von Kerikeri oder der Bay of Islands aus über den SH12 nach Westen zum Hokianga Har-

Blick vom Hone Heke Memorial Park in Kaikohe

bour fahren. Ihre erste Station sollten die **Ngawha Springs** sein. Die drei Kilometer abseits des Highways liegenden nördlichsten Thermalquellen Neuseelands werden von den Maori schon seit 300 Jahren wegen ihrer heilenden Wirkung genutzt. Für wenig Geld können Sie in der einfachen und rustikal wirkenden Anlage den ganzen Tag verbringen. Die Pools haben unterschiedliche Temperaturen, und ein fauliger Schwefelgeruch ist allgegenwärtig. (**Waiariki Pools**, Ngawha Springs Rd, Ngawha Springs, Tel. 09 405 2245, www.ngawhasprings.co.nz). Unterwegs haben Sie die Gelegenheit eine der ersten Ansiedlungen in Neuseeland zu besuchen, die **Te Waimate Mission Station**.

(038) Offizieller WOMO-Stellplatz: Kaikohe - Lindvart Park

GPS: S 35°24'37" E 173°48'13", Recreation Rd, Kaikohe, 09 401 5200. **Max. WOMOs:** 4. **Ausstattung:** Toilette (5 Gehminuten), Entsorgungsstation nebenan, Picknicktische, Mülleimer. **Beschreibung:** Parkplatz neben einer großen Sportanlage. Gut für eine Nacht. **Zufahrt:** Vom SH2 links abbiegen auf die Mangakahia Rd und nach 450 m rechts abbiegen auf die Recreation Rd.

Wenige Kilometer westlich liegt der kleine gemütliche Ort **Kaikohe**. Geschichtlich Interessierte finden im *Pioneer Village* mehrere restaurierte historische Gebäude, darunter u.a. Neuseelands ältestes Gerichtsgebäude, eine Maori-Hütte, eine Sägemühle, ein Gefängnis, eine Schmiede und eine Schule. Ferner werden auch Ausstellungsstücke zur Maori Kultur gezeigt. Auch eine Fahrt auf den Kaikohe-Hill lohnt sich. Zum einen haben Sie von hier aus einen wunderbaren Blick, zum anderen befindet sich hier die Erinnerungsstätte an einen der größten Maori Häuptlinge, **Hone Heke**. Er war einer der Unterzeichner des Vertrags von Waitangi, begann aber bald an diesem zu zweifeln. Als Zeichen seiner Ablehnung fällte Hone Heke

Wairere Boulders

den britischen Fahnenmast auf dem Flagstaff Hill in Russell. Im Verlauf von einem Jahr wiederholte Hone Heke dies noch dreimal, obwohl zuletzt ein ganzes Bataillon britischer Soldaten zur Bewachung des Fahnenmastes abgestellt war. Dies führte zum sogenannten *Flagstaff War*, dem ersten Abschnitt der Neuseelandkriege.

In Taheke, 18 Kilometer hinter Kaikohe, zweigt rechts die Taheke-Horeke Road nach Horeke ab. Dieser Abstecher bietet zwei Attraktionen. Zuerst die Wairere Boulders und etwas später die Mangungu Mission. Die Wairere Boulders sind eine beeindruckende Felsformation, die 1987 von dem Schweizer Ehepaar Rita und Felix Schaad entdeckt und in mühevoller Arbeit zu einer Sehenswürdigkeit ausgebaut wurde. Die Felsformation ist das Überbleibsel eines 10 bis 20 Meter dicken vulkanischen Plateaus, das sich vor knapp drei Millionen Jahren aus der Lava eines Vulkanausbruchs gebildet hat. Im Laufe von mehreren hunderttausend Jahren wurde die Basaltschicht, die auf einem weichen Tonuntergrund ruht, in unzählige bizarre Formationen verwittert, die durch Ätzungen markante Riffelungen aufweisen. Die enorme Erosion erklärt sich durch einen Kauri-Wald, der sich über der Basaltschicht entwickelt hat. Die Blätter der Kauri-Bäume sind so säurehaltig, dass der Regen das darunter liegende Gestein im Laufe der Zeit zu vielen bizarren Formen ausgewaschen hat. Der Rundgang ist sehr gut ausgeschildert und dauert 40 Minuten. Eine weitere Stunde benötigt man, um durch den Regenwald zu einer Plattform am Ende des Tals zu gelangen. Hier kann man auch mit dem Wohnmobil übernachten, wenn man den Parkeintritt bezahlt hat. Toiletten und Picknicktische sind vorhanden (**Wairere Boulders**, 70 McDonnell Rd, Horeke, Tel. 09 401 9935, täglich bis Sonnenuntergang). Der 12 Kilometer lange Ausflug

Blick auf die Matauri Bay und den Campingplatz

zu den Wairere Boulders, von denen die letzten fünf Kilometer unbefestigt sind, lohnt sich auf jeden Fall.

Zwei Kilometer hinter den Boulders treffen Sie auf das **Mangungu Mission House**, ein sehr schönes Holzgebäude aus den Jahren 1838/39. Eine historische Bedeutung erhielt das Missionshaus ein Jahr nach seiner Fertigstellung. Die Maori Häuptlinge der Hokianga Region unterzeichneten hier den Vertrag von Waitangi. Zurück auf dem Highway treffen Sie nach 19 Kilometern auf den Abzweig nach Rawene und damit auf die Hauptroute von Tour N02.

Von Kerikeri nach Awanui

Auf der Weiterfahrt nach Norden (Far North) empfehlen wir 16 Kilometer hinter Kerikeri rechts in die Matauri Bay Road einzubiegen, um dem Traumstrand an der **Matauri Bay** einen Besuch abzustatten. Nach 14 Kilometern bleiben Sie in dem gleichnamigen Ort auf der Matauri Bay Road und haben bald einen überwältigenden Blick auf die Bucht und die vorgelagerten Cavalli Islands. Am nördlichen Ende der Bucht führt ein Weg einen Hügel hinauf zum **Rainbow Warrior Memorial**. Das Denkmal des Künstlers Chris Booths ist ein aus Steinen zusammengesetzter Bogen, der einen Regenbogen darstellen soll. An ihm ist die originale Schiffsschraube des Greenpeace-Schiffes befestigt, das am 10. Juli 1985 durch einen Bombenanschlag des französischen Geheimdienstes versenkt wurde. Ein barbarischer Akt, der bis heute unfassbar ist. Neben dem Denkmal ist auf einem Stein die Position des nicht weit entfernten Wracks eingemeißelt. Im Matauri Bay Holiday Park werden Tauchgänge zum Wrack angeboten. Neben dem Holiday Park befindet sich ein einfacher Platz, der fast ausschließlich von

Rainbow Warrior Memorial

Maori bewohnt wird. Die Bucht gehört dem Stamm der Ngati Kura, deren historisches *Kanu Mataatua* nicht weit entfernt auf dem Meeresgrund liegt.

(039) WOMO-Campingplatz: Matauri Bay HP

GPS: S 35°1'43" E 173°54'51", Matauri Bay Rd, Matauri Bay, Tel. 09 405 0525, www.matauribayholidaypark.co.nz. **Ausstattung:** Einkaufsladen, Tauchbasis, Tankstelle. **Preise:** 50-60 NZD. **Beschreibung:** Schon die Fahrt hinab in die Bay bietet einen traumhaften Ausblick. Die Stellplätze liegen wunderbar zwischen der Matauri Bay und der Putataua Bay. Goldgelber, feiner Sandstrand. Sicheres Schwimmen ist in der Bucht möglich. Am Strand gibt es gut ein Dutzend großer Norfolk Pinien. Der Zustand der Plätze und die Qualität der Sanitäreinrichtungen können mit dieser Schönheit nicht ganz mithalten. **Hinweis:** Der Platz ist bei Neuseeländern sehr beliebt und in der Ferienzeit oft ausgebucht. Er beherbergt eine Tauchbasis, von der aus Tauchgänge zum Frack der Rainbow Warrior angeboten werden. Der Weg zum Rainbow Warrior Memorial startet am östlichen Ende des Platzes. **Zufahrt**: Vom SH10 in die Matauri Rd abbiegen. Nach 14 km nicht links dem Scenic Drive folgen, sondern auf der Matauri Rd bleiben. Diese bringt sie nach weiteren drei Kilometern zum Platz.

Zurück im Ort **Matauri Bay** können Sie die hübsche *Samuel Marsden Memorial Church* besichtigen, die an die Anlandung des Missionars 1814 und seine Vermittlungstätigkeit zwischen Maori Stämmen erinnert. Sie fahren nicht direkt zurück zum SH10, sondern folgen der Wainui Road, die sich bald an der Küste entlangschlängelt. In Tauranga Bay gibt es einen sehr schön gelegenen Campingplatz. Kurz bevor Sie wieder auf den SH10 treffen, erreichen Sie **Whangaroa** mit einem bei Hochseefischern beliebten Hafen. Die Stadt bezeichnet sich selbst als »Marlin Capital«, Ausflugsfahrten werden angeboten. Vom 230 Meter hohen St Pauls Rock (30 Min.) haben Sie einen wunderbaren Blick auf den Ort und die tief ins Landesinnere reichende Meeresbucht Whangaroa Harbour.

Blick auf die Matauri Bay und vorgelagerte Inseln

Der SH10 führt zunächst am Whangaroa Harbour entlang und verläuft dann im Hinterland. Kurz bevor er wieder die Küste erreicht, können Sie rechts nach Hihi abbiegen und auf einem ruhig gelegenen Campingplatz relaxen. Der SH10 trifft nach dieser Abzweigung bald auf die mit langen Sandstränden geschmückte **Doubtless Bay**. Mal wieder war Captain Cook der Namensgeber, der bei seiner Ankunft meinte, dieses Gewässer wäre »doubtless a bay«. Im Südosten mündet der Oruati River in die Doubtless Bay und bildet den Naturhafen **Mangonui Harbour**, der durch die Halbinsel *Osprey Head* von der Bucht getrennt ist. Zentrum der Doubtless Bay ist der historische Ort **Mangonui**, westlich davon erstrecken sich diverse Vororte wie Coopers Beach oder Cable Bay.

(040) WOMO-Campingplatz: Hihi Beach Holiday Camp
GPS: S 34°58'8,5" E 173°32'20", Hihi Beach Road, Tel. 09 406 0307, www.hihicamp.co.nz. **Ausstattung:** Campingplatzüblich. **Preise: 40-60 NZD.** **Beurteilung:** Einfacher, friedvoller und grüner Platz. Durch die Straße von der Doubtless Bay getrennt. **Zufahrt:** 5 km vor Mangonui biegen Sie rechts vom SH10 ab und folgen der Hihi Beach Road 5 km. Der Platz liegt rechts.

In Mangonui lohnt ein Stopp unbedingt, denn zwischen den historischen Gebäuden befinden sich zahlreiche Souvenirläden und Cafés. Das Herzstück des Dorfes bildet der historische Hafen, der einst ein wichtiger Handelsposten für Walfang und Handel war. Heute ist er ein malerischer Ort, der von Cafés, Restaurants und Kunsthandwerksläden gesäumt ist. Besucher können entlang der Kai-Promenade schlendern, frische Meeresfrüchte genießen und die charmante Atmosphäre des Küstendorfes erleben. Sie finden im Ort auch den weithin bekannten **Mangonui Fish Shop**, der immer wieder Preise für die besten »Fish & Chips« des Landes bekommt. In Mangonui

Tauranga Bay Holiday Park

kann man Bootstouren und Schwimmen mit Delfinen buchen. Sportfischer können Boote chartern, und es gibt Angebote zum Tauchen oder zum Mieten von Kajaks.

(041) Offizieller WOMO-Stellplatz: Mangonui Lions Park

GPS: S 34°59'45" E 173° 32'5", Waterfront Road, Mangonui, Tel. 09 401 5200.
Max. WOMOs: 4.
Ausstattung: Toilette, Wasser, Entsorgungsstation.
Beschreibung: Netter Rastplatz mit Bäumen. Trotz der Nähe zur Straße ist das Krähen des Hahnes das lauteste Geräusch.
Zufahrt: An der Nebenstraße nach Mangonui (Waterfront Drive).

Die Doubtless Bay wird an ihrer Nord- und Westseite von der **Karikari Peninsula** begrenzt. Hier liegen die Orte **Whatuwhiwhi** und **Tokerau Beach.** Der gleichnamige Sandstrand zieht sich über die gesamte Westseite der Bucht nach Süden. Sie verlassen Mangonui auf dem SH10 und erreichen nach etwa 30 Kilometern Awanui. **Awanui** ist ein kleiner, 350 Einwohner zählender Ort, an der Basis der *Aupori Peninsula*, an deren Nordspitze **Cape Reinga** liegt. Der Awanui River fließt durch den Ort Richtung Norden in die Rangaunu Bay. In den 1920er Jahren wurde Kauriholz und Kauriharz aus Kaitaia über Awanui an die Küste gebracht. Wir empfehlen einen Blick in den am SH1 liegenden Show Room der Firma *Ancient Kauri Kingdom* zu werfen, in dem aus ausgegrabenen alten Baumstümpfen der Urwaldriesen gearbeitete Möbel, Skulpturen und

Blick vom DOC Platz auf die Matai Bay

Gebrauchsgegenstände zu bewundern und zu kaufen sind. In Awanui trifft der SH10 wieder auf den SH1.

(042) WOMO-Campingplatz: Whatuwhiwhi Top 10

GPS: S 34°52'28" E 173° 23'24", 17 Whatuwhiwhi Road, Whatuwhiwhi, Tel. 0800 142 444, www.whatuwhiwhitop10.co.nz. **Ausstattung:** Spielplatz. **Preise:** 60-70 NZD. **Beurteilung:** Sehr gepflegter und ruhig liegender Platz mit großen Stellplätzen auf Gras. Gute und saubere Sanitäranlagen, aber wenig Duschkabinen. Direkt hinter der Straße liegt die romantische Perehipe Beach. **Zufahrt:** 18 km vom SH10 entfernt, gut ausgeschildert.

(043) Offizieller WOMO-Badeplatz: Matai Bay

GPS: S 34°49'47" E 173°24'27", Off Matai Bay Road, Maitai Bay. **Max. WOMOs:** 100. **Ausstattung:** Toilette, kalte Dusche. **Preise:** 30-40 NZD. **Beurteilung:** DOC Standard. Großer Grasplatz auf mehreren Ebenen an der Matai Bay, am Ende der Karikari Halbinsel. Uns hat es oben am besten gefallen. An der Dünen Kante darf man zwar nicht mit dem Womo stehen, aber Tisch und Stühle können Sie sehr wohl mit dorthin nehmen. Der Blick auf die Bucht und den Strand sind einfach umwerfend. Manchmal sind Delfine und sogar Orcas zu sehen. Ein abgelegenes Juwel! Wandern Sie den Matai Bay Headland Track. **Hinweis:** Keine Buchung möglich. Wer zuerst kommt, mahlt zuerst. **Zufahrt:** Vom SH10 auf die Inland Rd und später auf die Matai Bay Rd abbiegen. Die letzten 1,3 km sind Schotterstraße.

Sie müssen sich nun entscheiden, ob Sie dem Camper zum Cape Reinga fahren wollen oder aber eine organisierte Bustour vorziehen. Wenn Sie den gewaltigen Sandstrand der **Ninety Mile Beach** hautnah genießen wollen, müssen Sie auf Ihr

Wohnmobil verzichten und mit einem der Spezialbusse vorliebnehmen. Die Fahrt mit dem Wohnmobil ist auf dem breiten harten Sandstrand prinzipiell möglich. Wir raten davon jedoch dringend ab. Die Gefahren und Risiken sind zu groß. Wenn Sie einen Blick auf die Ninety Mile Beach werfen wollen, wählen sie eine der Zufahrtsstraßen, am besten gleich die Waipapakauri Ramp, sechs Kilometer nördlich Awanui. Parken Sie wenn es sandig wird und laufen die restliche Strecke.

Aus einem Kauristamm gefertigte Bank

(044) WOMO-Campingplatz: Awanui Norfolk Motel & Campervan Park

GPS: S 35°2'46" E 173°15'33", 29 SH10, Awanui, Tel. 0800 266 736, www.norfolkmotel.co.nz. **Ausstattung:** Spielplatz, Swimmingpool, Spapool. **Preise:** 45-55 NZD. **Beurteilung:** Die Stellplätze befinden sich hinter dem Hotel. Saubere Sanitäreinrichtungen. Gut für eine Nacht. **Zufahrt:** 150 m bevor der SH10 auf den SH1 trifft links abbiegen.

(045) WOMO-Stellplatz: Awanui Sports Complex

GPS: S 35°2'37" E 173°15'21" . **Max. WOMOs:** 4. **Ausstattung:** Keine. **Beurteilung:** Gute freie Übernachtungsmöglichkeit auf einem Parkplatz neben einem Rugby Feld. Ein Caretaker ist vor Ort. **Zufahrt:** Vom SH10 rechts auf SH1 abbiegen. Nach 300 m links.

Bustour zum Cape Reinga

Die Touren starten in der Regel im acht Kilometer südlich gelegenen Kaitaia. Wer sich in Absprache mit dem Veranstalter in Awanui für die Tour auflesen lassen will, kann hier im Ninety Mile Beach Holiday Park übernachten, schöne Lage, schlechte Kritiken. Auch im von uns empfohlenen Campingplatz in **Ahipara** werden Sie zu den Touren abgeholt. Auch in Mangonui und sogar in Paihia starten Bustouren zum Cape Reinga. Letztere elfstündige Tour macht aus unserer Sicht für Wohnmobilreisende keinen Sinn.

Eine Bustour zum **Cape Reinga** dauert den ganzen Tag und schließt ein Picknick zur Mittagszeit mit ein. Am Cape Reinga legt der Bus eine 45-minütige Pause ein. Das ist für diesen stimmungsvollen Ort etwas kurz. Ein 10-minütiger Spaziergang führt Sie zum Leuchtturm und dem dahinterliegen-

Rarawa Beach

den Aussichtspunkt auf das Kap. An den hohen Sanddünen am **Te Paki Stream** halten die Busse, um Sandschlittenfahren zu ermöglichen. Wer will, kann sich einen Plastikschlitten schnappen, die Düne hinaufsteigen und in rasanter Fahrt zum Fluss hinunter flitzen. Zunächst eine Klarstellung: Die **Ninety Mile Beach** ist tatsächlich nur 64 Meilen (103 Kilometer) lang. Die Busse befahren die Ninety Mile Beach fast in ihrer vollen Länge zwischen der Mündung des *Te Paki Stream* und der *Waipapakauri Beach*. Sie jagen bei Ebbe mit etwa 100 km/h den festen Sandstrand entlang und verlangsamen ihre Fahrt nur gelegentlich im Mündungsbereich eines der kleinen Wasserläufe, die sich in die Tasmansee ergießen. Der Rest der Rundreise führt über den SH1. Ob die Ninety Mile Beach auf der Hinfahrt zum Cape Reinga oder erst der Rückfahrt befahren wird, hängt von den Gezeiten ab. Die Tour wird in der beschriebenen Art von mehreren Busunternehmen angeboten und kann auf jedem Campingplatz und in jeder i-Site gebucht werden. Wir können sie sehr empfehlen. Busunternehmen mit Start in Kaitaia und Ahipara:

Harrison Cape Runner, 123 North Rd, Kaitaia, Tel. 0800 227 373, www.harrisonscapereingatours.co.nz

DuneRider, 36 Wireless Road, Kaitaia, Tel. 0508 386 374, www.dunerider.nz

Mit dem Wohnmobil zum Cape Reinga

Die Fahrt mit dem Wohnmobil lohnt wegen der einzigartigen Landschaftsbilder und der freien Zeiteinteilung. Sie können Ihre Pausen selbst gestalten, länger am stimmungsvollen Cape Reinga verweilen, Wanderungen unternehmen und sogar eine

Wildpferde in Hukatere

Übernachtung auf der **Aupouri Halbinsel** einplanen. Wenn Sie den nahe des Kaps an einem tollen Strand gelegenen DOC Campingplatz Tapotupotu wählen, können Sie am Nachmittag oder vielleicht sogar bei Sonnenuntergang Cape Reinga besuchen und gleich wieder am nächsten Morgen, bevor die Busse eintreffen.

Die 103 Kilometer lange Straße nach Cape Reinga führt durch das leicht hügelige Innere der Halbinsel. Der gut zu befahrende SH1 ist seit 2010 durchgehend asphaltiert. Die Straße ist wenig befahren und ab und zu gibt es Rastplätze mit schönen Ausblicken auf Wälder, grüne Wiesen und das Meer. Es gibt einige Rinderfarmen und auf der Westseite ist der Blick auf den Ninty Mile Beach durch Kiefernwälder verstellt. Es gibt nur wenige Siedlungen, die meisten Menschen leben in der Hafenstadt Houhora am flachen Houhora Harbour. Die wichtigsten Wirtschaftszweige der ländlichen Halbinsel sind heute die Forstwirtschaft, die Fischerei und der Anbau von Avocados. Bekannt ist die Halbinsel auch für ihre Wildpferde. Jedes Jahr im März findet ein ganz besonderer Laufwettbewerb statt, die Te Houtawea Challenge. Dann werden am Ninety Mile Beach ein 60-Kilometer-Ultramarathon, ein Marathon und ein Halbmarathon ausgetragen. Darüber hinaus werden Rahmenveranstaltungen angeboten. Wer die Wildpferde hautnah erleben möchte, übernachtet in der Hukatere Lodge and Camping Ground. Sie wird von Gabi Pfänder geführt, einer deutschen Künstlerin, die fasziniert von den polynesischen Riten und Traditionen des Südpazifiks Neuseeland zu ihrer zweiten Heimat gemacht hat.

Anfang des 20. Jahrhunderts befand sich die südliche Halbinsel fest in der Hand aus Dalmatien stammender Gum-

Wildromantischer Campingplatz Hukatere Lodge

digger. Sie suchten in der Erde nach den von den Kaurifichten stammenden riesigen Harzklumpen, dem neuseeländischen Bernstein. Im *Gumdiggers Park* können Sie das Leben und Arbeiten der Gumdigger nachvollziehen. Er liegt 16 Kilometer nordwestlich von Awanui nahe Waiharara. Von Ende des 19. bis weit in das 20. Jahrhundert trug der Handel mit Kauriharz ganz wesentlich zum Wohlstand des Northlands bei. Kurz hinter Waiharara haben Sie am **Lake Waiparera** eine schöne Möglichkeit zu einem Picknick (GPS: S 34°56'44" E 173°11'13").

(046) WOMO-Campingplatz: Hukatere Lodge

GPS: S 34°54'3" E 173°5'34", 809 Hukatere Road, Houhora, Tel. 09 409 8705 und 021 884 145, www.hukatere.com/camping. **Ausstattung:** Standard. **Preise:** 40-60 NZD. **Beschreibung:** Das hügelige Gelände bietet verschiedene natürliche Stellplätze. Immer wieder können wir Wildpferde beobachten, die hier ungestört grasen und an unserem Platz vorbeiziehen. Der Sonnenuntergang am Strand von Ninety Mile Beach war überwältigend. Nur die Dünen liegen dazwischen. Wir haben unseren Aufenthalt dort sehr genossen. **Zufahrt**: In Pukenui vom SH1 auf die Whalers Rd abbiegen, diese wird zur Hukatere Rd. Von insgesamt 9 km sind die letzten 6 Gravel.

Das auf Ostseite der Halbinsel am Houhora Harbour liegende **Houhora** erreichen Sie 17 Kilometer hinter dem Lake Waiparera. Der 900 Seelen-Ort besteht aus den Ortschaften Raio ,Pukenui, Te Raupo und Waihopo die wie an einer Perlenschnur hintereinander aufgereiht liegen. Davor zweigt eine drei Kilometer lange Straße nach Houhora Heads ab. Dort finden Sie den Wagener Holiday Park. Der Naturhafen Houhora Harbour ist neun Kilometer lang und tidenabhängig bis ein Kilometer breit. An der Nordspitze befindet sich eine 236 Meter hohe Erhebung, die am 10. Dezember 1789 von James Cook den Namen **Mt. Camel** erhielt. Der Houhora Harbour ist ein wah-

Houhora Harbour, Mount Camel

res Naturparadies mit Feuchtgebieten, Wildlife und Stränden. Vom Steg in Houhora kann man mit einigem Glück Orcas und Delfine beobachten. Sie jagen hier die Stachelrochen, die in der geschützten Bucht zahlreich zu finden sind. Besonders lohnenswert ist ein Ausflug ins Arethusa Reserve, welches zehn Minuten westlich vom Ortszentrum zu finden ist. Die neuseeländische Naturschutzorganisation Forest and Bird hat hier im Buchenwald und den Feuchtgebieten ganze Arbeit geleistet. Neben seltenen grauen Enten leben hier Elsternscharben, Paradieskasarka, Eisvögel und Flusssumpfhühner. Im Ort finden Sie direkt am Steg einen 4Square Minimarkt und die letzte zuverlässige Tankmöglichkeit vor Cape Reinga. Das Pukenui Pacific Bar & Café (816 Far North Rd, Tel. 09 409 8816) bietet reichhaltige Kost bei schönem Ausblick auf den Hafen und die historische Houhora Tavern (Saleyard Ave, Pukenui, Tel. 09 409 8805) ist das nördlichste Pub Neuseelands.

(047) WOMO-Campingplatz: Wagener Holiday Park

GPS: S 34°49'27" E 173°8'53". 214 Houhora Heads Road, Houhora Heads, Tel. 09 409 8564. **Ausstattung:** Pool. **Preise:** 50-60 NZD. **Beschreibung:** Die Sanitäranlagen sind recht bescheiden und die Plätze uneben, dafür ist die Lage an der Einfahrt zum Houhora Harbour märchenhaft. Suchen Sie sich einen Platz mit guter Sicht auf den Naturhafen! Der Wagener Holiday Park kann auf eine lange Tradition zurückblicken. Die Familie Wagener gehörte zu den ersten Pionieren der Region. **Zufahrt**: Vom SH1 rechts in die Houhora Heads Rd einbiegen, 2 km fahren.

Neun Kilometer hinter Houhora biegt rechts die Rarawa Beach Road ab, die Sie nach vier Kilometern (Schotterstraße) zur **Rarawa Beach** bringt. Achtung, die Einfahrt zum Parkplatz ist sandig. Wir genossen den Strandspaziergang auf dem wunderbaren feinen weißen Sand

Cape Maria van Diemen

Cape Reinga - Absprungplatz der Seelen

Von Houhora zum Cape Reinga haben Sie noch 67 Kilometer zurückzulegen. Der letzte Abschnitt der ruhigen Fahrt bietet Ihnen wahrhaft überwältigende Ausblicke. Auf Ihrer linken Seite (im Westen) liegt die Küste der Tasmanischen See. Besonders beeindrucken werden Sie sicherlich die großen Sanddünen des **Cape Maria van Diemen**. Bei einer 30-minütigen Wanderung zur Te Werahi Beach, kommen Sie diesem fotogenen Ort noch viel näher. Zunächst aber fahren Sie zum großen Parkplatz am Ende der Straße, der saubere öffentliche Toiletten für Sie bereithält. Schon der 10-minütige Fußmarsch zu dem malerisch auf einer Klippe gelegenen Leuchtturm ist eine wahre Freude. Sie befinden sich nun ca. 160 Meter über dem Meer und haben alles im Blick. Neben dem von dem holländischen Seefahrer Abel Tasman so genannten Cape Maria van Diemen sehen Sie im Osten das North Cape und bei guter Sicht die vorgelagerten **Three Kings Ilands**.

Etwas westlich unterhalb des Leuchtturms treffen der Pazifische Ozean und die Tasmanische See aufeinander. Das geht nicht ohne Schaumkronen ab, denn die Gezeitenunterschiede müssen ausgeglichen werden. Sicher werden auch Sie die besondere Magie dieses Ortes spüren und eine Weile innehalten. Für die Maori hat Cape Reinga eine ganz besondere Bedeutung. In ihrer Mythologie reisen die Seelen der Verstorbenen entlang des Ninety Mile Beach, um Aotearoa von Cape Reinga aus über die Wurzeln eines 800 Jahre alten Pohutukawa-Baumes in Richtung ihrer Ahnen nach Hawaiki zu verlassen. Das Maori-Wort »Reinga« bedeutet »Unterwelt«. Ein anderer Maori-Name für diesen bedeutungsvollen Ort ist »Te Rerenga Wairua«, was in etwa »Absprungplatz der Seelen« bedeutet.

Cape Reinga, Zusammentreffen der Meere

Das Cape Reinga mit seinem viel fotografierten Leuchtturm wird oft als Neuseelands nördlichster Punkt bezeichnet. Dieser liegt tatsächlich weiter im Osten, an den **Surville Cliffs**. Deren Antipoden liegen ziemlich genau bei Rabat an der Küste Marokkos. Die Surville Cliffs sind nur über unwegsame Pisten zu erreichen und in Maori-Besitz. Einer weiteren Maori-Legende zufolge zog der Halbgott Maui, auf der Südinsel (seinem Kanu) sitzend, einen Fisch aus dem Wasser, die Nordinsel Neuseelands. Das **North Cape** und Cape Reinga bilden zusammen den Fischschwanz (Te Hika o te Ika) der Nordinsel.

Am Leuchtturm starten einige Wanderwege: zur **Te Werahi Beach** (30 Min, Schwimmen ist gefährlich!), zur **Sandy Bay** (30 Min) und weiter zur **Tapotupotu Bay** mit DOC Campingplatz (120 Min). Außerdem der 134 Kilometer lange **Cape Reinga Walkway** entlang des Ninety Mile Beach, der in drei Tagen bewältigt werden kann. Auf dem Rückweg nach Awanui empfehlen wir Ihnen einen Besuch der bezaubernden **Tapotupotu Bay**, auch wenn Sie auf dem dortigen DOC-Campingplatz nicht übernachten wollen. Bereits nach zwei Kilometern führt links eine breite, drei Kilometer lange und teilweise steile Schotterstraße hinab zur Bucht. Um die Mittagszeit kann Ihnen durchaus einer der Tourbusse entgegenkommen, denn diese legen hier ihre Lunchpause ein. Zuletzt eröffnet sich Ihnen ein großartiger Blick auf die malerische Bucht, die von einer dicht bewaldeten Hügelkette eingefasst wird. Im Dezember bilden die rot blühenden Pohutukawa Bäume einen prächtigen Farbkontrast zum türkisblauen Wasser. Die Straße endet auf einem Besucherparkplatz, auf dem Sie eine Picknick- und Badepause einlegen können. Kinder können bei Ebbe sicher am kleinen Flüsschen spielen, das am Ende der Bucht mündet. Bei

Cape Reinga Lighthouse

Flut wird vor dem Schwimmen gewarnt. Es kostet allerdings einige Überwindung, nicht in die herrlichen Wellen hinein zu springen. Auf beiden Seiten der Bucht führen Wanderwege hinauf auf die umgebenden Hügel. Auch wenn Sie keine längere Wanderung machen wollen, lohnt sich die Besteigung der Bergkuppen wegen des tollen Ausblickes. Am Ende der Bucht liegt der Campingplatz und dahinter ein Mangrovenwäldchen, durch das Sie auf einem Holzsteg wandern können.

(048) WOMO-Wanderplatz: Tapotupotu Beach

GPS: S 34°26'14" E 172°42'58", Tel. 09 470 3300. **Max. WOMOs**: 45. **Ausstattung:** Modernes Plumpsklo, kalte Duschen, Wasser, Mülleimer. **Preise:** 30-40 NZD. **Beurteilung:** Großartiger Platz an einem traumhaften Strand an der Mündung des Tapotupotu Stream in die Tapotupotu Bay. In der Hochsaison gibt es einen Host, ansonsten Selbstregistrierung. DOC Standard. **Zufahrt:** Drei Kilometer vor Cape Reinga rechts in die Tapotupotu Rd abbiegen, und die breite Schotterstraße hinab zur Beach fahren.

Von Awanui zum Hokianga Harbour

Im 5.600 Einwohner zählenden **Kaitaia** (Stadtmotto: »Where Journeys begin«) befindet sich nahe der i-Site ein sehenswertes Lokalmuseum. Das **The Far North Regional Museum** (Ecke South Rd & Matthews Ave, Tel. 09 408 9454, wochentags von 9 bis 16 Uhr) informiert über die Besiedlungsgeschichte sowohl der Maori, als auch der ersten Pakehas, die hier als *gumdigger* das begehrte Kauriharz sammelten. Eine erstaunlich große Zahl schön polierter Exponate dieses Bernstein Neuseelands sind hier zu bewundern. Kaitaia bedeutet so viel wie »im Überfluss vorhandenes Essen«, was sich in der Region vorwiegend auf Fisch und Meeresfrüchte bezieht. Im zentral ge-

Tapotupotu Beach

legenen **Bushman's Hut Restaurant** (5 Bank Sreet, Kaitaia, Tel. 09 408 4320) bekommen Sie auch saftige Steaks. Jeden Samstag ist in Kaitaia Markttag. Auf dem typischen Farmers Market bekommen Sie frisches, lokal angebautes Obst und Gemüse, allerlei andere lokal hergestellte Produkte und Meeresfrüchte. Der **Kaitaia Walkway** (1,5 h, 4km, hin und zurück) führt durch Busch zu einem Kauriwäldchen. Den Startpunkt der Wanderung erreichen Sie, wenn Sie von Kaitaia aus den SH1 drei Kilometer in südlicher Richtung fahren und dann rechts abbiegen. Der Larmer Road bis zum Ende folgen, der Track ist ausgeschildert.

Von Kaitaia kommend erreichen Sie über eine Nebenstrecke nach 14 Kilometern die 1000-Einwohner-Gemeinde **Ahipara**, deren *Ahipara Bay* bei Surfern Kultstatus genießt. Der Ort *Ahipara* verströmt mit seiner Kombination aus Designerhäusern und alten, leicht verwitterten Ferienhäusern einen besonderen Charme. In vielen Reiseführern kommt dieser reizvolle Ort zu kurz. Der lange Strand bietet genug Platz zum Strandsegeln, zu Pferdeausflügen oder einfach nur zum Genießen der salzigen Luft beim Spaziergang. Da die Bustouren zum Cape Reinga auch in Ahipara starten, empfehlen wir Ihnen, hier zu übernachten. Dies können Sie im Ahipara Motor Camp, das etwa 300 Meter von der Küste entfernt liegt. Etwa 4 Kilometer südöstlich von Ahipara liegen die *Ahipara Gum Fields*, in denen die Pioniere das kostbare Kauriharz aus dem Boden buddelten. Es wurde in der nahen *Shipwreck Bay* (bei Ebbe werden mehrere Schiffswracks sichtbar) auf Schiffe verladen und nach Auckland transportiert. Am Ende der Shipwreck Bay befindet

Ahipara Beach

sich ein wunderbar gelegener, aber sehr einfacher Campingplatz ohne Stromanschlüsse (Te Kohanga).

(049) WOMO-Campingplatz: Ahipara Kiwi HP

GPS: S 35°9'37" E 173°9'42", 164-170 Takahe Street, Ahipara, Tel. 0800 888 988, www.ahiparaholidaypark.co.nz. **Ausstattung:** Großer Gemeinschaftsbereich mit Tischtennisplatte und Restaurant. **Preise:** 50-60 NZD. **Beschreibung:** Sehr ansprechende und ruhig gelegene Anlage mit hübschen, bepflanzten Stellplätzen und großem Kommunikationsbereich, der auch von Backpackern genutzt wird. Über die Kaka Street gelangt man nach 600 m zur Beach. Abholung zu den Cape Reinga Bus Touren. **Zufahrt:** In Ahipara rechts in die Takahe Road abbiegen und dieser ca. 1 km folgen. Der Platz liegt rechts vor dem Golfplatz.

(050) WOMO-Stellplatz: Raetea North Side DOC Basic

GPS: S 35°10'9" E 173°26'1", Tel. 09 403 9009. **Max. WOMOs:** 20. **Ausstattung:** Plumpsklo. **Beschreibung:** Die DOC Basic Campsite liegt auf einer großen Wiese am Waldrand, nahe SH1. Um zur Toilette zu gelangen, müssen Sie - mit oder ohne Wohnmobil - einen Bach überqueren. Die Idylle des Platzes kann durch Trucks am nahen Highway gestört werden. **Zufahrt:** 18 km hinter Kaitaia am SH1 rechts.

In Kaitaia beginnt Ihre Rückreise nach Auckland entlang der Westseite des Nordlandes. Die Küstenlinie verläuft hier, im Gegensatz zur reich gegliederten Ostküste, sehr geradlinig. Unterbrochen wird der endlose Sandstrand im Wesentlichen nur durch den **Hokianga Harbour**, einen weit verzweigten und rund 32 Kilometer langen Meeresarm, der tief in das Land hineinführt. Sie folgen zunächst 37 Kilometer dem SH1 durch die *Mangamuka Ranges* gen Süden. Die Strecke ist sehr hügelig und kurvig. Der Abschnitt durch dichten Wald vorbei an Raetea und der Mangamuka Gorge ist ausgesprochen reizvoll. Unterwegs erreichen Sie eine Höhe von mehr als 400 m. Vor der Mangamuka Bridge biegen Sie rechts ab, folgen der Mangamuka Rd für etwa 10 Kilometer und biegen dann links

Richtung Kohukohu ab. Nachdem in **Kohukohu** das originelle Café The Waterline geschlossen hat, gibt es kein Café mehr, das direkt am Wasser liegt. Sie steuern nun die drei Kilometer entfernte Anlegestelle **Narrows Landing** an und setzen mit der Fähre, die Ihnen einen 70 Kilometer Umweg über Kaikohe erspart, nach Rawene über, wobei Sie den Hokianga Harbour überqueren.

(051) WOMO-Campingplatz: Rawene Holiday Park

GPS: S 35°24'11" E 173°30'11", 1 Marmon St West, Rawene, Tel. 09 405 7720, www.raweneholidaypark.co.nz. **Ausstattung:** Pool. **Preise:** 40-50 NZD.

Beurteilung: Liegt auf einem Hügel, von ursprünglichem „native bush" umgeben. Toller Rundumblick durch das Buschwerk auf den Hokianga Harbour. Wunderschöne und liebevoll gepflegte kleine Anlage mit ausgezeichneten Sanitäreinrichtungen. **Hinweis:** Die Zufahrt ist recht steil und eng und ist für Wohnmobile von über 8 m Länge nicht geeignet.
Zufahrt: Vom Fähranleger kommend biegen Sie nach 750 m von der Parnell St rechts in die Birch St ab, nach 200 m rechts in die Mariner St und nach 400 m links in die Manning St. Einfahrt zum Platz ist links.

Die kleine Ortschaft Rawene ist reich an historischen Gebäuden. Dazu gehören das *Clendon House*, das 1860 von dem Kaufmann James Clendon erbaut wurde, das *Manison Hotel* von 1875, die *Methodistenkirche* von 1876, das Gerichtsgebäude von 1876, das Wharf House, in dem sich heute ein Restaurant befindet, und das Rawene Hotel. Nur das Clendon House kann besichtigt werden (Sa, So und Mo, 10-16 Uhr). Neben der Westpack Bank liegt das Maori-Kanu Te Hawera. Wer Lust auf Natur hat, sollte einen Spaziergang auf dem Mangrove Walkway machen, der durch das umliegende Feuchtgebiet führt. Direkt am Strand, auf der weitläufigen Terrasse des Copthorne Hotels, kann man sich anschließend mit einem ausgezeichneten Kaffee verwöhnen lassen. Wunderschön gelegen auf einem Hügel des Ortes befindet sich ein reizvoller Campingplatz.

Sanddüne am Hokianga Harbour

Von Rawene aus fahren Sie auf der Rawene Road Richtung Süden und biegen nach 5,5 Kilomtern rechts auf den SH12 ab und erreichen nach weiteren 12 Kilometern **Opononi**, das langsam in das 3,5 Kilometer dahinter liegende **Omapere** übergeht. Auf der Fahrt haben Sie einen wunderbaren Blick auf die riesige goldgelbe Dünenlandschaft auf der Nordseite des Hokianga Harbour. Mit dem Wassertaxi können Sie sich übersetzen und später wieder abholen lassen. Ein beliebtes Vergnügen ist, eine Düne hochzuklettern und auf Plastikschlitten in rasantem Tempo wieder hinunterzurutschen. Opononi wurde schon 1956 einer Attraktion beraubt, als der zutrauliche Delfin *Opo*, der Kinder auf seinem Rücken reiten ließ, einen Tag vor Inkrafttreten eines Sondergesetzes zu seinem Schutz erschossen aufgefunden wurde! In der i-Site in Omapere können Sie sich in einem sehenswerten Video anschauen, welchen Rummel es damals um den lustigen Delfin gab. Der kleine Sandstrand war über und über mit Menschen bevölkert, die alle den Delfin berühren wollten. Die auch in Deutschland ausgestrahlte amerikanische TV-Serie Flipper wurde durch die Ereignisse um Opo inspiriert.

Omapere bietet Muscheln und fangfrischen Fisch als kulinarische Spezialitäten und ein breites Angebot an Wanderwegen. Wir können Ihnen einen Besuch des **The Sands Hotel Hokianga** sehr empfehlen. Eine alte Villa aus Kauriholz bildet den Mittelpunkt dieses schönen Hotels. Auf seiner Terrasse haben Sie einen wunderbaren Blick auf die direkt gegenüberliegenden Sanddünen und zudem eine delikate Auswahl an traditionellen Gerichten der neuseeländischen Küche. Genießen Sie eine der Meeresfrüchtespezialitäten mit Aussicht auf den Hokianga Harbour.

Four Sisters, Waipoua Kauri Forest

Den besten Blick auf die beeindruckenden Sanddünen haben Sie von der Landspitze westlich von Omapere aus. Sie folgen der Signal Station Road bis zum Parkplatz **Arai te Uru** (GPS: S 35°32'18" E 173°22'21"). Hier gibt es einige Picknicktische, von denen aus Sie großartigen Blick auf die Sanddüne des Hokianga Harbours (North Head Sand Dunes) haben. Über einer wunderbaren kleinen Wanderung über den **Arai Te Uru Heritage Walk** gelangen Sie bis zur Landspitze. Vom SH12 abzubiegen und einen Spaziergang zu einem Wasserfall zu unternehmen, haben Sie 12 Kilometer hinter Omapere die Gelegenheit. Eine unbefestigte Straße bringt Sie nach drei Kilometern zum Ausgangspunkt des beliebten **Waiotemarama Walk**. Die Wanderung führt durch ein Tal mit Nikau-Palmen, Farnen und Kauris zu einem kleinen Wasserfall (40 Minuten hin und zurück). Auch ein dreistündiger Rundweg startet hier.

Waipoua Kauri Forest

Der Waipoua Kauri Forest bietet dem Besucher den größten zusammenhängenden Bestand an Kauribäumen und ist gleichzeitig Neuseelands größter subtropischer Regenwald. In dem 91 Quadradkilometer großen Areal wachsen drei Viertel der erhalten gebliebenen Kauribäume Neuseelands. Da diese Fichtensorte durch ihr sehr hartes Holz, den geraden Wuchs und die erhebliche Höhe von besonderem Interesse für den Bootsbau der Maori und später der Engländer war, sind die Kauris heute fast ausgestorben. Seit einigen Jahren werden die Kauris von einer Wurzelfäule heimgesucht, die als »Kauri dieback disease« bezeichnet wird. Verursacher ist ein mikroskopisch kleiner pilzartiger Krankheitserreger, der sich über das Wasser im Erdboden von Wurzel zu Wurzel verbreitet. Befallene Kauribäume bekommen erst gelbe Blätter und sterben dann

Te Matua Ngahere

langsam ab. Alle Besucher werden gebeten, ihre Schuhe zu säubern, bevor sie die Wege betreten. Zu diesem Zweck sind an Startpunkten und Kreuzungen der Wanderwege Säuberungsstationen eingerichtet worden.

Im Waipoua Kauri Forest können Sie zwei der bekanntesten und mächtigsten Bäume Neuseelands bewundern. Zum einen den **Tane Mahuta (Herr des Waldes)**, mit der stattlichen Höhe von 52 Metern unbestritten größter Kauribaum Neuseelands. Er fasst 13 Meter im Umfang, sein Holzvolumen wird auf gut 244 Kubikmeter und sein Alter auf mehr als 2.000 Jahre geschätzt. Ebenso imposant ist der **Te Matua Ngahere (Vater des Waldes)**, der zwar nicht die Höhe des Tane Mahuta erreicht, aber dafür mit seinen 18 Meter Umfang noch massiver wirkt. Ende des 19. Jahrhunderts wurde nördlich von Dargaville ein Kauribaum gefällt, der mit einem Holzvolumen von 453 m³ zu den mächtigsten Bäumen der Welt zählte. Kauris können bis zu 4.000 Jahre alt werden. Beide Giganten sind am SH12 ausgeschildert und können über kurze Wanderungen erreicht werden. Eine weitere empfehlenswerte Wanderung führt zu den **Four Sisters**, einem Kauribaum, der sich in eine Gruppe von vier Stämmen aufteilt. Von dem Weg zu den Four Sisters zweigt der 20-minütige Wanderweg zu Te Matua Ngahere ab.

(052) WOMO-Stellplatz: Waipoua Forest Camping Area

GPS: S 35°39'8" E 173°33'7", 1 Waipoua River Rd, Dargaville, Tel. 09 439 6441, www.waipouakauriforest.co.nz **Max. WOMOs**: 20. **Preise:** 30-40 NZD. **Ausstattung:** Toilette, Wasser, Dusche, Gemeinschaftsküche, Waschmaschine. **Beschreibung:** Friedvolle Lage mitten im Wald. Im nahen Waipoua River können Sie schwimmen. Alte Sanitäranlagen. **Zufahrt:** Am Waipoua River vom SH12 rechts abbiegen, am Visitor Centre vorbeifahren, nach 1,2 km rechts abbiegen

Die Wanderungen durch die ursprünglichen Kauriwälder sind ausgesprochen beeindruckend und ein absolutes Muss. Schon die Fahrt mit dem Wohnmobil durch den dichten Wald, dessen

Baumwipfel meist in die Straße hineinragen, ist ein fantastisches Erlebnis. An der engsten Stelle wird die Straße links und rechts von zwei mächtigen Kauris begrenzt. Zu Beginn des Jahres 2007 bedrohte ein Waldbrand den Waipoua Forest. Das Feuer brach am 1. Februar aus, nachdem jemand an der nahegelegenen Küste auf offenem Feuer Muscheln gekocht hatte. Das Feuer vernichtete Kiefernpflanzungen in der Nachbarschaft des Waipoua Forest und zerstörte die Vegetation in ökologisch wichtigen Feuchtgebieten. Das Feuer näherte sich dem Tane Mahuta bis auf drei Kilometer. Den neuseeländischen Feuerwehrleuten und Freiwilligen des Department of Conservation gelang es glücklicherweise noch rechtzeitig, das Feuer mit Wasserabwürfen von Hubschraubern und Feuergassen unter Kontrolle zu bringen.

Tane Mahuta - Der Herr des Waldes

(053) WOMO-Wanderplatz: Trounson Kauri Park

GPS: S 35°43'17" E 173°39'7", Trounson Park Road, Tel. 09 439 3011. **Max.WOMOs:** 20. **Ausstattung:** Toilette, Dusche, Küche, Wasser, Strom. **Preise:** 40-50 NZD. **Beurteilung:** Friedvolle Lage mitten im Wald. Nicht ganz saubere Einrichtungen. Selbstregistrierung. **Hinweis:** An einem Tor am hinteren Ende des Platzes startet ein 40-minütiger Lehrpfad durch einen wundervollen Kauriwald. Wegen der Kauri dieback disease bitte die Stiefel mit dem bereitgestellten Desinfektionsmittel reinigen. Abends können Sie hier Kiwis begegnen. Taschenlampen rot abkleben und leise sein! DOC Serviced. **Zufahrt:** Trounson Road, 4,5 km hinter dem Top10 HP.

Im **Waipoua Kauri Forest Visitor Centre** werden alle verbleibenden Fragen zu den Baumriesen beantwortet (hoffentlich)und Hinweise zu Wanderwegen gegeben. Das schöne Besucherzentrum ist leider nur über eine recht holprige Schotterstraße zu erreichen. Neben einem einladenden Picknickplatz bietet sich hier auch noch eine Bademöglichkeit am Fluss an. Ein Stück weiter hinten im Tal des Waipoua River liegt ein einfacher und sehr friedvoller Campingplatz. Am Ende des Parks führt eine Seitenstraße zu einem 30 Meter hoch gelegenen Aussichtspunkt über den Regenwald und das Tal des *Waipoua River*.

(054) WOMO-Campingplatz: Kauri Coast Top 10 HP

GPS: S 35°45'1" E 173°40'27", Trounson Park Rd, Kaihu, Dargaville, Tel. 0800 807 200, www.kauricoasttop10.co.nz. **Ausstattung:** Trampolin, Flying Fox (Kinder werden ihren Spaß haben). **Preise:** 50-60 NZD. **Beschreibung:** Sehr gepflegter Platz im Trounson Park, von Wald umge-

ben, mit modernen und sauberen Sanitäranlagen. Große Stellplätze auf Gras. Am Kaihu River, der sich um den Platz herumschlängelt, gibt es einige Stellen, an denen Sie schwimmen können. Auf die geführte Nachttour gibt es 20% Nachlass (reservieren!). **Zufahrt:** Acht Kilometer hinter dem Waipoua River, kurz hinter dem Ort Kaitui, biegen Sie links in die Kaitui Road ein. Nach fünf Kilometern geht die schmale Straße in die Trounson Road, die sie nach Acht Kilometern zum Ziel führt.

Die 53 Kilometer lange Route nach Dargaville ist kurvenreich und durchquert naturbelassenen Wald. Gelegenheit zu einem lohnenden Abstecher bietet der **Trounson Kauri Park**, der auf seinem 586 Hektar Areal neben Baumriesen auch eine DOC-Rangerstation mit sehr empfehlenswerter DOC-Campsite und einen Top 10 Campingplatz zu bieten hat. Fressfeinde der Kiwi werden im Park von den DOC Rangern intensiv bekämpft und so können Sie mit einigem Glück auf einer der geführten zweistündigen Nachtwanderungen einen Streifen Kiwi zu Gesicht bekommen. Tagsüber ist der Wald mit den Rufen der neuseeländischen Vogelwelt erfüllt. Mit etwas Glück können Sie die Vögel nicht nur hören, sondern auch sehen. Ein 40-minütiger Rundweg durch den Kauriwald startet am Picknickplatz und an der DOC-Campsite (**Trounson Kauri Park Loop Track**). Auch ein Ausflug zur **Aranga Beach** mit seinem goldenen

Sand und den rauen Felsformationen ist empfehlenswert. Nur eine kurze Fahrt von Aranga Beach entfernt erhebt sich der majestätische 459 Meter hohe *Maunganui Bluff*. Diese markante Landmarke bietet nicht nur spektakuläre Ausblicke auf das umliegende Küstengebiet, sondern auch eine Fülle von Wander- und Kletterrouten für Abenteuerlustige. Er unterbricht den fast 100 Kilometer langen Sandstrand von der nördlich gelegenen Mündung des Hokianga Harbour bis zum Kaipara Harbour im Süden. Im weiteren Streckenverlauf lohnt sich der elf Kilometer lange Abstecher zu den kristallklaren Seen der **Kai-Iwi-Lakes,** die zum Baden und Boot fahren einladen. Der mit Abstand größte der Seen, der Lake Taharoa, bietet sogar die Vorzüge eines Sandstrandes. Eine Wanderung auf markierten Pfaden zur nahe gelegenen Küste ist ebenfalls möglich. Auch hier können Sie mit Ihrem Womo über Nacht stehen und ein erfrischendes Bad im See nehmen.

(055) WOMO-Badeplatz: Kai Iwi Lakes - Lake Taharoa

GPS: S 35°48'32" E 173°39'47", Taharoa Domain Rd, Omamari, Tel. 09

439 4757. E-Mail: lakes@kaipara.govt.nz. **Max. WOMOs:** 400 **Ausstattung:** Toilette, Wasser, Dusche (2NZD), Picknicktische, Mülltonnen, Spielplatz, Strom (limitiert, bei Bedarf buchen), Bootsablegestelle. **Preise:** 40-50 NZD. Der Platz wird von der Gemeindeverwaltung betrieben, die Gebühr wird abends vom Ranger kassiert. **Beschreibung:** Grasplatz am Lake Taharoa mit wunderbarer Badegelegenheit. Feiner weißer Sand, das kristallklare Wasser fällt schnell steil ab. Saubere Sanitäranlagen. Leider ist die Umgebung entwaldet (Der Platz nannte sich früher „Pine Beach"). Sie können eine zweistündige Wanderung um den See unternehmen. **Zufahrt:** Sie biegen 32 km vor Dargaville rechts in die Monteith Rd ein und folgen dieser. Wenn Sie den See sehen, rechts halten.

(056) WOMO-Badeplatz: Kai Iwi Lakes - Promenae Point

GPS: S 35°48'19" E 173°38'17", Kai Iwi Lakes Rd, Omamari, Tel. 09 439 0986, E-Mail: lakes@kaipara.govt.nz. **Max. WOMOs:** 100. **Ausstattung:** Toilette, Wasser. **Preise;** 40-50 NZD. Wird abends vom Ranger kassiert. **Beschreibung:** Grasplatz auf der Westseite des Lake Taharoa mit guter Badegelegenheit. Feiner weißer Sand, das kristallklare Wasser fällt schnell steil ab. Einige Büsche und Bäume vorhanden. **Zufahrt:** Sie biegen 32 km vor Dargaville rechts in die Monteith Rd ein und folgen dieser. Wenn Sie den See sehen, fahren Sie geradeaus.

TOUR N03
N
15 km
Auckland 75 km
061 WC
Lake Waikare
Lake Waahi
Huntly
Taupiri
Waikato River
Ngaruawahia
WC 062
Waingaro Hot Springs
Waingaro
Waipa River
Waikato River
063 WC
Hamilton
Lake Rotoroa
Hamilton Gardens
67
Raglan Harbour
Raglan
23
39
68
Te Mata
P
Bridal Veil Falls
WC 064
Pirongia Forest Park
The Cone 945 m
Mount Pirongia 959 m
Pirongia
Aotea Harbour
070 WC
69
Te Puia Hot Springs
Kawiha
31
Kawhia Harbour
Te Waitere
WC 071
Kiwi House
65
Otorohanga
3
Piripiri Caves
Mangapohue Natural Bridge
073
Waitomo
66
Te Anga
Marokopa Falls
Ruakuri Natural Tunnel
Waitomo Caves
72
Marokopa
Te Kuiti

Tour N03: Zu den Glühwürmchen von Waitomo

Auckland - Hamilton - Waitomo Caves - Te Kuiti - 220 km
Alternativroute über Raglan - Kawhia - Te Kuiti - 330 km

Stellplätze:	Te Kauwhata, Ngaruawahia, Hamilton, Lake Ngaroto, Te Waitere, Oparau Roadhouse, Haggas Lookout
Camping:	Raglan Kopua HP, Ruapuke Motor Camp, Marokopa HP, Otorohanga HP, Waitomo Top 10, Kawhia CG
Besichtigen:	Hamilton: Gardens, Waikato Museum, Bridal Veil Falls, Waitomo Caves, Kawhia: Tu Puia Hot Springs, Marokopa Falls, Piripiri Caves, Mangapohue Natural Bridge
Wandern:	Hamilton Gardens, Hamilton Lake, Te Toto Track, Bridal Veil Falls, Waitomo Walk, Ruakuri Walk, Marokopa Falls, Piripiri Caves, Mangopohui Natural Bridge, Rukuri Walk
Essen:	Hamilton: The Verandah Café, Pirongia: Village Café, Kihikihi: Viands Bakery, Otorohanga: Thirsty Weta, Raglan: Orca, The Herbal Dispensary
Baden:	Waingaro Hot Springs, Raglan: Te Kopua Beach, Kawhia: Tu Puia Hot Springs, Marokopa Beach

Im Verlauf von Tour N03 werden Sie Ngaruawahia, die historisch bedeutsame Maori Hauptstadt des King Movement kennenlernen und die Universitätsstadt Hamilton mit ihren ausgedehnten Gartenanlagen besuchen. Die Hauptstrecke führt danach über Pirongia und das Kiwi-Haus von Otorohanga zu den berühmten Glühwürmchenhöhlen von Waitomo. Wenn Sie die sehr zu empfehlende Alternativroute wählen, können Sie den Surfern im 50 Kilometer entfernten Raglan bei ihren waghalsigen Wellenritten zuschauen. Danach wandern Sie zu den 45 Meter hohen Bridal Veil Falls und besuchen die Te Puia Hot Springs an der Ocean Beach in Kawhia. Die Strecke führt nun vorbei an den Marokopa Falls, den Piripiri Caves und der Mangapohue Natural Bridge nach Waitomo.

Hamilton Gardens

Von Auckland nach Hamilton

Auf Ihrem Weg vom winterlosen Norden in den Westen der Nordinsel verweilen Sie nicht in Auckland, auch wenn die Silhouette der Stadt mit dem markanten Skytower Sie dazu einlädt, sondern passieren die Harbour Bridge und gelangen geradewegs auf den Motorway One South, der Sie dicht am Manukau Harbour vorbei nach Süden aus der Stadt herausführt. In einer der Satellitenstädte Onehunga, Otahuhu oder Manukau können Sie im Supermarkt Ihre Vorräte auffüllen. Danach verengt sich der Motorway zum SH1 und führt rund 100 Kilometer durch eine fruchtbare Ebene.

(061) Offizieller WOMO-Stellplatz: Te Kauwhata Domain
GPS: S 37°24'21" E 175°8'53", Mahi Rd, Te Kauwhata. **Max. WOMOs:** 5. **Ausstattung:** Toilette, Wasser, Dump Station. **Beurteilung:** Großer, ruhiger Platz an einem Rugbyspielfeld, saubere Toiletten. Sie stehen auf Asphalt, wenn der Rasenplatz wegen Nässe gesperrt ist. Da es eine Entsorgungsstation und sogar drei Elektroanschlüsse gibt, ist der Platz ideal für die letzte Nacht vor der Rückgabe Ihres Wohnmobils. 65 km bis Auckland Airport. Bitte geben Sie 5 NZD in die **Honesty Box** am Eingang.
Zufahrt: Nördlich des Lake Waikare in die Te Kauwhata Rd abbiegen und 2,6 km bis zur Mahi Rd fahren.

Die Waikato Plains, so der Name der Ebene, wurden zu Beginn der Besiedlung durch die Weißen dem ausgedehnten Sumpfland abgerungen. Bis Hamilton folgt der SH1 dem Waikato River, dem mit 425 Kilometern längsten Fluss Neuseelands. Schon die Maori nutzten das fruchtbare Schwemmland des Waikato für den Anbau von Kumara. Heute gedeihen in dem milden, feuchten Klima Obst und Gemüse, und

Hamilton Gardens

auf den Weiden für Rinder und Pferde wächst neun Monate im Jahr Gras. Aber auch Kohleminen, ein großes Kohlekraftwerk (Huntly Power Station) und einige Wasserkraftwerke an den Staudämmen des Waikato River liegen auf dem Weg in die Universitätsstadt Hamilton. 20 Kilometer vor Hamilton mündet das Flüsschen Waipa in den Waikato. Dort liegt die 5000-Einwohner-Ort Ngaruawahia, die historisch bedeutsame Maori-Hauptstadt des King Movement.

(062) Offizieller WOMO-Stellplatz: Ngaruawahia - MR

GPS: S 37°39'45" E 175°8'46", 1 Lower Waikato Esplanade. **Max. WOMOs:** 3. **Ausstattung:** Toilette, Wasser, Picknicktische, Entsorgungsstation. **Beschreibung:** Stimmungsvoller Platz an der Einmündung des Waipa River in den Waikato River. Auf dem Gelände befinden sich zahlreiche Erinnerungsstätten. Mit etwas Glück können Sie Jungs von einem Bootsanleger in den Fluss springen sehen. **Zufahrt:** Über die Lower Waikato Esplanade in Ngaruawahia.

In dieser für alle Maori-Stämme wichtigen Stadt ließ Prinzessin Te Pueha Anfang des letzten Jahrhunderts das Turangawaewae-Marae errichten, das heute mit seinen traditionellen Versammlungshäusern Sitz des Maori-Königtums ist. Jedes Jahr am 17. März, dem St. Patrick's Day, findet in Ngaruawahia auf dem Waikato River eine traditionelle Regatta mit Kriegskanus der Maori statt. Das Ngaruawahia Memorial Reserve umfasst mehrere Gedenkstätten. Es liegt am Zusammenfluss der oben genannten Flüsse und bietet Wohnmobilreisenden eine stimmungsvolle Übernachtungsmöglichkeit.

Hamilton liegt 129 km südlich von Auckland im Zentrum der Waikato Region und ist mit über 141.000 Einwohnern die

Hamilton Gardens

viertgrößte Stadt Neuseelands. Das heutige Stadtgebiet war ursprünglich von Maori-Dörfern (Pa) besiedelt und wurde nach Captain Fane Charles Hamilton benannt, der als Kommandant in einer Schlacht in der Nähe des heutigen Tauranga fiel. Die Stadt liegt inmitten der fruchtbarsten Agrarregion Neuseelands und war lange Zeit landwirtschaftlich geprägt. Noch heute ist das landwirtschaftliche Forschungszentrum in Ruakura für einen Großteil der Innovationen in der neuseeländischen Landwirtschaft verantwortlich. Inzwischen verfügt die Region über eine wachsende und diversifizierte Wirtschaft. Bildung und Forschung sind nicht nur durch die hier ansässige Universität von Waikato vertreten.

(063) Offizieller WOMO-Stellplatz: Hamilton Porritt Stadium
GPS: S 37°45'16" E 175°17'20", 64 Crosby Rd, Hamilton, H.C.C. Parks & Gardens Unit, Tel. 07 838 6699. **Max. WOMOs:** 6. **Ausstattung:** Toilette. **Beschreibung:** Ruhiger Parkplatz mit einigen Bäumen am Porritt Stadium, nur sieben Kilometer vom Zentrum entfernt. **Hinweise:** Maximal drei Nächte. In der Zeit zwischen 17 Uhr und 9 Uhr dürfen Sie mit Ihrem Wohnmobil hier stehen. **Zufahrt:** Anglesa St Richtung Nordwesten, rechts in Boundary Rd, links in Wairere Drive, im Kreisverkehr erste Ausfahrt in Crosby Rd. **Entsorgungsstation:** Am Ende der Tui Ave, neben dem Minogue Park.

Außerdem gibt es im schnell gewachsenen Hamilton eine Vielzahl von kleineren Kunstgalerien und Museen, unter ihnen auch das **Waikato Museum** (1 Grantham St, Tel. 07 838 6606, tgl. 10 -16.30 Uhr). Es beherbergt mit dem *Te Winika* eines der ältesten erhaltenen *Waka (Kriegskanus)* noch aus der Zeit vor der europäischen Kolonialisierung.

Die bekannteste Touristenattraktion sind jedoch zweifellos die weitläufigen **Hamilton Gardens** (Hamilton Gardens, Cobham Drive, Tel. 07 838 6782, www.hamiltongardens.co.nz.

Hamilton Gardens

Täglich 7.30 bis 20 Uhr, Eintritt frei). Die Teiche, Palmenhäuser und abwechslungsreichen Gärten der Anlage werden Sie begeistern. Sie sind thematisch nach geographischen Regionen, verschiedenen Epochen und Kulturkreisen geordnet. So gibt es zum Beispiel einen Garten eines chinesischen Gelehrten aus der Sung-Dynastie, einen japanischen Garten, einen italienischen Renaissance-Garten und einen neu angelegten Tudor-Garten. Die Landscape Garden Collection umfasst den Bussaco Woodland, den Hamilton East Cemetery und den Echo Bank Bush. Von den üppigen tropischen Pflanzen des Indian Char Bagh Garden bis hin zu den skurrilen Skulpturen des Surrealist Garden gibt es für jeden Geschmack etwas zu entdecken. Ein besonderes Highlight ist der Concept Garden, der als lebendiges Laboratorium für Landschaftsgestaltung dient. 2014 erhielten die Hamilton Gardens die Auszeichnung »International Garden of the Year«. Vom Stadtzentrum aus führt ein schöner Wanderweg entlang des imposanten, schnell fließenden Waikato River zu dieser reizvollen Gartenanlage.

Auf dem Waikato kann man an einer Motorboottour teilnehmen oder den Fluss entlang paddeln (**Waikato River Explorer**, Tel. 0800 1 39756, www.waikatoexplorer.co.nz). Bei der Paddeltour können sich flussabwärts abholen lassen. Weitere Attraktionen sind der Hamilton Zoo, die ArtsPost Gallery und das Sky Riverside Casino. Jährliche Großveranstaltungen sind das Balloons over Waikato Festival, ein fünftägiges Heißluftballon-Festival, und die National Agricultural Fieldays, eine große Landwirtschaftsmesse. Wir empfehlen wir Ihnen abschließend den 40-minütigen **Rundweg um den Hamilton Lake**. Starten können Sie beispielsweise am Café »The Verandah Café & Function Centre« am Rotoroa Drive.

Stellplatz am Lake Ngaroto von oben

Hauptroute nach Waitomo über SH37

Zu den Glühwürmchenhöhlen der *Waitomo Caves* führen zwei Wege. Wir beschreiben zunächst den direkten Weg über den SH37 und danach die Alternativroute über Raglan und Kawhia. In der direkten Streckenführung verlassen Sie Hamilton gen Süden über die Tuhikaramea Road, die an dem *Lake Koromatua Wildlife Reserve* vorbeiführt. Schließlich biegen Sie links in den SH39 ein, passieren Pirongia und erreichen nach 60 Kilometern **Otorohanga**. In Pirongia können Sie im gegenüber dem Historic Visitor Centre liegenden **Café Pirongia Village** im Garten gemütlich einen Cappuccino trinken. Ein Ausflug in den beliebten *Pirongia Forest Park* bietet sich an. Neben einigen kleinen Wanderungen können Sie auch die anspruchsvolle 5- bis 6-stündige (hin und zurück) Wanderung auf den Mount Pirongia unternehmen.

(064) Offizieller WOMO-Wanderplatz: Lake Ngaroto

GPS: S 37°57'33" E 175°17'26", 65 Bank Road, Te Awamutu, Tel. 07 823 3800. **Max. WOMOs:** 3. **Ausstattung:** Toilette, Picknicktische, Mülleimer. **Beschreibung:** Parkplatz am See. Guter, ruhiger Platz, mit einem schönen Rundweg um den See. **Zufahrt:** SH3 Richtung Awamutu nehmen.

Von Hamilton aus können Sie auch über den SH3 nach Otorohanga fahren. Beide Strecken sind in etwa gleich lang. Falls Sie sich für den SH3 entscheiden, können wir Ihnen unterwegs zwei Stopps anbieten. 18 Kilometer hinter Hamilton treffen Sie auf den kleinen und unscheinbaren Ort Ohaupo. Hier hält der hübsche Antiquitätenladen **Ohaupo Antiques** (118 Great South Rd, SH3, Tel. 07 823 8225, Mittwoch bis Sonntag 10.30 bis 17 Uhr) viele Relikte aus Großmutters Zeiten für Sie bereit. Die Besitzerin Jane Daly präsentiert ihre Kleinode liebevoll wie in einem Wohnzimmer. Von Art-déco-Lampen über Porzellanpuppen, silbernen Messbändern oder Puppennähmaschinen

Pirongia i-Site

bis hin zu antiken Gläsern ist hier alles zu finden. Nach weiteren 18 km wartet die **Viands Bakery** (80 Lyon St, Tel. 07 871 7488) in **Kihikihi** auf Ihren Besuch. Die Bäckerei war zweifacher Gewinner des Wettbewerbs New Zealand Supreme Pie Competition, bei der 444 Bäckereien aus dem gesamten Land gegeneinander antraten. Ob klassische mit Hackfleischfüllung, mit Meeresfrüchten, vegetarisch oder als süßer Obstkuchen, die Viands Bakery hat die gefüllten heißen Blätterteigtaschen in allen Variationen.
Die Hauptattraktion des kleinen Ortes **Otorohanga** ist das Kiwi House, in dessen schummrigem Licht sich der flügellose Wappenvogel Neuseelands gut beobachten lässt. Im benachbarten Otorohanga Kiwi Town Holiday Park können Sie die Nacht verbringen und in der Weinbar **Thirsty Weta** (57 Maniapoto St, Tel. 07 873 6699) gut essen und danach Livemusik genießen. Sie folgen den SH3 in 8 Kilometern nach Hangatiki, von wo aus Sie SH37 nach ebenfalls 8 Kilometern in den kleinen Ort **Waitomo** bringt.

(065) WOMO-Campingplatz: Otorohanga Kiwi Town HP
GPS: S 38°10'50" E 175°12'45", 20 Huiputea Drive, Otorohanga, Tel. 07 873 7253. **Preise:** 20-40 NZD. **Beschreibung:** Einfacher Platz zwischen Kiwi House und einem Sportplatz, sauber, das Kiwi House ist sehr zu empfehlen! Sie zahlen am Office des Kiwi Hauses, 8.00 bis 17.00 Uhr.
Zufahrt: Den Schildern zum Kiwi House folgen.

Waitomo besteht im Wesentlichen aus ein paar wenigen Häusern, einem Restaurant, einer Kneipe, dem Waitomo Caves Hotel, einer Touristeninformation und dem Waitomo Top 10 Holiday Park. Natürlich gibt es auch ein kleines Waitomo Museum of Caves, in dem man sich über die Höhlen und das Leben der leuchtenden Larven der Langhornmücke Arachnacampa

Letzte Instuktionen vor dem Black Water Rafting

luminosa informieren kann. Der Name Waitomo stammt aus der Sprache der Maori und bedeutet Wasser und Loch und bezieht sich auf die zahlreichen Kalksteinhöhlen der Umgebung. Und in der Tat, wer nach Waitomo kommt, will unter die Erde, hinab in die Dunkelheit und in eine fast unwirkliche Welt, wie sie in Millionen von Jahren entstanden ist. Die mit Abstand meistbesuchte dieser Höhlen, durch die sich im Minutentakt Touristenscharen schieben, ist die **Aranui Cave**, an deren Decke »Glühwürmchen« wie ein Sternenhimmel funkeln.
Die benachbarte **Ruakuri-Höhle** ist dem Black Water Rafting vorbehalten. Dabei lassen sich die Teilnehmer in Gummianzügen auf Gummiringen über unterirdische Flüsse treiben. Das Touristeninformationszentrum, in dem man die Touren in die umliegenden Höhlen buchen kann und Informationen über das umliegende Kings Country erhält, ist meist überfüllt.

(066) WOMO-Campingplatz: Waitomo Top 10 HP

GPS: S 38°15'37" E 175°6'37", 12 Waitomo Village Road, Waitomo Caves Village, Tel. 07 878 7639, u. 0508 498 666. **Ausstattung:** Swimmingpool, Spa. **Preise:** 40-60 NZD. **Beschreibung:** Guter Top 10 Platz, sauber und ordentlich. Ausgezeichnete Sanitäranlagen. Nahe den Waitomo Caves. **Zufahrt:** Vom SH3 in den SH37 abbiegen, 7,5 km fahren. Gegenüber der i-Site gelegen.

Auf zwei Wanderungen wollen wir Sie aufmerksam machen. Die erste führt von der i-Site zum Parkplatz des Ruakuri Scenic Reserve. Sie folgt dem Waitomo Stream und durchquert sowohl schattigen Wald als auch offenes Farmland, wobei sich spektakuläre Ausblicke bieten (**Waitomo Walk**, 3,3 km, 1 h 15 min). Vom Parkplatz des *Ruakuri Scenic Reserve* aus startet die zweite Wanderung, der Rundweg **Ruakuri Walk** (1 km, 45

Höhlen am Ruakuri Walk

min). Er ist als Lehrpfad angelegt und wurde wie üblich vom DOC ausgezeichnet präpariert. Der Weg folgt der bewaldeten Schlucht des Waitomo Stream zum kolossalen *Ruakuri Natural Tunnel*. Diese beeindruckende Wanderung sollten Sie sich keineswegs entgehen lassen. Zum Parkplatz mit benachbartem Picknickplatz gelangen Sie, indem Sie von der i-SITE aus die Te Anga Road in westliche Richtung fahren, nach 400 Meter links der Tumutumu Road folgen und nach zwei Kilometern rechts zum Parkplatz abbiegen (GPS: S 38°15'54" E 175°4'48").

Das heute landwirtschaftlich geprägte ca. 4.700 Einwohner zählende **Te Kuiti** liegt 19 Kilometer südöstlich von Waitomo.

Alternativroute über Raglan und Kawhia

Wenn Sie über genügend Zeit verfügen, empfehlen wir Ihnen die im Folgenden beschriebene Alternativroute von Hamilton nach Waitomo über Raglan und Kawhia. Der SH23 bringt Sie von Hamilton nach 48 Kilometern in den Badeort **Raglan** mit seinem malerischen Naturhafen und langen Stränden. Mehrere einflussreiche Umweltorganisationen wurden hier gegründet und das Stadtmaskottchen ist der extrem vom Aussterben bedrohte Maui-Delfin. Einstündige Hafenrundfahrten beginnen am Anleger. Raglan wird bei Wochenendausflüglern aus Hamilton zunehmend beliebter und unter Wellenreitern hat sein Name sogar internationalen Rang, denn hier gibt es die beste linksbrechende Welle der Welt. Besuchen Sie **Ngarunui Beach**, **Whale Bay** oder **Manu Bay** und beobachten Sie die Surfer bei ihren halsbrecherischen Wellenritten von den Aussichtspunkten aus. Am Hafen liegt ein sehr schöner Campingplatz (Raglan Kopua Holiday Park) mit dem sicherem Badestrand **Te Kopua**. Ihre leiblichen Gelüste werden im zentral gelegenen **Orca** (2 Wallis St, Tel. 07 825 6543) befriedigt. Traditio-

Surfer an der Ngarunui Beach Wainui

nell neuseeländische Fish'n Chips bekommen Sie direkt an der Fischerwerft Raglan Wharf. Gutes Brot bietet **The Herbal Dispensary**, 6 Wallis St. Wer gerne klettert, hat dazu 12 Kilometer südlich von Raglan an der Whaanga Rd Gelegenheit, wo der **Te Toto Track** (8 km hin und zurück, 5-6 h) auf den 755 m hohen Gipfel des Mt Karioi beginnt.

(067) WOMO-Campingplatz: Raglan Kopua HP

GPS: S 37°48'15" E 174°51'47", 61 Marine Parade, Raglan, Tel. 07 825 8283, www.raglanholidaypark.co.nz. **Preise:** 50-60 NZD.
Beschreibung: Großer Platz auf einer Landzunge im Meeresarm des Raglan Harbour. Stadtzentrum von Raglan in Laufweite. Viele wenig schöne Dauercamper, gute Sanitäranlagen (leider nur ein Haken in der Duschkabine), schöner Badestrand. Sie erreichen das Ortszentrum über eine Fußgängerbrücke die einen Meeresarm überquert.
Zufahrt: Vom SH23 (Bow St) biegen sie im Zentrum Raglans links in die Wainui Rd ab und hinter der Brücke rechts in die Marine Parade.

Hinweis: Wenn Sie auf einen Besuch Hamiltons verzichten wollen, können Sie schon in **Ngaruawahia** nach Raglan abbiegen. Unterwegs haben Sie in Waingaro die Gelegenheit zum Besuch der gleichnamigen Thermalquellen (**Waingaro Hot Springs,** Waingaro Road, Tel. 07 825 4761, www.waingarohotsprings.co.nz).

(068) WOMO-Campingplatz: Ruapuke Motor Camp

GPS: S 37°53'30" E 174°46'23", 1510 Whaanga Road, Raglan, Tel. 07 825 6800. **Ausstattung:** Keine Entsorgung. **Preise:** 30-40 NZD.
Beschreibung: Der Campingplatz befindet sich ein paar hundert Meter die Einfahrt hinunter in einer Senke, durch die ein Bach fließt. Ein sehr idyllisches ruhiges Fleckchen mit einfachen, sauberen Sanitäranlagen und freundlichem Personal. In 20 Minuten sind sie zum wilden Surfstrand spaziert.
Zufahrt: Auf dem Weg von Raglan nach Kawhia biegen sie von der Te Mata Rd kurz vor der Te Mata School rechts auf die Ruapuke Rd ab. Diese wird nach 10 km zur Whaanga Rd. (Achtung Schotterstraßen)

Raglan, Fußgängerbrücke zum Campingplatz

Die Alternativroute führt Sie nun Richtung Kawhia um den Mount Kariori herum, der südwestlich vom Surferstädtchen Raglan thront, durch dichten Busch und eine sanfte Hügellandschaft, die gelegentliche Blicke zu Meer und bis zum Mt Taranaki freigibt. Kurz hinter Te Mata liegen die 45 Meter hohen **Bridal Veil Falls** inmitten eines kleinen Regenwaldes. Sie sind über einen gut ausgeschilderten 10-minütigen Fußweg, der durch dichten Busch führt, zu erreichen. Der Parkplatz an den Bridal Falls wird auch als freier Stellplatz genutzt. Die insgesamt 55 Kilometer lange Strecke nach Kawhia ist auf den letzten 22 Kilometer unbefestigt und sehr kurvenreich. Dieser Abschnitt ist landschaftlich sehr schön, aber unangenehm zu fahren.

(069) WOMO-Campingplatz:
Kawhia Camping Ground

GPS: S 38°4'12" E 174°48'54", 73 Moke Stret, Kawhia, Tel. 07 871 0863, www.kawhiacampingground.co.nz. **Preise:** 50-60 NZD.
Beschreibung: Der empfehlenswerte Platz liegt am Ortsende, nahe dem geschützten Naturhafen Kawhia Harbour. Große Stellplätze. Ruhiger, gepflegter Platz. Die Te Puia Springs sind nur wenige Kilometer entfernt.
Zufahrt: Im Zentrum Kawhias folgen Sie der Waiwera St, biegen fast am Ortsende links in die Kawhia St ein und wenig später links in die Moke St.

Das Fischerdorf **Kawhia** ist wegen seiner jährlich am 1. Januar stattfindenden Walboot-Regatta bekannt. In unmittelbarer Umgebung der friedlichen 650-Seelen-Gemeinde befinden sich Kalksteinfelsen, bewaldete Sanddünen und lange Strände mit schwarzem Sand. Die Hauptstraße Jervois Street verläuft entlang des langgestreckten Hafens und endet an der lokalen »Fish'n Chips«-Imbissbude. Sie liegt direkt neben dem Bootsclub am Anlegeplatz. Während Sie den frischen Fisch genießen, können Sie die Boote beobachten, die hier an- oder ab-

Bridal Veil Falls

legen. Hier beginnen verschiedene Bootstouren, die auf einem Fischereifrachter angeboten werden.

An der nahe gelegenen Ocean Beach können Sie sichsogar Ihr eigenes Thermalbad buddeln, ähnlich wie in der wesentlich bekannteren Hot Water Beach in Coromandel. Die **Tu Puia Hot Springs** sind über die vier Kilometer lange Tai-Nui-Kawhia Forest Road zu erreichen. Hinter dem Parkplatz müssen Sie über die recht hohen Dünen klettern. Das heiße Wasser kommt in der Verlängerung von zwei gelben Stangen aus dem Sand. Eine Stunde vor bis eine Stunde nach der Ebbe ist die beste Besuchszeit. Alternativ können Sie eine Quad-Tour, die am Strand entlangführt, buchen.

Hinweis: Der südlich des Pirongia Forest Parks verlaufende SH31 führt Sie bei Bedarf zurück zur **Hauptroute**, auf die Sie in **Otorohanga** treffen. Unterwegs haben Sie die Gelegenheit zur freien Übernachtung.

(070) Offizieller WOMO-Stellplatz: Oparau Roadhouse

GPS: S 38°3'11" E 174°55'2", Kawhia Road (SH31), Tel. 07 871 0683. **WOMOs:** 10 mit Stromanschluss **Ausstattung:** Toilette, Picknicktische. **Preise:** Stellplatz mit Strom 5 NZD, kostenlos ohne Strom! **Beschreibung:** Die Stellplätze gehören zu einem am SH31 gelegenen Roadhouse. Schöner kostenloser Platz! Ausgesprochen freundliche Eigentümer der Raststätte. Im dortigen Café ist man auf hausgemachten Kuchen spezialisiert. Obendrein gibt es kostenloses WiFi. **Zufahrt:** Am SH31.

Von Kawhia nach Waitomo

Wenn Sie weiterhin unserer Alternativroute folgen wollen, biegen Sie 16 Kilometer hinter Kawhia vom SH31 rechts in die schmale Kawhia Harbour Road ein. Unterwegs gibt es am Oparau Roadhouse eine ganz wunderbare Gelegenheit zur freien Übernachtung. Nutzen Sie die Möglichkeit zu tanken, denn bis Waitomo haben Sie nun eine 78 Kilometer lange kurvenreiche und schmale, dafür faszinierende Nebenstraße vor sich. Die Kawhia Harbour Road windet sich für 28 Kilometer am tief ins Land reichenden, verästelten Kawhia Harbour entlang. Sie können hier am Straßenrand durchaus freilaufenden Tieren begegnen. In Kinohaku wendet sich die Straße ins Landesinnere und heißt für die nächsten acht Kilometer - bis Te Anga - Te Waitere Rd, bevor sie bis Waitomo zur Te Anga Road wird.

Warmes Bad am Strand der Te Puia Hot Springs

(071) WOMO-Stellplatz: Te Waitere Reserve

GPS: S 38°8'4" E 174°49'21.5", Te Waitere Rd, Waitomo. **Max. WOMOs:** 5.
Ausstattung: Toilette. **Beurteilung:** Sehr ruhig und friedlich am Ende einer Landzunge am Wasser gelegen. Es gibt keine Beschilderung. Die Plätze liegen hinter der öffentlichen Toilette. Maximal zwei Nächte.
Zufahrt: Am Ende der Te Waitere Rd, gegenüber dem Te Waitere Boat Club.

Wenn Sie noch weiter in die Einsamkeit vorstoßen wollen, fahren Sie 15 Kilometer bis **Marokopa**. Auf der Fahrt dorthin reihen sich zahllose grüne Hügel so malerisch aneinander, dass man glaubt hinter der nächsten Kurve in Hobbiton anzukommen. In dem Küstenörtchen mit seinen historischen

Marokopa Falls

bunten Holzhäuschen gibt es einen einfachen Campingplatz, aber keine Shops oder Restaurants. Schwer vorstellbar, dass Marokopa einmal das Hauptquartier des Holzhandels im King Country war. Interessant ist es zur Flussmündung zu laufen und dort den zahlreichen Fischern zuzuschauen. Sie sollten hier unbedingt die Gezeiten beachten, sonst könnte Ihnen der Rückweg abgeschnitten werden! Hinter den Sanddünen treffen Sie auf einen wilden schwarzen Quarzsandstrand, an dem Sie in südliche Richtung zu hohen weißen Kalksteinklippen wandern können, die einen tollen Kontrast zum schwarzen Strand bilden. Achtung: In den Dünen brüten Pinguine und andere seltene Seevögel! Neben dem Strand sind auch Wanderungen durch den unberührten Buschwald äußerst lohnend. Marokopa ist ein idealer Ort, um während der Reise mal für einen Tag richtig abzuschalten.

(072) WOMO-Campingplatz: Marokopa HP

GPS: S 38°18'14" E 174°43'16", 1 Rauparaha St, Marokopa, Tel. 07 878 0800 und 0800 932 4357, www.kiwicamp.nz. **Preise:** 20-30 NZD. **Ausstattung:** Keine Ver- und Entsorgung. **Beschreibung:** Schöne Grasplätze. Seit die Betreiber 2018 in Rente gegangen sind, wird der Platz als KiwiCash Platz betrieben. Sie benötigen vor Ankunft einen mit ausreichendem Guthaben geladenen Dongle. Details siehe Webseite. **Zufahrt:** Rauparaha Street zweigt von der Marokopa Road ab.

Von Marokopa Richtung Süden nach Awakino gibt es eine 60 Kilometer lange unbefestigte Straße, die wir Ihnen jedoch nicht empfehlen können. Zurück auf der Te Anga Road warten schon bald die 30 Meter hohen **Marokopa Falls** auf Ihren Besuch. Sie werden oft als die schönsten Wasserfälle Neuseelands bezeichnet. Die von dichter Vegetation umgebenen Fälle sind vom Parkplatz aus über einen 10-minütigen Fußmarsch zu erreichen. Tragen Sie für den kurzen Weg ruhig gutes Schuhwerk, denn er ist leicht unwegsam und manchmal rutschig. Malerisch umgeben von üppigem Grün fällt / fließt das Wasser auf breiter Front über einige Felsvorsprünge. Das Wasser zerstäubt dabei in feinem Nebel und manchmal entsteht sogar ein Regenbogen am Fuße der Wasserfälle.

Mangapohue Natural Bridge

Etwa zwei Kilometer östlich liegen die **Piripiri Caves**, die Sie in fünf Minuten zu Fuß erreichen. Sie erwartet ein ausgedehntes Höhlensystem, an dessen Decken unzählige Fossilien zu finden sind. Im Oyster Room handelt es sich dabei um versteinerte Riesenaustern. Sichere Holztreppen führen hinab in die Tiefe der Höhlenlandschaft, in die Sie unbedingt eine Taschenlampe mitnehmen sollten. Glühwürmchen werden Sie in den ungemein eindrucksvollen Grotten allerdings vergeblich suchen.

Weitere vier Kilometer östlich befindet sich die **Mangapohue Natural Bridge**. Schon der 5-minütige Pfad zu der riesigen Kalksteinformation ist wunderschön. Zuletzt führt ein Plankenweg an Felswänden vorbei, der wegen des unterhalb fließenden *Mangapohue Stream* an eine Klamm erinnert. Eine 17 Meter hohe Brücke aus Kalkstein spannt sich über das Flüsschen. An deren Decke befinden sich stalaktitenähnliche tropfenförmige Ablagerungen. Der 20-minütige Rundweg führt nun über Farmland zurück zum Parkplatz. Achten Sie unbedingt auf die Felsblöcke, die Sie passieren. Es finden sich dort zahlreiche 35 Millionen Jahre alte fossile Austern. Waitomo - und damit die Hauptroute - liegt nun 26 Kilometer östlich.

(073) WOMO-Stellplatz: Haggas Lookout

GPS: S 38°15'47" E 175°1'40". **Max. WOMOs:** 3. **Ausstattung:** Keine.
Beurteilung: Der Pluspunkt dieses Platzes ist die atemberaubende Aussicht. Morgens werden Sie von Vogelgesang geweckt. Kaum Verkehr.
Zufahrt: An der Te Anga Rd, sieben Kilometer vor Waitomo.

TOUR N04
25 km
Te Kuiti
091 WC
Kopaki
30
Te Mapara
Pureora Forest Park
Omaru Falls
Piopio
092 WC
4
3
116
Taumaranui
Mokau River
WC 117
Awakino
93
Ohura
Mokau
WC 118
WC 094
WC 095
Tongaporutu
Mount Damper Falls
Three Sisters
Tangarakau Scenic Reserve
119 WC
Moki Tunnel
White Cliffs
Tahora
120
Whanganui National Park
Mimi
96
Urenui
Whangamomona
121
3
43
97
Waitara
WC 098
New Plymouth
122
Te Wera
99
Forgotten World Highway
100
101
Lake Mangamahoe
Inglewood
3
Oakura
107
Ngamamaku Garden
Stanleigh Garden
Cairnhill Garden
108
109
102 WC
Stratford
Pukeiti Garden
Egmont Nationalpark
103 WC
106
Dawson Falls
Mt Taranaki 2518 m
Eltham
Fanthams Peak 1966 m
104 WC
105
Holland Gardens
Kaponga
Cape Egmont Leuchtturm
Openlands Garden
Puketarata Garden
Auroa
Sanderson Garden
Hawera
nach Whanganui
3
Kaupokonui
Manaia
Waihi Beach
WC 114
Opunake
111
110
45
112
113 WC
WC 115

Tour N04: Zum liebeskranken Mt Taranaki 325 km

Te Kuiti - Mokau - New Plymouth - Mount Taranaki - Stratford - Oakura - Opunake - Hawera - Whanganui

Stellplätze:	Mangaotaki, Piopio, Tongaporutu, Lake Rotomanu, North Egmont, Stratford Plateau, Dawson Falls, Pitone, Waihi Beach Waverly Beach, Waiinu Beach, Te Maire, Ohinepane, Tan garakau Gorge, Whangamomona, Te Wera Valley Lodge
Camping:	Mokau, Waitara, New Plymouth: Fitzroy Beach, Belt Road Oakura, Opunake, Kaupokonui, Taumarunui, Back Country
Besichtigen:	Schafscherer Statue in Te Kuiti, Three Sisters, White Cliffs, New Plymouth, Leuchtturm Cape Egmont, Mt Taranaki.
Wandern:	Mokau, New Plymouth: Coastal Walkway, Heritage Walkways, Marsden Hill Walk, District Guide to Walkways, Short Walks in Mt Egmont, Ngatoro Loop Track, Kapuni Loop Track, Wilkies Pools Loop Track, Omaru Falls Walk, Te Maire Track, Mount Damper Falls Track
Essen:	New Plymouth: Arboria, Puke Ariki Café, North Egmont Café, Pukeiti Garden Café
Baden:	Opunake, Ohawe, Waverly, Waiinu, Taumarunui River

Die Tour N04 verlässt die Schafschererstadt Te Kuiti in südwestlicher Richtung und erreicht nach 74 Kilometern bei Awakino die Tasmanische See. Im nahe gelegenen Mokau können Sie eine Flussfahrt unternehmen und wenig später in Tongaporutu eine Wanderung zur markanten Felsformation Three Sisters. Anschließend besuchen Sie das freundliche New Plymouth mit seinen wunderschönen Gärten. Um dem stets schneebedeckten Gipfel des Mount Taranaki näher zu kommen, bieten wir Ihnen drei alternative Routen zu den Bergstationen an, jeweils mit der Möglichkeit zur freien Übernachtung. Danach besuchen Sie die Surfer an den Buchten des Surf Highways SH45 und den Leuchtturm am Cape Egmont. Über Hawera führt die Reise schließlich nach Whanganui, wo der Whanganui River in einer weiten Dünenlandschaft in die Tasmanische See mündet. Wenn Sie den Forgotten World Highway fahren möchten, folgen Sie unserer Alternativroute von Te Kuiti über Taumarunui nach Stratford.

Hauptroute von Te Kuiti nach Stratford

Das heute landwirtschaftlich geprägte ca. 4.700 Einwohner zählende **Te Kuiti** befindet sich 19 Kilometer südöstlich von Waitomo an der Kreuzung von SH3 und SH30. Die an der Eisenbahnlinie North Island Main Trunk Railway liegende Stadt ist ein Haltepunkt des Overlanders. Der Eisenbahn verdankt die Stadt auch ihre Existenz, denn sie entstand 1887 aus einem Eisenbahncamp, von dem aus Waldrodungen, Landver-

Schafscherer Statue in Te Kuiti

messungen und schließlich der Bau des letzten Teils der Eisenbahnstrecke Auckland - Te Kuiti vorangetrieben wurden. Die Stadt vermarktet sich als »Welthauptstadt der Schafschur«. Sie ist Gastgeber der jährlichen Nationalen Meisterschaften im Schafscheren. Inmitten der Stadt wurde eine sieben Meter hohe Statue eines Schafscherers aufgestellt.

(091) Offizieller WOMO-Wanderplatz: Mangaokewa SR

GPS: S 38°21'26" E 175°11'35", Tel. 07 878 1050. **Max. WOMOs:** 3.
Ausstattung: Toilette, Picknicktische, geschützte Spüle mit Wasser.
Beschreibung: Toll gelegener Picknickplatz auf einer von Wald umgebenen Wiese an einem Bachlauf. Saubere Toilette. Eine kleine Hängebrücke führt in den dichten Wald hinein. Wandermöglichkeiten.
Zufahrt: 3 km südlich von Te Kuiti am SH30 ausgeschildert. Die Zufahrtsstraße führt rechts etwa 500 m in den Wald hinein.

(092) Offizieller WOMO-Stellplatz: Piopio - Tui Park

GPS: S 38°28'6" E 175°0'58", Tel. 07 877 8177, 16 Tui St. **Max. WOMOs:** 6.
Ausstattung: Toilette, Picknicktische, geschützte Küche mit Wasser.
Beschreibung: Parkplatz mit neuen Einrichtungen. Sie zahlen 5NZD pro Fahrzeug pro Nacht. Wasser und Dusche kostet extra. Zu zahlen mit KiwiCash. Details siehe Webseite: www.kiwicamp.nz
Zufahrt: De Tui St zweigt links vom SH3 ab. Nach 450 m links.

Tour N04 startet in der Schafscherer-Stadt Te Kuiti Richtung Südwesten und verläuft zunächst durch dünn besiedeltes Farmland. Nach Überquerung einiger Bergkämme folgt der SH3 dem langgezogenen Tal des Awakino River durch die Awakino Gorge zur Tasmanischen See. Unterwegs haben Sie in Piopio im **Fat Pigeon** (41 Moa St, Piopio, Tel. 07 877 8822) die Gelegenheit zu einer entspannten Pause.

Der verschlafen wirkende Ort **Mokau** liegt malerisch an der Flussmündung des Mokau River mit Blick auf den Mt Taranaki und hat einen wunderschönen schwarzen Sandstrand, der al-

Mündungsbereich des Mokau River

lerdings wegen gefährlicher Strömungen nicht zum Schwimmen geeignet ist. In Pioniertagen war Mokau ein wichtiger Hafen zur Verschiffung von Bauholz und Kohle. Das Tainui Museum zeigt historische Fotos aus dieser Zeit. Rund um den Ort gibt es Wanderwege und Wasserfälle. Einige Szenen aus dem Film von *Jane Campion »The Piano«* wurden hier gedreht. Die Häuser haben meist gepflegte, hübsche Bauerngärten, die auch besichtigt werden können. Auch eine Kanu Tour auf dem Mokau River bietet sich an.

(093) WOMO-Campingplatz: Mokau Seaview Holiday Park
GPS: S 38°40'40" E 174°37'8", Am SH3, Mokau, Tel. 0800 478 786.
Preise: 30-40 NZD. **Ausstattung:** Standard. **Beurteilung:** Tolle Lage oberhalb eines Surfstrandes. Schöne Stellplätze auf Gras. Sanitäranlagen sehr in die Jahre gekommen, aber sauber. Viele Dauercamper.
Zufahrt: Am SH3 rechts, zwischen Awakino (3 km) und Mokau (2 km).

Größere Boote können den Mokau River, dessen Quelle dem südlich von Te Kuiti gelegenen Pureroa Forest entspringt, bis zu 37 Kilometer flussaufwärts befahren. Wer möchte kann bei einer Ausflugsfahrt des 90 Jahre alten Milchbootes *MV Cygnet* einige geschichtlich bedeutende Stätten kennenlernen (**Mokau River Cruises**, Tel. 0800 665 2874, www.mokaurivercruises.co.nz, Abfahrt tgl. 11 Uhr, außer sonntags).

Stellplatz Taunui Wetere

Die zwei Überlebenden der Three Sisters

(094) Offizieller WOMO-Stellplatz: Taunui Wetere Domain

GPS: S 38°42'25" E 174°37'19", 5167 Mokau Rd, Mokau, Tel. 06 752 9767. **Max. WOMOs:** 10. **Preise:** 10 NZD. **Ausstattung:** Toilette, Wasser, Entsorgung, einige Plätze mit Strom verfügbar. **Beschreibung:** Grasplatz im Mündungsbereich des Mokau Rivers. Schöner Wanderweg am Flussufer entlang zur Beach. **Zufahrt**. Ein Kilometer nachdem der SH3 den Mokau River überquert hat, rechts abbiegen.

(095) Offizieller WOMO-Wanderplatz: Tongaporutu Three Sisters

GPS: S 38°49'2" E 174°35'32", 61 Clifton Rd, Tongaporutu. **Max. WOMOs:** 20. **Ausstattung:** Toilette. **Beschreibung:** Am Mündungsbereich des Tongaporutu River gelegen. Wiese mit Bäumen und sehr schönen Stellplätze. Bei Ebbe ideal zum Wandern bis zu den Felsformationen am offenen Meer (15 min). Nagelneue Toiletten. **Zufahrt**. An der Südseite der Brücke über den Tongaporutu River auf der Clifton Rd in Richtung Meer fahren, an den Häusern vorbei, vor dem Parkplatz rechts auf die Wiese abbiegen.

(096) WOMO-Campingplatz: Urenui Beach Camp

GPS: S 38°59'26" E 174°23'37", 148 Urenui Beach Rd, Urenui. Tel. 06 752 3838, www.urenuibeachcamp.co.nz. **Preise:** 40-60 NZD.
Beschreibung: Großer, bei Neuseeländern beliebter Platz. Es gibt eine Bootsrampe und Möglichkeiten zu angeln. Ausgezeichnete Sanitäranlagen. Links von der Beach gibt es eine attraktive Kalksteinformation.
Zufahrt: Am SH3 rechts ausgeschildert, 18 km vor Waitara, 2 km zum Platz.

Der SH3 folgt nun der *North Taranaki Bight* genannten Meeresbucht bis **Tongaporutu**. Bei Ebbe (+-2 Stunden) haben Sie hier die Gelegenheit zu einer wunderbaren Wanderung zur Felsformation der **Three Sisters.** Überqueren Sie die Brücke über den Tongaporutu River und biegen Sie dann rechts in die Clifton Road ab. Am Ende der Straße liegt ein Parkplatz. Bei Ebbe können Sie von hier aus dem felsigen und recht rutschigen Flussufer bis zur Mündung folgen (15 min). Es bietet sich Ihnen nun ein großartiger Anblick auf Klippen, Höhlen und die namensgebenden freistehenden Felsen. Sie werden nur zwei

Stellplatz Three Sisters

von ihnen entdecken, denn die dritte ist 2005 eingestürzt. 2016 sind zwei neue Formationen enstanden. Richtung Westen sehen Sie die eindrucksvollen Kalksteinklippen der White Cliffs und dahinter Mt Taranaki. Bitte gehen Sie rechtzeitig wieder zurück, denn bei einsetzender Flut schneidet Ihnen der steigende Flusspegel sehr schnell den Rückweg ab.

SH3 umfährt nun die Steilküste, windet sich in vielen Kurven über den Mount Messenger, durchquert das *Messeneger Scenic Reserve* und trifft erst nahe **Urenui** wieder auf die Küste. Kurz vor Urenui haben Sie in Mimi die Gelegenheit rechts in die Pukearuhe Road abzubiegen. An dem Ende dieser Straße befindet sich die Pukearuhe Bootsrampe. Dort startet der spannende **Whitecliffs Walkway**. Es gibt keinen richtigen Parkplatz. Suchen Sie daher für Ihr Wohnmobil einen Platz am Straßenrand. Schon alleine die kurze Wanderung unterhalb der hohen weißen Sandsteinklippen ist sehr eindrucksvoll. Wenn Sie mehr Zeit mitbringen, dann können Sie die Wanderung zu einem 5- bis 7-stündigen Rundweg, der über die üppig grünen Hügel zurückführt, ausweiten. Es wird empfohlen, zwei Stunden vor Niedrigwasser zu starten.

(097) WOMO-Campingplatz: Waitara Holiday Park

GPS: S 38°59'21" E 174°13'31", Centennial Avenue, West Beach, Waitara, Tel. 06 754 712, www.waitaraholidaypark.co.nz **Preise:** 30-40 NZD. **Ausstattung:** Standard. **Beschreibung:** Einfacher, sauberer Platz auf Gras, unweit der Mündung des Waitara River in den Taranaki Bight gelegen. Der nahe lange Sandstrand ist übersät mit angeschwemmten Baumstämmen. **Zufahrt:** In Waitara südlich der Brücke in die Centennial Ave einbiegen:

New Plymouth

Nachdem vor der Küste einige der größten Öl- bzw. Gasvorkommen des gesamten Landes gefunden wurden, siedelten

Lake Rotomanu

sich in **New Plymouth** öl- und gasverarbeitende Betriebe sowie Firmen auf dem Sektor der Petrochemie an. Die Einwohnerzahl stieg schnell auf über 70.000 und machte New Plymouth zur mit Abstand größten Stadt der Region Taranaki. Ein ebenfalls stark wachsender Wirtschaftszweig ist der Tourismus. In New Plymouth Urlaub zu machen oder sogar dort zu wohnen wird immer populärer, weil man an der Küste vortreffliche Surfbedingungen vorfindet (Daher entstammt der Name Surf Highway 45) und weil man nicht weit bis zum Mount Taranaki fahren muss, um dort im Egmont-Nationalpark zu wandern oder im Winter Ski zu fahren oder zu snowboarden.

(098) Offizieller WOMO-Wanderplatz: Lake Rotomanu
GPS: S 39°2'33" E 174°6'57", Clemow Road, New Plymouth, Tel. 06 759 6060. **Max. WOMOs:** 6. **Ausstattung:** Toilette, Wasser, Picknicktische. **Beurteilung:** Wunderschöne Stellplätze auf Gras und Asphalt. Spazierweg um den See, 30 Minuten. Der Coastal Walkway führt 3,5 km am See vorbei bis zur Stadtmitte. Die tolle Brücke über den Waiwhakaiho River liefert Fotomotive mit Mt Taranaki im Hintergrund. Sehr zu empfehlender Platz! **Zufahrt:** Von New Plymouth kommend vor dem Waiwhakaiho River links vom SH3 in die Devon St einbiegen und dann rechts in die Clemow Rd.

New Plymouth ist eine sehr sympathische Stadt, die Gäste freundlich willkommen heißt und gegenüber freien Übernachtungen in self-contained motorhomes ausgesprochen großzügig ist. Starten Sie Ihren Besuch am besten in der i-Site, die im **Puke Ariki** Komplex (65 St Aubyn Street) untergebracht ist. Sie bekommen hier neben einer guten Beratung viele nützliche Broschüren ausgehändigt, darunter **»New Plymouth District Guide to Walkways«**, die Wanderwege der Umgebung beschreibt. Im Puke Ariki Komplex sind auch ein empfehlenswertes Café, die Stadtbibliothek (freies Wi-Fi) und ein ausge-

New Plymouth, Uhrenturm und Len Lye Centre

zeichnetes interaktives Museum untergebracht, in dem u.a. ein Skelett des ausgestorbenen Riesenvogels Moa zu sehen ist.

Unmittelbar vor dem Komplex sehen sie an der Uferpromenade ein 45 Meter hohes rotes gebogenes Fiberglasrohr mit einer Leuchtkugel an der Spitze. Es handelt sich hierbei um eine Skulptur von Len Lye, genannt »Wind Wand« (Wind-Stab). Mit der **Govett-Brewster Kunstgalerie** existiert in New Plymouth die bedeutendste Sammlung zeitgenössischer Kunst in ganz Australasien (Eintritt 15 NZD). Seit 2015 ist der Kunstgalerie das **Len Lye Centre** angeschlossen. Der Künstler Len Lye ist für das Zusammenspiel aus Metall und Dynamik bekannt. Ein etwa 40-minütiger Film zeigt seine Entwicklung als Künstler (Govett-Brewster Art Gallery / Len Lye Centre, 42 Queen Street, Tel. 06 759 6060, tgl. von 10 bis 17 Uhr).

(099) WOMO-Campingplatz: Fitzroy Beach Holiday Park

GPS: S 39°2'42" E 174°5'55",1d Beach St, New Plymouth, Tel. 06 758 2870, fitzroybeach.co.nz. **Preise:** 60-70 NZD. **Beurteilung:** Tolle Lage am Meer. Neuer Besitzer, neue Sanitäranlagen, neue Küche. Über den Coastal Walkway laufen Sie 30 Minuten in die Stadt. Die Te Rewa Rewa Brücke ist 12 Minuten zu erwandern (andere Richtung). **Zufahrt:** 3 km östlich der i-Site, die Beach St zweigt von der Devon St ab.

Te Rewa Rewa Bridge

Vom Zentrum aus hinter dem Marsden Hill liegt 1,5 Kilometer entfernt der sehenswerte Botanische Garten **Pukekura Park**, Schauplatz des jährlich von Mitte Dezember bis Anfang Februar stattfindenden **Festival of Lights**. Auf dem **New Plymouth Heritage Trail** lernen Sie auf einer zweistündigen Wanderung viele historisch und architektonisch interessante Plätze und Gebäude der Stadt kennen. Gut essen können Sie in angenehmem Ambiente und mit Blick aufs Meer im **Arboria** (North Wing Puke Ariki, 1 Ariki St, Tel. 06 759 1241).

(100) WOMO-Campingplatz: Belt Road Seaside HP

GPS: S 39°3'28" E 174°3'17", 2 Belt Rd, New Plymouth, Tel. 0800 804 0204, www.beltroad.co.nz. **Ausstattung:** Spa Pool. **Preise:** 55-70 NZD. **Beschreibung:** Tolle Lage auf einer Anhöhe am Meer/Hafen, neue Sanitäranlagen. Suchen Sie sich einen Platz direkt am Meer (etwas teurer). Über den Coastal Walkway laufen Sie 20 Minuten in die Stadt. **Zufahrt:** 2 km westlich der i-Site, St Aubyn St und dann rechts in die Belt Rd.

Mount Taranaki

Der Hauptanziehungspunkt der Region ist der 2.518 Meter hohe, atemberaubend schöne **Mount Taranaki** mit seinem

Belt Road Seaside HP

Mount Taranaki

gleichmäßig geformten Vulkankegel, der immer von Schnee und Eis bedeckt ist. Der von den Maori seit jeher Taranaki genannte Berg wurde von James Cook nach dem Earl of Egmont in Mount Egmont umbenannt. Der Berg erhielt jedoch in den 80er Jahren des letzten Jahrhunderts wieder seinen alten Namen, und nur der ihn umgebende *Egmont-Nationalpark* erinnert an den Adligen, der nie in Neuseeland war.
Der Mt Taranaki, dessen letzter Ausbruch auf das Jahr 1755 datiert wird, ist von vielen einzigartigen Pflanzen bewachsen und ihm entspringen mehr als 50 Flussläufe, die von sehr starken Niederschlägen gespeist werden. In den Sommermonaten Dezember bis März kann der am meisten bestiegene Gipfel Neuseelands auch ohne Kletterausrüstung erreicht werden. Mt Taranaki gehört zu den neuseeländischen Regionen, die echte vier Jahreszeiten haben. Im Frühjahr erwacht das Leben (Zehntausende Rhododendren erblühen zu dieser Jahreszeit in den Garten- und Parkanlagen) der Sommer ist bei Wanderern, Outdoor-Fans und Alpinisten beliebt, der Herbst färbt die Blätter und wartet mit warmen Tagen und kalten Nächten auf und der Winter bietet sogar Schnee zum Skifahren.

Von den vielen **Maori Legenden**, die sich um den Berg ranken, sei hier die schönste wiedergegeben:

Früher lebte der Taranaki mit den anderen Vulkanen zusammen im Zentrum der Nordinsel, als Nachbar und Rivale von Tongariro. Eines Tages verliebten sich beide in den mit grünem Wald überwachsenen kleinen Vulkan Pihanga, wodurch es zum Streit zwischen den mächtigen Vulkanen kam. Während der Schlacht schüttelte sich die Erde, und der Himmel wurde schwarz, bis sich schließlich Pihanga für Tongariro entschied. Traurig und von Tongariro bedrängt, wanderte Taranaki nach Westen, bis ihn das Meer stoppte. Der tiefe Graben, den er auf seiner Wanderung hinter sich herzog, verwandelte sich zum Bett des Whanganui River, gespeist von Taranakis Tränen.

Mount Taranaki über dem Lake Mangamahoe

Die Taranaki Region ist bekannt als Gartenparadies. In der Umgebung des Vulkans gibt es unzählige variantenreich angelegte Gärten mit einheimischen sowie exotischen Pflanzen zu bestaunen. Zu den zwei im Frühjahr stattfindenden Gartenfestivals, dem **Powerco Garden Spectacular** und dem **Taranaki Fringe Garden Festival,** strömen jährlich tausende Gartenliebhaber. Sie lassen sich von den Exponaten inspirieren und holen sich vielerlei Tipps von der Gestaltung eines Biogartens bis zur Landschaftsgestaltung.

(101) Offizieller WOMO-Wanderplatz: Meeting of the Waters
GPS: S 39°6'12" E 174°6'57", Waiwakaiho Rd, New Plymouth, Tel. 06 759 6060. **Max.WOMOs:** 3. **Ausstattung:** Picknicktische. **Beschreibung:** Kleiner Waldparkplatz. Der Platz gehört zum Burgess Park und liegt sehr ruhig an einem kleinen Fluß mit Bademöglichkeit. **Zufahrt:** Etwa 5 km hinter New Plymouth links in die Waiwakaiho Rd abbiegen und dieser 200 m folgen.

Fahrt zu drei Bergstationen am Taranaki

Über den SH3 verlassen Sie New Plymouth gen Süden und legen schon nach 6 Kilometer den ersten Stopp ein, weil mit dem **Tupare Garden** (487 Mangorei Road) einer der schönsten und außergewöhnlichsten Gärten Neuseelands am Wegesrand liegt. Im Jahr 1932 begannen Sir Russell und Lady Matthews, einen Garten an einem Hügel am Rande des Waiwhakaiho River zu schaffen, der sich in der Zwischenzeit zu einem der schönsten Gärten des Landes weiterentwickelt hat. Es gibt hier eine Reihe von Besonderheiten, wie zum Beispiel das Gewächshaus, den alten Obstgarten und die Klippenwasserfälle. Der Garten liegt an der Mangorei Road, unweit des SH3. Er ist jeden Tag geöffnet und der Eintritt ist frei.

Bereits drei Kilometer hinter Tupare haben Sie von dem Scenic Reserve des **Lake Mangamahoe** einen wundervollen

Blick auf den Mt Taranaki. Dieses Fotomotiv wird Ihnen in manchem Reiseführer begegnen. In Inglewood sehen Sie schon von weitem ein altmodisches, knallrotes Feuerwehrauto auf dem Dach eines Hauses. Zumindest wenn Sie mit Kindern reisen, sollten Sie das **Fun Ho! National Toy Museum** (25 Rata St, Inglewood, Tel. 06-756 7030, tgl. 10-16 Uhr, www.funhotoys.co.nz) besuchen. Zu sehen gibt es variantenreiches historisches Spielzeug, das bis heute im Museum mit der Sandguss-Methode als Miniatur-Spielzeug hergestellt wird.

Spielzeugmuseum Fun Ho!

Wir schildern Ihnen nun drei Möglichkeiten auf asphaltierten Straßen die östlichen Flanken des Berges hinaufzufahren. Sie enden alle auf etwa halber Strecke an Parkplätzen und bieten freie Übernachtungs- und Wandermöglichkeiten. Bitte beachten Sie, dass sich das Wetter sehr schnell ändern kann. Die Wolken stauen sich am mächtigen Taranaki und sorgen für oft recht feuchtes Klima. Das regionale Motto lautet: »If you can't see Taranaki, then it's raining and if you can see it, then it is going to rain«. Ein schneller Wetterwechsel wurde schon einigen Bergsteigern zum Verhängnis. Holen Sie bei längeren Wanderungen unbedingt die Wettervorhersage ein!

Bergstation North Egmont

Sie biegen in Egmont Village, fünf Kilometer vor Inglewood, rechts in den Mount Egmont National Park ab. (Auch in Inglewood gibt es eine Zufahrt.) Sie folgen der Egmont Road, die in ihrem Verlauf durch immer dichter werdenden Wald führt. Oft hängen dicke Äste über diese bezaubernde Straße und Sie müssen aufmerksam fahren, um Ihr Wohnmobil unversehrt nach 16 Kilometern zum Besucherzentrum der **Bergstation North Egmont** (940 m ü.d.M.) zu bringen. Das etwas umständlich **DOC Taranaki / Egmont National Park Visitor Centre** genannte Gebäude liefert Ihnen neben allen möglichen Informationen auch eine naturwissenschaftliche Ausstellung. Hier ist der mit Abstand beste Ausgangspunkt für Gipfelbesteigungen.

Wer eine Wanderung oder gar einen Aufstieg (10 h hin und zurück) beabsichtigt, sollte sich mit Informationsmaterial einde-

Übernachtungsstelle North Egmont

cken und unbedingt den Wetterbericht einholen. Es gibt auch zwei mehrtägige Rundwege um den Gipfel (**Pouakai Circuit**, 24 km 2-3 Tage, **Around the Mountain Circuit**, 67 km, 4-5 Tage). Kurze Wanderungen werden sehr gut in der Broschüre *Short Walks in Mt Egmont* beschrieben. Wir entschieden uns für den reizenden **Ngatoro Loop Track** (3 km, 45-60 min, 100 m Anstieg). Deutlich anstrengender ist der **Veronica Loop Track** (3 km, 2 h, 200 m Anstieg). Bei dieser Wanderung klettern Sie zunächst über eine Anzahl von Stufen zu einem Denkmal des Bergsteigers Arthur Ambury und dann weiter hinauf zu einem atemberaubenden Aussichtspunkt.

(102) Offizieller WOMO-Wanderplatz: North Egmont

GPS: S 39°16'12" E 174°5'44". **Max. WOMOs:** 10. **Ausstattung:** Toilette. **Beschreibung:** Von Grün umgebene Stellplätze auf Asphalt, mit wunderbarem Blick hinauf zum Taranaki und hinab zum Meer. Suchen Sie sich eine möglichst windgeschützte Stelle. Rechts vom Visitor Centre führt eine Straße zu einem etwas höher gelegenen Parkplatz hinauf. Auch dort können Sie übernachten. Die Toiletten sind 24 h geöffnet, das Visitor Centre täglich von 8 bis 16.30 Uhr. **Hinweis:** Maximal vier Nächte. **Zufahrt:** Am North Egmont DOC Visitor Centre, siehe Text.

Stratford Plateau

Eine zweite Stichstraße zum Mt Taranaki zweigt im 20 Kilometer hinter Inglewood liegenden Stratford ab. Die Pembroke Rd bringt Sie nach 15 Kilometern zum sehr ansprechenden Hotel Stratford Mountain House und nach drei weiteren Kilometern zu einem Parkplatz (Stratford Plateau, 1.172 m ü.d.M.). Der große Schotterparkplatz liegt oberhalb der Baumgrenze und ist nur von Buschwerk umgeben, also dem Wind ausgesetzt. Sie können zum etwas oberhalb liegendem **Manganui Ski Area** laufen, dem einzigen Skigebiet am Taranaki. Wenn Sie dem

Blick auf Mount Taranaki vom Dawson Falls Visitor Centre

around the mountain circuit folgen, treffen Sie den Ski Hang in einer Höhe von 1.300 Meter. Die Wanderung dauert ca. 2,5 Stunden (hin und zurück) und geht über schmale Wege und Geröllfelder, wobei Warnschilder immer wieder auf die Gefahren des Weges hinweisen. Wenn sich der Taranaki dann noch in strahlendem Sonnenschein zeigt, ist das Wanderglück vollkommen. Es gibt noch einen Wanderweg zur **Waingongoro Hut** (50 min) und einen zu den Dawson Falls (60 min).

(103) Offizieller WOMO-Wanderplatz: Stratford Plateau
GPS: S 39°18'28" E 174°5'56". **Max. WOMOs:** 10. **Ausstattung:** Toilette. **Beschreibung:** Großer Schotterparkplatz, der Platz ist dem Wind ausgesetzt ist. Manch einer mag sich hier verloren vorkommen. Auf der Habenseite steht ein wirklich atemberaubender Rundumblick, der bei geeignetem Wetter bis zum Mt Ruapehu reicht! Sowohl Sonnenunter- als auch Sonnenaufgang sind hier famos. **Hinweis:** Maximal vier Nächte.
Zufahrt: In Stratford der Pembroke Road folgen, siehe Text.

Dawson Falls Visitor Centre

Eine dritte Möglichkeit, näher an den Gipfel heranzukommen, bietet sich Ihnen ebenfalls in Stratford. Sie biegen im Stadtzentrum vom SH3 rechts in die Celia St ab, die im weiteren Verlauf zur Opunake St wird. Nach insgesamt 14 Kilometer biegen Sie rechts in die Manaia Rd ab. Diese führt Sie durch den Regenwald, vorbei am 18 Meter hohen Wasserfall, nach weiteren 8,5 Kilometer zum **Dawson Falls Visitor Centre** (924 m ü.d.M.). Von der Aussichtsplattform haben Sie einen atemberaubenden Blick. Sie können auf dem Parkplatz vor dem DOC Visitor Centre frei übernachten und die Dawson Falls in einer 45-minütigen Rundwanderung erkunden (**Kapuni Loop Track**). Es existieren diverse weitere Wanderungen, z.B. der 1,5-stündige **Wilkies Pools Loop Track.**

Parkplatz Hollard Gardens

Auf dem Rückweg von den Dawson Falls sollten Sie kurz vor Kaponga die **Hollard Gardens** besuchen. Sie sind nicht nur ein botanisches Paradies, sondern auch ein Ort der Entspannung und des Staunens. Die Mischung aus einheimischen und exotischen Pflanzen, die sorgfältig gepflegten Blumenbeete und die malerische Landschaft machen diese Gärten zu einem Muss für alle Naturliebhaber. In den Gärten gibt es verschiedene Themenbereiche, exotische Sträucher und Bäume sowie farbenfrohe Blumenbeete. Sie sind so angelegt, dass sie zu jeder Jahreszeit etwas Besonderes zu bieten haben.

(104) Offizieller WOMO-Wanderplatz: Dawson Falls

GPS: S 39°51'54" E 174°44'49". **Max. WOMOs:** 10. **Ausstattung:** Toilette, Wasser. **Beschreibung:** Wunderschöne Stellplätze auf Asphalt am DOC Visitor Centre, von Grün umgeben. Großartiger Blick auf Mt. Taranaki und den vorgelagerten Fanthams Peak. Ausgangspunkt zahlreicher Wanderungen. Spätestens ab 17 Uhr wird es ruhig am Parkplatz, abgesehen vom Gesang der Vögel. **Zufahrt:** In Stratford vom SH3 in die Celia St einbiegen und nach 16 km rechts in die Manaia Rd. Nun noch 9 km.

(105) Offizieller WOMO-Stellplatz: Hollard Gardens

GPS: S 39°24'1" E 174°9'3", 1686 Upper, Manaia Road, Kaponga. **Max. WOMOs:** 5.. **Ausstattung:** Keine (Toilette im Park). **Beschreibung:** Parkplatz direkt neben den Gärten. **Zufahrt**. Der Beschilderung folgen.

Die Gärten sind auch ein beliebtes Ausflugsziel für Familien und Naturliebhaber. Es gibt gut ausgebaute Wege und Picknickplätze. Kinder können sich auf den Spielplätzen vergnügen, während die Erwachsenen die Ruhe und Schönheit der Gärten genießen. Die Hollard Gardens sind auch ein wichtiger Ort für Bildung und Forschung. Die Gärten beherbergen eine beeindruckende Pflanzensammlung, die Wissenschaftler und

Taranaki Pioneer Village

Botaniker aus der ganzen Welt anzieht. Besucher haben die Möglichkeit, mehr über die neuseeländische Flora zu erfahren und sich von der Vielfalt der Pflanzenwelt inspirieren zu lassen.

Über die Palmer Rd gelangen Sie zum Kapuni Gasfeld. Im dortigen Visitor Centre können sie sich über die ausgedehnte Industrieanlage informieren. Über die Eltham Road gelangen Sie zurück zum SH3 nach Eltham.

Von Stratford nach Hawera

Stratford, das östliche Sprungbrett zum Taranaki, verfügt über eine ausgezeichnete Touristeninformation, ein DOC-Büro, ein Hallenschwimmbad und einen Top 10-Campingplatz. Außerdem befindet sich am südlichen Ortsausgang das **Taranaki Pioneer Village** (SH3, Tel. 06 765 5399, tgl. 10 bis 16 Uhr), in dem 50 historische Gebäude der Gegend zusammengetragen sind, darunter das sehenswerte *Okato-House (1853)*. Stratford hat 5.400 Einwohner und ist die Hauptstadt der Region Taranaki. Eine etwas schräge Attraktion der Stadt hat mit der Herkunft ihres Names zu tun. Sie wurde nämlich nach Shakespeares Geburtstort Stratford-upon-Avon benannt. So sind sämtliche Straßennamen Romanfiguren aus Stücken von Shakespeare entnommen und Sie können von der Juliet Street über die Orlando Street zur Romeo Street gelangen. „New Zealand`s only Glockenspiel“ ist in einem fachwerkartigen, schwarz-weißen Turm untergebracht. Beim **Glockenspiel** dieses 1996 gebauten Uhrenturmes zeigen sich um 10, 13, 15 und um 19 Uhr lebensgroße Figuren Romeos und Julias. Dazu sind diverse Shakespeare Zitate zu hören. Wir fanden das einerseits sehr kitschig, haben aber das Schauspiel doch in voller Länge genossen. Zehn Kilometer südlich von Stratford trifft der SH3 auf

Stratford, The Glockenspiel

Eltham (2 500 Einwohner). Das Stadtbild der ländlichen Kleinstadt wird vor allem durch seine viktorianischen Gebäude geprägt. Zu Beginn der Besiedlung in den 1870-iger Jahren war die Umgebung dicht bewaldet. Als man entdeckte, dass das Umland ideale Bedingungen für die Milchwirtschaft bot, begann man mit der Abholzung und errichtete parallel zahlreiche Sägewerke. Im wirtschaftlichen Mittelpunkt des Ortes steht heute eine Käsefabrik, die der größten Arbeitgeber in der Region ist. Im Verköstigungsraum des **Eltham Cheese Shops** (Bridge St, Eltham, Tel. 06 764 5819, Di bis Fr 9 - 17 Uhr, Sa 9 - 13 Uhr) können Sie sich (recht teuer) für die Weiterfahrt nach Whanganui mit frischen Käsevorräten eindecken. Etwa 20 Kilometer südlich Eltham erreichen Sie auf dem SH3 in der 9.000-Einwohner-Gemeinde Hawera das südliche Ende der Taranaki Halbinsel.

(106) WOMO-Campingplatz: Stratford Holiday Park

GPS: S 39°20'37" E 174°16'41". 10 Page St, Stratford, Tel. 06 765 6440, **Ausstattung:** Schwimmbad, Spa. **Preise:** 40-50 NZD. **Beurteilung:** Ruhiger Platz im King Edward Park, 1 km zur i-Site. Stellplätze sind voneinander durch Hecken abgegrenzt. Freundliches Personal, Saubere und gute Einrichtungen. **Zufahrt:** Die Page St zweigt zentrumsnah vom SH3 ab.

Über den Surf Highway SH45 nach Hawera

Der westlich um den Bilderbuchvulkan Mount Taranaki herumführende SH45 wird auch als Surf Highway bezeichnet. Seinen Namen bekam die 105 Kilometer lange Strecke von New Plymouth nach Hawera verliehen, weil die Surfspots an der Küste zu den besten Neuseelands zählen. Für welche Stichstraße zum Meer Sie sich auch entscheiden, sie wird mit Sicherheit an einem Surfstrand enden! Wenn Sie noch nie auf einem Surfbrett standen, vermittelt Ihnen eine der ansässigen Surfschu-

Übernachtungsplatz Lower Greenwood

len gerne die Kunst des Wellenreitens. Auch zum Windsurfen und Kiteboarden sind die Bedingungen ausgezeichnet. Woher auch immer der Wind bläst, ob Niedrigwasser oder Flut, immer finden sich beste Bedingungen Natürlich können Sie auch einfach am Strand entlangspazieren und dem waghalsigen Treiben auf dem Wasser zuschauen.

(107) WOMO-Campingplatz: Oakura Beach Holiday Park

GPS: S 39°7'1" E 173°56'41", 2 Jans Terrace, Oakura, Tel. 06 752 7861, www.oakurabeach.com. **Preise:** 45-60 NZD. **Ausstattung:** Standard. **Beschreibung:** Herrliche Lage am Meer. Perfekt für sicheres Schwimmen und tolles Surfen. Saubere Sanitäranlagen, gute Küchenausstattung. **Zufahrt:** 16 km westlich von New Plymouth in die Wairau Rd abbiegen.

(108) WOMO-Stellplatz: Oakura - Lower Greenwood

GPS: S 39°7'59" E 173°53'33", Greenwood Rd, Pitone, Oakura. **Max. WOMOs:** 5. **Ausstattung:** Keine. **Beschreibung:** Wildromantische Stellplätze auf Gras, neben der Straße, direkt am Meer. Ruhig. Gegenüber gibt es Real Fruit Icecream. **Zufahrt:** 6,6 km hinter Oakura vom SH45 rechts in die Lower Timaru abbiegen und nach 1,4 km links in die Greenwood Rd. Dann noch 2,5 km.

Die Strecke über den SH45 ist landschaftlich deutlich attraktiver als über den SH3. Neben den hervorragenden Surfstränden und menschenleeren Küsten treffen Sie auf ein Künstlerdorf und eine wichtige historische Stätte. Sie fahren vorwiegend durch dünn besiedeltes Farmland, aber rechts und links davon erstreckt sich eine spektakuläre Landschaft. Bei der Fahrt über Orte wie Oakura, Okato, Pungarehu, Opunake und Manaia wird es Ihnen immer wieder schwer fallen sich zu entscheiden, wohin Sie ihren Blick richten. Es reizen sowohl die Küste und das Meer, als auch der nahezu perfekte Vulkankegel des Mount Taranaki, besonders, wenn er von der Abendsonne beschienen wird.

Pukeiti Gardens

Trotz ihrer Beliebtheit sind die Surfstrände meist recht einsam. Auf die einzige Ausnahme treffen Sie 15 Kilometer hinter New Plymouth. Quasi noch vor der Haustür liegt das relaxte **Oakura**, dessen breiter schwarzgrauer Sandstrand wegen der sogenannten *right hander breaks* von Surfern geschätzt wird. In einer Länge von fast einem Kilometer schmiegt sich der feine Sandstrand um die Oakura Bay. Der Maori-Name Oakura bedeutet »Das Licht, das mit dem roten Himmel kommt«. Lassen Sie sich also hier keinesfalls den Sonnenuntergang entgehen. An den Wochenenden ist die Bucht von Oakura jedoch gut besucht. Unmittelbar hinter Oakura verlässt der SH3 die Küste und hält bis Opunake einen Abstand von ca. drei Kilometern zur Küste. Man fährt nun durch Tataraimaka, Pitone, Okato und Warea. Zwischen den beiden letztgenannten Orten liegt der Strand von Komene, der für Surf-Anfänger geeignet ist. Gleich hinter Warea führt die Stent Road zu einem Surfspot für Fortgeschrittene.

(109) Offizieller WOMO-Stellplatz: Pukeiki Domain
GPS: S 39°12'5.5" E 173°58'54", 2290 Carrington Road, 0800 736 222.
Max. WOMOs: 8. **Ausstattung:** Toilette im Komplex, Mülleimer.
Beschreibung: Gut nivellierter Parkplatz an den Pukeiki Gardens.
Zufahrt: Von Plymouth Zentrum 22 km der Carrington Rd folgen.

Für Gartenliebhaber bietet sich ein kleiner Abstecher an. Der weltberühmte **Pukeiti Garden** (www.trc.govt.nz/gardens/pukeiti) ist ein 1951 angelegter 360 Hektar großer Regenwaldgarten, der 22 Kilometer entfernt von New Plymouth weit oben am Hang des Taranaki liegt. Hier wachsen mehr als 10.000 Rhododendren, in 500 verschiedenen Arten. Auch Azaleen sind in vielen Variationen vertreten. Die wundervoll exotische Blütenpracht können Sie zwischen September und November genießen. Aber auch zu anderen Jahreszeiten ist der Park mit seinen Spazierwegen und einem Café mit traumhaftem Ausblick einen Besuch wert. Die Straße ist recht eng, bietet dafür aber wundervolle Ausblicke. Hinter dem Park können Sie hinab nach Okato und damit zurück zum Surf Highway fahren.

Denkmal von Peter Snell in Opunake

Sieben Kilometer hinter Warea zweigt die Straße zum Cape Egmont Lighthouse ab. Der aus Eisen gefertigte, 20 Meter hohe Leuchtturm steht auf einer Anhöhe und ist aus allen Richtungen schon von weitem sichtbar. Auf der anderen Seite des Highways, vier Kilometer Richtung Taranaki, liegt **Parihaka**. Etwa um die Zeit als der Leuchtturm errichtet wurde, kam es hier zu den rücksichtslosesten Übergriffen der Briten gegen die Landrechte der Maori in der Geschichte Neuseelands. Unter Beugung des Rechtes kam es damals zur Enteignung des umliegenden Landes. Der dagegen aufbegehrende Maori-Anführer Te Whiti wurde inhaftiert. Ihm ist in Parihaka ein Denkmal gesetzt.

In Oaonui, acht Kilometer hinter der Abzweigung zum Leutturm, befindet sich die größte Industrieanlage der Region. Der Strand am Ende der Kina Road bietet auch hier wunderbare Wellen und Winde für Kitesurfer. Die Surfer schwärmen, Wellenritte von bis zu 400 Meter seien in der Bucht keine Seltenheit.

Wenige Kilometer weiter trifft der SH45 auf die 1.350 Einwohner Stadt **Opunake**. Das Surfer-Mekka hat einen der besten Strände der Region. Der aus schwarzem Vulkansand bestehende Strand ist sehr beliebt und ausgesprochen gut besucht. In der Hauptstraße reihen sich folgerichtig Cafés und kleine Lädchen aneinander. Vor dem hervorragend zum Schwimmen geeigneten Strand wurde das erste künstliche Surfriff Neuseelands gebaut. Wenn Sie den Strand und die entspannte Surfkult-Atmosphäre lange genug genossen haben, können Sie den 7 km langen historischen Spazierweg laufen. Er führt am Lake Opunake, dem historischen Friedhof Armed Constabulary Cemetery und dem Waiaua River vorbei zu dem historischen

Blick vom Opunake Nothern Headland Carpark

Te Namu Pa. Die Wanderung ist eine sehr gute Gelegenheit einen Überblick über die Geschichte der Umgebung zu erhalten Es gibt auch ein Denkmal für den in Opunake geborenen großartigen Leichtathleten Peter Snell. Er gewann bei den Olympischen Sommerspielen 1960 und 1964 insgesamt drei Goldmedaillen über 800 m und über 1500 m. Der direkt am Strand liegende Campingplatz ist nicht nur bei Kiwis sehr beliebt. Daher empfiehlt sich in der Ferienzeit eine Reservierung.

(110) WOMO-Campingplatz: Opunake Beach Kiwi HP

GPS: S 39°27'29" E 173°51'28". Beach Rd, www.opunakebeachnz.co.nz Tel. 0800 758 009. **Preise:** 55-65 NZD. **Ausstattung:** Planschbecken, Spielplatz. **Beschreibung:** Guter und kinderfreundlicher Platz. Geschützte Bucht mit Sandstrand. Besser zum Wellensurfen als zum Schwimmen geeignet. **Zufahrt:** In der Ortsmitte vom SH45 in die Havelock St Richtung Strand abbiegen. Nach 400 m zweigt die Beach Rd links ab.

(111) Offizieller WOMO-Stellplatz: Opunake Nothern Headland Carkpark

GPS: S 39°27'31" E 173°50'55", Wharf Rd, Opunake. **Max. WOMOs:** 3. **Ausstattung:** Keine. **Beschreibung:** Exponiert an der Steilküste gelegen, mit fantastischen Ausblicken über das Meer und zum Mount Taranaki. Dem Wind ausgesetzt. **Zufahrt:** Über die Longfellow Road, dann Wharf Road.

Kurz hinter Pihama gibt es in Mangahume und kurz vor Manaia an der Kaupokonui Beach weitere gute Surfmöglichkeiten. Der beliebteste Bade- und Surfstrand südlich von Taranaki befindet sich an der Ohawe Beach.

Von Hawera nach Whanganui

In Hawera treffen der SH3 und der Surf Highway SH45 aufeinander. Wie oben unter Eltham beschrieben hat sich in der Region dank der fruchtbaren Vulkanböden eine ertragreiche

Kaupokonui Beach Camp

Milchwirtschaft etabliert. In Hawera ist die größte Molkerei Neuseelands ansässig. Täglich werden hier rund 14 Millionen Liter Milch verarbeitet und so ist es auch kein Wunder, dass man bei der Einfahrt in die Stadt von einem großen Kuhstandbild begrüßt wird. Auch werden Sie unausweichlich den Milchlastwagen der Fonterra-Molkerei begegnen. Als Genossenschaft gegründet, ist die *Fonterra Co-operative Group* heute ein multinationales Unternehmen und gilt als das größte Unternehmen Neuseelands. Die Molkerei wird von mehr als 12.000 Farmen beliefert. Ihre Molkereiprodukte machen ein Viertel aller neuseeländischen Exporte aus, insgesamt tragen sie sieben Prozent zum Bruttoinlandsprodukt bei. Fonterra liefert Milchprodukte, vorwiegend Milchpulver, weltweit an 140 Länder, insbesondere aber an den gesamten asiatischen Raum.

(112) WOMO-Campingplatz: Kaupokonui Beach Camp

GPS: S 39°33'58" E 174°3'43", 138 Kaupokonui Heads Road, Manai, Tel. 06 274 8577. **Ausstattung:** Standard. **Preise:** 35-45 NZD. **Beschreibung:** Ein verschlafenes, friedliches und ausgesprochen stimmungsvolles Örtchen. Wunderbare Stellplätze auf Gras. Saubere Sanitäranlagen, gut ausgestattete Küchen. Um zum schwarzen Sandstrand zu gelangen, müssen sie zunächst eine Brücke über den Kaupokonui River überqueren. **Zufahrt:** Vom SH45 nahe Kaupokonui rechts abbiegen auf die Lower Glenn Rd und nach 2,5 km wieder rechts auf Kaupokonui Heads Rd. 1,8 km links.

Attraktionen von Hawera sind der direkt an der Umgehungsstraße gelegene *King Edward Park*, das eindrucksvolle *Turuturu Mokai Pa* und das *Tawhiti-Museum.* Neben dem King Edward Park mit Seen und einem kleinen chinesischen Garten gibt es den *Naumai Park* und den *Hicks Memorial Park*. Ersterer besteht überwiegend aus naturbelassenem, neuseeländischem Busch und in letzterem befinden sich Sportstätten. Auch ein

Waihi Beach

18-Loch Golfplatz gehört zu den Sportangeboten der 11.000 Einwohner zählenden Stadt. Das South Taranaki Visitor Centre liegt direkt am 54 Meter hohen Wasserturm, der einen herrlichen Rundblick bietet. Nachdem die Stadt 1884, 1888 und 1912 ausgedehnte Brände zu überstehen hatte, wurde 1914 der **Hawera Water Tower** (55 High St, Schlüssel in der i-Site, Mo-Fr 8.30 bis 17.15 Uhr, Sa-So 10-15 Uhr) im Stadtzentrum gebaut, um den Wasserdruck für mögliche Löscharbeiten zu erhöhen. Noch eine letzte Attraktion Haweras wollen wir Ihnen nennen. Falls Sie ein eingeschworener Elvis Presley Fan sind, finden Sie in einer umgebauten Garage eine imposante Sammlung von LPs, Büchern, Kunst, Souvenirs, Konzerttickets, Instrumenten, Uhren und Schmuck des King of Rock'n Roll. In der i-Site nennt man Ihnen Besichtigungstermine.

(113) Offizieller WOMO-Badeplatz: Waihi Beach Reserve

GPS: S 39°36'18" E 174°14'33". 280 Denby Rd, Hawera. **Max. WOMOs:** 12
Ausstattung: Toilette, geschütztes Spülbecken mit frischem Wasser.
Beschreibung: Die Denby Road endet am Platz, den sie in einer Schleife umrundet. Die Stellplätze liegen an der Außenseite. Es gibt einen Parkplatz für Tagesausflügler. Sie haben von hier aus beeindruckende Ausblicke, da der Platz oberhalb des Strandes liegt. Genießen sie den Sonnenuntergang von der Aussichtsplattform, Ein kurzer Weg führt hinab zur spektakulären Waihi Beach. Sauberer Container mit Toiletten und Waschbecken.
Zufahrt: Die Denby Road zweigt in Hawera vom SH3 ab, 5 km Fahrt.

Sie verlassen Hawera über den SH3, dem Sie 28 Kilometer bis **Patea** folgen. Ein Bummel durch den Ort führt an vielen historischen Gebäuden wie dem Aotea Memorial Waka, der St. George Kirche und dem South Taranaki District Museum vorbei. Der hier beheimatete Patea Maori Club landete in den in den Achtzigerjahren den immer noch beliebten Hit *Poi-E*. Der Highway wendet sich hinter Patea bis zum 61 Kilometer entfernten Whanganui von der Küste ab. Wir nennen Ihnen zwei

Blick auf Mount Taranaki

Stichstraßen zum Meer, jeweils mit ausgezeichneten Bade- und Übernachtungsmöglichkeiten.

(114) Offizieller WOMO-Badeplatz: Waverly Cave Beach
GPS: S 39°49'54" E 174°38'8", 208 Waipipi Rd, Waverly, Tel. 06 278 0555.
Max. WOMOs: 15. **Ausstattung:** Toilette, Küche, Duschen, Spielplatz.

Preise: 15-20 NZD. **Beschreibung:** Großer Grasplatz nahe dem schwarzen Sandstrand der Waverly Beach. **Hinweis:** Wenn Sie der Straße noch etwa 300 m folgen, können Sie kostenfrei direkt an den Klippen übernachten (S 39°49'59" E 174°38'11"). **Zufahrt:** In Waverly, 13 km hinter Patea, biegen Sie rechts ab und folgen der Straße (Ihupuku Rd,3,4 km, Waverley Beach Rd, 4,1 km, Waipipi Rd), 2,2 km) bis zum 10 km entfernten Strand.

In **Waverly** zweigt eine Straße zur **Waipipi Beach** ab. Vier oder fünf Meter hohe Klippen säumen an diesem Strand die Küstenlinie. Die mehrfach geschichteten Klippen sind in wunderschönen Farbtönen koloriert, von Grau über Braun und Ocker bis zu Tiefrot. Das Waverly Beach Camp ist von hier nur zwei Kilometer entfernt.

(115) Offizieller WOMO-Badeplatz: Waiinu Beach Camp
GPS: S 39°51'54" E 174°44'49". **Max. WOMOs:** 15. **Ausstattung:** Toilette, Wasser, Mülltonnen, Entsorgungsstation. **Preise:** 10-20 NZD. Wird abends eingesammelt. **Zufahrt:** In Waitotara nach Süden abbiegen, 8 km Richtung Strand fahren. **Beschreibung:** Wunderschöner großer Grasplatz hinter den Dünen des Strandes der Waiinu Beach. Betrieben vom South Taranaki District Council. Neue Toilettenanlage, gut gepflegt, sauber. Unten am Strand gute Möglichkeiten zum Baden und Wellenreiten.

Über den Forgotten World Highway nach Stratford

Wir beschreiben nun die Nebenstrecke von Te Kuiti über Taumarunui nach Stratford. Der erste Teil der Route folgt bis Taumarunui dem SH4, während der letzte Teil über den SH43 verläuft. Dieser wird seit 1990 werbewirksam als Forgotten World Highway bezeichnet. Der Name trägt der abgelegenen Lage der Straße in einem weitgehend unberührten Gebiet Rechnung und ist bei durchschnittlich 150 Fahrzeugen pro Tag sicherlich gerechtfertigt. Seine Namensgebung ist aber auch eine erfolgreiche Marketingmaßnahme, die zunehmend das Interesse der Touristen weckt. Die Straße führt durch tiefe Schluchten und über hohe Bergpässe, die von dichten Wäldern umgeben sind. Entlang des Weges bieten sich atemberaubende Ausblicke auf unberührte Natur und majestätische Berggipfel. Es ist leicht, sich vorzustellen, dass diese Region vor Jahrhunderten von Maori-Stämmen durchstreift wurde, die sich von der natürlichen Fülle des Landes ernährten.

Der SH4 beginnt elf Kilometer südlich von Te Kuiti an der sogenannten Eight Mile Junction, wo er vom SH3 in südliche Richtung abzweigt. Die ersten 50 km bis Ongaruhe verlaufen durch landwirtschaftlich genutztes Land. Es gibt die üblichen Schaf- und Viehweiden, aber auch Obstanbau. Unterwegs, nach ziemlich genau 20 Kilometer, zweigt rechts die Omaru Rd ab. Wenn Sie dieser folgen, erreichen Sie nach 500 Metern einen Parkplatz (**GPS:** S 38°31'20" E 175°10'11"), von dem aus Sie zu den wundervollen **Omaru Falls** laufen können. Der 30-minütige Weg (einfach) führt für einige hundert Meter über Farmland, bevor er durch ein Wäldchen aus Farnen und jungen Rimu- Bäumen verläuft. Über eine Wiese gelangen Sie zunächst zu einem kleinen Wasserfall. Hier können Sie sehr gut ein Picknick einlegen. Schließlich überqueren Sie eine Hängebrücke und steigen dann hinauf zu einer Aussichtsplattform, von der Sie einen großartigen Blick auf die 45 Meter hohen eindrucksvollen Wasserfälle haben.

Während der Highway bisher durch hügeliges Land angestiegen ist, führt er nun durch die gewundenen Täler des Ohura River und Ongarue River, zwei Zuflüssen des Whanganui River, bis Taumarunui wieder abwärts. Falls Sie Taumarunui keinen

Omaru Falls

Besuch abstatten möchten, sondern lieber direkt zum Forgotten World Highway fahren wollen, haben Sie in **Mangatupoto** die Gelegenheit in eine Nebenstraße Richtung Ohura abzubiegen. Sie treffen 10 Kilometer hinter Ohura auf den SH43.

Ohura liegt am Ufer des Mangaroa River und wirkt heute wie eine Geisterstadt. Einst gab es eine florierende Bergbauindustrie, mit deren Zusammenbruch die Einwohnerzahl aber dramatisch zurückging. Nachdem 1990 die letzte Mine geschlossen wurde, leben heute nur noch 120 Menschen in dem abgelegenen Ort. Diese bilden eine kleine Gemeinschaft mit großem Zusammenhalt. Treffpunkt ist das Gemeindehaus mit Bar.

Taumarunui

Die 5.000 Einwohner zählende Stadt befindet sich in einem zerklüfteten Gelände am Oberlauf des Whanganui River. Das an der Mündung des Ongarue River in den Whanganui River liegende Gebiet war schon früh von Maori besiedelt und gehörte später zum Kings Country. Nachdem sich hier auch Weiße ansiedeln durften ernährten Land- und Forstwirtschaft die Einwohner des Ortes. Als 1908 der Bau einer Eisenbahnline begann, wurde in Taumarunui ein Basislager für die Gleisarbeiter errichtet. Einzelne alte Holzwerkstätten und einige Erinnerungsstücke an den Eisenbahnbau sind heute noch vorhanden. Taumarunuis Bahnhof liegt heute an der sogenannten *main trunk railway line*, der Hauptstrecke der neuseeländischen Eisenbahn auf der Nordinsel. Der *Overlander* von Auckland nach Wellington hält hier.

Heute liegt der wirtschaftliche Schwerpunkt des Ortes im Tourismus. Zunächst ist die Nähe zum beliebten Tongariro National Park zu nennen. National Park Village ist gerade einmal 38 Kilometer entfernt. Weiterhin zieht der Forgotten World

Marae in Taumarunui

Highway zunehmend Besucher an und auch Kanutouren in den Whanganui Nationalpark erfreuen sich großer Beliebtheit. Die fünftägigen Fahrten über den Whanganui River nach Pipiriki starten in Taumarunui und zählen zu den neun *Great Walks* des Landes.

(116) WOMO-Campingplatz: Taumarunui Holiday Park
GPS: S 38°52'57" E 175°18'24", 487 Totara St, Tel. 07 895 9345. **Ausstattung:** Standard. **Preise:** 40-50 NZD. **Beschreibung:** Einfacher großer Grasplatz mit nicht ganz neuen, aber sauberen Sanitäranlagen. Kleine Küche mit Essbereich im Freien. Im Kräutergarten an der Küche können Sie sich bedienen! Am Whanganui River gibt es Bademöglichkeiten. **Zufahrt:** Am östlichen Stadtrand, am Whanganui River. 4 km bis zur I-Site

Lebensader von Taumarunui ist die Hakiaha Street, an der Sie aneinandergereiht Cafés, Restaurants, Banken, diverse Länden, einen Four Square- und einen NewWorld-Supermarkt sowie eine Tankstelle finden. Letztere sollten Sie nutzen, denn auf der 155 Kilometer langen Strecke nach Stratford gibt es keine weitere Tankgelegenheit.

Forgotten World Highway

Der Forgotten World Highway führt zurück in die Besiedlungsgeschichte Neuseelands, denn er folgt einem alten Pferdetreck aus dem späten 19. Jahrhundert. Als das Gebiet besiedelt wurde, waren Pferde das einzige Transportmittel, um das steile und morastige Gelände zu durchqueren. Die 155 Kilometer lange Strecke von Taumarunui nach Stratford führt über vier Gebirgspässe und durch einen archaischen einspurigen Tunnel. Ein 12 Kilometer langes Teilstück ist immer noch nicht geteert, aber gut zu befahren. In Neuseeland zählt die durch ein vergessenes Fleckchen Erde führende Straße zum nationalen Kulturerbe (*Heritage Highway*). Die Strecke lockt mit unberührter

Die Autoren in der Laurens Lavender Farm

Natur, saftig grünen Hügeln und fantastischen Ausblicken auf Mt Taranaki und den Tongariro National Park. Sie führt durch üppig grüne Wälder, Naturreservate und Weideland.

Bereits 12 Kilometer hinter Taumarunui haben Sie die Gelegenheit zu einer Wanderung im Whanganui National Park. Sie biegen links in die Paparoa Rd ein, überqueren die Te-Maire-Brücke über den Whanganui River und biegen 600 Meter dahinter ebenfalls links in die Te Maire Valley Road ab. Nach 700 Metern haben Sie den Wanderparkplatz erreicht. Der einfach zu laufende zweistündige Rundweg **Te Maire Track** überquert zunächst eine Hängebrücke über den Te Maire Stream und verläuft dann durch Wald.

(117) Offizieller WOMO-Wanderplatz: Te Maire Carpark

GPS: S 38°57'5" E 175°11'14". Te Maire Valley Rd, Kirikau. **Max. WOMOs:** 20 **Ausstattung:** Toilette, Picknicktische. **Beschreibung:** Wanderparkplatz. im Wald. Wanderung und Übernachtung lassen sich hier gut kombinieren. **Zufahrt:** 12 km hinter Taumarunui, siehe Text.

(118) Offizieller WOMO-Badeplatz: Ohinepane Camp

GPS: S 38°56'32" E 175°8'46", River Rd, Aukopae, Tel. 03 349 2100. **Max. WOMOs:** 20. **Ausstattung:** Toilette, Picknicktische, geschützte Kochstelle. **Preise:** 8 NZD p.P. in Honesty Box. **Beschreibung:** Großer Grasplatz am Ufer des Whanganui River. Ein- und Ausstiegsstelle für Kanus. Sie können im Fluss schwimmen.
Zufahrt: 18 km hinter Taumarunui. Vorsicht, langsam fahren! Die Abbiegung ist nicht ganz einfach und bei feuchter Fahrbahn ist die Zufahrt rutschig.

Ein Stopp bei Lauren's Lavender Farm 15 Kilometer hinter Taumarunui lohnt sich unbedingt. Hier kann man Lavendelprodukte kaufen oder sich bei einem Cappuccino auf der wunderschönen Gartenterrasse entspannen (Lauren's Lavender Farm, River Road, Tel. 07 896 8705, www.laurenslavender.com). Nur drei Kilometer hinter der Lavendelfarm befindet sich auf der linken Seite ein Platz am Fluss, der als Ein- und Ausstiegsstelle für Kanus dient und wo man kostenlos übernachten kann.

Die Fahrt verläuft danach durch hügeliges Farmland, vorbei am Aukopae Tunnel, einem ehemaligen Straßentunnel und Nevins Lookout, einem Aussichtspunkt mit Blick zum Tongariro National Park. Wenn Ihnen auf der wenig befahrenen Straße mal ein Fahrzeug entgegenkommt, dann ist es meist ein Farmer, auf dessen Pick-up-Ladefläche ein Hütehund die Schnauze freudig in den Fahrtwind hält. Man grüßt sich hier im Vorbeifahren mit Handzeichen. Wenn das Farmland von Steineiben-Wald abgelöst wird, haben Sie das Tangarakau Scenic Reserve erreicht. Für die nächsten 12 Kilometer ist der SH43 nun eine breite und gut zu fahrende Schotterstraße. In der **Tangarakau Gorge** treffen Sie an einer ausgeprägten Flussschleife auf *Morgan´s Grave*, das Grab von Joshua Morgan, einem frühen Erforscher der Region. Ein Fußweg von ca. 60 Metern führt hinein in den Wald zu seinem Grab.

(119) WOMO-Stellplatz: Tangarakau Gorge

GPS: S 38°58'42" E 174°50'1". Ohura Rd, Tangarakau. **Max. WOMOs:** 2.

Ausstattung: Toilette, Picknicktisch. **Beschreibung:** Neben dem SH43, am Waldrand gelegen. Übernachtung bei Bedarf ok, kaum Verkehr. Ein kleiner Pfad führt zum Fluss. **Zufahrt:** 60 km hinter Taumarunui, siehe Text.

Die Mount Damper Road biegt 1,7 Kilometer hinter dem Stellplatz Tangarakau Gorge rechts ab. Wenn Sie dieser schmalen, aber asphaltierten Straße 11 Kilometer folgen, erreichen Sie einen Parkplatz (**GPS:** S 38°55'29" E 174°47'01"), von dem aus Sie in 30 Minuten zu den **Mount Damper Falls** laufen können. Er ist eine der faszinierendsten Sehenswürdigkeiten entlang des Forgotten World Highway. Das Wasser stürzt spektakulär über eine Felsklippe und erzeugt einen beeindruckenden

Anblick und Klang, der die Sinne belebt. Mit 78 Meter Fallhöhe er der höchste Wasserfall der Nordinsel. **Wichtiger Hinweis:** Beim Studium der Straßenkarte könnten Sie versucht sein, die Mount Damper Rd weiter bis Kotare und danach bis Ahititi am SH3 zu fahren. Wir raten dringend davon ab! Die Straße ist für Wohnmobile nicht geeignet.

An den Mount Damper Falls

Zurück auf der SH43 wartet am Ende der Schotterstraße der Moki-Tunnel. Der 180 Meter lange, einspurige Tunnel aus dem Jahr 1936, bei dessen Bau zahlreiche Fossilien gefunden wurden, wirkt recht archaisch, ist aber mit der nötigen Vorsicht auch mit großen Wohnmobilen gut zu befahren. Heute steht über dem Tunnelportal der Name Hobbits Hole. Hinter der nächsten Ortschaft Tahora fährt man über den Tahora Saddle, der herrliche Ausblicke und einen Aussichtspunkt mit Picknicktisch bietet. Die bewaldeten Hügel rechts und links der Straße fallen teilweise fast senkrecht ab.

(120) WOMO-Campingplatz: Bushlands Campground

GPS: S 39°0'57" E 174°51'27", 26 Tangarakau Road, Tangarakau, Tel. 06 762 5546, www.bushlands.co.nz. **Ausstattung:** Keine Entsorgung. **Preise:** 25-30 NZD. **Beschreibung:** Der Campingplatz liegt am Ufer des Tangarakau River in einem üppig grünen Tal mit einheimischem Busch, friedlich und »abseits von allem«. Sie haben Gelegenheit im Fluss zu schwimmen, und am offenen Feuer zu entspannen oder den holzbefeuerten Pizzaofen zu benutzen. Es gibt hausgemachtem Manuka- und Rewahonig zu kaufen Es gibt keinen Telefon- oder Internetempfang, dafür eine atemberaubende Schönheit der umliegenden Landschaft, die Sie in einem einstündigen Spaziergang erkunden können. Alles ist sauber und die Eigentümer sind sehr freundlich. **Zufahrt:** Vom SH43 1 km hinter dem Moki Tunnel links in die Raekohua Rd abbiegen und dieser 6 km folgen.

Wenn Sie den kleinen Ort **Whangamomona** erreichen, haben Sie schon mehr als die Hälfte der Strecke des Forgotten World Highway hinter sich. Sie werden von einem Schild an der Grenze zur *Republik Whangamomona* willkommen geheißen und in dem Ort, insbesondere im Whangamomona Hotel, viel schrägem Humor begegnen. Zum Beispiel können Sie sich

Der Charme des Whangamomona Campingplatzes

im Pub, dem historischen Ort der Unabhängigkeitserklärung, Ihren Reisepass abstempeln lassen. Die heutige Kuriosität hatte zur Zeit ihrer Entstehung einen seriösen Hintergrund. Bezirksgrenzen wurden damals verändert. Zum Zeichen ihres Widerstandes gegen die Entscheidung der Regierung riefen alle 178 Einwohner des Ortes und des zugehörigen Umlandes am 1. November 1989 geschlossen ihre Unabhängigkeit aus.

(121) WOMO-Campingplatz: Whangamomona Domain CG
GPS: S 39°8'54" E 174°44'25", 59 Whangamomona Rd, Stratford, Tel. 06 762 5881. **Ausstattung:** Wasser, Toilette, Dusche, Strom. **Preise:** 40-50. **Beschreibung:** Der in die Jahre gekommene Platz hat seinen eigenen Charme. Er wird von der Gemeinde betrieben, sie müssen mit Bargeld zahlen. **Zufahrt:** Am SH43 ausgeschildert, 650 m zu fahren.

Mittlerweile sind die politischen Forderungen in den Hintergrund gerückt und man konzentriert sich darauf, den alle zwei Jahre stattfindenden Whangamomona Republic Day als Volksfest zu feiern. Die Einwohner und tausende von Gästen treffen sich dann, um den neuen Präsidenten zu wählen, Schafe zu scheren, Gummistiefel zu werfen oder auch ein Bad in einer Badewanne voller Aale zu nehmen. Auch Sackhüpfen oder Kuhdung-Weitwurf stehen auf dem Programm. Das alles wird von einem kräftigen Umtrunk begleitet. Auch wenn gerade nicht gefeiert wird, ist das Whangamomona Hotel allemal einen Stopp wert. Um die Ecke gibt es einen Campingplatz.

Hinter dem **Whangamomona Saddle** wechselt die Urwaldlandschaft wieder in Weideland und die Strecke bis Stratford ist nun wieder von grünen Hügeln und Schafen geprägt. Auf

der stetig wechselnd bergauf und bergab führenden Fahrt, haben Sie immer wieder weite Ausblicke über die Landschaft bis hin zum mächtigen, schneebedeckten Taranaki, der hinter jedem Hügel ein Stück näher rückt. In der Nähe von Strathmore zweigt eine Straße zur **Bridge to Somewhere** ab. In Anlehnung an die berühmte *Bridge to Nowhere* (Tour N05) erinnert diese an die ersten Siedler, die sich um 1900 hier niederließen. Um die 1937 in der Nähe von Aotuhia über den Whangamomona River gebaute Brücke in Augenschein nehmen zu können, müssen Sie allerdings eine schmale 25 Kilometer Schotterpiste bewältigen.

(122) WOMO-Campingplatz: Te Wera Valley Lodge
GPS: S 39°13'45,5" E 174°35'44,5", 3560 Ohura Rd, Te Wera, Tel. 06 762 2359, www.tewera-lodge.co.nz. **Ausstattung:** Wasser, Toilette, Dusche, Strom, großer Spielplatz, Waschmaschinen, Picknicktische. **Preise:** 30-40 NZD. **Beschreibung:** Sehr schöne geschützte Grasplätze. Ausgesprochen freundliche Gastgeber, saubere Sanitäranlagen und eine gut ausgestattete Küche. **Zufahrt:** Am SH43, 25 km hinter Whangamomona.

Seit Oktober 2012 gibt es eine besondere touristische Attraktion in der vergessenen Welt. Auf einer stillgelegten Eisenbahnlinie werden Touren auf selbstfahrenden Schienenautos angeboten. In umgebauten Golfmobilen können Sie zwischen Stratford und Okahukura eine Strecke von bis zu 140 Kilometer zurücklegen und dabei 24 Tunnels durchfahren. Sicherlich eine reizvolle Möglichkeit, die fantastische Landschaft zu erkunden. Von Halbtagestrips bis zu 2-Tages-Exkursionen werden eine Vielzahl von Touren angeboten. Auch eine Tagestour mit 30 Kilometer Schienenfahrt durch 10 Tunnel und über 20 Brücken mit einer Rückfahrt als Jetboot-Fahrt auf dem Whanganui River ist im Programm. **Forgottenworldadventures** (Tel. 0800 724 522, www.forgottenworldadventures.co.nz).

TOUR N05
N
25 km
Pureora
Forest
Park
Lake Taupo
Huka Falls
Taupo
32
1
4
41
Waihi
Tokaanu
Thermal
Pools
Tokaanu
137
Taumarunui
Turangi
Lookout
Lake Rotoaira
136
Rangipo
47
Ketetahi
Hot Springs
Mt Tongariro 1978 m
Kaimanawa
Forest Park
WC 134
P
2287 m
Mt Ngauruhoe
Whakapapa
Village
National
Park
Tongariro
National Park
WC 135
Iwikau
Whanganui
National
Park
Mt Ruapehu
2797 m
1
Truppenübungsplatz
Turoa
Lake Moawhango
WC 133
kein Zutritt
132
Bridge to
Nowhere
Raethi
Ohakune
Waiouru
138 WC
49
Armeemuseum
Queen Elisabeth II
Gentle Annie Road
131
Pipiriki
Whanganui River
Jerusalem
Ranana
Kawana
Flour Mill
Raukawa
Falls
Taihape
WC 130
128 WC
139
129
Atene
4
Mangaweka
140 WC
Rangitikei River
Whangaehu River
Hunterville
Vinegar Hill
Tour N04
126
141 WC
127 WC
125
Whanganui
54
3
Bulls
Feilding

Tour N05: In die zentrale Hochebene 510 km

Whanganui - Whanganui River Road - Pipiriki - Tongariro NP - Turangi - Lake Taupo - Rangipo Desert - Rangitikei River - Bulls

Stellplätze:	Whanganui, River Rd, Ranana, Raukawa, Mangawhero, Mangahuia, Waiouru, Mangaweka CG, Vinegar Hill
Camping:	Whanganui Top 10, Seaside HP, Pipiriki, Ohakune, Whakapapa, Tongariro NP, Motuoapa Bay, Awastone
Besichtigen:	Royal Whanganui Opera House, Durie Hill, Raddampfer Wai marie, Jerusalem Holzkirche, Bridge to Nowhere, Raukawa Falls, Tongariro NP, Tokaanu Hot Pools, Rangipo Desert
Wandern:	Pipiriki: Pukehinau Walk, Bridge to Nowhere, Ohakune: Mangawhero Forest Walk, Rimu Track, Mangawhero Falls, Whakapapa: Nature Walk, Taranaki Falls Track Tongariro Crossing, Whakapapaiti Valley Track, Rotopounamu: Walking Track, Taupo: Great Lake Walk, Waihohonu Hut Track
Baden:	Whanganui River, Lake Taupo, Tokaanu Hot Pools

Auf dieser Tour fahren Sie zunächst auf der bezaubernde Whanganui River Road nach Pipiriki und unternehmen dort eine spannende Jetbootfahrt zur Bridge to Nowhere. Auf der Weiterfahrt öffnet sich plötzlich die Landschaft und gibt den Blick frei auf den beeindruckenden, schneebedeckten Mount Ruapehu. Die Berge des Tongariro Nationalparks, Neuseelands erstem Nationalpark, haben für die Maori eine wichtige spirituelle Bedeutung. Dem Gebiet sollte daher mit Respekt und besonderer Ehrfurcht begegnet werden. Nach einigen Wanderungen im Tongariro Nationalpark auf dem zentralen Hochplateau geht es hinunter zum Lake Taupo, dem größten See der Nordinsel, in dem es von schmackhaften Regenbogenforellen nur so wimmelt. Auf der Ostseite des Tongariro Nationalparks fahren Sie durch die Rangipo Wüste zurück zur Westküste. Sie folgen dem Lauf des ursprünglichen Rangitikei River und werden am Ende der Tour in Bulls von einem überdimensionalen Bullen begrüßt.

Whanganui

Whanganui, Hauptstadt des Whanganui-Distriktes, liegt mit rund 41.000 Einwohnern an der Mündung des **Whanganui River**. Der das Stadtbild beherrschende Fluss entspringt den Hängen des Tongariro, fließt zunächst in Richtung Nordwesten und wendet sich bei dem 5.000-Einwohner-Städtchen Taumarunui in südwestliche Richtung. Der ab hier schiffbare Fluss windet sich in unzähligen engen Flussschleifen in tiefen, scharfkantigen Tälern durch den Regenwald, bevor er bei

Blick auf Whanganui

Castlecliff, einem Vorort von Whanganui, auf ausgedehnte Dünenlandschaften stößt und an der South Taranaki Bight in die Tasmanische See mündet. Das Gebiet um die Mündung des Whanganui River wurde bereits vor Ankunft der Europäer von Maori besiedelt. Gegründet wurde Whanganui 1840 von der *New Zealand Company*, die nach neuem Land für ihre Siedler suchte. Dabei wurde Whanganui auch als Ausgangspunkt für Expeditionen ins Landesinnere wichtig, weil der Whanganui River die längste Binnenwasserstraße in Neuseeland ist. Der **Raddampfer Waimarie**, der mit viel Liebe von einer örtlichen Freiwilligengruppe restauriert wurde und Ausflugsfahrten bis zu 30 Kilometer den Fluss hinauf unternimmt, stellt das offensichtlichste Überbleibsel aus der ehemaligen Kolonialzeit dar. Eine Fahrt mit dem historischen Schaufelraddampfer gehört zweifellos zu den Höhepunkten eines Whanganui Aufenthaltes (**Whanganui Riverboat Centre**, 1A Taupo Quay, Tel. 06 347 1863, www.riverboat.co.nz).

(125) WOMO-Campingplatz: Whanganui Seaside HP

GPS: S 39°56'15" E 174°58'44", 1a Rangiora St, Tel. 0800 246 2264 www.whanganuiholiday.co.nz. **Ausstattung:** Abenteuerspielplatz, beheizter Swimmingpool, Spa, Sauna. **Preise:** 40-50 NZD. **Beschreibung:** Angenehme parkähnliche Anlage neben dem Castlecliff Strand. Der Bus in die Stadt hält genau vor dem HP. Sanitärbereich nicht neu, aber sauber. **Zufahrt**: Sechs Kilometer vom Zentrum die Ingestre St bis Jackson St in College Estate nehmen. Dann die Alma Rd, Puriri St, Cornfoot St und die Rangiora St.

Im direkt neben der i-Site gelegenen Café können Sie mit Blick auf den Fluss einen leckeren Cappuccino genießen (**Mud Ducks**, 31 Taupo Quay, Tel. 06 347 2700, www.mudducks.co.nz). Obwohl Whanganui eine der ältesten Städte des Landes ist, weist das Stadtbild eindeutig moderne Züge auf.

Weltkugel mit dem Lauf des Whanganui River

Gleichzeitig verströmt die Stadt Charme und Geruhsamkeit. Sie werden sich hier sicherlich gerne einige Stunden oder gar einen ganzen Tag aufhalten. Für einen ersten Überblick bietet sich der flussnahe 66 Meter hohe **Durie Hill** mit seinem aussichtsreichen **War Memorial Tower** (Mo-Fr 7.30-19, Sa 9-20, So 13-18 Uhr) an.

(126) WOMO-Campingplatz: Whanganui River Top 10 Holiday Park

GPS: S 39°53'41" E 175°5'30", 460-462 Somme Parade, Aramoho, Tel. 0800 272 664. **Ausstattung:** Spielplatz, beheizter Swimmingpool, Kajakverleih. **Preise:** 50-60 NZD. **Beschreibung:** Sehr schön am Westufer des Whanganui River gelegen, 5 km nördlich der Dublin Bridge. Kanus können gemietet werden. **Zufahrt**: In Whanganui den Taupo Quay Richtung Norden fahren. Ufer des Whanganui River geht es 7 km bis zum Top 10.

(127) WOMO-Stellplatz: Kowhai Park - Anzac Parade

GPS: S 39°54'52" E 175°3'14", 117 Anzac Parade. **Max.WOMOs:** 10.

Ausstattung: Entsorgungsstation, Toilette, Picknicktische, Mülleimer.
Beschreibung: Schön am Fluss gelegen, im Park mit Bäumen. Zum empfehlenswerten Restaurant Carolins Boatshed, 181 Somme Parade, laufen sie über die Eisenbahnbrücke 10 Minuten. Tolle Außenterrasse.
Hinweis: In der ausgezeichneten i-Site (31 Taupo Quay, Whanganui, Tel. 06 349 0508) gibt es freies Wifi. Fragen sie dort bei Bedarf nach weiteren freien Stellplätzen.
Zufahrt: Stadtauswärts Richtung Tongariro NP

Whanganui River mit dem Raddampfer Waimarie

Auf den Durie Hill können Sie auf ganz ungewöhnliche Weise gelangen, indem Sie vom Stadtzentrum aus die City Bridge überqueren, ca. 200 Meter durch einen Tunnel laufen und dann einen Aufzug nehmen. Wenn das War Memorial nicht geöffnet ist, können Sie den Maschinenturm des Lifts besteigen und haben von dort ebenfalls einen vorzüglichen Blick auf die Stadt und die große Flussschleife des Whanganui River. Danach sollten Sie unbedingt die Haupt- und Shoppingstraße des Ortes, die palmengesäumte *Victoria Avenue, entlang spazieren.* Im *Civic Centre,* gegenüber der War Memorial Hall, präsentiert das **Whanganui Regional Museum** (Mo-Sa 10-16.30, So 13-16.30 Uhr) eine vorzügliche Sammlung von Maorikunst. Das prächtige königliche Opernhaus wurde im Jahre 1899 aus Holz errichtet und wird heute immer noch zu Aufführungen genutzt (**Roayal Whanganui Opera House**, 69 St Hill St, Tel 06 349 0511). Die *Sarjeant Galerie* wurde 1919 im Art-Déco-Stil gebaut und ist mit der weithin ins Auge fallenden weißen Kuppel unübersehbares Wahrzeichen von Whanganui. Berühmt ist Whanganui auch für seine traumhaften Parks und Gärten, die der Stadt zu Recht das Attribut Gartenstadt eingebracht haben. Auf der Anfahrt auf dem SH3 passieren Sie drei Kilometer vor dem Zentrum den im Vorort

Whanganuis Market by the River

Whanganui River

St Johns Hill gelegenen *Lake Virginia*, einen der schönsten Gärten Whanganuis. In 25 Minuten können Sie um den See mit seinen zahlreichen Wasservögeln herumwandern und anschließend kostenlos das Gewächshaus mit blühenden exotischen Pflanzen besichtigen. Sehr empfehlenswert ist der Besuch des Wochenmarktes, an dem Sie u.a. ausgezeichnetes Vollkornbrot kaufen können (**Whanganuis Market by the River,** Moutoa Quay, www.therivertraders.co.nz, Sa. 9 bis 13 Uhr).

Whanganui River Road

Sie wenden sich nun dem kaum besiedelten Hinterland zu, verlassen Whanganui auf dem SH4 entlang des Flussbettes und biegen nach 14 Kilometern links in die **Whanganui River Road** ab. Schon am Eingang des River Valley bietet sich Ihnen ein atemberaubender Blick tief hinab zum Fluss. Die 1934 eröffnete kurvenreiche Landstraße wird bald eng und muss sich zwischen Fluss, Weideland und stark bewaldeten Abschnitten hindurchschlängeln. Es herrscht wenig Verkehr, aber wessen Camper gar zu lang ist, der sollte sich überlegen, ob er die engen Kurven dieser Strecke nicht lieber gegen den bequemen und landschaftlich ebenfalls reizvollen SH4 eintauscht.

(128) WOMO-Wanderparkplatz: Raukawa Falls YMCA
GPS: S 39°37'54" E 175°18'58", 5163 SH4, Kakatahi, Tel. 06 342 8510, www.ymcacentral.org.nz **Max. WOMOs:** 8. **Ausstattung:** Ver- und Entsorgung, Toilette. **Beschreibung:** Einsam gelegene, von Wald umgebene Grasfläche am Mangawhero River. 30 Min. Wanderung zu den Raukawa Falls. **Zufahrt:** Am SH3 58 km nördlich Whanganui ausgeschildert. Zufahrt links.

Für die inzwischen durchgehend geteerte Strecke sollten Sie zwischen zwei und vier Stunden Zeit einplanen. Wer den SH4 fährt, findet auf halber Strecke die **Raukawa Falls** und kurz

Whanganui River, Blick auf Jerusalem

davor eine einsam und ruhig gelegene Übernachtungsstelle. In Raetihi treffen Whanganui River Road und SH4 wieder aufeinander. Sie sollten auf die wundervollen Ausblicke, die Ihnen die, meist hoch über dem Fluss entlangführende River Road bietet, nicht ohne Not verzichten. Sie ist wenig befahren, dafür grasen überall am Wegesrand Schafe und ab und zu auch einige Kühe oder sogar Schweine. Das schmale Sträßchen führt vorbei an kleinen, mehrheitlich von Maori bewohnten Ortschaften, idyllischen Holzkirchen, Versammlungshäusern, alten Missionsstationen und Sägemühlen. Zum Besuch der oft wunderschön restaurierten Marae (Versammlungshäuser) benötigen Sie eine Erlaubnis.

(129) WOMO-Stellplatz: Whanganui River Road

GPS: S 39°42'49" E 175°7'34", 2810 Whanganui River Rd. **Max. WOMOs:** 8.

Ausstattung
Wasser, Toilette.

Beschreibung:
Sehr schöner Platz, malerisch gelegen, wenige Meter oberhalb des Whanganui River. Kiwis rufen in der Nacht! Ein Steilufer führt hinab zum Fluss.

Zufahrt: Kurz hinter Atene, direkt links an der Straße gelegen. Augen auf, oder von den Koordinaten leiten lassen!

Vier Kilometer vor *Ranana* erreichen Sie die 1854 erbaute *Kawana Flour Mill*. Sie ist die am längsten betriebene und erfolgreichste Mehlmühle am Whanganui River. Sie schloss im

Reiter auf der Bridge to Nowhere

Jahr 1912 und verfiel. 1978 wurde sie vollständig restauriert. In der winzigen Ortschaft **Ranana** (London) gibt es eine katholische Missionskirche und einen dicht am Fluss liegenden Campingplatz.

(130) Offizieller WOMO-Stellplatz: Ranana - Kauika Camp
GPS: S 39°35'6" E 175°6'33", Ranana, Tel. 06 342 8061. **Max. WOMOs:** 8. **Ausstattung:** Wasser, Toilette, Dusche, Picknicktische, Strom. **Preise:** 30-40 NZD. **Beschreibung:** Sehr schöner und ruhiger Platz in Flussnähe. Sie werden auf dem Grasplatz mit Kanu Fahrern übernachten. Gate bei Bedarf öffnen. **Zufahrt:** An der Whanganui River Road ausgeschildert.

Immer wieder bietet sich Ihnen eine wunderbare Aussicht auf den meist gemächlich dahinfließenden Fluss mit seinen unzähligen Sandbänken und Stromschnellen. Auch Sie werden ganz sicher kurz vor **Jerusalem** anhalten, um das Motiv, das dieses kleine Örtchen mit seiner bezaubernden Holzkirche bietet, mit Ihrer Kamera festzuhalten. Ende der 60er, Anfang der 70er lebte der neuseeländische Dichter *James K. Baxter* in Jerusalem und erlangte mit seiner bis zu 200 Anhänger starken Kommune landesweite Berühmtheit.

(131) WOMO-Campingplatz: Pipiriki Camping Ground
GPS: S 39°28'39" E 175°2'36". 2522 Pipiriki Raetihi Road, Pipiriki, Tel. 06 385 3246, www.whanganuiriveradventures.co,nz. **Ausstattung:** Keine Entsorgung. **Beurteilung:** Sehr schöner und stimmungsvoller Platz, der dem von Maori geführten Unternehmen Whanganui River Adventures gehört. Sie können im Office Kanus oder Kajaks mieten oder eine Jetboot Fahrt buchen. Der Platz ist eine große, von Bäumen umgebene, Wiese. Sie laufen fünf Minuten zu Fuß zum Whanganui River. **Preise:** 40-50 NZD. **Zufahrt:** An der Straße nach Raetihi ausgeschildert.

Pipiriki, 79 Kilometer von Whanganui entfernt, ist der größte Ort auf diesem Streckenabschnitt und wird als das Tor zum

Jetboot-Tour zur *Bridge to Nowhere*

Eine Kanufahrt auf dem Whanganui River kann ihre Tücken haben: Immer wieder wird man durch Stromschnellen überrascht und die Wassertiefe des Flusses variiert stark. Wie zum Beweis dafür fischt Joe ein Paddel aus dem Fluss. Der Besitzer sitzt mächtig verschüchtert in einem Kanu, das von zwei Mädchen gesteuert wird, die ihn auflesen mussten. Er war manövrierunfähig, sein Paddel hatte er beim Kentern verloren. Damit uns das nicht passiert und damit wir sichr aus dem Nirgendwo zurückkehren, haben wir uns für eine Jetboot-Tour entschieden. Wir haben unseren Camper auf dem Parkplatz des Tour Veranstalters geparkt und warten in der Morgensonne auf Joe. Als er um 10 Uhr eintrifft, bekommt jeder eine Schwimmweste und schon geht es los hinunter zum Whanganui River. Das Jetboot ist bis auf den letzten Platz gefüllt und Joe braust nach einigen Erläuterungen zum Ablauf der Tour los. Er stoppt immer wieder und weistauf landschaftliche Besonderheiten hin. Bald erreichen wir den Eingang zum Whanganui River National Park und kurz darauf sein Haus, das hoch oben über dem Fluss thront.Er fährt mit einem bereitstehenden Quad hinauf und kommt zwei Minuten später mit einem Rucksack voller Utensilien für das Lunch zurück. Sein Fresspacket muss jeder selbst mitbringen: Für den Kaffee, Tee und Gebäck sorgt Joe. Regenfälle in der Mt. Taranaki Region haben den Wasserspiegel über Nacht um 80 cm ansteigen lassen, ohne dass in Pipiriki auch nur ein Tropfen Regen gefallen wäre, ganz schön tückisch. Wer eine mehrtägige Tour gebucht hat und am Fluss übernachtet, sollte das bei der Wahl des Zeltplatzes und der Befestigung seines Kanus berücksichtigen. In der Nähe des Maungaparua-Tals legen wir an und wandern 40 Minuten auf einem reizvollen Pfad, der oft sehr steil abfällt, bis zur »Brücke ins Nirgendwo«. Eine Gruppe von Bikern hat es sich bereits gemütlich gemacht. Auch wir finden noch ein schattiges Plätzchen, um unser Lunchpacket und Joes Kaffee und Kekse zu genießen. Die drei Meter breite Betonbrücke über den Maungaparua Stream wurde Mitte der 30er-Jahre gebaut und ist ein beeindruckendes Ingenieurswerk und ein bemerkenswertes Zeugnis für die Bemühungen der Regierung Neuseelands während der Großen Depression, Arbeitsplätze zu schaffen und die abgelegenen Gebiete des Landes zu erschließen. Tatsächlich fuhren in den ersten Jahren schon Autos über die Brücke. Die Farmen wurden dann aber wegen Unwirtschaftlichkeit aufgegeben. Heute hat sich der neuseeländische Busch das Gelände zurückerobert und von beiden Seiten führen heute nur noch Trampelpfade zu der inzwischen deutlich überdimensioniert wirkenden Touristenattraktion.

Mount Ruapehu

Whanganui Nationalpark betrachtet. Läden und eine Tankstelle suchen Sie allerdings vergebens. Es gibt ein Informationszentrum und ein Museum, das sich im historischen Colonial House befindet. Lohnend sind die angebotenen kurzen Spaziergänge zu historisch und landschaftlich interessanten Orten. In Pipiriki werden von verschiedenen Veranstaltern Jetboot Fahrten zur **Bridge to Nowhere** angeboten (siehe Kasten).

Sie verlassen nun den Whanganui River, der zwischen Pipiriki und Taumarunui für 80 Kilometer unbehelligt von Straßen und Autos bleibt. Die 27 Kilometer lange kurvenreiche Straße nach **Raetihi** ist durchaus reizvoll und heute durchgehend asphaltiert. Unterwegs öffnet sich plötzlich der Blick und der schneebedeckte mächtige Mt Ruapehu liegt vor Ihnen. Versäumen Sie nicht, an der Ausbuchtung (GPS: S 39°27'1" E 175°11'53") der Straße anzuhalten und diesen herrlichen Blick zu genießen. Der 1.400 Einwohner zählende Ort Raetihi ist lokales Zentrum der umliegenden Landwirtschaft. Die markanten Zwillingstürme gehören zu einem Gotteshaus der Ratana-Sekte, die christliche und traditionelle Maori-Elemente zusammengefügt hat. Sie werden nicht lange in Raetihi verweilen, denn vor Ihnen liegt der Tongariro Nationalpark, der mit seinen drei aktiven Vulkanen, dem **Tongariro** (1968 m), dem **Ngauruhoe** (2291 m) und dem **Ruapehu** (2797 m) zum Weltkulturerbe zählt. Auch wenn die Filmtrilogie »Herr der Ringe« bisher nicht zum Weltkulturerbe zählt soll erwähnt werden, dass der Ngauruhoe dort als Schicksalsberg (Mount Doom) zu bestaunen ist.

Südlicher Tongariro Nationalpark - Ohakune

Um eine Ausbeutung durch die weißen Einwanderer zu verhindern, schenkte der Stamm der Ngati Tuwharetoa 1887 den Kern des heutigen Nationalparks der britischen Krone unter

Ohakune und Mount Ruapehu

der Auflage, dort eine Schutzzone zu schaffen. Die Berge des Tongariro Nationalparks haben für die Maori eine wichtige spirituelle Bedeutung. Daher sollte dem Gebiet mit Respekt und besonderer Ehrfurcht begegnet werden. Hauptaktivitäten in diesem einzigartig schönen Park sind Wandern und Bergsteigen im Sommer sowie Skifahren und Snowboarden im Winter.

(132) WOMO-Campingplatz: Ohakune Top 10

GPS: S 39°25'2" E 175°23'44", 5 Moore Street, Ohakune, Tel. 0800 825 825. **Beschreibung:** Sehr schöne, gepflegte Anlage am südlichen Stadtrand, angrenzend an den Jubilee Park mit besonders hochwertigem Sanitärbereich, viel Grün, hohe Bäume. Zwischen den Cabins 6 und 16 führt eine Brücke zum **Jubilee Park Walkway**, einem Rundweg von 30 Minuten durch ursprünglichen neuseeländischen Wald. Zentrumsnahe Lage. Einige Restaurants in der Nähe. **Zufahrt:** Im Zentrum ausgeschildert. **Preise:** 50-60 NZD.

Neben der Tongariro Crossing gibt es aber auch zahlreich kürzere Wanderungen im Nationalpark. In der Nähe von Ohakune liegen mit dem **Mangawhero Forest Walk and Rimu Track**, dem Weg zum **Lake Rotokura** und dem Weg zu den **Mangawhero Falls** drei Wanderungen, die zwischen zehn Minuten und einer Stunde in Anspruch nehmen. Sie fahren auf direktem Wege über die elf Kilometer lange Raetihi-Ohakune-Road zum kleinen Ort **Ohakune**, dem südlichen Einfallstor zum Tongariro National Park. In Neuseeland gilt Ohakune als Karotten-Hauptstadt. Neben dem Ortseingangsschild begrüßt eine zehn Meter große Karotte die Besucher und jedes Jahr im August wird das Karotten-Festival gefeiert. Sie folgen der ungemein reizvollen, 17 Kilometer langen Ohakune Mountain Road, die zunächst, vorbei an üppigen Baumfarnen, durch dichten Wald führt. Im späteren Verlauf wird die Landschaft zunehmend karger, bis auch die letzten Bäume

Mount Ruapehu, Ohakune Mountain Road

Tussock-Grasflächen, Steinen und vielfarbigen Flechten weichen müssen. Sie passieren einen Wanderparkplatz, von dem aus kurze Spazierwege in den Wald führen und bewundern von einer Plattform aus die **Mangawhero Falls**.

(133) Offizieller WOMO-Wanderplatz: Mangawhero
GPS: S 39°23'40" E 175°25'45", Ohakune Mountain Rd. **Max. WOMOs:** 12. **Ausstattung:** Toilette. **Preise:** 30 NZD. **Beschreibung:** Schöner DOC

Standard Platz, am Eingang des Tongariro National Parks an der südwestlichen Bergflanke des Mt Ruapehu gelegen. Ausgangspunkt des sehr empfehlenswerten und gut ausgeschilderten Rundwanderweges **Mangawhero Forest Walk** (3 km, 1 h). **Zufahrt:** Ohakune Mountain Rd, Ohakune.

Schließlich erreichen Sie den großen Parkplatz des **Turoa Ski-Gebietes**, der im Sommer fast völlig verweist ist. Sie genießen den Blick und fahren nach einem Rundgang von einer Höhe von 1.600 m ü.d.M. die Stichstraße zurück nach Ohakune, das

Taranaki Falls

auf einer Höhe von 600 m ü.d.M. liegt. Diese Stichstraße am Westhang des Ruapehu ist wirklich wunderschön und wird in vielen Reiseführern nicht genügend gewürdigt.

(134) Offizielle WOMO-Wanderplatz: Mangahuia

GPS: S 39°10'48" E 175°28'11". **Max.WOMOs**: 21. **Ausstattung:** Toilette, Schutzhütte mit Kochgelegenheit. **Beschreibung:** Friedlicher DOC Standard Platz mit geschützten Stellplätzen im Grünen, nahe einem kleinen Flüsschen. Über den **Whakapapaiti Track** können Sie in den Nationalpark hinein wandern. **Preise:** 30 NZD. **Hinweis:** Beliebter Platz. Wer zu spät kommt geht leer aus. **Zufahrt:** Einfahrt am SH47, 7 km hinter National Park.

Nordwestlicher Tongariro National Park - Whakapapa

Ihr nächstes Ziel ist das kleine Bergdorf **Whakapapa Village**, das sich in einer Höhe von 1.200 Metern an die Hänge des Ruapehu schmiegt. Diesen idealen Ausgangsort für Wanderungen im Tongariro National Park erreichen Sie, indem Sie von Ohakune kommend den SH45 neun Kilometer bis zur Tohunga Junction fahren. Dann folgen Sie dem SH4 26 Kilometer bis National Park Village und biegen dort rechts in den SH47 ab. Nach wenigem Kilometern zweigt eine Straße rechts Richtung **Whakapapa** ab. Das ausgezeichnete *Whakapapa Visitor Information Centre* informiert umfassend über die vulkanischen Aktivitäten in der Region. Einige interessante Wanderungen beginnen hier (Broschüre: *Walks in and around Tongariro National Park*). Direkt hinter dem Visitor Centre startet der **Whakapapa Nature Walk,** auf dem 15-minütigen Spaziergang erhält der Wanderer einen ersten Einblick in die einzigartige Flora des Tongariro National Parks.

Unsere Lieblingswanderung führt zu den **Taranaki Falls**. Auf der Rundwanderung passieren Sie im Uhrzeigersinn lau-

Taranaiki Falls Walk, Mount Ngauruhoe

fend zunächst ein Waldgebiet, folgen dann eine Weile dem Wairere Stream, um an einem kleineren Wasserfall vorbei zu den eigentlichen Taranaki Falls zu gelangen. Hier stürzen die Wasser des genannten Flüsschens 20 Meter über eine Abbruchkante in die Tiefe. Auf dem Rückweg passieren Sie offenes Tussock-Land mit wunderbaren Ausblicken (**Taranaki Falls Walking Track**, 6 km, 2 h).

(135) Offizieller WOMO-Wanderplatz: Whakapapa Holiday Park - DOC Serviced

GPS: S 39°12'8" E 175°32'25", Bruce Rd, Whakapapa, Tel. 07 892 3897. **Max. WOMOs:** 44. **Preise:** 40 NZD. **Ausstattung:** Toilette, Wasser, Picknicktische, warme Dusche, Küche, Strom. **Beschreibung:** Ruhig gelegener Platz in einem Buchenwäldchen an einem kleinen Flüsschen, stellenweise mit tollen Ausblicken. Ideal, um den Tongariro National Park zu erkunden. Einige der Wanderungen starten hier. **Zufahrt:** 6,3 km vom SH47 entfernt. Die Einfahrt liegt schräg gegenüber dem Visitor Information Centre.

(136) WOMO-Campingplatz: Tongariro Holiday Park

GPS: S 39°2'45" E 175°36'13", An der Kreuzung von SH 46 und SH47. Tel. 07 386 8062, www.thp.co.nz. **Ausstattung:** Spielplatz, SPA Pool. **Preise:** 50-60 NZD. **Beschreibung:** Am SH47, von Wald umgeben. Ideal, wenn Sie Tongariro Crossing laufen wollen. Sie werden zum Startpunkt der Wanderung gebracht und am Ende wieder abgeholt. Der Platz ist oft ausgebucht. Reservieren! Die Zahl der Sanitäranlagen kann mit der Zahl der Gäste oft nicht mithalten. **Zufahrt:** An der Kreuzung von SH 46 und SH47

Die weiter den Berg hinauf kletternde Straße führt Sie am eleganten Chateau Tongariro vorbei. Nach etwa vier Kilometern erreichen Sie das lediglich aus Skihütten bestehende **Iwikau Village**, das inmitten des Whakapapa Ski-Gebietes liegt. Das Skigebiet am Mount Ruapehu ist eines der größten in Neuseeland. Von hier aus starten einige anspruchsvolle Touren in noch größere Höhen. Nehmen Sie die neue **Sky Waka Gon-**

Blick von der Sky Waka Gondelbahn

delbahn (von Dezember bis April von 10 bis 16 Uhr, wetterabhängig), die Sie in einer 1,8 Kilometer langen Reise die Hänge hinauf bis auf eine Höhe von 2020 Meter über dem Meeresspiegel bringt. Im **Pinnacles' Café**, dem höchstgelegenen Café Neuseelands, können Sie auf einer großen Terrasse mit herrlichem Blick auf das Central Plateau Speisen und Getränke genießen. Auch ein traditioneller High Tea gehört zum Angebot. Erkunden Sie anschließend die Umgebung zu Fuß auf einem der vier gut ausgeschilderten Wanderwege, die zwischen 20 Minuten und 2,5 Stunden dauern. Ziehen Sie sich warm an, denn auch im Sommer weht auf den Wanderwegen ein unangenehm kalter Wind.

Eine dritte Stichstraße in die höheren Regionen des Nationalparks hinein ist die Mangatepopo Road, die etwa fünf Kilometer hinter der Straße nach Whakapapa vom SH 47 abzweigt und Sie nach sieben Kilometern Schotterstraße zum **Mangatepopo Parkplatz** (maximale Parkdauer vier Stunden) bringt. Hier beginnt die berühmte Tageswanderung Tongariro Crossing (siehe unten). Wer nicht die gesamte Tour laufen will, kann ab der Mangatepopo Hut auch schöne kleine Wanderungen unternehmen. Diese sind dort auf Schautafeln beschrieben und gut ausgeschildert.

Tongariro Alpine Crossing

Die bekannteste Wanderroute im Nationalpark ist sicherlich der Tongariro Alpine Crossing, der zu den schönsten der Welt zählt und jährlich rund 25.000 Wanderer begeistert. Er überwindet auf einer Länge von 19,4 Kilometer über tausend Höhenmeter und kann an einem Tag in sechs bis acht Stunden erwandert werden. In den Sommermonaten wandern täglich mehr als 700 Touristen auf diesem Weg, was das Tongariro Alpine Crossing

SH47 und Mount Ruapehu

zu einem der beliebtesten Wanderwege Neuseelands macht. Der Weg führt in die Welt der Vulkane. Erstarrte Lavaasche, dampfende Erde und Seen in fast unnatürlichem Grün erwarten den Wanderer. Die berühmte Tageswanderung beginnt am Mangatepopo Parkplatz (maximale Parkdauer vier Stunden) zunächst ganz harmlos und führt auf Holzstegen, die zum Schutz der sensiblen Landschaft dienen, gemächlich bergauf. Der Aufstieg zum **Red Crater** (1886 m) ist dann steil und anspruchsvoll, belohnt aber mit einer atemberaubenden Aussicht auf die umliegende Vulkanlandschaft. Weiter geht es entlang des **Emerald Lakes**, dessen leuchtend grünes Wasser einen starken Kontrast zur umgebenden Lava bildet. Ein weiteres Highlight der Strecke ist der Abstieg zum Ketetahi Parkplatz, der durch das Soda Springs Valley führt und von üppiger Vegetation gesäumt ist. Unterwegs bieten sich zahlreiche Fotomotive und Ausblicke auf die umliegenden Berge und Täler.

Wir wollen hier nicht näher auf die Wanderung eingehen, empfehlen aber jedem, gute Wanderschuhe, warme wetterfeste Kleidung (das Wetter kann sehr schnell umschlagen), Regenjacke, Mütze, Handschuhe, Sonnenschutz, Erste-Hilfe-Ausrüstung und ausreichend Verpflegung für die ca. 8-stündige Wanderung mitzunehmen. Ein weiterer Tipp: Parken Sie Ihr Wohnmobil an einem sicheren Ort und nutzen Sie einen der zahlreichen Shuttle-Services, z.B. **Alpine Crossing Shuttles**, online buchbar unter www.tongariroexpeditions.rezdy.com. Sie werden am Parkplatz der Mangatepopo Hütte, dem Ausgangspunkt der Wanderung, abgesetzt und nach acht Stunden am 19,4 Kilometer entfernten Endpunkt, dem Parkplatz hinter der Ketetahi Hütte, wieder abgeholt. Eine Übernachtung im **Tongariro HP** oder auf dem einfachen Stellplatz **Cross Roads** (mit Toilette, GPS: S 39°2'36" E 175°36'33") bietet sich an.

Die Vulkane im Tongariro NP

Nach Turangi

Sie verlassen die Tongariro Region gen Norden. Der SH47, der in diesem Abschnitt Te Ponanga Saddle Rd heißt, verläuft stetig bergab und führt nach 23 Kilometern am Lake Rotoaira vorbei. Er dient als Rückhaltebecken für die Kraftwerke von Tokaanu und Rangipo und wird von den Ableitungen aus den Oberläufen des Whanganui, Tongariro und Rangitikei River gespeist. Kurz hinter Lake Rotoaira erreichen Sie einen links am Straßenrand liegenden Parkplatz. Dies ist der Startpunkt des **Lake Rotopounamu Walking Track,** den wir Ihnen unbedingt empfehlen. Er ist ein Kleinod unter den Wanderungen und begeistert sowohl Vogel-, als auch Waldliebhaber. Gegenüber vom Parkplatz (GPS: S 39°1'1" E 175°43'54") führt ein schmaler Pfad in den üppig bewachsenen Wald. Er führt stetig bergauf und bringt Sie in 20 Minuten zum eigentlichen Weg um den See. Genau wie der Zubringerpfad ist der Rundweg schlichtweg bezaubernd. Sie sehen durch das dichte Gewirr der Äste immer wieder das Blau des Sees durchschimmern und gelangen an mehreren Stellen an sein Ufer hinab. Obwohl der idyllische **Lake Rotopounamu** (Jade-See) wesentlich kleiner als sein Nachbar **Lake Rotoaira** ist, nimmt seine Umwanderung zwei Stunden in Anspruch. Südöstlich vom Lake Rotopounamu liegt **Mount Pihanga**, von dessen 1325 Meter hohem Vulkankegel man einen phantastischen Überblick über die Tongariro Region und den Lake Taupo hat. See und Berg gehören zur Pihanga Scenic Reserve, das1975 dem Tongariro National Park eingegliedert wurde.

Kurz bevor der SH47 auf den SH10 trifft, sollten Sie unbedingt zum ausgeschilderten Aussichtspunkt fahren (GPS: S 38°59'24" E 175°45'51").Von hier aus hat man einen atemberaubenden Blick auf den Lake Taupo. Anschließend biegen Sie

Blick vom Lake Taupo Aussichtspunkt

links auf den SH41 ab und haben bald darauf Turangi erreicht. Die 5.000-Einwohner-Stadt wurde in den 1960er Jahren gegründet, um die Arbeiter und ihre Familien beim Bau der Dämme und Wasserkraftwerke am Tongariro River unterzubringen. Turangi wurde zu einer Modellstadt mit geschwungenen Straßen, Sackgassen, gleichförmigen Häusern, Parkplätzen und einem Einkaufszentrum, das zu Fuß erreichbar ist. Der Verkehr des SH1 und SH41 wurde von der Innenstadt ferngehalten. Um in das Stadtzentrum zu gelangen, müssen Sie links vom SH1 abbiegen. Der Tongariro River fließt mitten durch die Stadt und bietet, neben dem nahe gelegenen Lake Taupo, beste Möglichkeiten zum Forellenangeln. Turangi nennt sich selbst *The trout fishing capital of the world* (Die Welthauptstadt der Forellenfischerei). Die Stadt hat dem Besucher sonst wenig zu bieten, ist aber eine gute nördliche Basis für Besuche im Tongariro NP. Die Campingplätze sind allesamt nicht empfehlenswert. Eine Entsorgungsstation finden sie am Turangi Fuel Stop PDS, Kreuzung Atirau Road/Katarina Street.

Von Turangi nach Taupo

Von Turangi aus fahren Sie den SH1 Richtung Taupo. Die Straße folgt dem Ufer des **Lake Taupo** beachtliche 50 Kilometer entlang, bevor die Stadt **Taupo** erreicht wird. Legen Sie unterwegs eine Pause ein und werfen Sie einen Stein ins Wasser. Sie werden verblüfft sein, dass der Stein schwimmt und nach kurzem Nachdenken sicherlich auf einen vulkanischen Ursprung der Steine schließen. Und tatsächlich geht die Wissenschaft davon aus, dass Lake Taupo im Jahr 186 nach Christus durch eine der weltgrößten Vulkaneruptionen entstanden ist. 30 Kubikkilometer Asche und Geröll sollen damals bis in eine Höhe von bis zu 50 Kilometer geschleudert worden sein. Der kesselförmige Vulkankrater füllte sich mit Süßwasser und hat heute einen Umfang von ca. 193 Kilometer und eine maximale Wassertiefe von 186 Meter, bei einer Durchschnittstiefe von 120 Metern. Zwischen 1887 und 1909 wurden braune Forellen und Regenbogenforellen im See ausgesetzt. Sie fanden ein vorzügliches Refugium vor und vermehrten sich sehr schnell. Heute ist der Lake Taupo das größte Forellenfischgebiet der Welt und voll auf trout fishing eingestellt. Kommerzielles Angeln ist verboten, es darf nur für den Eigenbedarf geangelt werden. Angellizenzen vergibt das DOC (Department of Conservation). Jeder Campingplatz und jede Unterkunft bietet Möglichkeiten, gefangene Fische zu waschen und auszunehmen. Alternativ kann man seinen Fang in einem der Restaurants vom Koch zubereiten lassen.

(137) WOMO-Campingplatz: Motuoapa Bay HP

GPS: S 38°55'58" E 175°52'15", 2 Motuoapa Esplanade, Motuoapa. Tel. 07 386 7162. **Ausstattung:** Keine Entsorgung. **Preise:** 50-60 NZD. **Beschreibung:** Der kleine Platz liegt direkt am See, unweit der Marina. Schwimmen ist schlecht möglich. Das Licorice Café ist 5 min entfernt, 57 SH1. Eher schwache Einrichtungen. Der Highway ist zu hören. **Zufahrt:** Vom SH1 links in die Parekarangaranga Street abbiegen, 200 m.

Desert Highway bis Waiouru

Die Stadt Taupo wird in Tour N08 beschrieben. Tour N05 führt nun, wie Sie gekommen sind, am Seeufer zurück gen Süden. Ihre Reiseroute auf dem SH1 führt an Turangi vorbei nach **Rangipo** und streift den Tongariro NP nun auf seiner östlichen Seite. Die Straße folgt zunächst kurvenreich den Höhenzügen des Tongariro National Parks. Die Rangipo-Wüste ist eine karge, wüstenähnliche Hochebene, da sie eine moderate Menge Niederschlag erhält.

Wer ein geländegängiges Fahrzeug besitzt, kann etwa 25 Kilometer hinter Rangipo die Stichstraße zum *Tukino Skifield* hochfahren. Vier Kilometer vor der Stichstraße liegt 200 Meter rechts der Straße der **Waihohonu Hut Car Park** (GPS: S 39°13'38" E 175°43'58"). Von hier aus führt eine gut einstündige leichte Wanderung zur **Waihohonu Hut**, die am Tongariro Nothern Circuit liegt (5,5 km einfach). Die Wanderung führt am Ohinepango Stream entlang durch eine leicht ansteigende steppenähnliche Ebene, die nur ab und dann von einem kleinen Wäldchen abgelöst wird. Mount Ruapehu und Mount Ngauruhoe haben Sie unterwegs immer im Blick. Südlich der Stichstraße zum Tukino Skifield geht der Tongariro National Park in die **Rangipo Desert** über. Der zuvor ursprüngliche Baumbewuchs wird nun von einer sehr trockenen braunbewachsenen Landschaft abgelöst. Nach weiteren 25 Kilometer auf dem **Desert Highway** erreichen Sie **Waiouru,** einen kleinen Ort mit rund 1.700 Einwohnern, der die größten Militär-

Desert Road und Mount Ngauruhoe

einrichtungen und den größte Truppenübungsplatz Neuseelands beherbergt. Für Besucher ist vor allem das Militärmuseum *Queen Elizabeth II Army Memorial Museum* interessant.

(138) WOMO-Stellplatz: Waiouru Army Museum

GPS: S 39°10'57" E 175°45'29", Hassett Drive, Tl. 06 387 6911. **Max. WOMOs:** 10. **Ausstattung:** Toiletten (Solange das Museum geöffnet hat, sonst 2 min Walk), Museumscafe. **Beurteilung:** Kein sehr prickelnder Platz, aber um die Sicherheit müssen Sie sich keine Sorgen machen! Die Security Guard prüft ihre self contained Plakette. **Zufahrt:** In Waiouru nicht zu übersehen. Die Plätze befinden sich auf der Rückseite der Armee Museums.

Die umfangreiche Ausstellung dokumentiert die Geschichte der neuseeländischen Armee und gibt einen Einblick in ihre heutigen Aufgaben. Es deckt verschiedenen Konflikte und Friedensmissionen unter neuseeländischer Beteiligung ab. Das Museum ist täglich von 9.00 bis 16.30 Uhr geöffnet. Auf dem Parkplatz an der Rückseite des Museums können Sie frei übernachten. Wer seine Lebensmittelvorräte ergänzen will, dem steht ein kleiner Supermarkt im Wohngebiet der Armee in zwei Kilometer Entfernung vom SH1 zur Verfügung. Waiouru liegt am North Island Main Trunk, der Eisenbahnhauptstrecke der Nordinsel, und der Bahnhof ist mit 814 Metern der höchstgelegene des neuseeländischen Eisenbahnnetzes. Der bekannte Overlander hält seit April 2005 jedoch nicht mehr in Waiouru.

Von Waiouru nach Bulls

Sie folgen dem SH1 weiter nach Süden und kommen dabei durch hügeliges Weideland, vorwiegend für Schafe. eine sehr reizvolle Nebenstrecke nach Napier zweigt zehn Kilometer vor Taihape ab. Die **Gentle Annie Road,** so der Name dieser reizvollen Straße, wird in Tour N07 beschrieben.

Taihape (2.000 Einw., 500 m ü.d.M.), nahe am Zusammenfluss des Hautapu River mit dem Rangitikei River gelegen, ist ein ländliches Dienstleistungszentrum, das seine beste Zeit in den 1960er Jahren hatte, als es ein Eisenbahn- und Transportknotenpunkt für das umliegende Farmland war. Heute profitiert der Ort vom Tourismus, denn wegen seiner Lage an am SH1 dient er vielen Reisenden als Zwischenstopp. Taihape bezeichnet sich selbst als *Gumboot Capital of the World* (Gummistiefelhauptstadt der Welt) und zieht zu einem jährlichen Wettbewerb im Gummistiefelweitwerfen zahlreiche Besucher an.

Ein lohnender 15-minütiger Abstecher zum **Mokai Canyon** bietet sich Ihnen sechs Kilometer hinter Taihape. Folgen Sie den Hinweisschildern des Unternehmens Mokai Gravity Canyon und Sie werden eine landschaftlich überaus reizvolle Fahrt zum tiefgeschnittenen Mokai Canyon erleben. Auch wenn Sie selbst keinen 80 Meter Bungy Jump, Bridge Swing oder Höllenritt auf dem Flying Fox vorhaben, ist es doch sehr unterhaltsam, sich diese Aktivitäten von der Aussichtplattform aus anzusehen.

(139) WOMO-Campingplatz: Awastone Campervan Park

GPS: S 39°48'30" E 175°48'30", 143 Ruahine Rd, Mangaweka, Tel. 06 382 5744. **Ausstattung:** Restaurant, Water rafting, Keine Entsorgung. **Preise:** 60-70 NZD. **Beschreibung:** Großartig am Rangatikei River gelegen. Wir waren begeistert. Sehr gute Küche, abenteuerliches Water rafting. **Zufahrt:** Vom SH1 links in die Ruahine Rd abbiegen, hinter dem Fluss links.

Die 200-Einwohner-Gemeinde **Mangaweka** erreichen Sie nach weiteren 20 Kilometer auf dem SH1. In Mangaweka ist eine historische Hauptstraße erhalten geblieben, deren in die Jahre gekommenen Gebäude die Gemeinde zu einer Touristenattraktion machen. Viele Durchreisende stoppen, um zu fotografieren. Und wenn man schon mal gestoppt hat, dann drängt sich der Besuch der gefälligen Kunstgalerien (in Mangaweka gibt es eine wachsende Gemeinschaft von Künstlern) geradezu auf. Darüber hinaus können im geschäftigen Zentrum Informationen zu Rafting, Wildwasserfahrten im Rangitikei River, Bungy Jumping, Angeln und Wanderungen entlang der ehemaligen North Island Main Trunk Bahnlinic durch den Ruahine Forest Park eingeholt werden. Zwanzig Kilometer südlich Mangaweka

Der Awastone Campingplatz am Rangitikei River

finden Sie unweit des SH1 eine wunderschön am **Rangitikei River** gelegene Übernachtungsstelle.

(140) WOMO-Stellplatz: Mangaweka Campground

GPS: S 39°48'36" E 175°48'26", 143 Ruahine Rd, Tel. 0800 655 747. **Max. WOMOs:** 20. **Ausstattung:** Toilette, Dusche, rustikale Küche. **Preise: 20** NZD. **Beschreibung:** In einer engen Flussschleife gelegen. Rustikale und friedvolle Anlage in drei Ebenen. Nur in der obersten Ebene gibt es Strom! **Zufahrt:** Am SH1 in die Ruahine Rd einbiegen, dieser 1,2 km folgen, vor der Brücke rechts abbiegen. (liegt neben dem Awastone Campingplatz).

(141) WOMO-Stellplatz: Vinegar Hill

GPS: S 39°56'4" E 175°38'29", Tel. 06 323 0000. **Max. WOMOs:** 30. **Ausstattung:** Toilette, Wasser, Kaltwasser Dusche. **Preise:** 10 NZD. Die Gebühr wird von einem Ranger eingesammelt. **Beschreibung:** Wunderschöne großzügige Anlage mit vielen traumhaften Stellplätzen auf Gras. Nicht gleich die ersten Plätze nehmen, weiterfahren bis zur Ausfahrt, dort ist es am schönsten. Am Rangatikei River gibt es eine Stelle, die zum Schwimmen geeignet ist. **Zufahrt:** 21 km hinter Mangaweka links in den SH54 abbiegen. Die Einfahrt zum Platz liegt kurz hinter dem Fluss rechts (2 km).

Bulls erreichen Sie 41 Kilometer südlich dieses besonders reizvollen Übernachtungsplatzes. Dort werden Sie von einem übergroßen Bullen begrüßt. Die 1.700-Einwohner-Gemeinde liegt am Rangitikei River in einem florierenden Landwirtschaftsgebiet am Schnittpunkt von SH1 und SH3. Bulls ist nach dem Holzschnitzer *James Bull* benannt, der die Stadt gründete und dem auch der erste Gemischtwarenladen gehörte. Viele der heutigen Bewohner sind in dem nahe gelegenen Stützpunkt der Royal New *Zealand Air Force* beschäftigt. Der Name der Stadt wird Ihnen im Ort immer wieder begegnen: Es gibt eine *consta bull* (Polizeistation), die *forgive-a-bull* (Anglikanische Kirche) und das *bulls medical centre* (Krankenstation). Ihnen werden sicherlich noch weitere dieser *bull*-Namen unter die Augen kommen.

TOUR N06
N
20 km
Tasman Sea
Bulls
WC 151
Feilding
152 WC
3
1
Palmerston North
153
Himatangi Beach
154
56
Manawatu River
De Molen Windmühle
Foxton
Foxton Beach
Waitarere Beach
57
Tararua Range
Levin
St Mary's Kirche
155
Otaki Beach
Otaki
1
Kapiti Island
WC 156
Waikanae Beach
Waikanae
Tararua Forest Park
Paraparaumu Beach
157
Paraparaumu
WC 158
Raumati Beach
Paekakariki
159
Carterton
Kaitoke Regional Park
WC 167
2
Tour N07
WC 160
Featherston
Paremata
Upper Hutt
Pakuratahi Forest Park
58
Porirua
166 WC
Martinborough
1
Lower Hutt
Lake Wairarapa
Petone
162
161
Somes Is
Rimutaka Range
Wellington
Days Bay
Rimutaka Forest Park
WC 163
WC 164
165 WC
Lake Ferry
Sinclair Head
Pencarrow Head
Aorangi Forest Park
Baring Head
Cook Strait
Turakirae Head
Palliser Bay

Tour N06: Bulls - Wellington 270 km

Palmerston North - Manawatu Ebene - Foxton - Levin - Kapiti Coast - Paraparaumu - Wellington - Rimutaka Range

Stellplätze:	Bulls Domain, Timona Park, Otaki River, Waikanae River Mouth, Paraparaumu, Raumati, Paremata, Wellington: Evans Bay, Te Kopahou, Belmont+Kaitoke Regional Park
Camping:	Palmerston North HP, Himatangi Beach HP, Paekakariki HP, Wellington: Motor Inn, Top 10 HP
Besichtigen:	Palmerston North: Te Manawatu Museum Foxton: Flax Stripper Museum, de Molen Windmühle, Paraparaumu: Southward Car Museum, Wellington: Te Papa Tongawera, Cable Car, Bot. Garten, Carter Observatory, Mt Victoria
Wandern:	Nga Manu Nature Reserve, Waikanae Beach, Wellington,
Essen:	Palmerston North: Aberdeen, Foxton: Laughing Fox, Wellington: Great India, Olive, Kowhai Café
Baden:	Foxton-, Otaki-, Waikanae-, Paraparaumu-Beach, Wellington: Oriental Bay, Ocean Beach

Auf der Tour N06 durchqueren Sie die fruchtbare Manawatu-Ebene und besuchen eine der vielen Kräuterfarmen. Zuerst besuchen Sie die lebhafte Studentenstadt Palmerston North. Danach biegt die Route zur Küste ab und folgt dem Küstenverlauf der Tasmanischen See bis nach Porirua. Unterwegs laden zahlreiche wunderschöne Strände zu einem erfrischenden Bad oder einem ausgedehnten Strandspaziergang ein. Der noble Küstenort Paraparaumu bietet zudem die Möglichkeit, zur Vogelschutzinsel Kapiti Island überzusetzen. Ein Höhepunkt der Reise ist der anschließende Besuch von Wellington, der Kulturhauptstadt Neuseelands. Entdecken Sie zu Fuß das Hafenviertel von Wellington, vorbei an interessanten Gebäuden und restaurierten Werften und Frachtschuppen. Nachdem Sie »Windy Welli« ausgiebig genossen haben - ein Besuch des »Museum of New Zealand - Te Papa Tongarewa« gehört unbedingt dazu - fahren Sie weiter in Richtung Nordosten durch die Rimutaka Range.

(151) Offizieller WOMO-Stellplatz: Bulls Domain

GPS: S 40°10'25" E 175°23'24", 8 Domain Rd, Bulls, Tel. 800 422 522. **Max. WOMOs:** 5. **Ausstattung:** Toilette, Wasser. **Beschreibung:** Parkplatz an einem Sportgelände. Die Bulls Domain verfügt über einen großen Spielplatz und eine ziemlich coole Skaterrampe und einen Tennisplatz. **Zufahrt:** Über Criterion St und Domain Rd.

Manawatu Ebene - Palmerston North

Von Bulls fahren sie 30 Kilometer bis **Palmerston North**, um diese florierende Hauptstadt der Region Manawatu kennenzu-

Palmerston North, Te Manawatu Museum

lernen. Sie liegt im Zentrum der fruchtbaren Manawatu Plains, einer ausgedehnten Ebene um den Flusslauf des Manawatu River, der durch die Stadt fließt, um 35 Kilometer westlich in die Tasmanische See zu münden. Benannt ist die Stadt nach Viscount Palmerston, einem früheren Premierminister Großbritanniens. Um Verwechslungen mit dem Ort Palmerston auf der neuseeländischen Südinsel zu vermeiden, wurde im Jahr 1871 offiziell die Nachsilbe North angefügt. Wie viele andere Orte in Neuseeland auch, hat Palmerston North seinen Aufschwung dem Bau der Eisenbahn zu verdanken, die in den 1870ern für einen Boom sorgte. Heute kreuzen sich in der Stadt die North Island Main Trunk Railway, Neuseelands wichtigste Eisenbahnlinie, die von Auckland nach Wellington führt, und die Eisenbahnlinie Palmerston North - Gisborne.

(152) Offizieller WOMO-Stellplatz: Feilding Timona Park

GPS: S 40°13'19" E 175°34'58", 34 Campbell St, Tel. 06 323 0000.
Max. WOMOs: 20. **Ausstattung:** Toilette, Picknicktische, Wasser, Mülleimer.
Beschreibung: Schöner ruhiger Platz am Oroua River. Bis zum Ende durchfahren und rechts abbiegen. Hier gibt es große Stellplätze auf Gras, Picknicktische und einfache Grillmöglichkeiten. Maximal zwei Nächte.
Zufahrt: Vom SH54 (Kimbolton Rd), führt die Simon St zum Park.

(153) WOMO-Campingplatz: Palmerston North HP

GPS: S 40°22'17" E 175°36'30", 133 Dittmer Drive, Palmerston North, Tel. 06 358 0349. **Ausstattung:** Standard. **Preise:** 45 NZD.
Beschreibung: Liegt an einem 5ha großen Parkgelände am Manawatu River. Großer Platz, viele große Bäume, Stellplätze auf Rasen. Alles sehr ordentlich, Sanitäranlagen sauber, Duschkabinen gut.
Zufahrt: Liegt 2,5 km südlich des Zentrums hinter dem Aquatic Centre.

Mit 82.000 Einwohnern ist Palmerston North die zweitgrößte Binnenstadt Neuseelands. Das Stadtzentrum besteht aus

Kräuterfarm in Ashhurst

einem quadratischen sieben Hektar großen Park mit Teichen und Springbrunnen. Auf diese »The Square« genannte zentrale Grünanlage laufen alle Hauptstraßen der Stadt zu. The Square beherbergt den *Hopwood Clock Tower*, ein Ehrengrabmal, das *Civic Centre* mit schöner Aussichtsplattform und i-SITE. Einen Häuserblock entfernt befindet sich der *Te Manawa Komplex* mit den drei Einheiten **Te Manawatu Museum** (Maori-Kultur und Siedlungsgeschichte), *Science Centre* (Physik und Naturgeschichte) und *Art Gallery* (Sammlungen zeitgenössischer neuseeländischer Künstler). Sehenswert ist auch die 1995 eröffnete Stadtbibliothek, die ihren umfangreichen Lesestoff in »thematischen Wohnzimmern« präsentiert, und für Sportfans ist der Besuch im *New Zealand Rugby Museum* (87 Cuba Street) ein Muss und der Besuch im nationalen Rugby-Trainingslager ein »add on«. Rugby ist klar die Sportart Nummer Eins in Neuseeland und die Spiele der Nationalmannschaft, den *All Blacks,* bewegen die ganze Nation. Vor jedem Wettkampf versetzt sich die Mannschaft mit dem Maori-Tanz *Haka* in die richtige Kampfesstimmung - sehr eindrucksvoll.

Ein Stadtbummel in Palmerston North bietet sehr gute Einkaufsmöglichkeiten, viele Cafés, Restaurants, Bars, Nachtclubs, ein Theater und ein Multiplexkino. Sehr schön ist auch ein Spaziergang durch die herrlichen Gärten am Manawatu River (in der Nähe des Campingplatzes) oder entlang der Esplanade. Vor dem Eingang zum Campingplatz befindet sich ein Parkplatz mit öffentlichen Toiletten, den wir regelmäßig für eine Pause nutzen. Direkt vor unseren Augen liegt die wunderschöne Fußgängerbrücke *He Ara Kotahi*. Gerne fahren wir mit unseren Rädern einige Kilometer auf dem *Matawatu River Pathway* am Fluss entlang. Gleich nebenan liegt die Victoria

De Mohlen Windmühle in Foxton

Esplanade, die zum 60. Geburtstag von Queen Victoria nach ihr benannt wurde. Mit einer Miniaturlokomotive und einem riesigen Kinderspielplatz ausgestattet ist sie ein echtes Juwel für einen gelungenen Familientag. Während des Semesters erwacht die Stadt durch die zahlreichen Studenten - alleine an der Massey University sind 20.000 Studenten immatrikuliert - zu quirligem Leben. Ein gepflegtes Steak können Sie im **Aberdeen Steakhouse & Bar** (161 Broadway Ave, Tel. 06 952 5570) zu sich nehmen. Eine sehr spezielle Meinung zu Palmerston North gab das Monty Python Mitglied *John Cleese* zum Besten. Er empfahl Menschen, die nicht wissen, wie sie sich das Leben nehmen sollen, einen Besuch der Stadt. Die Stadtväter zeigten Sinn für Humor, indem sie daraufhin eine Müllhalde in *Mount Cleese* umbenannten. Die in der ertragreichen Manawatu Ebene gelegene Region um Palmerston North ist auf bestem Wege, sich mit den natürlichen Essenzen, die hier gewonnen werden, international einen Namen zu machen. Entsprechende Farmen werden Ihnen in der Manawatu Ebene häufig begegnen. Wir weisen auf eine 15 Kilometer östlich von Palmerston North gelegene Kräuterfarm hin, die Ihnen einen herrlichen fünf Hektar großen Kräutergarten, einen Shop und ein schönes Gartencafé bietet (**the herb farm**, Grove Road, Ashhurst, www.herbfarm.co.nz, tgl. 10-16.30 Uhr). Auf der Weiterfahrt von Palmerston North nach Wellington folgen Sie dem SH56 bis zum SH1 und erreichen nach insgesamt 38 Kilometer den breiten Mündungstrichter des *Manawatu River*.

Der Strand des oberhalb gelegenen kleinen Ortes **Foxton** eignet sich sehr gut zum Schwimmen. Sehr empfehlenswert ist auch das Erlebnisbad »Off the Loop Wake Park« (10 Stewart St, Foxton, Tel. 027 909 7950, tgl. von 10 bis 20 Uhr). Die Ge-

Picknickplatz auf Kapiti Island

schäfte dieser interessanten 5.000-Seelen-Kleinstadt tragen historische Fassaden. Foxton war Zentrum der neuseeländischen Flachsverarbeitung. Empfehlenswert ist der Besuch des **Flax Stripper Museums** (tgl. 13-15 Uhr; der Flaxwalk führt Sie an 65 verschiedenen Flachsarten vorbei) und der benachbarten **de Molen Windmühle** (tgl. 10-16 Uhr, fungiert auch als i-Site), einem Nachbau einer holländischen Windmühle aus dem 17. Jahrhundert. In einem kleinen Shop können Sie dort Schwarzbrot kaufen! Gut essen Sie im **Laughing Fox** (7 Russell St, Tel. 06 363 5540), das leicht an seinem seltsamen Turm zu erkennen ist. Zur Unterstützung der Verdauung können Sie sich anschließend mit einer historischen Pferdestraßenbahn durch die Stadt schaukeln lassen. Sie ist im neben der Windmühle liegenden alten Bahnhof untergebracht.

(154) WOMO-Campingplatz: Himatangi Beach Top 10 HP

GPS: S 40°22'10" E 175°14'03", 30 Koputara Road, Tel. 06 329 9575, www.himatangibeachholidaypark.co.nz. Ausstattung: Spielplatz, Games Room. **Preise:** 50-60 NZD. **Beschreibung:** Schöner, ruhiger Platz, viel Grün. Sehr einladender Campingplatz mit ausgesprochen freundlichen Eigentümern. Wir stehen gerne auf Grasplätzen und diese hier sind schön groß. Alles ist sehr sauber und bestens gepflegt, wir fühlten uns rundum wohl. In den Sanitäranlagen ist wirklich an alles gedacht. Die Duschkabinen sind modern und wunderbar geräumig. Auch ein Fön ist vorhanden. Zum wilden Sandstrand laufen sie fünf Minuten. Unterwegs befindet sich ein großer öffentlicher Spielplatz. **Zufahrt:** 9 km vor Foxton rechts in die Himatangi Beach Rd einbiegen und dieser 7 km folgen. Platz liegt rechts.

Kapiti Coast

Hinter Foxton setzen Sie Ihren Weg durch eine sanft hügelige, von Obst und Gemüseanbau geprägte Landschaft fort und passieren das touristisch wenig ergiebige, immerhin 20.000 Einwohner starke **Levin**. Kurz vor Levin zweigt rechts eine

(155) Offizieller WOMO-Badeplatz: Otaki Beach

GPS: S 40°45'12" E 175°06'20", Marine Parade, Otaki Beach, Kapiti Coast District Council, Tel. 0800 486 486. **Max. WOMOs:** 6. **Ausstattung:** Keine. **Beurteilung:** Wilder Platz auf Steinen, wie sie auch am nahen Strand liegen. Kein Baum, kein Strauch, dem Wind ausgesetzt. An diesem Platz scheiden sich die Geister, einige Camper sind von seiner Ursprünglichkeit begeistert, andere fühlen sich an diesem wilden, abgelegenen Ort unwohl. **Zufahrt:** In Otaki vom SH1 rechts abbiegen in die Mill Road, dann links in die Rangiuru Rd und schließlich links in die Marine Parade.

Zufahrt zur Lewis Farm ab (747 SH1, Poroutawhao). Hier können sie sehr empfehlenswerte Farmprodukte einkaufen. Die Kapiti Coast beginnt 21 Kilometer hinter Levin im Städtchen Otaki. Eingebettet zwischen der **Tararua Range** und der Tasmanischen See liegt deren schmaler länglicher Küstenstreifen. Die Orte Otaki, Te Horo, Waikanae, Paraparaumu, Raumati und Paekakariki liegen entlang des SH1 wie an einer Perlenschnur aufgereiht. Der Ausbau des Highways zwischen den Orten Te Horo und Paekakariki hat der ruhigeren Küste mit mildem Klima und traumhaften kilometerlangen Stränden zusätzliche Attraktivität verliehen. Wellingtons City ist per Auto in kurzer

(156) Offizieller WOMO-Badeplatz: Waikanae River

GPS: S 40°52'20" E 175°0'33", Tutere Street, Waikanae. **Max. WOMOs:** 4. **Ausstattung:** Toilette. **Beschreibung:** Schöner, beliebter Platz nahe der Flussmündung. Es gibt einen River Walk und die Möglichkeit zur mit viel Treibholz bestückten Beach zu laufen. Saubere gepflegte Toiletten. **Zufahrt:** In Waikanae vom SH1 für 4,5 km in die Moana Rd und dann links in die Tutere St abbiegen. Den Platz erreichen Sie nach einem Kilometer.

Zeit zu erreichen. Der Zug benötigt dazu gerade einmal 45 Minuten. All diese Vorzüge lassen die Region schnell wachsen.

Otaki liegt in einem Anbaugebiet für Obst und Gemüse. Halten Sie an einem *Fruit & Veggie Places* genannten Stände entlang des SH1 und füllen Ihre Vorräte günstig und erntefrisch auf. Während die 1994 abgebrannte hölzerne *Rangiatea Church* nur als ein exakter Nachbau vorhanden ist, kann die an der Convent Rd gelegene, 1858 erbaute *Saint Mary's Church* im Original bewundert werden. Auf dem Gelände sind auch zwei Versammlungshäuser der Maori zu besichtigen. Wem es nun nach einem Bad im Meer zumute ist, kann diesem Bedürfnis, überwacht von Rettungsschwimmern, am Dünenstrand von **Otaki Beach** nachkommen.

Stellplatz Paraparaumu Beach

(157) Offizieller WOMO-Badeplatz: Paraparaumu Beach

GPS: S 40°53'46" E 174°58'42", Tel. 0800 486 486. **Max. WOMOs:** 5. **Ausstattung:** Keine. **Beschreibung:** Drei Parkplätze an einem langgezogenen Sandstrand, auf denen insgesamt fünf Wohnmobile stehen dürfen, Schilder beachten. Die Umgebung macht einen ausgesprochen gut situierten Eindruck, Sie werden sich hier sicher fühlen. **Zufahrt:** An der Marine Parade in Paraparaumu Beach, etwa 700 m südlich des Kapiti Boating Clubs, an dem die Wassertaxis nach Kapiti Island ablegen.

(158) Offizieller WOMO-Badeplatz: Raumati

GPS: S 40°55'4" E 174°58'42", Ecke Garden&Matatua Rd. **Max. WOMOs:** 3. **Ausstattung:** Toilette, Wasser, Picknicktische, Mülleimer, Cafè/Bar. **Beschreibung:** Parkplatz direkt am Sandstrand. **Zufahrt:** Raumati Beach.

(159) WOMO-Campingplatz: Paekakariki Holiday Park

GPS: S 40°58'31" E 174°57'42", 180 Wellington Rd, Tel. 04 292 8292, www.paekakarikiholidaypark.co.nz. **Ausstattung:** Spielplatz, Hüpfkissen Trampoline. **Preise:** 40-50 NZD. **Beschreibung:** Der Platz liegt in einem Wohngebiet in Strandnähe Schön abgegrenzte Plätze auf Gras. Fünf Minuten zur Beach. **Zufahrt:** Am SH1 auf die Beach Road und später rechts in die Wellington Rd abbiegen. Dann noch zwei Kilometer.

Fünfzehn Kilometer südlich treffen Sie auf **Waikanae**. Die Stadt befindet sich 60 Kilometer nördlich von Wellington und liegt damit schon in ihrem Einzugsbereich. Ornithologisch Interessierte können hier **Nga Manu Nature Reserve**, ein ausgedehntes und sehr reizvolles Vogelschutzgebiet besuchen. Auf einem 1,5 Kilometer langen Rundweg können Sie Enten, schwarze Schwäne und Keas in einer ursprünglichen Umgebung bewundern. Im Nachthaus gibt es darüber hinaus Kiwis, Eulen und Tuataras zu entdecken.

Am ausgedehnten Strand der 3,5 Kilometer entfernten Siedlung **Waikanae Beach** können Sie relativ gefahrlos baden und nach freien Stellplätzen Ausschau halten. Der Sandstrand ist beliebt für Wassersport und Wanderungen. Immer im Blick und ebenfalls mit guten Stränden ausgestattet ist die vorgelagerte

Stellplatz in Paremata

(160) Offizieller WOMO-Stellplatz: Paremata Ngatitoa
GPS: S 41°5'51" E 174°51'55", Pascoe Ave, Porirua. **Max. WOMOs:** 30. **Ausstattung:** Wasser, Toilette. **Beurteilung:** Großzügiger Platz auf Gras! Malerisch am Strand gelegen. Viele Stellmöglichkeiten, aber auch sehr beliebt. In der Nähe befinden sich einige Restaurants. Nehmen Sie den Zug nach Wellington! **Zufahrt:** Biegen Sie vom SH1 kurz vor der Paremata Inlet Bridge rechts ab, danach gut ausgeschildert, ca. 700 m.

Insel **Kapiti**, zu deren Betreten Sie ein Permit des DOC in Wellington benötigen, da sie als Vogel- und Naturschutzgebiet einer Besucherbeschränkung unterliegt. Seit die Ausrottung von Possums und Ratten geglückt ist, konnten sich einheimische Vogelarten rasch regenerieren. Das sehr klare Wasser um die Insel bietet beste Bedingungen zum Tauchen und Schnorcheln. Die Gewässer zwischen Insel und Festland sind Meeresschutzgebiet. Manchmal können hier auch durchwandernde Wale beobachtet werden.

Nur fünf Kilometer hinter Waikanae erreichen Sie das noble **Seebad Paraparaumu** mit einem beeindruckenden Oldtimer Museum (Southward Car Museum, Otaihanga Rd, Otaihanga, Paraparaumu, Mo-So 9-16.30 Uhr). Eine 14 Meter hohe hölzerne Statue der Jungfrau Maria thront über dem Ort. In Paraparaumu, der Maori Name bedeutet *Teile des Erdofens*, starten die Schiffe nach Kapiti Island. Unzählige Maler, Bildhauer und Töpfer haben sich hier angesiedelt und lassen sich von der natürlichen Schönheit des Küstenabschnittes inspirieren. Die kleine Galerie der berühmten Malerin Shona Moller liegt direkt neben ihrem Studio am Strand.

Kurz vor Paraparaumu liegt am SH1 der *Lindale Farm Park*. Hier werden Ihnen diverse landwirtschaftliche Shows geboten, und Sie können 30 Sorten der hauseigenen Kapiti Cheese Produktion verkosten. Wem es lieber nach etwas Süßem ist, kann sich in der nahe gelegenen Schokoladenfabrik schadlos

Wellington, Evans Bay Marina

halten (Kapiti Chocolate Factory, 5 Lorien Court, Raumati Beach, Mo-Do 9-15.30 Uhr, Sa 10-15 Uhr). Gegenüber dem Lindale Farm Park haben Sie die Gelegenheit zu Spaziergängen zwischen den Nikau-Palmen der Nikau Reserve.

Situation der Wohnmobilstellplätze in Wellington

Wer in Neuseelands Landeshauptstadt auf einem gepflegten Campingplatz übernachten möchte, wird enttäuscht. Der Wellington Top 10 Holiday Park liegt 15 Kilometer außerhalb des Zentrums. Er ist inzwischen renoviert und hat schöne Grasplätze und guten Baumbewuchs. Wir möchten Ihnen einige andere Übernachtungsmöglichkeiten aufzeigen. Zuerst sei das **Capital Gateway Motor Inn** genannt. Es liegt verkehrsgünstig am SH1 und ist nur acht Kilometer vom Zentrum entfernt. Halbstündig fahrende Busse bringen Sie in zehn Minuten nach Wellington Zentrum.

(161) WOMO-Campingplatz: Capital Gateway Motor Inn

GPS: S 41°13'51" E 174°48'38", 1 Newlands Road, Newlands, Tel. 0800 422748. **Preise:** 49 NZD. **Ausstattung:** Standard. **Beschreibung:** Ordentliche ebene Stellplätze hinter dem Motor Inn zwischen einer Grasfläche mit Picknicktischen und Büschen. Halbstündig fahrender Bus bringt Sie in 10 Minuten ins Zentrum. Ausgangspunkt einer Wanderung. **Zufahrt:** Am SH1 ausgeschildert, 2,5 km bevor dieser am Wellington Harbour auf SH2 trifft.

(162) WOMO-Campingplatz: Wellington Top 10 HP

GPS: S 41°14'12" E 174°54'34", 95 Hutt Park Rd, Seaview, Lower Hutt, Tel. 0800 948 686, www.wellingtontop10.co.nz. **Ausstattung:** Spielplatz, Hüpfkissen, Games Room, Private Spa. **Preise:** 55-60 NZD.
Beschreibung: Große Stellplätze, teils auf Gras und von Büschen und Bäumen eingerahmt. 16 Kilometer vom Te Papa im Zentrum Wellingtons entfernt. Infos über die Fahrzeiten der Busse sind im Office erhältlich. Beim Einchecken nach Ankunft einer Fähre von der Südinsel entstehen oft lange Wartezeiten. **Zufahrt:** Auf dem SH2 Ausfahrt Richtung »Maungaraki/Lower Hutt/City Centre« nehmen, am Wellington Harbour entlang fahren, Brücke über den Hutt River überqueren, gut ausgeschildert.

Stellplatz Te Kopahou Reserve an der Owhiro Bay

Die zweite Möglichkeit ist der **Parkplatz des Te Papa**. Wohnmobile sind hier willkommen. Für 24 Stunden Parkdauer zahlen Sie 30 NZD. Auch eine längere Parkdauer ist möglich. Auch auf dem Parkplatz neben dem Te Papa können Sie über Nacht stehen (**Barnett Street Carpark,** 20 NZD für 24 h). Er ist allerdings ungeschützt und dem allgegenwärtigen Wind stärker ausgesetzt. Mit der recht zentralen **Evans Bay Marina** und der zur Cook Strait hin gelegenen **Te Kopahou Reserve** zeigen wir Ihnen zwei freie Stellplätze auf.

(163) Offizieller WOMO-Stellplatz: Wellington Evans Bay Marina

GPS: S 41°18'43" E 174°47'47", Cobham Drive, Kilbirnie, Tel. 04 499 4444. **Max. WOMOs:** 51. **Ausstattung:** Toilette, Wasser, Entsorgungsstation. **Beschreibung:** Großer Asphalt Parkplatz an der Marina der Evans Bay, der seinen Charme dadurch gewinnt, dass er nur 4,5 km von Wellingtons Zentrum entfernt liegt. Sie können mit dem Bus fahren oder 6,5 km die Evans Bay Parade um die Halbinsel herum laufen. Max. 4 Nächte. Sehr beliebt, sie müssen früh kommen. **Zufahrt:** Vom Te Papa 4,5 km SH1 folgen.

(164) Offizieller WOMO-Stellplatz: Wellington Te Kopahou Reserve

GPS: S 41°20'53" E 174°44'57", 86 Owhiro Bay Parade. **Max. WOMOs:** 16. **Ausstattung:** Toilette, Wasser, Mülleimer. **Beschreibung:** Wunderschön gelegener, wilder und offener Platz am westlichen Ende der Owhiro Bay, wo es sehr windig sein kann. Die Fähre zur Südinsel fährt direkt vor der Nase vorbei! Der Red Rocks Walkway beginnt hier. Infos vor Ort im Te Kopahou Besucherzentrum. Das Stadtzentrum von Wellington ist 8 km entfernt. **Zufahrt:** In Wellington Happy Valley Rd und Owhiro Bay Parade nehmen.

Windy Welli

Für Neuseelands Hauptstadt am windigen Südzipfel der Nordinsel sollten Sie sich zwei bis drei Tage Zeit nehmen. Stürmische Winde beherrschen Windy Welli fast das ganze Jahr über. An mehr als 170 Tagen im Jahr herrschen Windgeschwindigkeiten von mehr als 50 km/h. Hauptursache sind die ho-

Wellington, Begrüßungsschild am Te Papa

hen Windgeschwindigkeiten, die in der nahe gelegenen Cook Strait durch die Bündelung des Windes erzeugt werden. Die hoch aufragenden Bürotürme im Zentrum verstärken diesen Effekt. In den letzten 20 Jahren hat sich **Wellington** von einer verschlafenen Hauptstadt zu einer wichtigen *Kultur- und Lifestylemetropole* des Landes entwickelt. Dazu trägt neben den zahlreichen Museen und Theatern eine lebendige Musik- und Filmszene bei. *Peter Jackson* lebt und arbeitet hier und am 1. Dezember 2003 wurde der dritte Teil seiner Filmtrilogie »Der Herr der Ringe« im *Wellingtoner Embassy Theatre* uraufgeführt. Wellington gilt heute als die Kulturhauptstadt Neuseelands. In allen geraden Jahren findet die Kulturbiennale *New Zealand International Arts Festival* statt.

Wellington liegt malerisch eingebettet zwischen einem sehr schönen Naturhafen und nur ein Kilometer dahinter beginnenden grünen Hügellandschaften, die in steil aufragende Berge übergehen. Diese Naturgegebenheiten setzen dem Zentrum enge Grenzen und ermöglichen es Ihnen, alle Sehenswürdigkeit zu Fuß zu erkunden. Die Einwohnerzahl von ca. 450.000 kommt nur durch bevölkerungsreiche Vororte zustande **(Lower Hutt, Porirua, Upper Hutt)**, **Wellington City** bringt es lediglich auf 180.000 Einwohner.

Erkundungstour durch Wellingtons Zentrum

Ihre Erkundungstour beginnen Sie an der größten Touristeninformation der Stadt am **Civic Square**, einem modernen Treffpunkt im Herzen von Wellington. Er wird von mehreren interessanten Gebäuden umrahmt. Zunächst schauen Sie sich die *Central Library* (Stadtbibliothek) an, deren Besuch sich unbedingt lohnt. Auch die benachbarte *City Gallery*, die in einem Art -déco-Gebäude aus dem Jahre 1939 untergebracht ist, werden Sie besuchen wollen. Das dritte Gebäude, die ar-

Museum of New Zealand - Te Papa Tongarewa

chitektonisch ebenfalls interessante *Town Hall*, bietet sich dagegen eher nicht zum Besuch an. Ebenfalls am *Civic Square* liegt das 1983 eröffnete *Michael Fowler Centre*, das sowohl als Konzerthalle als auch als Kongresszentrum genutzt wird. Man erreicht es über eine breite Treppe, die von Nikau-Palmen gesäumt ist. Diese sind aus Edelstahl gefertigt. Gesellen Sie sich zu den Büroangestellten, die hier entspannt ihre Mittagspause verbringen, oder schlendern Sie nachts über den Platz, wenn die Skulpturen kunstvoll illuminiert sind. Sie verlassen den *Civic Square* über die *City-to-Sea-Bridge* mit ihrer modernen Architektur und gelangen über diese Sehenswürdigkeit an die Waterfront.

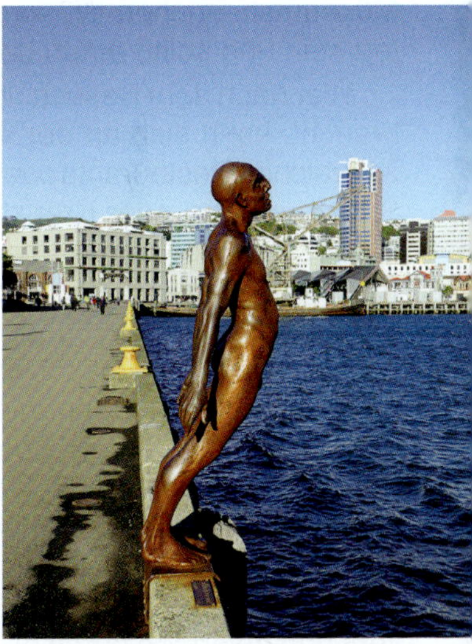

Bronze Figur nahe Te Papa

Vorbei am *Circa Theatre* führt Sie der Weg zu Neuseelands Nationalmuseum, das Sie in der Cable Street am Lambton Harbour finden. Das »Museum of New Zealand - Te Papa Tongarewa«, im Volksmund kurz **Te Papa** genannt, wurde nach einer fünfjährigen Bauzeit 1998 eröffnet. Es hat sich internationale Anerkennung für seine ultramoderne, extravagante Architektur erworben und ist der ganze Stolz des Landes. Auf sechs Ebenen wird das Land Neuseeland von den vielseitigsten Aspekten beleuchtet. Insbesondere wird die Entwicklung Neuseelands von den ersten Besiedlungen bis zum heutigen modernen Staat dargestellt. Ausgestellt werden auch

Der abendliche Civic Square

ethnologische Schätze, kunstvolle Maori-Schnitzereien, eines ihrer Versammlungshäuser und ein 150 Jahre altes Kriegskanu. In dem beeindruckenden Museum wird die gemeinsame Geschichte von Maori und Pakeha eindrucksvoll dargeboten. Das **Te Papa Tongawera** (Tel. 04 381 7000, www.tepapa.govt.nz) ist bei freiem Eintritt täglich von 10.00-18.00 Uhr (Do bis 21.00 Uhr) geöffnet. Auch wer sonst kein großer Freund von Museumsbesuchen ist, wird von dem Dargebotenen begeistert sein und sollte einen halben Tag einplanen.

Wer nach dem Besuch des Te Papa erst einmal eine Pause braucht, kann sich an der nahen *Queens Wharf* in eines der zahlreichen Restaurants oder Cafés begeben und während einer Stärkung Fähr- oder Kreuzfahrtschiffe beobachten. Anschließend wartet schon das in einem schön restaurierten viktorianischen Zolllagerhaus untergebrachte **Museum of Wellington City & Sea** darauf, erkundet zu werden. Die gesellschaftliche und maritime Stadtgeschichte Wellingtons wird hier anhand von ausgewählten Exponaten aufgezeigt. Das Museum (Ecke Queens Wharf, Jervois Quay, Tel. 04 472 8904) ist bei freiem Eintritt täglich von 10.00-17.00 Uhr geöffnet.

Ihr nächstes Ziel ist die berühmte **Cable Car**, die Sie hinauf zum **Botanischen Garten** bringen wird. Sie überqueren den Jervois Quay, an dem das *Museum of Wellington City & Sea* liegt und gelangen durch die Hunter St oder die Grey St in den Lambton Quay, die kommerzielle Hauptschlagader Wellingtons. Der Lambton Quay war früher die Uferpromenade Wellingtons, ist heute aber nach der Landanhebung durch das Erdbeben von 1855 und die Umsetzung von Landgewinnungsprojekten etwa

Wellington, Cable Car

300 Meter von der Uferlinie abgerückt. Zwischen verspiegelten Glaspalästen findet man hier Edelboutiquen, Ladenpassagen und diverse Espressobars. Gegenüber dem markanten und zur Featherston Street hin spitz zulaufenden *„MLC Building"* beginnt eine schmale Passage, die leicht zu übersehende *Cable Car Lane*, die Sie nach wenigen Metern zur Talstation der Cable Car bringt. Täglich von 7.00 bis 22.00 Uhr bringen die leuchtend roten Wagen der 1902 gebauten Bahn alle 10 Minuten die Fahrgäste (Einheimische und Touristen) hinauf in den im Stadtteil Kelburn gelegenen oberen Teil des Botanischen Gartens. An den vier Haltestationen der Cable Car hat man wunderbare Ausblicke auf die Stadt und den Hafen.

An der Bergstation angelangt, kann der Interessierte dem Cable Car Museum einen Besuch abstatten, in dem Café des **Kowhai Skyline Event Centre** (Tel. 04 475 9006) mit wunderbarer Aussicht verweilen oder gleich den Rückweg den Hang hinab durch den reizvollen Botanischen Garten antreten. Wer sich für Astronomie begeistert, findet nur 100 Meter entfernt das kleine Museum des Carter Observatory aus dem Jahre 1907. Sie können dort auch an Vorführungen im Planetarium teilnehmen (**Carter Observatory**, Tel. 04 910 3140, www.carterobservatory.org). Der weitere Weg führt Sie nun stetig bergab bis zum Begonienhaus und dem 1960 direkt daneben angelegten *Lady Norwood Rose Garden*, in dem von November bis April, in den prächtigsten Farben blühende Rosen zu bewundern sind. Am südlichsten Zipfel des Botanischen Gartens erreichen Sie den Anderson Park, dem unmittelbar der Bolton Street Memorial Park folgt. Ein übergroßes Denkmal von *Richard*

Regierungssitz Beehive

Seddon markiert den Eingang dieses alten viktorianischen Stadtfriedhofes. Sie folgen dem Robertson Way und überqueren die Stadtautobahn auf einer Fußgängerbrücke, die Sie in einen Teil des Friedhofes bringt, in dem eine kleine Kapelle steht.

Über die Bowen Street erreicht man schließlich den oberen Teil des Lambton Quay und damit den Beginn des Parlamentsbezirks. Dieser wird vom Old Government Building dominiert, dessen Eingänge mit prächtigen Holzpfeilern und Arkaden geschmückt sind. Das im Stil der italienischen Renaissance errichtete Gebäude war bei seiner Fertigstellung 1876 das größte Gebäude Neuseelands. Im DOC Visitor Centre direkt am Eingang sind Eintrittskarten für die öffentlich zugänglichen Bereiche des Gebäudes erhältlich.

Der Sitz der neuseeländischen Regierung befindet sich in den drei Gebäuden des **Parliament Buildings** auf der anderen Seite des Lambton Quay. Die Büros des Premierministers und seiner Kabinettsmitglieder sind im auffälligsten dieser drei Gebäude, dem **Beehive** (Bienenstock), einem kreisrunden, aus sieben Stufen bestehendem Kegel untergebracht. Die beiden anderen Regierungsgebäude sind das 1922 im klassizistischen Stil erbaute *Parliament House* und die neogotische *General Assembly Library*. Alle drei Gebäude können von Ihnen im Rahmen einer einstündigen kostenlosen Führung erkundet werden. Diese starten im Besucherzentrum im Erdgeschoss des Beehi-

Wellington Railway Station

ve. Abschließend bietet es sich an, der markanten, 1937 fertiggestellten **Wellington Railway Station** einen Besuch abzustatten. Sie erreichen das vom Architekten *William Gray Young* in gregorianischer Architektur entworfene Gebäude nach 200 Meter Wegstrecke, die Sie am Busbahnhof vorbeiführt. Schauen Sie sich unbedingt auch das Innere des größten Kopfbahnhofs in Neuseeland mit seiner hohen Schalterhalle und den eindrucksvollen Dachgewölben an.

Wellington Victoria Building

Leben:

Cafés: Wellington hat pro Kopf mehr Cafés als New York City. Und ihre Zahl steigt weiter rasant an! Wonach immer Sie suchen, leger, gemütlich oder verrückt, Sie werden ein passendes Café finden. Einige, wie Havanna Coffee Works, sind direkt in die Kleinröstereien integriert (163 Tory Street, Tel. 04 384 7041).

Restaurants: Qualität und Vielfalt kennen hier kaum eine Grenze. Sie werden überall in der Stadt ein gutes Restaurant finden. Wir dinieren gerne in einem der Restaurants an der Queens Wharf und genießen dabei den Blick auf den Hafen oder die erleuchtete Skyline. Ein gepflegtes indisches Mahl nehmen wir gerne im **Great India** (141 Manners St, Tel. 04 384 5755) ein. Sehr lecker und in ausgesprochen gemütlicher Atmosphäre können Sie im **Olive (**170 Cuba Street, Tel. 04 802 5266) speisen.

Nachtleben: Im Bereich um den Courteney Place und die Cuba Street und deren Seitenstraßen warten diverse Kinos, Theater und Veranstaltungshäuser mit Kulturprogrammen und Livemusik auf erlebnishungrige Besucher. Dazu gibt es unzählige Bars, Cafés und Pubs, die bis spät in die Nacht geöffnet sind. Das quirlige Nachtleben wird von einem sehr gemischten Publikum jeden Alters geprägt.

Ausflüge in und um Wellington

Tipp: Informieren Sie sich in der i-Site nach dem **Wellington City Pass** (Wellington i-Site, Michael Fowler Centre, 111 Wakefield Street, Tel. 04 802 4860).

Halo vor dem Te Papa

Matiu-Somes Island: Tun Sie es 20.000 anderen Besuchern gleich und unternehmen Sie einen Ausflug mit der Hafenfähre zu der seit 1995 vom DOC verwalteten Naturschutzinsel. Nach Beseitigung der eingeschleppten »Schädlinge« wie Ratten und Hermeline, können sich endemische Tiere wieder ungehindert vermehren. Die Insel kann zwischen 8.30 und 17 Uhr ohne Eintritt besucht und auf gut ausgebauten Wanderwegen erkundet werden (**East By West Ferries**, Tel. 04 499 1282, www.eastbywest.co.nz).

Zealandia (31 Waiapu Rd, Tel. 04 920 9200), früher Kaori Wildlife Sanctury genannt, beherbergt zentrumsnah auf einer Fläche von 225 ha eine Vielzahl einheimischer Tiere, die durch einen 8,6 Kilometer langen Zaun vor unerwünschten Fressfeinden geschützt werden (tgl. 10 - 17 Uhr). Zu erreichen vom Lambton Quay mit Buslinie 3 oder 21.

Otari Wilton's Bush (160 Wilton Rd, Tel. 04 499 1400) hat auf einer Fläche von 80 ha seinen Schwerpunkt auf die Präsentation der Pflanzenwelt Neuseelands gelegt. Nature Trail

und Canopy Walkway können täglich bei freiem Eintritt zwischen Sonnenaufgang und Sonnenuntergang begangen werden. Die Eingänge liegen in der Wilton Street im Vorort Wilton. Zu erreichen vom Zentrum mit Buslinie 14.

Mount Victoria: An Wochentagen können Sie mit dem Bus Nr. 20 auf den 196 m hohen, südöstlich des Zentrums gelegenen Mount Victoria gelangen. Von seiner Aussichtsplattform öffnet sich ein weites Panorama auf die Stadt, den Hafen, die Docks und bei guter Sicht bis zum *Hutt Valley*. Auf dem Gipfel werden Sie auch eine dreieckige, bunt verzierte Konstruktion antreffen, die ein Zelt auf einer Antarktis Expedition darstellen soll. Das *Byrd Memorial* erinnert an den Antarktis-Forscher *Richard E. Byrd* (1888-1957).

Miramar Halbinsel: Ein lohnenswerter Ausflug, den wir Ihnen empfehlen, ist eine Fahrt auf dem etwa 40 km langen *City Marine Drive*. Er umrundet die Miramar Halbinsel, wobei er fast immer der Küstenlinie folgt. Sie können ihn mit dem Fahrrad oder dem Auto befahren und kommen an zahlreichen Badebuchten vorbei. Sie werden unterwegs verschiedene Stellen mit der Möglichkeit zur freien Übernachtung finden. Wenn Sie eine Wanderung einbauen wollen, bieten sich der Eastern Walkway und der Southern Walkway an. Auch ein einstündiger Walk zu den **Red Rocks** und der **Seal Coast** kommt in Frage. Broschüren erhalten Sie in der i-Site.

Weiterfahrt in die Wairarapa

Sie verlassen die Hauptstadt und fahren auf dem SH2 in nordöstlicher Richtung. Der Highway folgt für etwa acht Kilometer der Küstenlinie des Wellington Harbour und wendet sich dann ins Landesinnere. Ein lohnenswerter Abstecher in den Remutaka Forest Park beginnt in Lower Hutt. Sie fahren dort vom SH2 in die Wainui Road ab und folgen ihr für 8,5 Kilometer bis Wainuiomata. Nun nehmen Sie die Coast Road, die in ihrem weiteren Verlauf bis zur Küste führt. Sie biegen aber nach zehn Ki-

lometern links in den Remutaka Forest Park ab. Sie passieren den zwischen 8 und 20 Uhr verschlossenen Haupteingang und folgen der unbefestigten Straße, die sich zwei Kilometer bis zum Parkplatz in das Tal hinaufschlängelt. Unweit der Hauptstadt befinden Sie sich hier in einer ausgesprochen reizvollen und geradezu idyllischen Umgebung. Es starten viele sehr gut markierte Wanderungen in das Orongorongo Valley (Infotafel am Parkplatz). Besorgen Sie sich in Wellington die DOC-Broschüren Catchpool Valley und Remutaka Forest Park. Zurück am SH2 passieren Sie Lower Hutt und nach weiteren fünfzehn Kilometern **Upper Hutt**, womit Sie den Großraum Wellington

(165) Offizieller WOMO-Wanderplatz: Catchpool Valley Remutaka - DOC Standard

GPS: S 41°20'57" E 174°55'39", Tel. 04 384 7770. **Max. WOMOs:** 120. **Ausstattung:** Ver- und Entsorgung, Toilette, Dusche, Küche, Picknicktische, Barbecue. **Preise:** 32 NZD. **Beschreibung:** Großer, grüner, offener und sonniger Platz im Remutaka Forest Park, von Hecken und Wald umgeben. Es gibt eine Vielzahl von gut ausgeschilderten Wanderwegen im Orongorongo Valley (Infotafel am Parkplatz). Zwischen 20 Uhr und 8 Uhr wird die Zufahrt geschlossen. **Zufahrt:** In Lower Hutt vom SH2 in die Wainui Rd und dann Wainuiomata Road bis Wainuiomata fahren (8,5 km). Hier die Coast Road nehmen und nach 10 km links in den Remutaka Forest Park abbiegen. Nun liegen noch 2 km bis zum Platz vor Ihnen. Den Haupteingang passieren und vor dem Parkplatz rechts abbiegen. Sehr gut ausgeschildert.

(166) Offizieller WOMO-Wanderplatz: Belmont RP

GPS: S 41°9'34" E 174°58'15", Tel. 0800 496734. **Max. WOMOs:** 100. **Ausstattung:** Toilette, Wasser, Picknicktische, Bänke. **Preise:** 32 NZD. **Beschreibung:** Eine wirklich schöne große grüne Übernachtungsstelle im Dry Creek Valley, einem Landschaftsschutzgebiet mit Wanderungen. Sehr ruhig. Beim Spaziergang im Wald sehen sie viele einheimische Vögel. Zwischen 22 Uhr und 5 Uhr wird die Zufahrt geschlossen. Selbstregistrierung. **Achtung:** Nur für Wohnmobile bis sechs Meter Länge geeignet! **Zufahrt:** Parkeingang am SH2, Hebden Cres in Kelson, Lower Hutt.

hinter sich gelassen haben. Wer hier übernachten möchte, dem seien der **Belmont Regional Park** und ganz besonders der **Kaitoke Regional Park** ans Herz gelegt (siehe die Wanderplätze 166 und 167). Der SH2 führt Sie nun aus dem Hutt Valley hinaus und anschließend in einer kurvenreichen und steilen Passstraße auf den 555 Meter hohen **Remutaka Hill**, auf dem ein großer Rastplatz eingerichtet ist. An schönen Tagen werden Sie hier viele Motorradfahrer antreffen, bei denen die windungsreiche Passstraße sehr beliebt ist. Nach einer kleinen Pause fahren Sie weiter, überqueren die Rimutaka Range und tauchen in die **Wairarapa Region** ein, deren Beschreibung Gegenstand der nächsten Tour ist.

Tipp: Vom Bahnhof in Wellington fährt ein Zug in knapp eineinhalb Stunden in die Region Wairarapa bis nach Masterton. Die malerische Landschaft und die Weinbaugebiete aus der Bahn zu beobachten, ist für all diejenigen sicherlich eine attraktive Möglichkeit, die in Wellington zur Südinsel übersetzen und Ihren Rückflug von Christchurch aus antreten (www.metlink.org.nz/timetables/train/WRL).

(167) Offizieller WOMO-Wanderplatz: Kaitoke RP

GPS: S 41°4'3" E 175°11'49", Waterworks Rd, Kaitoke. **Max. WOMOs:** 100. **Ausstattung:** Toilette, Wasser, Picknicktische, Bänke, zwei überdachte Barbecue-Anlagen, **Preise:** 32 NZD. **Beschreibung:** Ein wirklich wundervoller Ort, in einer wunderbaren Parkanlage am Ufer des Pakuratahi River gelegen, gerade einmal 40 Minuten von Wellingtons Innenstadt entfernt! Der Park erstreckt sich über 2860 Hektar in den Ausläufern der Tararua Ranges. Steile, mit Buschwerk bewachsene Hügel, die Hutt River-Schlucht und jahrhundertealte Rata-, Rimu- und Buchenwälder prägen diese herrliche Naturkulisse. Große Parkanlage mit tollem Baumbestand und vielen geschützten Stellplätzen auf Gras. Die Flussschleifen des Pakuratahi River haben tiefere Stellen, an denen sie wunderbar baden können. Startpunkt verschiedener Wanderungen. **Zufahrt:** Nördlich von Upper Hutt links in die zweite Straße, Waterworks Road, einbiegen und dieser etwa 1 km folgen.

TOUR N07

Napier
Kaweka
1724 m
Kaweka Range
199 WC
WC 198
197 WC
Cape Kidnappers
WC 200
Gentle Annie
Kuripapango
Omahu
Clive
Tölpel Kolonie
Clifton
196 WC
WC 201
Springvale Suspension Bridge
Kaweka Forest Park
Hastings
Havelock North
Ngaruroro River
Ocean Beach
Te Mata Peak
Rangitikei River
Waimarama
Tukituki River
Taihape
Mangaweka
1733 m
Ruahine Range
Mangaweka
Ruahine Forest Park
195
Dannevirke
Feilding
Manawatu Gorge
194 WC
Bulls
Palmerston North
Sperrung
Woodville
Te Apiti Windpark
193 WC
Pahiatua
192
Himatangi
Manawatu River
Foxton
Eketahuna
191
Tararua Range
188
Castlepoint
Mt Bruce Wildlife Centre
WC 189
Levin
St Mary's Kirche
Otaki
186
Masterton
Tararua Forest Park
187 WC
Kapiti Island
185
Carterton
Riversdale Beach
Waikanae
WC 190
Paraparaumu
Greytown
Stonehenge Aotearoa
Featherston
Martinborough
Upper Hutt
184
Lake Wairarapa
183 WC
Paremata
WC 181
Porirua
Lower Hutt
Pinnacles
Rimutaka Forest
Lake Ferry
Aorangi Forest Park
Palliser Bay
Ngawi
Wellington
WC 182
Cape Palliser
50 km
N

Tour N07: Wairarapa und Castlepoint 560 km

Featherston - Cape Palliser - Martinborough - Masterton - Castlepoint - Manawatu Gorge - Napier - Gentle Anny Road

Stellplätze:	Lake Wairarapa, Lake Reserve, Cape Palliser, Masterton Lake Henley, Castlepoint Kirche, Riversdale Beach, Pahiatua Tararua Club, Tui Brewery, Woodville Ferry Reserve, Clive, Clifton, Puketapu Park, Kuripapango, Blowhard Bush Reserve, Springvale Suspension Bridge
Camping:	Martinborough Top 10 HP, Carterton HP, Masterton MC, Castlepoint HP, Dannevirke HP, Eketahuna MC
Besichtigen:	Cape Palliser, Putangirua Pinnacles, Castlepoint Lighthouse, Paua Shell Factory, Manawatu Gorge, Te Mata Peak, Cape Kidnappers, historischen Springdale Bridge
Wandern:	Putanggirua Pinnacles, Masterton Tararua Forest Park, Castle Point, Manawatu Gorge, Cape Kidnappers
Essen:	Featherston: Everest; Lake Ferry Hotel; Martinborough: Medici, Mirco Bar; Greytown: French Baker, Cuckoo, Woodville: Yummy Mummy's
Baden:	Riversdale Beach, Castlepoint, Ocean Beach, Waimarama

In Tour N07 durchqueren Sie die gesamte Wairarapa Region, eine sanfte Hügellandschaft mit weiten Tälern und Wäldern, von Süden nach Norden. Die Route führt vorbei an üppigen Weinbergen und sanften Hügeln der Martinborough Weinregion und ausgedehnten Schafweiden im Landesinneren. Das Meer sehen Sie erst wieder in Napier. Es sei denn, Sie unternehmen einen der beiden angebotenen Ausflüge am Lake Wairarapa vorbei zum Cape Palliser, dem südlichsten Punkt der Nordinsel, oder etwas weiter nördlich zum oft windumtosten Castlepoint mit seinem markanten Leuchtturm. Gleich nebenan liegt Riversdale Beach mit wunderschönem, kilometerlangem Strand und idealen Bademöglichkeiten. Die Stadt Masterton ist das Zentrum der Region und bietet eine lebendige Kunst- und Kulturszene. Zwanzig Minuten hinter Masterton besuchen Sie das Pukaha Mount Bruce National Wildlife Centre. Am Ende der Tour stellen wir Ihnen die bezaubernde Gentle Annie Road vor. Sie führt von Napier über einen relativ niedrigen Pass nach Taihape.

Die Region Wairarapa

Die Wairarapa ist ein Gebiet, das sich von der Remutaka Range bis zur Hawke Bay erstreckt, und damit fast 300 Kilometer weit bis nach Napier, dem Ziel dieser Tour. Das ausgedehnte Weideland ist ein alteingesessenes und urtypisches neuseeländisches Schafzuchtgebiet. In den letzten beiden Jahrzehnten gab es zwei Entwicklungen, die Bewegung in die vorher

Landschaft der Wairarapa

verschlafene Region gebracht haben. Zum einen wurde der südliche Teil von den Bewohnern des Großraumes Wellington als Ziel eines Tages- oder Wochenendausfluges entdeckt und zum anderen hat sich der 1976 hier begonnene Weinanbau prächtig entwickelt. Heute ist South Wairarapa eine bedeutende Weinbau-Region Neuseelands, besonders für Spätburgunder. Von Wellington kommend führt eine Pass-Straße in Serpentinen über die Remutaka Range, eine Bergkette, welche die Region Wairarapa geografisch und klimatisch von der Landeshauptstadt trennt. Schon bei der Anfahrt eröffnen sich Ihnen wunderbare Ausblicke über die mit dichtem Buschwald bewachsenen Hügelketten, das fruchtbare Flachland und die raue Küste im Osten.

(181) Offizieller WOMO-Stellplatz: Lake Wairarapa - Shore Scenic Reserve

GPS: S 41°13'13" E 175°10'57", Western Lake Road, Tel. 04 384 7770. **Max. WOMOs:** 5. **Ausstattung:** Toilette, Schutzhütte, Picknicktisch. **Beurteilung:** Wunderschöner geschützter kleiner Grasplatz unter Bäumen, am Ufer des Lake Wairarapa. Für sehr große Womos nicht geeignet. **Zufahrt:** In Featherston in die Western Lake Road einbiegen und dieser 17 km in südlicher Richtung folgen. Ausgeschildert.

Als erstes Städtchen jenseits der Berge erreichen Sie zehn Kilometer hinter der Passhöhe **Featherston**, wo das Fell-Lokomotiven Museum einen Besuch wert ist. Es zeigt die einzige verbliebene dampfbetriebene Fell-Bahn-Lokomotive der Welt. Sie wurde zur Bewältigung der steilen Ostseite der Remutaka Range entwickelt. Ab 1877 kletterte sie über eine Strecke von 4,8 Kilometer 265 Meter hoch. Wer möchte, kann über die Western Lake Road einen Abstecher zum nur fünf Kilometer entfernten Lake Wairarapa machen, der mit einer Fläche von

Straße zum Cape Palliser

78 Quadratkilometern der drittgrößte See auf der Nordinsel ist. Sein Nordufer ist bereits nach fünf Kilometern erreicht, aber das Seeufer ist nur an einigen Stellen zugänglich.

Ausflug zum windumtosten Cape Palliser

Cape Palliser ist ein beeindruckendes und abgelegenes Kap an der Südspitze der Nordinsel von Neuseeland. Das Kap und die umliegende Region bieten eine atemberaubende Landschaft, reich an natürlicher Schönheit und kultureller Bedeutung. Wir empfehlen Ihnen einen Abstecher zum einsam gelegenen und windumtosten Cape Palliser, der Sie an dramatischen Küstenlandschaften und traditionsreichen Orten vorbeiführen wird. Ein Ausflug zum südlichsten Punkt der Nordinsel ist von Featherston (75 Kilometer) oder von Martinborough (67 Kilometer) aus möglich. Wir raten Ihnen in Featherston zu starten, an der östlichen Seite des Lake Wairarapa entlang zu fahren, den Ruamahanga River zu überqueren und auf der Rückfahrt die Straße nach Martinborough zu wählen. Unterwegs zweigt eine vier Kilometer Stichstraße zur am *Lake Onoke* gelegenen Siedlung Lake Ferry ab. Im **Lake Ferry Hotel** (Tel. 06 307 7831, www.lakeferryhotel.co.nz) können Sie sich auf einer hübschen Terrasse mit Blick auf die Cook Strait vor der Weiterfahrt stärken und dabei den waghalsigen Surfern zuschauen. Der See ist ein Vogelparadies. Ein nicht sehr empfehlenswerter Holiday Park ist auch vor Ort.

Die Weiterfahrt zu Cape Palliser verläuft nun über eine kurvenreiche und enge Straße, die bald auf die Küste trifft. Hier befindet sich eine **Putangirua Pinnacles** genannte Steinformation, die nach Einschätzung von Geologen bereits vor 120.000 Jahren aus einer Gletschermure herausgewaschen wurde. Diese einzigartige geologische Formation der schrof-

Angleridylle nahe Cape Palliser

fen Felsnadeln sind das Ergebnis von Erosion und bieten eine eindrucksvolle Kulisse für Wanderungen und Fotografie. Es gibt einen **DOC-Campingplatz** (GPS: S 41°26'59" E 175°13'28") und einen Parkplatz, von dem Wanderungen zu den Pinnacles beginnen (3,5-stündiger Rundweg). An dieser Felsformation, die durch Auswaschungen von Schlamm und Sand entstanden ist, wurde auch eine Szene aus »Der Herr der Ringe« gedreht (Aragons Ritt zur Armee der Toten).

(182) Offizieller WOMO-Stellplatz: Cape Palliser - Ngawi

GPS: S 41°35'20" E 175°14'1", **Tel.** 06 306 9611. **Max. WOMOs:** 15. **Ausstattung:** Toilette, Entsorgung. **Beschreibung:** Offener Grasplatz zwischen Ufer und Straße. Es kann stürmisch werden, dafür hat man einen tollen Blick auf die Cook Strait. Eine Robbenkolonie ist fünf Kilometer entfernt. **Zufahrt:** Im Fischerort Ngawi rechts neben der Straße zum Cape Palliser.

(183) Offizieller WOMO-Stellplatz: Featherston - Lake Domain Reserve

GPS: S41°9'52" E175°18'15", Soldiers Settlement Road, Tel. 06 306 9611 **Max. WOMOs:** 50. **Ausstattung:** Toilette. **Beschreibung:** Großer, ruhiger Grasplatz am Ufer des Lake Wairarapa. **Zufahrt:** In Featherston SH53, nach 1,5 km rechts in *Murphys Line* abbiegen, dem Schild Lake Reserve folgen.

Die wilde, teilweise unbefestigte Küstenstraße führt nun ungeschützt direkt am Wasser entlang und wird bei hohem Wellengang stellenweise überspült. Dieser Küstenabschnitt war bei den Seefahrern gefürchtet. Im 19. Jahrhundert sanken hier 20 Schiffe. In der neuseeländischen Geschichte erlangte die Palliser Bay Bedeutung als erster Landungsplatz für europäische Schiffe mit Schafen an Bord. Kurz vor dem kleinen Fischerdorf Ngawi befindet sich eine Robbenkolonie. Parken Sie hier und beobachten Sie die jungen Robben beim Spielen in den

Felsspalten. In Ngawi fallen Ihnen sofort die unzähligen bunt bemalten, rostigen Bulldozer auf. Mit ihnen werden die Fischerboote ins Meer geschoben und nach dem Fang wieder herausgezogen. In diesem freundlichen Dorf kann man auf zwei Plätzen direkt an der Küste kostenlos übernachten (siehe Kasten). Nun sind es noch vier Kilometer Schotterstraße bis zum Kap. Der markante, 59 Meter hohe, rot-weiße Leuchtturm aus Stahl fällt sofort ins Auge. Er ist einer der ältesten und höchsten Leuchttürme Neuseelands. Er wurde 1897 erbaut und steht auf einer Klippe 252 Meter über dem Meeresspiegel. Er ist nach wie vor von großer Bedeutung für die Schifffahrt in der Cook-Straße. Seit 1986 wird sie vollautomatisch betrieben. Im Jahr 2013 wurde er vom Reiseführer »Lonely Planet« auf Platz 8 der schönsten Leuchttürme der Welt gewählt. Wer die 250 steilen Stufen hinaufsteigt (oben aufpassen, nicht vom Wind weggeblasen zu werden!), hat einen herrlichen Blick über die zerklüftete Palliser Bay und kann mit etwas Glück sogar bis zur Südinsel sehen. Wieder unten angekommen, kann man sich in der Fish & Chips Bude auf bequemen Sofas stärken, bevor man den Rückweg antritt. Cape Palliser bietet noch eine weitere Attraktion: Es ist die Heimat der größten Robbenbrutkolonie der Nordinsel. Die Pelzrobben ziehen hier von Mitte November bis Mitte Januar ihre Jungen auf.

Cape Palliser Lighthouse

Martinborough

Martinborough ist die Hauptstadt des South-Wairarapa-Distriktes zu. Das hübsche 2.000 Einwohner Städtchen ruht inmitten einer idyllischen Parklandschaft. Als John Martin im 19. Jahrhundert den Ort gründete, legte er das Zentrum in der Form der britischen Flagge an. Bis heute besteht der Town Square in dieser Art und Weise und ist wichtiger Treffpunkt für Bürger,

Altehrwürdiges Martinborough Hotel

überregionale Märkte und Weinfeste. Die Straßen in Martinborough sind nach den Orten benannt, die der Geschäftsmann damals bereits bereist hatte, wie Cologne Street, Broadway Street, Strasbourge Street, Venice Street und viele andere.

(184) WOMO-Campingplatz: Martinborough Top 10
GPS: S 41°12'58" E 175°27'7", 10 Dublin St West, Martinborough, Tel. 0800 780 909, www.mtop10.nz. **Ausstattung:** Spielplatz, Schwimmbad nebenan. **Preise:** 60-80 NZD. **Beschreibung:** Schöner, ruhiger Platz mit viel Grün und Blick auf die Weinfelder. Saubere neue Sanitäranlagen. Freundliches Personal. Recht teuer.
Zufahrt: Am Stadtrand von Martinborough, an der Ecke Dublin St und Prinzess St gelegen. Einfahrt in der Dublin St. Hinweisschilder beachten.

Der Ort hat kleine schmucke Lädchen, in denen handgefertigte Köstlichkeiten angeboten werden, aber auch allerlei Kunstobjekte und Mode, die zum Großteil in der Region von den Einwohnern gefertigt wurde. Gehen Sie einfach entlang der Hauptstraße stöbern und gewinnen Ihren eigenen Eindruck. Auch die hübschen Cafés und Bars wie das **Medici** (9 Kitchener St, Tel. 06 306 9965) mit seinem gemütlichen Hinterhof oder die **Micro Bar** (14 Ohio S t, Tel. 06 306 9716) am Abend laden zum Schlemmen ein. Das Martinborough Museum befindet sich in der alten Gemeindebücherei von 1894. Das restaurierte Cottage zeigt die Lebensweise der frühen Siedler. Es ist an Wochenenden und Feiertagen geöffnet.

Martinborough ist auch die Weinhauptstadt der Region, deren Weine international bekannt sind. Bei einer Weintour zu Fuß oder mit dem Fahrrad lernt man nicht nur viele tolle Wei-

Greytown

ne kennen, sondern auch die oft kreativen und immer enthusiastischen Köpfe hinter den kleinen Familienweingütern, z.B. den Schwaben Kai Schubert. Da es hier wie in Wellington sehr windig ist, werden in den Weinbergen oft hohe Windschutzhecken gepflanzt.

Weiterfahrt nach Masterton

Zwischen Featherston und Carterton liegt das sehr interessante kleine Städtchen **Greytown**. Die Stadt wurde im Jahr 1854 gegründet und ist eine der ältesten Siedlungen in der Region. Halten Sie hier unbedingt an! Antiquitäten Geschäfte haben den Anfang gemacht, inzwischen sind reizende Cafés dazugekommen und viele kleine Boutiquen mit einem riesigen Spektrum an wunderschönen, ausgefallenen Dingen. Bummeln Sie einmal die Hauptstraße auf und ab und genießen Sie die gut erhaltene viktorianische Architektur, viele der historischen Gebäude wurden liebevoll restauriert. Beim französischen Bäcker gibt es tolles Brot (**French Baker**, 128 Main St, Tel. 06 304 8992), und auf der Veranda eines Stadthauses aus den 1900er Jahren eine leckere Pizza (**Cuckoo**, 128 Main St, Tel. 06 304 8992). Sehenswert ist auch Early Settler Museum mit interessanten Freilichtbauten, darunter das erste öffentliche Krankenhaus von 1875 (**Cobblestone Museum**,169 Main St, Greytown, Tel. 06 304 9687, geöffnet tgl. 10 - 16 Uhr). Greytown wurde 1853 im hübschen viktorianischen Stil erbaut. Es verlor an Bedeutung, als es beim Bau der Eisenbahn Linie keine Beachtung fand. Diese findet das liebenswerte Städtchen heute bei den Einwohnern Wellingtons, die das nahe Greytown für Freizeit- und Urlaubsaktivitäten entdeckt haben. Die Wochenendmärkte bieten eine Vielzahl von handgefertigten Waren, frischen Produkten und regionalen Spezialitäten.

(185) WOMO-Campingplatz: Carterton HP

GPS: S 41°1'9" E 175°31'22", 198 Belvedere Rd, Carterton, Tel. 06 379 8267. **Ausstattung:** Spielplatz, Schwimmbad 4 min. **Preise:** 40-50 NZD. **Beschreibung:** Gepflegter Platz mit großen, von Büschen eingerahmten Stellplätzen. Schöner Baumbestand. Grenzt an einen Spielplatz. Saubere funktionale Sanitäranlagen. Vollständig eingerichtete Küche. **Zufahrt:** In der Stadtmitte in die Belvedere Rd abbiegen, 700m

In **Carterton** empfehlen wir den Besuch der **Paua Shell Factory** (54 Kent St, Tel. 06 379 4222), in der die typisch neuseeländischen Paua-Muscheln zu allerlei Kunstgegenständen verarbeitet werden. Etwa elf Kilometer vor Carterton, von Martinborough kommend, befindet sich an der Kokotau Road **Stonehenge Aotearoa,** eine moderne Nachbildung des historischen Stonehenge, die den Traditionen der Maori folgt. Dem SH2 folgend erreichen Sie nach 15 Kilometern **Masterton**, die mit 20.000 Einwohnern größte Stadt des Wairarapa. An vier Tagen bis zum ersten Samstag im März findet hier alljährlich die *Olympiade des Schafscherens* statt. Die **Golden Shears** (www.goldenshears.co.nz) sind ein bei Alt und Jung beliebtes Riesenspektakel, das im War Memorial Stadium stattfindet und aus den Disziplinen *shearing*, *wool handling* und *wool pressing* besteht, die wiederum in verschiedenen Alters- und Erfahrungsklassen ausgetragen werden. Im März 2011 wurden die Golden Shears zum 50. Male ausgetragen.

(185) WOMO-Campingplatz: Carterton HP

GPS: S 41°1'9" E 175°31'22", 198 Belvedere Rd, Carterton, Tel. 06 379 8267, www.cartertonholidaypark.co.nz. **Ausstattung:** Standard. **Preise:** 40-50 NZD. **Beschreibung:** Gepflegter Platz mit großen, von Büschen eingerahmten Stellplätzen. Schöner Baumbestand. Grenzt an einen Spielplatz. Sauberen funktionale Sanitäranlagen. Vollständig eingerichtete Küche. **Zufahrt:** In der Stadtmitte in die Belvedere Rd abbiegen, 700m

(186) WOMO-Campingplatz: Masterton - Mawley Holiday Park

GPS: S 40°56'38" E 175°40'0", 15 Oxford St, Masterton, Tel. 06 378 6454, www.mawleypark.co.nz **Ausstattung:** Spielplatz. **Preise:** 45-55 NZD. **Beschreibung:** Zentrumsnah gelegen, in parkähnlicher Umgebung. Am angrenzenden Waipoua River haben sie die Möglichkeit im Fluss zu schwimmen. Der Elisabeth Park mit zahlreichen Freizeitangeboten kann zu Fuß in zwei Minuten erreicht werden. Sehr gute und saubere Sanitäranlagen. **Zufahrt:** Vom Zentrum kommend biegt die Oxford Street direkt hinter dem Waipoua River links vom SH2 ab.

Masterton hat zwei Parks und ein Museum aufzuweisen. Im Nordosten der Stadt liegt der Henley Park mit seinem gleichnamigen See, der in den 1930er Jahren ange-

Castle Point Lighthouse

legt wurde und sich aus dem Wasser des *Waipoua Rivers* speist. Zentraler, nämlich östlich an das Zentrum von Masterton anschließend, liegt der hübsche *Queen Elisabeth Park*. Daneben befindet sich das empfehlenswerte Kunst und Geschichtsmuseum, dessen Schwerpunkt auf der *Wairarapa* liegt (*Aratoi Wairarapa Museum of Art&History,* tgl. 10 bis 16.30 Uhr, Ecke Bruce St / Dixon St, Tel. 06 370 0001, www.aratoi.co.nz, Spende erwünscht). Schließlich bietet der nahe gelegene **Tararua Forest Park** Wanderfreunden ausgezeichnete Möglichkeiten, ihrer Leidenschaft nachzugehen.

(187) Offizieller WOMO-Stellplatz: Masterton-Lake Henley

GPS: S 40°57'01" E 175°40'36", 83 Te Ore Ore Rd, Tel. 06 370 6300. **Max. WOMOs:** 20. **Ausstattung:** Toilette, Wasser, Picknicktische, Mülleimer. **Beschreibung:** Ruhiger Platz am Lake Henley, mit schönen Wandermöglichkeiten. Es gibt viel zu beobachten, Schwäne, Enten, Kajak Fahrer, Drachen Boote und unzählige Hunde, die Gassi geführt werden. Die Sanitäranlagen sind komplett renoviert. **Zufahrt:** In Masterton vom SH2 links abbiegen auf die Te Ore Ore Road. Nach 800 m rechts abbiegen auf die Colombo Road. Einfahrt zum Platz nach 350 m auf der linken Seite.

(188) WOMO-Campingplatz: Castlepoint HP

GPS: S 40°53'45" E 176°13'10", 1-3 Jetty Rd, Castlepoint, Tel. 06 372 605, www.castlepoint.co.nz. **Ausstattung:** Spielplatz. **Preise:** 55-70 NZD. **Beschreibung:** Grasplätze direkt am Meer. Der große Platz ist in vier Ebenen angelegt, von denen die oberen drei fest in der Hand von Dauercampern sind. Die fünf Stellplätze der direkt am Meer gelegenen untersten Ebene werden für Durchreisende freigehalten. Sanitäranlagen ok. **Zufahrt:** In Castlepoint nicht zu verfehlen.

Ausflug zum Castlepoint Lighthouse

Nach Cape Palliser empfehlen wir Ihnen einen zweiten Ausflug zu einem Leuchtturm, dem Castle Point Lighthouse. Die Küsten von Castlepoint ist von natürlicher Schönheit geprägt. Hohe Klippen, goldene Sandstrände und azurblaues Wasser

bieten eine spektakuläre Kulisse. Der Abstecher beträgt diesmal stattliche 65 Kilometer, ist aber bei gutem Wetter ungemein lohnend. Bei Sturm und Regen sollten Sie einen Besuch überdenken. Leuchttürme gibt es sehr viele in Neuseeland. Aber keiner ist unserer Meinung nach so schön wie der Leuchtturm von Castlepoint, der vorgelagert auf einem steilen Klippenvorsprung thront. Wegen seiner Ähnlichkeit mit einer Burg wurde das 162 Meter hohe Kap von Captain Cook Castlepoint genannt. Er wurde 1913 erbaut und bietet eine spektakuläre Aussicht. Besucher können den Leuchtturm besichtigen und die Aussichtsplattform besteigen. Der östliche Küstenabschnitt der Nordinsel zwischen Cape Palliser und Cape Kidnappers ist wild und unzugänglich. Einzig Castlepoint und das benachbar-

te Riversdale sind über eine asphaltierte Straße zu erreichen. Die malerische Landstraße mit dem treffenden Namen Masterton Castlepoint Road führt durch hügeliges, meist mit dichtem Gras bewachsenes Land. Nach 25 Kilometern zweigt rechts eine Straße zum Badeort Riversdale Beach ab (siehe Kasten). Der knapp 2000 Seelen aufweisende Ort Castlepoint verfügt über einen Laden und einen empfehlenswerten Campingplatz. Es gibt gute Bade- und Wandermöglichkeiten. Hauptattraktion ist jedoch der malerisch auf den vorgelagerten Felsen gelegene zylindrische weiße Turm, der letzte neuseeländische Leuchtturm, der im Mutterland England gebaut wurde. Der 1913 in Betrieb genommene Turm wurde 1988 automatisiert und von Wellington aus ferngesteuert. Heute erscheint im Leuchtturmwärterhaus nur noch der Geist des Leuchtturmwärters, der 1922 bei Reparaturarbeiten von der Leiter fiel und den Sturz nicht überlebte.

(189) Offizieller WOMO-Wanderplatz: Castlepoint-Kirche

GPS: S 40°54'12" E 176°13'37", 121 Jetty Road, Castlepoint, Tel. 06 377 0700. **Max. WOMOs:** 3. **Ausstattung:** Toilette, Picknicktisch, Mülleimer. **Beschreibung:** Ruhiger kleiner Parkplatz mit großen Ausblicken und guter Ausstattung. **Zufahrt:** Gegenüber dem Lighthouse, nicht zu verfehlen.

Sie erreichen den Leuchtturm über eine Sandbank, auf deren linker Seite Castlepoint Beach liegt und auf deren rechter Seite sich eine geschützte Lagune befindet, die von Fischern als Naturhafen genutzt wird. Vom Campingplatz aus laufen

Riversdale Beach

Sie etwa 45 Minuten. Ein paar Holzstufen führen hinauf zum Leuchtturm, dann weiter auf einen Felsen, von dem aus Sie einen wunderbaren Ausblick über das verschlafene Örtchen und seine Umgebung haben. Auf den Klippen um den Turm finden Sie unzählige versteinerte Muscheln. Der Hauptstrand von Castlepoint ist ein beliebter Ort zum Entspannen, Schwimmen und Picknicken. Das ruhige, klare Wasser macht es zu einem großartigen Ort für Familien. Castlepoint ist auch ein großartiger Ort, um Vögel und andere einheimische Tierarten zu beobachten. Die Vogelwelt ist reichhaltig, und mit etwas Glück können Besucher Robben am Strand und Delfine im Meer beobachten. Wir können Ihnen noch eine zweite Wanderung sehr ans Herz legen. Sie beginnt am Parkplatz an der Kirche und ist dort sehr gut ausgeschildert. Sie führt als Rundweg um die Bucht, wobei sie teilweise steil nach oben führt und entsprechend tolle Ausblicke bietet. Der Rückweg führt hinunter zur Beach und dann über den Strand bis zum Parkplatz.

(190) WOMO-Badeplatz: Riversdale Beach - South

GPS: S 41°06'0" E 176°4'7", Blue Pacific Parade. **Max. WOMOs:** 5. **Ausstattung:** Toilette, Picknicktisch, Mülleimer. **Beschreibung:** Toll gelegener Platz. Der Strand liegt direkt vor Ihrer Nase! **Zufahrt:** Am Strand die Blue Pacific Parade bis zum südlichen Ende fahren.

Auf dem Rückweg nach Masterton bietet sich ein Abstecher nach Riversdale (24 Kilometer) an. Riversdale ist ein charmantes Küstendorf, das für seine malerischen Strände, seine entspannte Atmosphäre und seine Nähe zur Natur bekannt ist. Es verbindet die Schönheit der neuseeländischen Natur mit der Ruhe und Gelassenheit eines Küstenortes. Wenn Sie auf Ihrer Reise einen Ruhetag einlegen möchten, ist Riversdale auf jeden Fall einen Besuch wert.

Manawatu Gorge

Weiterfahrt nach Woodville

Sie setzen Ihre Fahrt nach Napier auf dem SH2 fort und gelangen nach 28 Kilometern in das **Pukaha Mt Bruce Wildlife Centre**, wo Sie ganz ausgezeichnet einheimische, vom Aussterben bedrohte Vogelarten beobachten können. Die Bruterfolge des Parks können sich sehen lassen. Ein besonderes Aushängeschild sind die einzigen weißen Kiwis der Welt. Inzwischen wurde nach langem Abwägen der erste weiße Kiwi zurück in die Freiheit des Parks entlassen. Sie können die Nachzucht der Tierschützer hier hautnah erleben und auf dem Geländewunderschöne Rundwege entlang spazieren.

(191) WOMO-Campingplatz: Eketahuna MC

GPS: S 40°39'6.7" E 175°42'11", www.eketahunacamp.com, Stout Street, Tel. 06 375 8677. **Ausstattung:** Standard. **Preise:** 20-25 NZD. **Beschreibung:** Ein ganz besonderer Ort inmitten von Wald und Busch.Ein verstecktes Juwel! Alles ist gepflegt und sauber. Die extrem freundlichen Betreiber begrüßen jeden Gast persönlich, wobei sie alle Einrichtungen zeigen und erklären. **Zufahrt:** In Eketahuna in die Bridge Street abbiegen, nach 400 m links in die Stanley Street und nach 800 m ebenfalls links in die Stout Street. Den Hang hinab bis zum Campingplatz fahren.

(192) WOMO-Stellplatz: Pahiatua Tararua Club

GPS: S 40°27'0" E 175°50'24", 15 Tararua Street, Tel. 06 376 8380. **Max. WOMOs:** 5. **Ausstattung:** Ver- und Entsorgungsstation. **Beschreibung:** Parkplatz an einem Sportplatz. Gut für eine (ruhige) Nacht.
Zufahrt: Am SH2 in die Tararua Street abbiegen. Nach 300 m links.

Nach weiteren 60 Kilometern erreichen Sie Woodville, wo Sie den SH2 verlassen, um auf dem SH3 die Manawatu Gorge zu besuchen. Der 180 Kilometer lange Manawatu River hat einen erstaunlichen Verlauf. Er entspringt auf der Ostseite der Nordinsel in der südlichen Hawkes Bay, mündet aber auf der Westseite in der Nähe von Foxton Beach. Auf seinem Weg muss er also die Gebirgszüge der Ruahine und der Tararua Ranges durchbrechen. Genau das tut er in der **Manawatu Gorge**, wo er sich von einem gemächlich dahinfließenden Flüsschen in einen reißenden Gebirgsbach mit zahlreichen Wasserfällen verwandelt. Wer dieses spektakuläre Schauspiel erleben will, muss wandern. Am 24. April 2017 ereigneten sich in der Schlucht drei große Erdrutsche, die den SH3 verschütteten. Seitdem ist die Straße gesperrt. Für Wanderer, Radfahrer und Reiter kann sie nach einigen Sicherheitsmaßnahmen 2024 eventuell wieder freigegeben werden. Informieren Sie sich über die aktuelle Situation. Es gibt Umleitungen. Links sehen Sie die **Te Apiti Wind Farm**, die 35.000 Haushalte mit Strom versorgt.

(193) WOMO-Stellplatz: Tui Brewery

GPS: S 40°25'19" E 175°51'46", Tel. 06 376 0815, **Max. WOMOs:** 5. **Ausstattung:** Toilette, sowie Ver- und Entsorgungsstation befinden sich auf dem Gelände der Tui Brauerei. Zugang von der Mara Street. Neben Bier gibt es dort auch ein Restaurant. Geöffnet: Mi-So 11 bis 16 Uhr, Fr bis 21 Uhr. **Beschreibung:** Die Stellplätze befinden sich auf einer Wiese (Mangatainoka Reserve) an einem Fluss, gegenüber der Tui Brewery. Das Gatter öffnen. Gut für eine Nacht, speziell nach einer Bierprobe. **Zufahrt:** Auf einer Wiese (Mangatainoka Reserve) gegenüber der Tui Brewery, 11 km vor Woodville.

(194) WOMO-Stellplatz: Woodville Ferry Reserve

GPS: S 40°20'5.5" E 175°49'2", 31 Gorge Road, Ballance. **Max. WOMOs:** 10. **Ausstattung:** Toilette, Picknicktische. **Beschreibung:** Großflächige Wiese in einer Flussschleife des Manawatu River, die vom SH3 zum Fluss hin abfällt. Im oberen Bereich gibt es Tische und Bänke und in der Nähe der Brücke eine Toilette. Die Toiletten werden regelmäßig gewartet und sind sauber. Falls das Gatter am SH3 geschlossen ist, kann es geöffnet werden. Dann bitte wieder schließen. Vorsichtig fahren, da das Gelände sehr uneben ist. Am Wochenende wird der Platz von Kiwis stark frequentiert. Trotz der Nähe zum SH3 sehr stimmungsvoller Platz. **Zufahrt:** Am SH3. Die Einfahrt zum Platz ist aus Richtung Woodville kommend (4 km) wegen einer durchgezogenen Mittellinie schwierig.

Der SH3 durch die enge Manawatu Gorge wurde bereits 1871 gebaut und ist eine wichtige Ost-West-Verbindung auf der Nordinsel. Wenn Sie auf dem sehr empfehlenswerten freien Stellplatz **Woodville Ferry Reserve** übernachten wollen, nehmen Sie bitte die Einfahrt von Woodville aus kommend. Zurück in Woodville bekommen Sie irre selbstgemachte Quark-

Blick vom Te Mata Peak auf den Tukituki River

und Käsekuchen Variationen im Cheesecake Paradies **Yummy Mummy's** (SH3, 67 Vogel St, www.yummum.co.nz).

(195) WOMO-Campingplatz: Dannevirke HP

GPS: S 40°12'27" E 176°6'37", 2 Lower Domain Road, Dannevirke, Tel. 027 444 2300, www.dannevirkeholidaypark.co.nz **Preise:** 40-45 NZD.
Beschreibung: Preisgünstiger und sehr grüner Platz mit guten Sanitäranlagen und einer neu renovierten Gemeinschaftsküche. Der gepflegte Campingplatz liegt am Freizeitpark Dannevirke Domain und ist von einheimischem Busch umgeben. Es gibt ein Hirschgehege, einen Ententeich und ein Vogelhaus. Unternehmen Sie einen Spaziergang im Park!
Zufahrt: In der Stadtmitte am Park in die Christian St abbiegen, 280 m.

Weiterfahrt nach Napier

Sie kehren zurück zum SH2, dem Sie ohne weitere Stopp-Empfehlungen für ca. 130 Kilometer bis kurz vor Hastings folgen. Sie befinden sich nun in der Region Hawke's Bay. Vom 399 Meter hohen **Te Mata Peak** hat man einen hervorragenden Überblick über die Region. Man erreicht ihn, indem man in Pakipaki rechts in die Te Aute Road nach Havelock North abbiegt und nach acht Kilometern im Zentrum dieses Ortes ebenfalls rechts in die Te Mata Road. Die schmale, kurvenreiche Straße schlängelt sich an einer langen Kette von Kalksteinfelsen entlang, bevor sie nach sieben Kilometern den Gipfel des Te Mata Peak erreicht. Schon vor dem eigentlichen Gipfel ist die Aussicht atemberaubend und es empfiehlt sich, das Wohnmobil auf einem der Parkplätze abzustellen und das letzte Stück zu Fuß zu gehen. Nachdem man die herrliche Aussicht ausgiebig genossen hat, fährt man noch zu den wunderschönen Stränden **Ocean Beach** und **Waimarama**. Diese sind über die Ocean Road und die Waimarama Road zu erreichen. Um nach Napier zu gelangen, folgen Sie dem Tukituki River bis zu seiner Mündung in den Pazifik bei dem kleinen Ort Clive. Der SH2 führt nun direkt an der Küste entlang bis nach Napier.

Stellplatz in Clifton, hinten Cape Kidnappers

(196) Offizieller WOMO-Stellplatz: Clifton Road Reserve

GPS: S 39°37'7" E 176°57'37", Clifton Road, Haumoana. **Max. WOMOs:** 15. **Ausstattung:** Toilette, Wasser. **Beschreibung:** Sehr schöner Platz direkt am Kieselstrand. Viel Platz. Die Toiletten werden jeden Tag gereinigt. Die Weinhandlung »Beach House Wines« liegt schräg gegenüber. Idealer Startpunkt für den Besuch der Tölpel Kolonie am Cape Kidnappers. Es gibt eine Spendenbox in der Nähe des Toilettenblocks und eine empfohlene Spende von 3 NZD pro Person. **Zufahrt:** In Clive Richtung Clifton vom SH2 abbiegen. Am Ende der Clifton Rd, 20 Kilometer südöstlich Napier.

(197) Offizieller WOMO-Stellplatz: Clive Evers-Swindell

GPS: S 39°34'53" E 176°55'1", Ferry Road, Clive. **Max. WOMOs:** 20. **Ausstattung:** Toilette, Wasser, Picknicktische, Mülleimer. **Beschreibung:** Schöner freier Platz am Ufer des Flusses, mit einigen großen Bäumen! Sie können den Clive River etwa 1 km bis zu seiner Mündung entlangwandern. **Zufahrt:** Sofort hinter der SH2 Brücke in Clive scharf links in die School Rd und nach wenigen Metern ebenfalls links in die Ferry Rd abbiegen. Nach etwa 50 m biegen Sie links in die Zufahrt zum Platz ab. Der Platz liegt lang gestreckt am Clive River neben der Brücke.

Eine einzigartige Sehenswürdigkeit liegt etwa 30 Kilometer vom Zentrum Napiers entfernt. An der Spitze von **Cape Kidnappers**, am südwestlichen Ende der Hawke Bay, liegt eine Tölpel-Kolonie. Es ist eine von nur zwei Tölpel-Kolonien der Welt, die auf dem Festland angesiedelt sind. Die in drei Teile abgrenzbare Brutkolonie der Tölpel können Sie über eine fast zweistündige **Strandwanderung** (nur bei Ebbe möglich, Gezeitentabelle im Visitor Centre erhältlich) oder wesentlich bequemer auf dem Hänger eines Traktors erreichen. Zwischen November und Februar schlüpfen die jungen Tölpel und lernen das Fliegen. Ein ganz besonderes Schauspiel ist es, die großen Seevögel mit den goldgelben Köpfen aus großer Höhe mit hoher Geschwindigkeit ins Meer abtauchen zu sehen. So elegant die Tölpel auch fliegen und tauchen, so ist doch Ihre Landung

Blick auf Waimarama Beach und Te Motu-o-Kura / Bare Island

sehr unbeholfen und wirkt auf den Beobachter ausgesprochen erheiternd. Sie purzeln bei der Landung oft über Artgenossen, was nicht ohne kreischendes Gezänk abgeht. Die Touren zur Tölpel-Kolonie starten in **Clifton**, wo Sie im Clifton Beach Reserve Motor Camp übernachten, oder gegen eine kleine Gebühr Ihr Wohnmobil sicher parken können. Das Kap erhielt 1769 seinen Namen vom Kapitän Cook, nachdem Maori einen tahitischen Jungen von der Endeavour entführten.

Über die Gentle Anny Road ins zentrale Hochland

Wir wollen Ihnen nun eine weitere Möglichkeit vorstellen, die Bergkette der Nordinsel zu überqueren. Die Gentle Annie Road, so der Name dieser reizvollen Straße, startet 18 Kilometer südwestlich von Napier nahe Fernhill und mündet 11 Kilometer westlich von Taihape in den SH1 (Tour N05). Die Straße windet sich durch sanfte Hügel, grüne Weiden und dichte Wälder. Die relativ niedrige Passhöhe liegt zwischen den mächtigen Massiven der Ruahine- und Kaweka Range. Die 125 Kilometer lange Gentle Annie Road ist seit dem Jahr 2013 vollständig geteert und kann sehr gut in drei Stunden gefahren werden. Im Bereich der Passhöhe wird die bisher leicht ansteigende Straße steiler und kurvenreicher. Unterwegs gibt es weder größere Ansiedlungen noch eine Tankstelle, dafür Picknick- und Stellplätze. Sie werden auf Ihrer Fahrt vermutlich nur zwei oder drei Fahrzeugen begegnen, unter denen sich allerdings ein mächtiger Holzlastwagen befinden kann. Die Gentle Annie Road führt vorbei an sehr schönen Schluchten mit reißenden Flüssen, die gerne von wagemutigen Kajak-Fahrern durchgepflügt werden, offenen und dünn besiedelten Landschaftsformen und sanften Hügeln die von vielen weidenden Schafen

Rast am Kuripapango Picknickplatz

und Kühen bevölkert sind. Dazwischen tauchen immer wieder schmucke Farmhäuser auf.

Am Wegesrand ist oft der Ginster anzutreffen. Die eingewanderte Pflanze erfreut den Betrachter mit ihren leuchtend gelben Blüten, wird von Neuseeländischen Naturschützern aber als Plage angesehen. Weniger schön ist der Streckenabschnitt durch Nutz Wald, denn die teilweise riesigen gerodeten Flächen sehen erschreckend aus. Entlang der Strecke liegen aber auch dichte einheimische Wälder. Im **Kaweka Forest Park** gibt es einige schöne Kurzwanderungen (auf die Schilder achten). Kurz hinter Kuripapango führt die Straße über den Ngaruroro River. Wenig Meter nach der dann folgenden Rechtskurve liegt ein wunderbarer Picknickplatz mit Toilette. Am hinteren Ende gibt es auch einen Zugang zum Fluss (GPS: S 39°23'40" E 176°19'38").

Im Hochland treffen Sie auf pittoreske *high country sheep stations* wie **Erewhon** oder **Springvale**. In dem recht rauen windigen Klima werden bevorzugt Merino Schafe gehalten, die qualitativ hochwertige Wolle produzieren. Der Name Erewhon bezieht sich auf den bekannten Roman des englischen Schriftstellers *Samuel Butler* aus dem Jahr 1872. Er spielt in einem fiktiven Land, dessen Name Erewhon, ist ein Anagramm des englischen Wortes nowhere. Beschrieben wird das Leben eines jungen Schafsfarmers in einer abgelegenen Farm im Nirgendwo. Der Name für die Hochlandfarm könnte nicht passender gewählt sein. Eine schöne Übernachtungsstelle finden Sie am oberen Rangatikei River. Sie liegt an der recht gut erhalten historischen **Springvale Suspension Bridge**. Die 1925 erbaute 61 Meter umspannende alte Hängebrücke wurde 1970 in die Eigentümerschaft des New Zealand Historic Places Trust über-

Springvale Suspension Bridge

geben und ist längst durch eine modere Straßen Brücke ersetzt. Es gibt Picknicktische, eine Toilette und eine Schwimmstelle im kristallklaren Wasser des Flusses. Mit etwas Glück zeigt sich Ihnen ein Blick auf den Mount Ruapehu.

(198) WOMO-Stellplatz: Puketapu Park

GPS: S 39°30'31" E 176°47'2", Dartmoor Road, Puketapu. **Max. WOMOs:** 5. **Ausstattung:** Toilette, neben einem Kinderspielplatz. **Beschreibung:** Es gibt eine große freie Grasfläche, die aber abgeschlossen sein kann. Dann können Sie auf den Plätzen neben dem Kinderspielplatz stehen. Sehr schöner Übernachtungsplatz. **Hinweis:** Maximal zwei Nächte. **Zufahrt:** 56 Dartmoor Rd, Puketapu. Von Napier über die Puketitiri Rd, 16 km.

(199) WOMO-Wanderplatz: Blowhard Bush Reserve

GPS: S 39°24'51" E 176°25'0". **Max. WOMOs:** 5. **Ausstattung:** Toilette. **Beschreibung:** Geschützter Parkplatz im Wald, etwas abseits der Straße (Lawrence Road). Schöner freier Platz! Guter Startpunkt für einige reizvolle Wanderungen durch den Wald und spannende Kalksteinformationen. **Zufahrt:** 10 km hinter der Willowford Cottage, 13 km vor Kuripapango.

(200) Offizieller WOMO-Stellplatz: Kuripapango

GPS: S 39°23'18" E 176°19'24", Napier-Taihape Road, Kuripapango, Tel. 06 834 3111. **Max. WOMOs:** 5. **Ausstattung:** Plumpsklo, Mülleimer. **Beschreibung:** Geschützter Platz in einer Flussschleife des Ngaruroro, angrenzend an den Kaweka Forest Park. Schwimmen ist möglich. Wunderschöner, absolut ruhiger, leicht sandiger Grasplatz, umgeben von Wald. **Zufahrt:** 4,7 km hinter Kuripapango, bei GPS:S 39°23'15" E 176°19'55", rechts von der Taihape Rd abbiegen und der Gravelroad 600 m folgen.

(201) Offizieller WOMO-Stellplatz: Springvale Bridge

GPS: S 39°29'16" E 176°02'04", Taihape-Napier Road, Ngamatea. **Max. WOMOs:** 10. **Ausstattung:** Toilette, Picknicktisch. **Beschreibung:** Etwas wilder großer freier Grasplatz zwischen Straße und Rangitikei River, direkt unterhalb der historischen Hängebrücke. Sie können zum nahen Fluss spazieren und dort im kristallklaren Wasser ein Bad nehmen. **Zufahrt:** Gentle Annie / Erewhon Rd, Rangitikei. 36 km hinter Kuripapango.

TOUR N08
Rotorua
Lake Tarawera
Lake Maraetai
30
32
Waimangu
Lake Rotomahana
219
Lake Whakamaru
Lake Ohakuri
Waikite Valley
Wai O Tapu
WC 218
Orakei Korako The Hidden Valley
38
C
1
Waikato River
5
P
Tour N11
WC 213
Kinloch
Wairakei
217 WC
Aratiatia Rapids
214
Huka Falls
Whakaipo Bay
216 WC
215
Moderne Maori Felszeichnungen
Taupo
Rangitaiki River
Lake Taupo
Opepe Bush Scenic & Historic Reserve
1
Whirinaki Forest Park
5
Kaimanawa Forest Park
Otumakiore
1112 m
Waipunga Falls
212 WC
Tarawera Hot Springs
Tataarakina
1130 m
Te Matai
1235 m
Mohaka River
211
Taraponui
1308 m
Kaweka Forest Park
Te Waka
1021 m
Tour N09
P
Lake Tutira
Esk Valley
2
Whirinaki
N
Hawke Bay
Bay View
C
20 km
Stellplätze siehe Tour N09
Napier

Tour N08: Thermal Explorer Highway 270 km

Napier - Mohaka River - Kinloch - Taupo - Huka Falls - Hidden Valley - Waiotapu - Waimangu Valley - Rotorua

Stellplätze:	Tarawera Café; Kinloch Mariina, Whakaipo Bay, Reids Farm, Aratiatia Rapids, Hidden Valley - Orakei Korako,
Camping:	Mohaka River Farm, Taupo Top 10 HP, Golden Springs Thermal Holiday Park, Waikite Valley Thermal Pools
Besichtigen:	Tarawera Hot Springs, Waipunga Falls, Huka Falls, Rock Carvings, Orakei Korako, Waikite Valley, Waiotapu, Waimangu
Wandern:	Tarawera Hot Springs, Huka Falls Walk, Opepe Historic Reserve, Diverse Rundwege in den Thermalgebieten.
Essen:	Taupo: Plateau, Huka Prawn Park Riverside Restaurant
Baden:	Taupo DeBretts, Reids Farm, Waikite Valley Thermal Pools

Auf der Tour N08 folgen Sie dem Thermal Explorer Highway von Napier nach Rotorua. Die Route führt zunächst durch die Weinberge des Esk Valley, überquert den Mohaka River und steigt dann zum 736 Meter hohen Titiokura Saddle an. Nach der Überquerung der Maungaharuru Range geht es entlang des Rangitaiki River hinunter zum größten See Neuseelands, dem Lake Taupo. Hier haben Sie die Möglichkeit, beim Fallschirmspringen (skydiving) den See und seine Umgebung aus luftiger Höhe zu bewundern. Wir empfehlen Ihnen eine beschauliche Bootsfahrt zu den faszinierenden Felszeichnungen der Maori. Nördlich des Sees werden Sie von den schäumenden Wassermassen der Huka Falls überrascht. Auf der Weiterfahrt nach Rotorua reihen sich geothermale Attraktionen aneinander: farbenprächtige vulkanische Thermalquellen, Wasserfontänen von Geysiren und blubbernde Schlammlöcher.

Von Napier zum Lake Taupo

Sie verlassen Napier auf dem SH2 in nördlicher Richtung und biegen kurz nach Bay View links auf den SH5 ab, der alten Maori-Pfaden bis Taupo folgt. Der Thermal Explorer Highway führt vorbei an Obstgärten, Weinbergen und Weingütern des **Esk Valley** (der Zyklon Gabrielle richtete im Februar 2023 große Schäden an) in eine hügelige Berglandschaft, in der Viehzucht vorherrscht. Nach der Überquerung des 736 Meter hohen Titiokura Saddle, der Teil der Maungaharuru Range ist, geht es durch dichte Waldgebiete und bald darauf über den von steilen Felswänden gesäumten Mohaka River. Der etwa 180 Kilometer lange Fluss ist bekannt für seine malerische Schönheit und für Freizeitaktivitäten wie Angeln, Kajakfahren und Rafting. Der Mohaka River ist auch für das Forellenfischen bekannt.

Mohaka River

(211) WOMO-Campingplatz: Mohaka River Farm

GPS: S 39°11'49" E 176°36'45", 480 McVicar Road, Te Haroto, www.mohakariverfarm.co.nz. **Ausstattung:** Toilette, Wasser Dusche, kostenlose Waschmaschine. Samstags können Sie Pizza bestellen. **Preise:** 40-50 NZD. **Beschreibung:** Kombiniert eine atemberaubende Naturkulisse mit guten Einrichtungen. Hervorragende Aussicht auf den Fluss und die Berge. Schöne offene (aber überdachte) Küche und Grillplatz. Sehr sauber. Schöne heiße Duschen. Gratis Wifi. Sehr freundliche und hilfsbereite Besitzer. Rund um diesen bewirtschafteten Bauernhof gibt es auch Wander- und Radwege. Auch Pferdetrekking ist möglich. **Zufahrt:** Am Fuße der Kaweka Ranges gelegen, 4 km Gravelroad - mit einigen Steigungen - vom SH5.

Auf halbem Weg nach Taupo kann man im Tarawera Café eine Pause einlegen und bei Bedarf frei übernachten. Vom Parkplatz aus führt ein holpriger Weg in ca. 15 Minuten zu den Pools der **Tarawera Hot Springs**.

(212) Offizieller WOMO-Stellplatz: Tarawera Café

GPS: S 39°1'35" E 176°34'23", Jim Andrew & Marie Buckley, Tel. 06 834 9755. **Max. WOMOs:** 5. **Ausstattung:** Toilette, Wasser. **Beschreibung:** Schotterparkplatz am Café. Guter Platz für eine Nacht. Bitte kaufen oder verzehren sie etwas in der Taverne. **Zufahrt:** Auf halber Strecke am SH5.

Auf der Weiterfahrt passieren Sie das *Opoto Scenic Reserve* und bald zeigt rechts ein unscheinbares Schild zu einem Aussichtspunkt, von dem aus Sie die über 30 Meter hohen **Waipunga Falls** bewundern können (GPS: S 38°57'20" E 176°31'18"). Sie haben einen wunderbaren Blick hinab auf die eindrucksvollen Wasserfälle und das dahinterliegende weite grüne Tal des Waipunga River. Der SH5 überquert 15 km hinter den Falls den *Rangitaiki River* und verläuft dann durch den **Kaingaroa State Forest**, das weltweit größte forstwirtschaftlich genutz-

Waipunga Falls

te Waldgebiet. »Angebaut« werden hier vor 100 Jahren aus Kalifornien importierte Monterey Pinien, die durch erfolgreiche Züchtung und die milden neuseeländischen Winter heute dreimal so schnell wachsen wie in ihrer Heimat. Die »Ernte« des Nutzwaldes wird radikal eingefahren, ohne auf optische Befindlichkeiten Rücksicht zu nehmen. Am Wegesrand werden Sie riesige, abgeholzte Flächen sehen, auf denen auch große Mengen von Totholz herumliegen, die bei der Durchforstung keine Verwendung fanden. Die wertvolleren Baumstämme werden in zahllosen Holzlastwagen in den Hafen nach Napier verfrachtet. Eine gewisse Vorsicht ist geboten, denn die *Logging Trucks* biegen aus teilweise schwer einsehbaren Einfahrten auf den Highway ab. Sind Sie an Geschichte interessiert? Dann verpassen sie keinesfalls das 17 Kilometer vor Taupo gelegene **Opepe Scenic and Historic Reserve.** Besorgen Sie sich auch die kostenlose Broschüre *Napier Taupo Heritage Trail*. Auf zwei naturbezogenen Wanderungen begegnen Sie Neuseelands Historie:

Northern walking track (Rundweg, 1,5 km, 30 - 45 min).
Southern walking track (Rundweg, 3 km, 1 - 1,5 h).

Taupo

Wenn Sie den SH5 Richtung See fahren, finden Sie rechts den Family Holiday Park DeBretts mit hot pools. Die Stadt liegt malerisch am Ufer des Sees, ihre Uferpromenade ist von zahlreichen Straßencafés gesäumt, von denen aus man bei schönem Wetter über den Lake Taupo bis zum Tongariro-Vulkanplateau blicken kann. Am Ufer laden einige lange Sandstrände mit unterschiedlich großen Bimssteinen und einer Wassertemperatur im Sommer von 20 - 24°C zum Baden, Kanufahren, Paddeln, Segeln, Wasserskifahren und anderen Wasseraktivitäten ein. Das gut erschlossene östliche Ufer wird von zahlreichen Hotels, Motels,

Kinloch Marina

B&Bs, Hostels/Backpacker Unterkünften und Campingplätzen gesäumt, während das westliche Ufer landschaftlich geprägt ist. Grüne Weiden mit Kühen und Schafen beherrschen die Szenerie. Lohnende kleine Ausflüge führen in die Acacia Bay und nach Kinloch.

(213) Offizieller WOMO-Badeplatz: Kinloch Marina

GPS: S 38°39'48" E 175°55'16", 23 Mata Place, Kinloch, Tel. 07 377 3323. **Max.Womos:** 6. **Ausstattung:** Toiletten, Ver- und Entsorgung, Strom. **Preise:** 20-25 NZD. **Öffnungszeit:** Geschlossen am Osterwochenende, dem Labor Weekend (4. Montag im Oktober) und vom 24.12. bis 31.01. **Beschreibung:** Wunderbarer Platz in der Marina, 100 m zum Badestrand. Dorfladen gegenüber, Fish&Chips. **Zufahrt:** In Kinloch nicht zu verfehlen.

(214) Offizieller WOMO-Wanderplatz: Taupo - Whakaipo Bay DOC Basic

GPS: S 38°41'10" E 175°57'50", 37 Motutaiko Street, Taupo, Tel. 07 376 0072. **Max. WOMOs:** 40. **Ausstattung:** Keine. **Beurteilung:** Große langgestreckte Grasfläche am Ufer des Lake Taupo Campen Sie am Lake Taupō und genießen Sie die Umgebung und die Mountainbike-Strecke durch den einheimischen Busch. **Zufahrt:** 13 Kilometer östlich vom Zentrum Taupos, Acacia Bay Road und dann Mapara Road.

Die Stadt Taupo bietet dem Aktivitätshungrigen Jetbootfahrten, Wildwasserrafting, Bungeejumping, Wasserski und ski diving. Wer es lieber ruhiger angehen lässt, genießt den Ausblick auf den blauen See und den atemberaubenden Fernblick auf die schneebedeckten Gipfel der Vulkane des Tongariro National Parks, oder fährt mit dem Ausflugsboot zu den Felszeichnungen der Maori an den Klippen der Mine Bay, die nur über das Wasser erreichbar sind. Das zehn Meter hohe Hauptbild der **Maori Rock Carvings** zeigt Ngatoroirangi, einen visionären Maori-Navigator und Entdecker, der vor über 1000 Jahren die

Kajakfahrer vor den Maori Rock Carvings

Stämme der Tuwharetoa und der Te Arawain in die Region von Taupo führte. Es wurde in den späten 1970er-Jahren von dem Meister-Steinmetz Matahi Whakataka-Brightwell in vierjähriger Arbeit gefertigt.

(215) WOMO-Campingplatz: Taupo Top 10 HP

GPS: S 38°41'0" E 176°5'20", 16 Rangatira St, Taupo, Tel. 0800 777 272, www.taupotop10.co.nz. **Ausstattung:** Swimmingpool, Hotpool. **Preise:** 50-60 NZD. **Beschreibung:** Einfacher Platz, Stellplätze mit Hecken eingezäunt. Neue, saubere und großzügige Sanitäranlagen. 1,5 km zum Zentrum. **Zufahrt:** Vom SH5 über Riffle Range Rd, Schilder und Koordinaten!

Die Bootsausflüge werden von verschiedenen Unternehmen angeboten. Sie können per Segeljacht, Dampfschiff oder Motorjacht zu den Felsgravuren gelangen. Alle Touren starten am Bootshafen und können über das Taupo Charters Office (Hafenbüro) gebucht werden (Tel. 07 378 3444). Über alle anderen Aktivitäten können Sie sich in der **i-Site** informieren (Tongariro St, Tel. 0800 354 528). In der Tongariro Street und der Uferstraße Lake Terrace finden Sie zahlreiche Cafés und Restaurants. Klassische neuseeländische Fleischgerichte können Sie im **Plateau** (64 Tuwharetoa St, Tel. 07 377 2425) genießen.

Informationen zum 360 Meter hoch gelegenen Lake Taupo finden Sie in Tour N05. Der Abfluss des mit 616 Quadratkilometern größten Sees Neuseelands ist der Waikato River, der seine lange Reise am nördlichen Ende des Sees beginnt. Nach nur fünf Kilometern erreicht er mit den Huka Falls die meistbesuchte Naturattraktion Neuseelands. Hier zwängt sich der 100 Meter breite Fluss durch eine 15 Meter enge Schlucht. Auf einer Länge von mehr als 100 Metern beträgt der Höhenunterschied nur 25 Meter, beeindruckend sind aber die gewaltigen Wassermengen, die am Ende der Kaskaden elf Meter

Aratiatia Staudamm mit Stellplatz

in die Tiefe stürzen. In einer Sekunde stürzen durchschnittlich 140.000 Liter Wasser über die Felswände. Mehrere Aussichtsplattformen bieten einen hervorragenden Blick auf dieses Naturschauspiel. Der Huka Falls Walkway führt in einer guten Stunde am Ufer des Waikato River entlang zu den Wasserfällen.

(216) Offizieller WOMO-Wanderplatz: Reids Farm

GPS: S 38°39'51" E 176°4'47", Huka Falls Road. **Max. WOMOs**: 20. **Ausstattung:** Toilette, Wasser. **Hinweis:** Kostenfrei, geöffnet vom 1. November bis 31. Mai. **Beschreibung:** Grüner Platz mit tollem Blick auf den Fluss. Sehr beliebt und teilweise völlig überfüllt. Ein erfrischendes Bad im Waikato kann die fehlende Dusche ersetzen. Zu den Huka Falls wandern Sie 2 km. **Zufahrt**: Vom Zentrum Taupos zwei Kilometer Richtung Norden, dann links in die Huka Falls Road einbiegen und dieser 1,5 Kilometer folgen.

(217) Offizieller WOMO-Wanderplatz: Huka-Aratiatia

GPS: S 38°37'7" E 176°8'11", Tel. 07 384 7106. **Max. WOMOs:** 8. **Ausstattung:** Toilette, Mülleimer. **Beschreibung:** Nachts ruhiger Parkplatz am Aratiatia-Staudamm. Anlegestelle der Bootsfahren zu den Huka Falls. Die Gemütliche Bootsfahrt mit sympathischem und kenntnisreichem Bootsführer können wir sehr empfehlen. Es gibt zwei Aussichtsplattformen zur Beobachtung der Rapids. **Zufahrt**: Vom SH5 Aratiatia Rd 2 km folgen.

Nur zwei Kilometer weiter nördlich bietet sich Ihnen ein weiteres Spiel der Wassermassen. Hier werden die Fluten des Waikato River durch den **Aratiatia-Staudamm** gebändigt. Täglich um 10, 12, 14 und 16 Uhr wird geflutet und das gestaute Wasser ergießt sich tosend und schäumend in die Aratiatia Rapids. Das eindrucksvolle Schauspiel können Sie von zwei Aussichtspunkten beobachten. Um mit dem Wohnmobil zu den Huka Falls zu gelangen, müssen Sie vom SH1/SH5 rechts in die Huka Falls Road abbiegen. Entlang der kleinen

Wairakei Terraces

Straße liegen verschiedene Shops, wie der Huka Honey Hive. Unbedingt anschauen sollten Sie sich das informative **Volcanic Activity Centre** (Ecke Karetoto Road / Huka Falls Road, Tel. 07 374 8375, Mo-Fr 9-17 Uhr, Sa-So 10-16 Uhr). Neben verschiedenen Filmen haben Sie die Chance über eine interaktive Computeranimation in den Vulkanismus der **Taupo Volcanic Zone** einzutauchen.

Taupos Umgebung

Zwei Kilometer vor den Huka Falls haben Sie in der Reids Farm die Gelegenheit zur freien Übernachtung und einem Bad in den glasklaren Fluten des Waikato River. Das **Huka Prawn Park Riverside Restaurant** (Karetoto Rd, Tel. 07 374 8474) serviert Ihnen Riesenflussgarnelen, die nebenan in einer Zuchtanlage in frischem Quellwasser für Sie heranwachsen. Zurück am SH1 gelangen Sie zur **Thermalregion von Wairakei**. Die dicken glänzenden Metallrohre, die den heißen Dampf transportieren, sehen Sie schon von weitem. Vor dem Bau der geothermischen Kraftwerke war Wairakei das aktivste Thermalgebiet Neuseelands. Im **Wairakei Visitor Centre** (tgl. 8.30-16.30Uhr) können Sie sich über die Energiegewinnung aus Erdwärme informieren. Von einem nahen Aussichtshügel überblicken Sie das einzigartige Geothermalgebiet, das den Dampf für die Energiegewinnung liefert.

Im gleichen Gebäude wie das Visitor Centre ist das Foyer der **Wairakei Terraces** (Tel. 07 378 0913, www.wairakeiterraces.co.nz, Oktober bis März 8 bis 21 Uhr, April bis September 8 bis 20.30 Uhr. An Donnerstagen wird bereits um 19 Uhr geschlossen) untergebracht. In der von Maori betriebenen Anla-

Huka Falls

ge wird das silikatreiche Wasser aus den Bohrungen des Thermalfeldes über künstlich angelegte Terrassen geleitet. Die Ablagerungen, der Dampf und der für Thermalgebiete typische Schwefelgeruch sorgen für ein Ambiente, das den untergegangenen Pink and White Terraces gleichkommen soll. Vier große Thermalbadebecken mit Temperaturen zwischen 36°C und 42°C stehen den Gästen zur Verfügung. Zwei davon sind durch einen schmalen Kanal, über den eine Brücke führt, miteinander verbunden. Wir waren von der Anlage total begeistert.

Sie können auch einen sehr informativen und schön angelegten »Thermal Walk« buchen. Alles ist sehr schön und liebevoll gemacht. Das angeschlossene Spa wirbt mit dem Slogan »A Long History of Healing«. Im benachbarten Maori-Modelldorf erleben Sie eine Einführung in die Kultur der Maori. Bei der Abendveranstaltung wird Ihnen auch ein »Hangi« (eine in einem Erdloch mit heißen Steinen gegarte Speise) geboten.

Wenn Sie gegenüber der oberen Einfahrt zur Huka Falls Road vom SH1 in die Karapiti Road einbiegen, treffen Sie nach zwei Kilometern auf ein weiteres geothermisches Spektakel, die **Craters of the Moon** (www.cratersofthemoon.co.nz, tgl. 8.30-17.30 Uhr). Ein drei Kilometer langer Fußweg (festes Schuhwerk erforderlich!) führt durch eine Mondlandschaft aus zahllosen schwefelverfärbten Erdlöchern und Kratern, in denen Schlamm blubbert oder aus denen Wasserdampf emporsteigt.

Auf dem Thermal Explorer Highway nach Rotorua

Die Thermal Explorer Highway genannte Straße wird ihrem Namen auch weiterhin gerecht. Wenn Sie 30 Kilometer hinter Warakei wieder auf den Waikato River treffen, biegt links eine Straße zum Thermalgebiet **Hidden Valley of Orakei Korako** ab. Sie haben die Wahl, die 21 Kilometer zu den farbenfrohen Sinterterrassen mit dem Wohnmobil zurückzulegen (freie Übernachtung!) oder eine unterhaltsame dreistündige **Thermal Safari** genannte Jetbootfahrt über den Waikato zu unternehmen (**New Zealand Riverjet**, Tel. 0800 748 375, www.riverjet.co.nz). Ob mit Womo oder Jetboot, Sie landen zunächst im

Hidden Valley of Orakei Korako

Besucherzentrum von Orakei Korako. Eine ständig pendelnde Fähre bringt Sie zum eigentlichen Thermalfeld, das sich malerisch und farbenprächtig an den Hang anschmiegt. Für den Rundgang inkl. des Besuches der Lavahöhle sollten Sie 1,5 Stunden einplanen. Bleiben Sie unbedingt zu Ihrer eigenen Sicherheit auf den Wegen und auch, um die natürliche Unberührtheit von Orakei Korako zu erhalten. Zu Beginn springen die Regenbogen- und Kaskadenterrasse ins Auge die ihren Namen ganz offensichtlich zu Recht tragen. Zu manchen Zeiten strömen Unmengen von heißem Wasser aus den Quellen, fließen über die Flächen mit Kieselerde und schaffen so ideale Bedingungen für das farbenprächtige Algenwachstum. Grün, Gelb und Schwarz sind die vorherrschenden Farben.

(218) Offizieller WOMO-Stellplatz: Hidden Valley

GPS: S 38°28'25" E 176°8'35", 494 Orakeikorako Road, Mihi, Tel. 07 378 3131. **Max. WOMOs:** 8. **Ausstattung:** Toilette. **Beschreibung:** Friedvolle Lage am Ufer des Waikato River gegenüber des Thermalgebietes Hidden Valley. Großartiger Blick auf das Thermalgebiet. **Hinweis:** Der Veranstalter Orakei Korako Cave & Thermal Park stellt die Plätze bei Besuch des Thermalgebietes kostenfrei zur Verfügung. Freies wifi. **Zufahrt:** In Taupo den SH1 23 km Richtung Norden fahren, dann auf der Tutukau Rd 9 km Richtung Osten. Links in die Orakeikorako Road einbiegen und dieser 5 km folgen.

Durch mineralische Ablagerungen entstanden die zahlreichen Braun-, Grün-, Gelb- und Orangetöne der Terrassen. Oberhalb gibt es tiefblaue Seen. Hier ist die Erdkruste nur 20 Millimeter dünn und es ist extrem heiß und gefährlich. Kein Wunder, dass das farbenprächtige Gebiet den Namen Artist's Palette trägt. Die tiefste Terrasse ist die jadegrüne Emerald Terrace (Smaragdterrasse) und vom Rainbow-Aussichtspunkt hat man eine schöne Sicht darauf. Es gibt auch zahlreiche Geysire. Der größte ist der Diamond Geyser, der sein heißes Wasser bis zu neun Meter hoch hinausbläst. Zeiten und Dauer seiner Ausbrüche werde nicht vom Menschen gesteuert. Manchmal bläst er nur ein paar Minuten, manchmal ist er stundenlang aktiv. Auf der Weiterfahrt nach Rotorua passieren Sie auf dem SH5 bald den Golden Springs Campingplatz und erreichen nach insgesamt 21 Kilometer das **Thermal-Wonderland von Wai-O-Tapu** (Wai-o-Tapu bedeutet *heiliges Wasser*). Es glänzt mit dem leuchtend orange umränderten Champagne Pool, dem die im 75°C heißen Wasser aufsteigenden Gasbläschen seinen Namen geben. Neben den unzähligen Kratern des mehr als 160.000 Jahre alten Geothermalgebietes fallen die allgegenwärtigen, farbenprächtigen Ausfällungen von Mineralien ins Auge. In der geothermalen Hitliste ganz oben steht der Lady-Knox-Geysir, der täglich um 10.15 Uhr mit Seifenflocken zum Ausbruch gebracht wird und dann bis zu einer Stunde lang eine 20 Meter hohe Wasserfontäne in den blauen Himmel des Landes mit der langen weißen Wolke schleudert. Auch ein *mud pool* (Schlammtümpel) in dem es kräftig blubbert fehlt nicht. Ständig werden Schlammblasen aufgeworfen, ausgesprochen eindrucksvoll. Verschiedene Wanderwege (von 1,5 km bis 3 km) führen vorbei an den geothermischen Attraktionen durch den Freizeit-Naturpark.

(219) WOMO-Campingplatz: Waikite Valley Thermal Pools

GPS: S 38°19'37" E 176°18'10", 640 Waikite Valley Road, Tel. 07 333 1861, www.hotpools.co.nz. **Preise:** 60-70 NZD. **Ausstattung:** Keine Entsorgung. **Beschreibung:** Einfacher Platz; dessen riesiges Plus die heißen Becken des Waikite Valleys sind, die von zahlenden Übernachtungsgästen beliebig genutzt werden können. Zögern Sie nicht! **Zufahrt:** Am SH5 den Hinweisschildern zu *Waikite Valley Thermal Pools* folgen.

Kurz nachdem Sie Wai-o-Tapu verlassen haben, zweigt links die Waikite Valley Rd in das gleichnamige Tal ab. Im **Waikite Valley** erkunden Sie auf dem kurzen Wanderweg *Te Manaroa Spring* die größte Quelle kochenden Wassers in Neuseeland. Die Quelle ergießt sich in einen Bach, der beeindruckend dampfend zu Tale fließt. In den angeschlossenen Waikite Valley Thermal Pools können Sie täglich von 10-21 Uhr in mehreren schön angelegten Becken ein heißes Bad nehmen. Für Gäste des benachbarten Campingplatzes ist der Eintritt frei. Nutzen Sie die Gelegenheit, sich am Ende eines Reisetages in den Hot Pools von Waikite Valley zu entspannen.

Waimangu Volcanic Valley

Unser Favorit unter den Thermalgebieten der Region ist das Waimangu Volcanic Valley. Die Maori nannten es Te Otukapuarangi, »die Quelle des Wolkenhimmels«, und Te Tarata, »der tätowierte Fels«. Das Tal, das durch die Eruption des Tarawera 1886 entstanden ist, erreicht man, indem man sechs Kilometer

Waimangu Volcanic Valley, Inferno-Krater

hinter Wai-o-Tapu von der SH5 rechts auf die SH38 abbiegt und einen Kilometer später links in die Okaro Rd. abbiegt. Die Hauptattraktion ist der Inferno-Krater, dessen dampfender, türkisfarbener Kratersee mit seinen steilen Kraterwänden einen atemberaubenden Anblick bietet. Sein Wasserstand ändert sich in einem Rhythmus von 38 Tagen. Zuerst steigt das Wasser 21 Tage lang an, dann fließt es zwei Tage lang über den Kraterrand, um dann in 15 Tagen wieder auf sein ursprüngliches Niveau acht Meter unter dem Kraterrand zu sinken. Hier befindet sich auch der größte Warmwassersee der Erde (über 50°C), der **Lake Rotomahana**. Das Gelände des Waimangu Volcanic Valley fällt vom Eingang bis zum See stetig ab. Die ganze Schönheit des ausgedehnten Waimangu Volcanic Valley erlebt man, wenn man den Hang hinunterwandert und dabei die verschiedenen geothermischen Attraktionen bewundert.

An drei Busstationen kann man sich zu festgelegten Zeiten hinauf oder hinunter bringen lassen. Am unteren Ende der Straße wartet der Lake Rotomahana (Maori für »warmer See«), der auf einer 45-minütigen Bootsfahrt erkundet werden kann. Dampfende Klippen, kleine Geysire und andere vulkanische Sehenswürdigkeiten wie die Stelle, an der 1886 die »Pink and White Terraces« versanken, werden angefahren und vom Bootsführer erklärt. Über dem Westufer des Sees sprudelte einst eine Thermalquelle, die im Laufe der Jahrtausende massive Stufen aus rosa gefärbtem Kiesel ablagerte, die »Pink and White Terraces«. Am nordöstlichen Ufer hatte eine zweite Quelle eine noch größere, schneeweiße Sinterterrasse geschaffen. Die Stufen bildeten erhöhte Ränder, hinter denen sich das Thermalwasser in kleinen Pools sammelte, bevor es in Kaskaden in den See floss. Es waren die größten Sinterterrassen der Welt. Auch sie verschwanden 1886. Vom beeindruckenden Waimangu Volcanic Valley, haben Sie noch 25 Kilometer bis zum Zentrum Rotoruas zurückzulegen.

TOUR N09

Hicks Bay
257
256
East Cape
Te Araroa
Cape Runaway
Holzkirche St. Mary's
Tikitiki
Raukokore Anglican Church
Waihau Bay
Motu River
Waiapu River
WC 258
Mount Hikurangi 1752 m
Pakihiroa Station
Ruatoria
WC 259
Te Kaha
Whaipiro Bay
Bay of Plenty
Omaio
260
Te Puia Springs
255
Tokomaru Bay
Raukumara Range
Raukumara Forest Park
38
Anaura Bay
254
längste Pier in Neuseeland
Hikuwai Beach
C
261 WC
253
Opotiki
Tolaga Bay
WC 252
Waiau Bay
38
Hukutaia Domain
Whangara
251
Historic Tauranga Bridge
Matawai
2
Makarori Lookout
Nebenroute
248
250 WC
Rere Falls
Gentle Annie Summit
249 WC
Gisborne
WC 246
Te Urewera Nationalpark
Donerville Park
Poverty Bay
Manuoha 1392 m
Te Reinga Falls
Nebenroute
Tour N11
38
Lake Waikareti
Morere Hot Springs
247 WC
Mahia Beach
Lake Waikaremoana
Fraser town
Mahia Halbinsel
Wairoa
Stellplätze siehe Tour N11
Mohaka Viaduct
Waihua
Mohaka River
2
Hawke Bay
5
Lake Tutira
245 WC
N
Tangoio Falls
50 km
244
243 WC
241
Napier
242 WC

Tour N09: First to see the light 600 km

Napier - Lake Tutira - Wairoa - Mahia Halbinsel - Gisborne Tolaga Bay - Tokomanu Bay - East Cape - Te Kaha - Opotiki

Stellplätze:	Napier: Pump Track, Perfume Point, Lake Tutira, Doneraille Park, Mahia Peninsula, Gisborne, Waihau Beach Tokomaru Bay, Te Kaha, Maraehako, Omaio, Hukuwai
Camping:	Napier Kennedy Park, Bay View HP, Gisborne Top 10 HP, Tolaga Bay HP, Anaura Bay MC, Te Araroa HP
Besichtigen:	Napier Art Deco, Tangoio Falls, Wairoa Portland Lighthouse, Mahia Halbinsel, Gisborne, Tolaga Bay, Cooks Cove, Tikitiki Holzkirche St. Marys East Cape Lighthouse, Morere Hot Springs Tauranga Bridge, Raukokore Anglican Church
Wandern:	Napier: Marine Parade, Art Deco Walks, Tangio Falls Walk way, Lake Tutira: Pera‘s Loop Track, Kahikanui Galbraith Circuit Track, Lake Waikaremoana Walks, Rundweg Waipai-Ruapani-Waikareiti, Rundweg Mahia Peninsula, Nikau Loop, Gisborne Historic Trail, Tolaga Bay - Cooks Cove Walkway, Anaura Bay Walkway, Te Ariki Hikurangi Track
Essen:	Napier: Provedore, Cappadona Café, Three Doors Up Rest. Mahia Beach Café; Gisborne: The Works Café & Restaurant, Pacific Coast Macadamia Nut Farm, Opotiki: Two Fish
Baden:	Hawke Bay, Mahia Beach, Gisborne: Waikanae Beach, Midway Beach, Wainui, Makorori Beach, Tatapouri, Pouawa, Waihau Bay, Tolaga Bay, Anaura Bay, Tokomaru Bay, Hicks Bay, Whanarua Bay, Opotiki-Waiotahi Beach

Freuen Sie sich auf diese reizvolle Tour, die Sie von Napier nach Opotiki und damit von der Hawke Bay um das East Cape zur Bay of Plenty führt. Sie folgen dem SH2 bis nach Gisborne, vorbei am Lake Tutira und nach etwa 120 Kilometern nach Wairoa. Hier bietet sich ein Abstecher in den Te Urewera Nationalpark mit seinem Juwel Lake Waikaremoana an (siehe Tour N11). Die Mahia-Halbinsel mit ihren herrlichen Stränden wartet 32 Kilometer hinter Wairoa auf Ihren Besuch. Kurz vor Gisborne, Neuseelands Chardonnay-Hauptstadt an der Poverty Bay, verlässt man den SH2 und umrundet die östlichste Landnase Neuseelands auf dem grandiosen Pacific Coast Highway (SH35). Eastland ist eine der ursprünglichsten und am wenigsten erschlossenen Gegenden Aotearoas mit herrlichen Stränden und einem sehr hohen Anteil an Maori-Bevölkerung. Am East Cape geht die Sonne als erstes auf der Welt auf: »First to see the light! !« ist der lokale Werbespruch. Genießen Sie den fantastischen Blick auf das erste Licht des neuen Tages vom historischen Leuchtturm, der 154 Meter über dem Meeresspiegel liegt und über 700 Stufen zu erreichen ist. Ziel der Tour N09 ist die kleine Stadt Opotiki, die etwas verschlafen am östlichen Rand der Bay of Plenty liegt.

Napier, Art-déco-Gebäude

Hawke‘s Bay

Die Region Hawke‘s Bay wird für ihr sonniges Klima, ihre hervorragenden Strände, ihre geschützten Küstenebenen im Wind- und Regenschatten der Bergketten und ihre hochwertigen Weinberge geschätzt. Bereits 1851 pflanzten katholische Missionare die ersten Weinstöcke an einem Fleckchen Erde, das heute zur Mission Estate Winery gehört (www.missionestate.co.nz). Es ist außerdem eines der größten Kernobstanbaugebiete des Landes und trägt den Spitznamen »Obstschale Neuseelands«, auch wenn immer mehr Obstbäume von Weinreben verdrängt werden. Beim Studium der Landkarte wird Ihnen die Hawke Bay sofort auffallen, weil sie fast exakt halbkreisförmig verläuft. Sie erstreckt sich von der Mahia Halbinsel im Nordosten über fast 100 km bis zum Cape Kidnappers im Südwesten. Den Norden der Region (150.000 Einwohner) dominiert die Flutebene des Wairoa River. Weiter südlich wird das Landschaftsbild von Hügeln bestimmt, die nach Westen hin in Richtung des zentralen Hochplateaus (Kaweka Range und Ruahine Range) immer größere Höhen erreichen. Im südlichen Teil der Region liegt die fruchtbare Heretaunga Ebene. Hier befinden sich dicht beieinander die Städte **Napier** und **Hastings**. Die »Twin Cities« beherbergen die ältesten Märkte des Landes (**Urban Market**, Napier, Lower Emerson Street, Sa 9-13 Uhr; **Farmers Market**, Hastings, Hawkes Bay Showgrounds, Kenilworth Rd, So 8.30-12.30 Uhr). Hastings hat Napier in der Einwohnerzahl zwar überholt, nicht aber in der touristischen Bedeutung.

Napier

Prägend für das heutige Stadtbild war der 3. Februar 1931, als ein gewaltiges Erdbeben der Stärke 7,9 die Stadt erschütterte. Die Innenstadt wurde völlig zerstört, 162 Menschen ka-

Napier, Oldie-Parade

men ums Leben. Ein Großfeuer vernichtete auch die Holzhäuser, die dem Beben zunächst standgehalten hatten. Die Erde hob sich während des Bebens um etwa zwei Meter, wodurch Napier und Umgebung fast 40 Quadratkilometer neues Land erhielten. Napier wurde völlig neu aufgebaut. Heute kann der Besucher in Napier eine der weltweit dichtesten Ansammlungen von Art-Déco-Gebäuden bewundern. Die charakteristischen Merkmale dieses Architekturstils wie geometrische Muster, markante Linien und kräftige Farben sind überall in der Stadt zu finden. Die Stadt ist weltweit für ihre gut erhaltene **Art-Déco-Architektur** bekannt und zieht Architektur- und Geschichtsinteressierte aus der ganzen Welt an. Die meisten Fassaden der Art-Déco-Gebäude sind sorgfältig restauriert. Zusammen mit den vielen Palmen, die nach der großen Katastrophe gepflanzt wurden, verleihen sie Napier ein ganz besonderes Flair. Auch die Einheimischen kommen gerne hierher. Besonders beliebt ist das Art Deco Weekend im Februar. Dann kleidet man sich im Stil der dreißiger Jahre und fährt in chromblitzenden Oldtimern gemächlich durch die Stadt. Sie werden sicher Lust bekommen, die Art-Déco-Gebäude der Stadt näher zu erkunden und mehr über ihre Geschichte und Bedeutung zu erfahren. Besuchen Sie das **Art Deco Centre** (Art Deco Trust, 7 Tennyson St., Tel. 06 835 0022, www.artdeconapier.com, täglich von 9 bis 17 Uhr). Hier beginnen verschiedene Art Deco-Touren, vom Art Deco Morning Walking Tour bis zum Art Deco Evening Walk.
Und wenn Sie in einem Restaurant mit Art-déco-Fassade dinieren wollen, können wir Ihnen das **Provedore** (60 West Quay, Tel. 06 834 0189) empfehlen. Um die Ecke liegt das ebenfalls sehr gute **Three Doors Up Restaurant** (3 Waghorne St, 06 834 0835).

National Tobacco Company Building

Napier ist auch ein kulturelles Zentrum mit einer lebendigen Kunstszene und vielen Veranstaltungen im Laufe des Jahres. Einen sehr schönen Überblick über die Stadt haben Sie vom *Bluff Hill*. Dort oben liegt der Hafen und, in östliche Richtung, die langgestreckte **Marine Parade**, die Strandpromenade Napiers, direkt vor Ihnen. Im vorderen Teil der Marine Parade, auf Höhe des Informationszentrums, zweigen mehrere Einkaufsstraßen ab. Am schönsten ist die Emerson Street, in der Sie in angenehmer Umgebung neben unzähligen gemütlichen Straßencafés auch Galerien, Boutiquen, Antiquitätengeschäfte und Second-Hand-Läden finden (**Tipp: Cappadona Café**, 189 Emerson St, Tel. 06 835 3368). In der parallel verlaufenden Tennyson Street befinden sich mit dem *Stadttheater (Municipal Theatre)*, dem *Daily Telegraph Building* und dem *Hildebrands Building* die markantesten Art-déco-Gebäude der Stadt.

(241) WOMO-Campingplatz-Tipp: Napier Kennedy Park Resort

GPS: S 39°30'14" E 176°53'55", 11 Storkey St, Napier, Tel. 0800 457 275, www.kennedypark.co.nz. **Ausstattung:** Abenteuerspielplatz, Swimming Pool. **Preise:** 60-80 NZD. **Beschreibung:** Neue Sanitäranlagen, hoher Standard. Ruhig, trotz zentraler Lage. Beliebt bei Familien mit Kindern. **Zufahrt**: Die Storkey Street ist eine Querstraße zur Kennedy Road.

(242) Offizieller WOMO-Stellplatz: Napier Pump Track

GPS: S 39°30'34" E 176°55'6", Ellison St, Tel. 06 835 7579. **Max. WOMOs:** 10
Ausstattung: Toilette, Wasser, Außendusche, Entsorgungsstation.
Beschreibung: Tolle zentrumsnahe Lage am Ufer der Hawke Bay. Gute saubere Toiletten, aber einige Lärmbeeinträchtigung durch den Verkehr auf der nahen Straße und gelegentliche Güterzüge. Maximal drei Nächte.
Zufahrt: Von der i-Site aus der Marine Parade 2 km Richtung Süden folgen.

Mansonic Hotel

Spazieren Sie die langgezogene Marine Parade entlang und erfreuen Sie sich am Duft der zahllosen Norfolk-Pinien, begehen Sie den feinen schwarzen Sandstrand und bewundern Sie die Art-déco-Fassaden. Etwa 400 Meter hinter der i-Site liegt *Marineland*, in dem einheimische Meerestiere und Vögel zu sehen sind und 500 Meter weiter erreichen Sie das neu gestaltete und absolut sehenswerte *National Aquarium of New Zealand*. Vielleicht interessieren Sie oder Ihre Kinder sich für die täglichen Hai- und Stachelrochen-Fütterungen. Bei der Pinguin-Fütterung dürfen Sie sogar mithelfen.

Schlendern Sie vom Visitor Center aus ca. 200 Meter in die entgegengesetzte Richtung, so treffen Sie auf das 2013 neu eröffnete *Hawkes Bay Museum Theatre Gallery (*MTG Hawke's Bay, 65 Marine Parade, Tel. 06 835 7781, www.mtghawkes-bay.co.nz), in dem das Erdbeben von 1931 einen besonderen Platz einnimmt. Weitere 300 Meter nördlich, am Fuße des Bluff Hill, gelangen Sie zum *Ocean Club*. Dort können Sie sich in

Millennium Sculpture

Craggy Range Winery, Havelock North

windgeschützten Whirlpools mit Meerblick entspannen. In der Stadt sollten Sie sich noch den *Botanischen Garten* und den *Kennedy Park* anschauen.

Napier ist Teil der Hawke's Bay-Region, die für ihren Weinbau und ihre Weinproduktion berühmt ist. Die Region erstreckt sich über sanfte Hügel und fruchtbare Täler, was ideale Bedingungen für den Anbau von Reben schafft. Hawke's Bay ist vor allem für seine Rotweine, insbesondere Merlot und Cabernet Sauvignon, bekannt. Sicher wollen Sie es sich nicht entgehen lassen, eines der 50 öffentlich zugänglichen **Weingüter** aufzusuchen, hervorragende Weine zu verkosten und an Führungen durch die Weinkeller teilzunehmen. In *Destination Wineries* ist die Weinprobe mit einem - meist ausgezeichneten - Essen im Restaurant oder einem Picknick in einem Landschaftsgarten verbunden. Die erzeugten Chardonnays, Sauvignon Blancs, Cabernets und Merlots erhalten bei internationalen Qualitäts-Prüfungen alljährlich Auszeichnungen. Infos über die Weingüter bekommen Sie in der örtlichen i-Site oder auf www.napier.govt.nz.

(243) Offizieller WOMO-Stellplatz: Napier Perfume Point
GPS: S 39°28'41" E 176°53'46", 46 Nelson Quay, Tel. 06 835 7579.
Max. WOMOs: 4. **Ausstattung:** Toilette, Außendusche, Restaurants, wifi.
Beschreibung: Tolle Lage am Ahuriri Estuary, direkt an einem Badestrand, ruhig, Bademöglichkeit. Maximal vier Womos und maximal zwei Nächte.
Zufahrt: Von der i-Site aus der Marine Parade Richtung Norden folgen, dann der Breakwater Rd bis Hardinge Rd in Ahuriri (3,4 km). Hardinge Rd bis zum Ziel folgen (1,2 km). Sie umfahren den Bluff Hill.

Von Napier nach Wairoa

Sie verlassen Napier über den SH2, der uns zunächst durch die beim Erdbeben von 1931 entstandene Westshore führt, dann den Vorort Bay View streift und sich schließlich kurz vor Tangoio und dem gleichnamigen Bluff von der Küste entfernt. Sie

Lake Tutira

haben hier die Gelegenheit zur 12 Kilometer entfernten **Waipatiki Beach** zu fahren. Im Gegensatz zum wenig einladenden schwarzen Strand Napiers finden Sie hier einen wunderbaren weißen Sandstrand mit sehr guter Badegelegenheit. Nutzen Sie auch die Chance zu einer 40-minütigen Wanderung (hin und zurück) zu den **Tangoio Falls**. Parkplatz und Walk sind am SH2 hinter Tangoio gut ausgeschildert. Der dem Kareaara Stream folgende **Tangoio Walkway** (3h hin und zurück) startet ebenfalls am Parkplatz. Sie können hier frei übernachten.

(244) WOMO-Campingplatz: Bay View Snapper HP

GPS: S 39°25'50" E 176°52'24", 10 Gill Rd, Bay View, Napier, Tel. 0800 287 275, www.snapperpark.co.nz **Ausstattung:** Abenteuerspielplatz, Bar, Restaurant. **Preise:** 50-60 NZD. **Beschreibung:** Dieser Platz liegt wunderschön 8 km nördlich Napier am Strand, fragen Sie nach einem der 6 Plätze mit Meerblick (Sites 55-60) hoch auf den Dünen. Besuchen sie den Pub. **Zufahrt**: Am SH2 in die Gill Road Richtung Meer abbiegen, ausgeschildert.

(245) Offizieller WOMO-Wanderplatz: Lake Tutira

GPS: S 39°13'48" E 176°54'1", Tel. 06 834 3111. **Max. WOMOs:** 30. **Ausstattung:** Toiletten, Wasser. **Preise:** 10-20 NZD. **Beschreibung:** DOC Standard Campsite an traumhaft schöner Stelle am See. Machen Sie auf jeden Fall eine Pause, zwei Bush Walks warten auf Sie (**Pera's Loop Track**, 2h, **Kahikanui Galbraith Circuit Track**, 2h). **Zufahrt:** 40 km hinter Napier auf der rechten Seite liegen Lake Waikopiro und der größere Lake Tutira.

Siebzehn Kilometer hinter den Tangoio Falls führt der SH2 am **Lake Tutira** vorbei. Hier haben Sie die Möglichkeit zu einem Picknick und einem kleinen Spaziergang am Seeufer entlang. Auch eine Übernachtung auf der am Seeufer gelegenen DOC Standard Campsite ist möglich und überaus reizvoll. Im zugehörigen Kasten wird auf zwei ausgesprochen reizvolle zweistündige Wanderungen hingewiesen. Vorbei an den *Tangoio Falls* verläuft der SH2 weitere 60 Kilometer im Landesinneren,

Badestelle im Doneraille Park

bevor er Sie, kurz vor Raupunga, auf einer imposanten, fast 100 m hohen Brücke über den stattlichen **Mohaka River** bringt. Wenige hundert Meter davor bietet sich Ihnen die Gelegenheit, die höchste Eisenbahnbrücke des Landes zu bestaunen. Nach kurzer Wegstrecke können Sie in Waihua rechts in die **Waihua Beach** Rd abbiegen und an die Steilküste ans Meer gelangen.

Die 5.500 Einwohner zählende Stadt **Wairoa** erreichen Sie 35 Kilometer hinter dem Mohaka Viadukt. *In Wairoa* zweigt die Straße zum paradiesischen *Te Urewera NP* ab. *Wairoa* wird deshalb auch als Zugangstor zu diesem Kleinod unter den Nationalparks angesehen. Besonders sehenswert ist in der zwei Kilometer vor der Mündung des Wairoa River gelegenen Kleinstadt der Leuchtturm, ein 1935 erbautes Maori Versammlungshaus *(Takitimu-Marae)* und das Wairoa District Museum, wobei das 1877 aus Kauri Holz erbaute **Portland Lighthouse** eindeutig das beliebteste Fotomotive der Stadt ist. Eine Beschreibung von Wairoa und seinen Stellplätzen finden Sie am Ende von Tour N11.

(246) Offizieller WOMO-Badeplatz: Doneraille Park

GPS: S 38°44'22" E 177°35'38", Tiniroto Road, Tel. 06 867 2049. **Max. WOMOs:** 15. **Ausstattung:** Toiletten. **Beschreibung:** Absolut ruhiger, stimmungsvoller und ursprünglicher Platz, toll im Park in einer Fluss Schleife des Hangaroa River gelegen. Wunderbare Bademöglichkeit. **Hinweis:** Geöffnet von Oktober bis März. Permit des Gisborne District Council erforderlich. Online über www.gdc.govt.nz/recreation/summer-camping. **Zufahrt:** 52 km hinter Wairoa an der Tiniroto Road. Richtung Gisborne links in die Ruakaka Road abbiegen und dieser 1,3 km über einen Hügel folgen.

Inlandroute nach Gisborne

Die 102 Kilometer lange Inlandroute nach Gisborne führt über Frasertown. Sie folgt zunächst dem Wairoa River bis Frasertown

Mahia Beach, Whakatakahe Head

und biegt dort rechts in die Tiniroto Road ein. Die schmale aber gut zu fahrende Strecke bietet zwei Highlights. Nach einer 27 Kilometer langen Fahrt durch eine reizvolle Hügellandschaft führt, können Sie in **Te Reinga** den gleichnamigen Wasserfall besuchen. Eine naturbetonte Übernachtung mit Bademöglichkeit im Hangaroa River bietet Sich Ihnen 17 Kilometer später im reizvollen **Doneraille Park.**

Mahia-Halbinsel

Wir empfehlen Ihnen, die SH2 nach Gisborne zu nehmen, um die Mahia Halbinsel mit ihren herrlichen Stränden zu besuchen. Die Mahia Peninsula war ursprünglich eine Insel, wurde aber im Laufe der Jahrtausende durch Sandablagerungen zu einer Halbinsel. Um dorthin zu gelangen, folgen Sie hinter Wairoa dem SH2, der zunächst an der Whakaki Lagoon vorbeiführt, und in Nuhaka, 32 Kilometer hinter Wairoa, rechts auf die Nuhaka-Opoutama Road abbiegt. Sie fahren nun an der Küste entlang, passieren eine Landenge (Sandverwehungen) und erreichen nach 17 Kilometern den hübschen Ferienort Mahia Beach. Wie bereits erwähnt, begrenzt die Mahia Peninsula die Hawke Bay im Nordosten. Der bei Neuseeländern sehr beliebte Mahia Beach liegt auf der Seite der Hawke Bay. Der Urlaubsort bietet hervorragende Möglichkeiten zum Angeln, Surfen und Tauchen sowie sicheres Schwimmen und einen 9-Loch-Golfplatz.

Wenn Sie gerne Langusten essen, haben Sie gute Chancen diese auf der Speisenkarte der hiesigen Restaurants zu finden (**Café Mahia**, 476 East Coast Rd, Tel. 06 837 5094). Auf der anderen Seite der Halbinsel liegt **Oraka Beach** und kurz dahinter der kleine Ort **Mahia**. Die gesamte Halbinsel ist we-

Mahia Whangawehi

gen ihrer Sandstrände und umfangreichen Wassersportmöglichkeiten sehr en vogue. Die geschützteren und zum Baden geeigneteren Strände finden Sie auf der Seite zur Hawke Bay. Auf der eher felsigen und zerklüfteten Seite zur Poverty Bay liegen meist schroffe Klippen, auf denen sich bei Ebbe wunderbar herumturnen lässt. Im *Mahia Peninsula Scenic Reserve* können Sie die reizvolle Halbinsel auf einem mehrstündigen Rundweg erkunden. Ein 3.5 Kilometer langer Rundweg führt Sie durch verschiedene Arten heimischer Vegetation, darunter Tawa, Rewarewa, Rimu und Matai Bäumen. Sie benötigen ungefähr zwei Stunden für diesen Wanderweg. Sie können auch den Mokotahi Hill besteigen, von dessen Gipfel aus sie einen atemberaubenden Panoramablick auf die Küste genießen können.

Ein interessanter Ort ist »Piko O Te Rangi« oder Coronation Reserve. Hier befindet sich ein Stein mit einem natürlich geformten Becken, das früher von Bischof William Williams verwendet wurde, um Maori zu taufen, die dem christlichen Glauben beitreten wollten. Die Halbinsel hat auch eine reiche Maori-Geschichte. Die Ngāti Kahungunu, ein wichtiger Maori-Stamm, sind in der Region ansässig. Besucher haben die Möglichkeit, mehr über die Kultur und Geschichte der Maori zu erfahren, indem sie lokale Marae (Versammlungsplätze) besuchen oder an geführten Touren teilnehmen.

Darüber hinaus ist die Mahia-Halbinsel für ihre Rolle in der Raumfahrt und Astronomie bekannt. Die Raumfahrtfirma Rocket Lab hat hier ihren Startplatz, von dem aus regelmäßig Raketen ins All geschossen werden. Wenn Sie Glück haben, können Sie sogar einen Raketenstart beobachten.

(247) Offizieller WOMO-Badeplatz: Mahia - Oraka Reserve
GPS: S 39°4'15" E 177°53'48", 134 Mahia East Coast Rd, Tel. 06 838 7309. **Max. WOMOs:** 10. **Ausstattung:** Toilette, Umkleideräume. **Beschreibung:** Ruhig und friedlich nahe an einem Meeresarm gelegen, aber am Wochenende ist viel los. Im Bereich zwischen den Holzpfosten Parken. Maximal drei Nächte. **Zufahrt:** Der Hauptstraße auf die Ostseite der Halbinsel folgen (Mahia East Coast Road). In der Rechtskurve links abbiegen.

Weiterfahrt nach Gisborne

Die Weiterfahrt nach Gisborne führt zurück über die Landenge, über die Sie gekommen sind. Sie biegen nach deren Überquerung rechts in die Tunanui Rd ab, die Sie nach Morere und damit zurück zum SH2 bringt. Wenn Sie diese 13 Kilometer lange Schotterstraße lieber vermeiden wollen, können Sie über Nuhaka nach Morere gelangen. Im nahen Waldgebiet **Morere Hot Springs** liegt eine Region mit heißen Quel-

Blick auf Gisborne vom Kati Hill

len. Die Thermalbecken sind von 10.00 bis 21.00 Uhr geöffnet. Sie können im Thermalgebiet einen 20-minütigen **Nikau Loop** laufen, der durch einen Nikau Palmenwald mit vielen seltenen Vögeln führt.

Im weiteren Streckenverlauf steigt die Straße kurvenreich auf den 510 Meter hohen Wharerata Pass an. Vom dortigen Rastplatz haben Sie eine prächtige Aussicht. Auf der Weiterfahrt nach Gisborne passieren Sie nach 19 Kilometern die Ortschaft Muriwai, die auf der Höhe der Landzunge **Young Nicks Head** (Maori: *Te Kuri o Paoa*) liegt. Die Landzunge ist nach dem Schiffsjungen *Nicholas Young* benannt, der am 7. Oktober 1769 als Erster aus der Crew von James Cooks Endeavour das Vorgebirge erspähte.

Chardonnay Capital Gisborne

Auf Sie wartet Gisborne, die *Chardonnay Capital of New Zealand*. Sie haben von Muriwai aus lediglich noch 23 Kilometer zur östlichsten Stadt Neuseelands zurückzulegen, die nur zwei Längengrade von der Datumsgrenze entfernt liegt. Hier ging James Cook mit seinen Leuten an Land. Ein Schutzgebiet bei Kaiti Beach Road in Gisborne markiert die historische Stätte, an der Kapitän Cook zum ersten Mal neuseeländischen Boden betrat (Cooks Landing: GPS: S 38°40‘31” E 178°01‘32”). Nachdem Abel Tasman 1643 in der Golden Bay ankerte, war es das erste Mal, dass Europäer neuseeländischen Boden betraten. Cook und seinem Schiffsjungen Nick wurden Bronzestatuen gesetzt. Wie bei Tasman endete das Zusammentreffen mit den Maori blutig und nachdem sechs Maori getötet wurden, setzte Cook seine Reise eilig fort. Weil er nur etwas Brennholz an Bord nehmen konnte, nannte er die Bucht **Poverty Bay,** »Bucht der Armut«. Er hat damit diesem schönen Landstrich mit seinen tollen Stränden und fruchtbaren Ebenen Unrecht getan. Gisborne ist heute mit 33.000 Einwohnern das wirtschaftliche

Cooks Schiffsjunge Nick zeigt Land an

Zentrum der Eastcape Region. In seinem umtriebigen Hafen werden Lamm- und Rindfleisch, sowie Obst, Mais und Gemüse umgeschlagen. Dank seines warmen, sonnigen und relativ trockenen Klimas wurde der Weinbau zu einer wichtigen wirtschaftlichen Säule Gisbornes. Die hauptsächlich an der Küste liegenden Weinbaugebiete sind international wegen ihres hervorragenden Chardonnays bekannt. In Gisborne finden Sie eine Reihe schöner Parks, darunter den Botanischen Garten. Die Stadt wird von drei Flüssen, dem *Turanganui, Waimata* und dem *Taruheru River* durchflossen und hat deswegen den Spitznamen **»City of Rivers«** verpasst bekommen. Die Sehenswürdigkeiten der Stadt lassen sich leicht erwandern, wenn man der DOC-Broschüre **Gisborne Historic Trail** folgt.

(248) WOMO-Campingplatz: Waikanae Beach TOP 10 Holiday Park

GPS: S 38°40'14" E 178°1'5", 280 Grey St, Waikanae Beach, Gisborne, Tel. 06 867 5634, www.waikanaebeachtop10.co.nz. **Preise:** 40-50 NZD. **Beschreibung:** Zentrumsnahe Lage am Meer. Gute Sanitäranlagen, außer denen im hinteren Bereich. Stellplätze auf Rasen, gute Bademöglichkeiten an der Waikanae Beach gleich nebenan. Restaurants sind gut zu Fuß zu erreichen. Einziges Manko waren die donnernden Geräusche, die beim Beladen der großen Frachter am Pier gegenüber entstanden. **Zufahrt:** Den Schildern zur i-Site folgen. Die Einfahrt zum Campingplatz liegt in derselben Straße.

Gisborne, Cooks Landing

Vom Aussichtspunkt des 135 Meter hohen *Kaiti Hill* können Sie sich einen prächtigen Überblick über die Stadt verschaffen. Am Fuße des Kaiti Hill können Sie im **The Works Café & Restaurant** (41 Esplanade, Tel. 0800 333 114) mit Hafenblick auf der Terrasse eines 100 Jahre alten Backsteingebäudes einen guten Kaffee oder ein Dinner mit einem schönen Wein aus eigenem Anbau genießen. Als Sehenswürdigkeiten hervorzuheben sind das *Gisborne Museum & Arts Centre*, das *Star of Canada Maritime Museum* und das *James-Cook-Observatorium*. Wem das Wasser an den reizvollen Stränden der Stadt zu kalt ist, kann sich im 39° C warmen Wasser des Olympic Pool im Freibad an der Midway Beach schadlos halten.

Die Stadt Gisborne hat eine reiche Maori-Geschichte und Kultur. Sie beherbergt den Turanganui-a-Kiwa-Pa, einen historischen Ort von großer Bedeutung, an dem die erste Begegnung zwischen den europäischen Siedlern und den Maori stattfand. Das *Tairawhiti Museum* bietet Einblicke in die lokale Geschichte und Kultur.

(249) Offizieller WOMO-Badeplatz: Kaiti Beach

GPS: S 38°40'55" E 178°1'48", Kaiti Beach Road, Tel. 06 867 2049. **Max. WOMOs:** 10. **Ausstattung:** Toilette, Picknicktisch, Mülleimer, Außendusche. **Beschreibung:** Guter und ruhiger Platz am Strand. Maximal drei Nächte. **Zufahrt:** Im Stadtzentrum hinter der Brücke rechts in die Hirini St abbiegen, weiter auf der Rakaiatane Rd und dann noch 400 m auf der Kaiti Beach Rd.

(250) Offizieller WOMO-Badeplatz: Makorori Carpark

GPS: S 38°39'29" E 178°6'38", 281 Whangara Rd, Pouawa, **Max. WOMOs:** 8. **Ausstattung:** Toilette. **Beschreibung:** Parkplatz an einer Surf Beach, toller Sandstrand, Klasse Ausblicke, aber die Trucks am nahen Highway sorgen leider für einigen Lärm. Maximal drei Nächte. **Zufahrt:** 10 km hinter Gisbornes Stadtzentrum am SH35.

Rere Falls

Freedom Camping in der Region Gisborne

In der Region Gisborne ist Freedom Camping zeitlich eingeschränkt an neun ausgewiesenen Plätzen kostenlos möglich. Die drei reizvollsten Plätze haben wir aufgenommen (Doneraille, Waihau und Tokomaru). Die Genehmigung müssen Sie online über **www.gdc.govt.nz/recreation/summer-camping** einholen. Dort finden Sie auch genaue Informationen über die Campingplätze. Ihr Wohnmobil muss »self-contained« sein.

Ausflug zu den Rere Falls

Fahren Sie von Gisborne aus 35 Kilometer in nordwestliche Richtung, so erreichen Sie über die Wharekopae Road zunächst das **Eastwood Hills National Arboretum** (392 Wharekopae Rd Gisborne, tgl. 9 bis 17 Uhr, Tel. 06 863 9003). In dessen Englischen Gärten können Sie die größte Sammlung von Sträuchern und Bäumen der nördlichen Hemisphäre bewundern. Durch den 131 Hektar großen Park führen sechs verschiedene Wanderungen, in denen Sie die mehr als 4000 verschiedenen Bäume studieren können.

Folgen Sie der Wharekopae Road weitere 12 Kilometer, erreichen Sie die **Rere Falls**, eindrucksvoll breite Wasserfälle, in denen die Fluten des Wharekopae River 10 Meter tief hinabstürzen. Sie sind ist ein beliebtes Ausflugsziel mit Picknick- und Bademöglichkeiten.

Weitere zwei Kilometer flussaufwärts wartet mit den **Rere Rockslides** eine besondere Attraktion auf Sie, eine 20 Meter breite naturgeschaffene Wasserrutsche. Auf einer Strecke von 60 Metern können Sie hier von Moos bewachsene Felsen in wilder Fahrt hinuntergleiten. Boogie-Boards verleiht die i-Site in Gisborne.

Historische Tauranga Bridge

Über den SH2 nach Opotiki

Wer die östlichste Landspitze der neuseeländischen Nordinsel umrundet, sollte für die 330 Kilometer lange Strecke auf jeden Fall zwei Tage einplanen. Für den Besuch des East Cape sind es hin und zurück noch einmal 41 Kilometer. Wer diese Zeit nicht hat, kann auch die mit 140 Kilometern wesentlich kürzere Inlandsroute nach Opotiki fahren. Die durchaus reizvolle bergige Strecke lässt sich gut in drei Stunden bewältigen. Von Gisborne aus führt die SH2 zunächst durch Obstplantagen und Weinanbaugebiete, die bald von hügeligem Weideland abgelöst werden. Bis Te Karaka folgt der Highway dem Tal des Waipoa River, um dann westwärts nach Matawai zu führen. Sie haben nun die Hälfte der Strecke zur Bay of Plenty zurückgelegt und mit Matawai den einzigen nennenswerten Ort auf dieser Route erreicht. In Matawai können Sie tanken, einkaufen, essen gehen und auf einem Campingplatz übernachten. Außerdem gibt es hier - wie auf der gesamten Strecke - schöne Wandermöglichkeiten. Weitere Informationen finden Sie auf der i-Site in Gisborne.

(251) WOMO-Campingplatz: Matawai Camp Ground

GPS: S 38°21'27" E 177°32'1", 6534 Matawai Road, Matawai, Tel. 06 862 4830. **Preise:** 24 NZD. **Beurteilung:** Schöner und friedlicher Campingplatz mit wunderbaren Stellplätzen auf Gras. Saubere neue Sanitäranlagen. **Zufahrt:** Am SH2, 70 km hinter Gisborne, 71 km vor Opotiki.

Nach Matawai steigt der SH2 weiter an und schlängelt sich bald durch dichten Wald bis auf eine Höhe von 725 Metern zum Gipfel des Traffords Hill. In der Waioeka Gorge überquert er den Whirinaki River, an dem sich ein DOC Standard Campingplatz mit Bademöglichkeit im Fluss befindet. Kurz darauf trifft der SH2 auf den Waioeka River, dem er bis Opotiki folgt. Legen Sie 27 Kilometer vor Opotiki eine Pause ein, für einen fünfminütigen Spaziergang zur historischen **Tauranga Bridge**. Die Brücke führt über den Waioeka River und wurde früher intensiv von den Bauern genutzt. Seit den 1970er Jahren ereilte sie ein ähnliches Schicksal wie die Bridge to Nowhere über den Whanganui River (siehe Tour N05). Der landwirtschaftliche Betrieb war nicht mehr rentabel und wurde eingestellt. Die Brücke wurde kaum genutzt, nicht gewartet und verfiel zunehmend. In den 90er Jahren wurde die Brücke vom DOC renoviert und so vor dem Einsturz bewahrt. Heute ist sie eine viel besuchte Touristenattraktion. Von der Brücke aus hat man einen herrlichen Blick auf den Fluss und den umliegenden dichten Wald. An der Brücke beginnt auch ein fünf Kilometer langer Wanderweg durch ehemaliges Farmland (Tauranga Track).

Eastland

Von Gisborne aus haben Sie 330 kurzweilige Kilometer nach Opotiki vor sich, die Sie zum allergrößten Teil auf dem landschaftlich großartigen Pacific Coast Highway (SH35) zurücklegen werden. Der Straßenzustand ist eher schlecht und Ihnen wird oft das Verkehrsschild »uneven surface« begegnen. SH35 führt Sie durch die östlichste Region Neuseelands, die Eastland genannt wird und wie eine markant geformte Nase in den Südpazifik hineinragt. Den Nasenrücken bildet in diesem Bild die unwegsame Raukumara Range, deren höchster Berg, der **Mount Hikurangi**, 1.754 Meter Höhe erreicht. Eastland ist Neuseelands ältestes Siedlungsgebiet. Die ersten Boote der Polynesier sind hier angelandet. In der sehr dünn besiedelten Region leben überwiegend Maori, 80% des Landes befinden sich in ihrem Besitz. Von Touristen ist diese ursprüngliche Region wegen ihrer Abgeschiedenheit wenig besucht. Wer Ruhe sucht, wird sie hier garantiert finden. Der Pacific Coast Highway ist durchgehend asphaltiert, aber weite Teile im Landesinneren sind nur auf Schotterstraßen befahrbar. Es ist sinnvoll, sich in Gisborne mit Lebensmitteln und Sprit einzudecken, denn die auf dem Wege liegenden kleinen Geschäfte schließen oft früh und bei den wenigen Tankstellen kann man nicht sicher sein, ob sie noch Sprit vorrätig haben.

Im Eastland wird Maori-Brauchtum vielen kleinen Siedlungen noch heute gelebt. In der Regel sind die **Maori** hilfsbereit und werden Ihnen sehr freundlich begegnen. Manchmal schlägt Ihnen aber auch eine gewisse Reserviertheit entgegen, die im Einzelfall von Ihnen durchaus auch als Grobheit erlebt werden kann. Bitte denken Sie daran: Sie sind Gast in ihrem Land!

Sie werden auf Ihrer Fahrt an zahlreichen traditionellen Versammlungshäusern der Maori vorbeifahren, die Sie wegen ihrer

Schönheit und hervorragenden Schnitzkunst zum Besuch einladen. Sie sollten aber jeweils vorher um Erlaubnis fragen, ob sie betreten werden dürfen (Schuhe ausziehen!). Hieran wird deutlich, dass es sich bei einem **Marae** nicht um eine touristische Sehenswürdigkeit handelt, sondern um ein von den Maori zu zeremoniellen Zwecken genutztes **Versammlungshaus**. Das Marae ist Zentrum des kulturellen Lebens der Maori. Jedes seiner Details ist mit Symbolik belegt, die Ausrichtung, der kleine Vorplatz, die Tür, das Fenster und natürlich die kunstvoll geschnitzten Figuren. Ist eine größere Gruppe von Maori vor einem Marae zu sehen, findet eine Feier statt, die Sie nicht stören sollten. Ihr Weg durch das Maoriland führt vorbei an kleinen Siedlungen und einzelnen Gehöften. Viele der Maori Häuser sind hellgelb und mit roten Schnitzereien versehen.

(252) WOMO-Badeplatz: Waihau Loisels Beach

GPS: S 38°26'47" E 178°17'57". **Max. WOMOs:** 15. **Ausstattung:** Toilette. **Beurteilung:** Absolut ruhiger, stimmungsvoller und friedlicher Platz, toll am Strand gelegen. Surf- und Bademöglichkeit. Sie können kilometerweite Strandwanderungen unternehmen. Vorsicht vor sandigem Untergrund. **Hinweis:** Permit des Gisborne District Council erforderlich. Kostenlos online über www.gdc.govt.nz/recreation/summer-camping. Geöffnet von Oktober bis März. **Zufahrt:** 50 km hinter Gisborne zweigt die Zufahrtstraße rechts ab. Sie ist 6 km lang, kurvenreich und eng, nur zur Hälfte geteert, ermöglicht dafür wunderschöne Blicke auf die Waihau Bay.

Weiterfahrt zum Eastcape

Hinter Gisborne folgen die Strände *Wainui, Makorori Beach, Tatapouri* und *Pouawa*. Danach verlässt der SH35 die Küste, die er erst 55 Kilometer hinter Gisborne in **Tolaga Bay** wieder erreicht. Unterwegs zweigt eine Straße zur Waihau Beach ab, die Ihnen einen ruhigen und idyllischen Übernachtungsplatz anbietet. In Tolaga Bay mündet der Uawa River. Die geschützte Bucht bietet sehr gute Bademöglichkeiten und in ihrem südöstlichen Teil eine markante Pier. Die Tolaga Bay Wharf ragt 660 Meter

Whangara

Blick vom Cooks Cove Walkway

weit in die See hinaus und kann nach Restaurierungsarbeiten wieder gefahrlos begangen werden.

(253) WOMO-Campingplatz: Tolaga Bay Holiday Park

GPS: S 38°22'58" E 178°18'59", 167 Wharf Rd, Tolaga Bay, Tel: 06 862 6716. **Preise:** 40-45 NZD. **Beschreibung:** Direkt an der schönen Tolaga Bay mit der langen Pier aus den 1920er Jahren gelegen. Die Stellplätze befinden sich auf einer großen Rasenfläche, von Norfolk-Tannen eingefasst, Sanitäranlagen annehmbar bis schlecht. Kein direkter Blick zum Strand, der ist *tourist cabins* vorbehalten. Startpunkt des Wanderweges zur Cooks Cove. **Zufahrt:** Am SH35 gut ausgeschildert, Zufahrt 1,7 km.

Zögern Sie nicht, auf ihr bei Sonnenuntergang ins Meer hinauszuwandern. Nebenan finden Sie einen guten Campingplatz. Unweit der Pier beginnt ein gut fünf Kilometer langer Wanderweg, der in die idyllische *Cooks Bay* führt (**Cooks Cove Walkway**, 2,5 h hin und zurück). Er führt zunächst steil hinauf zu einer Aussichtsplattform und dann hinab zur Cooks Cove, in der James Cook an Land ging, um Wasser und Verpflegung an Bord zu nehmen. Im Fremdenverkehrsort Tolaga Bay finden Sie Läden, Motels und auch einen Golfplatz.

Etwa auf halber Strecke von Gisborne nach Tolaga Bay liegt der Ort **Whangara**, in dem 2002 Niki Caro den Film »Whale Rider« drehte. Die Bewohner des Ortes wünschen keine Besucher und Sie werden deshalb am Highway kein Hinweisschild auf Whangara finden. Etwa 2,5 Kilometer vom SH35 entfernt liegt ein Aussichtspunkt über das Dorf und die vorgelagerte Insel, weiter sollten Sie nicht fahren.

Hinter Tolaga Bay entfernt sich die Straße wieder von der Küste, die Sie erst nach 36 Kilometer in Tokomaru Bay wiedersehen werden. Es sei denn, Sie entscheiden sich 13 Kilometer hinter Tolaga Bay rechts in die Anaura Road einzubiegen, um der hübschen **Anaura Bay** einen Besuch abzustatten

Anaura Bay Motor Camp

(sieben Kilometer Stichstraße). Am nördlichen Ende der Bucht beginnt der 3,5 Kilometer lange Anaura Bay Walkway. In **Tokomaru Bay** treffen Sie auf eine kleine Gemeinde mit einem sieben Kilometer langen geschützten Sandstrand, der neben unzähligen bezaubernden Buchten auch drei freie Stellplätze aufweist. Wir empfehlen den mittleren von Ihnen (siehe Kasten). Handwerker, Musiker und Künstler machen die 400 Seelen Gemeinde zum Kunstzentrum der Ostküste. Einer von ihnen ist Baye Riddell, ein bekannter Maori-Keramikkünstler. In seinem Künstlerstudio können Sie seine Kunstwerke und die Arbeiten weiterer lokaler Künstler bestaunen.

(254) WOMO-Campingplatz: Anaura Bay Motor Camp

GPS: S 38°14'51" E 178°18'58". 680 Anaura Bay, Tel. 06 862 6380. **Ausstattung:** Standard. **Preise:** 40-50 NZD. **Beurteilung:** Die Anaura Bay hat einen der schönsten Strände des gesamten Eastlands. Sogar James Cook hat hier übernachtet. Die Stellplätze des kleinen familiären Campingplatzes liegen auf einer großen hervorragend gepflegten Grasfläche direkt an dieser Beach. Die Plätze bieten wunderbare Ausblicke auf die vorgelagerte kleine Insel. Sie können sich ein Kajak mieten und um diese Insel herum fahren. Auch können Sie am Strand entlang wandern oder den Anaura Walkway spazieren. Er ist viereinhalb Kilometer lang und nimmt ungefähr zwei Stunden in Anspruch. Es gibt kostenfreies unbegrenztes und gut zu empfangendes WLAN. Die Anlage ist sehr gepflegt und verfügt über ältere und einfache, aber gute und saubere Einrichtungen. Sie hat ihren ganz eigenen Charme. Wir können diesen bezaubernden Platz sehr empfehlen. **Zufahrt**: Vom SH35 nach Anaura Bay abbiegen, 7 km fahren.

(255) Offizieller WOMO-Stellplatz: Tokomaru Bay Middle

GPS: S 38°8'4" E 178°18'58". **Max. WOMOs:** 15. **Ausstattung:** Keine. **Beschreibung:** Großer ruhiger Grasplatz mit einige Palmen, toll an der Mündung des Waioto Stream am Strand gelegen. **Hinweis:** Permit des Gisborne District Council erforderlich. Kostenlos online über www.gdc.govt.nz/recreation/summer-camping. Geöffnet von Oktober bis März. **Zufahrt:** Rechts in die Arthur St abbiegen und nach 500 m links in Mere St.

Wanderung auf den Mount Hikurangi

Etwa auf halber Strecke nach Tikitiki, kurz hinter dem Abzweig nach Ruatoria, führt eine 25 Kilometer lange Stichstraße in die Berge, von denen nur die ersten 14 Kilometer asphaltiert sind. Wer zum Mount Hikurangi (1.754 m) wandern will, biegt hier in die Tapuaeroa Valley Road ab. Der Wanderweg zum Gipfel beginnt an der Pakihiroa Station und insbesondere der letzte Anstieg von einer Hütte über den **Te Ariki Hikurangi Track** ist sehr anspruchsvoll. Der Weg zur Hütte dauert etwa vier Stunden und der Weg von dort zum Gipfel etwa zwei Stunden. Für die Wanderung benötigen Sie eine Genehmigung zum Betreten des für die Maori heiligen Berges. Die Erlaubnis bekommen Sie an einer i-Site oder direkt bei Hikurangi Guided Tours in Ruatoria. Auf dem Weg zum Gipfel liegen neun geschnitzte Whakaro, wunderschöne Holzskulpturen, welche die Geschichte von Maui-Tikitiki-a-Taranga und seiner Familie erzählen. Sie wurden zur Jahrtausendwende von Maori-Künstlern errichtet.

Tikitiki liegt 56 Kilometer hinter Tokomaru Bay und sieben Kilometer vor der Mündung des hier breit dahinfließenden Waiapu River. In Tikitiki ist die anglikanische **Holzkirche St. Marys** sehenswert, die zwei Kulturen repräsentiert. Die äußere Struktur der Kirche ist christlich geprägt, während ihr Inneres von einer außergewöhnlich reichhaltigen Schnitzkunst der Maori bestimmt wird, deren Mythologie in feinen Schnitzereien ihre Darstellung findet. Schon am kunstvollen Eingangstor bekommen Sie davon einen Vorgeschmack. In der 1924 unter Verwendung traditioneller Handwerkstechniken der Maori erbauten Kirche wird den im ersten Weltkrieg Gefallenen des Ortes gedacht, sowie dem Maoripolitiker Sir Apirana Ngata, auf den die Initiative zum Bau der Kirche zurückgeht.

First to see the light am Eastcape

Nur 23 Kilometer hinter Tikitiki treffen Sie auf das kleine Städtchen **Te Araroa**. Te Araroa ist ein ruhiges, fast verschlafen wirkendes Maori-Dorf. Neben einer Kirche, Polizei, Feuerwehr und Post besteht es aus einer Tankstelle, einem Supermarkt und einem schön angelegten Campingplatz, der einige Kilometer Richtung Hicks Bay liegt. An der Straße am Strand finden Sie den größten Pohutukawa Baum Neuseelands (350 Jahre alt, 21 Meter hoch, 40 Meter breit). Einer der für Neuseeland typischen Wegweiser gibt die Entfernung nach Frankfurt am Main mit 19.290 Kilometern an. Viel weiter geht es nicht auf unserem Erdball. In Te Araroa beginnt eine aufregende Straße zum 22 Kilometer entfernten **East Cape**, dem östlichsten Punkt der Nordinsel. Die für zehn Kilometer unbefestigte Straße führt teilweise dicht am Meer entlang und ist nichts für ängstliche Ge-

Te Araroa, Größter Pohutukawabaum Neuseelands

müter. Bei Extremwetterlagen oder besonders hoher Flut wird die Straße gesperrt. Große rote Schilder bitten um besonders vorsichtige Fahrweise. Bitte lassen Sie sich von dieser Wegschilderung nicht abschrecken. Die Strecke verläuft weitestgehend eben. Auch die unbefestigten Teile der Straße sind gut zu befahren und bei umsichtiger Fahrweise werden Sie wohlbehalten am East Cape ankommen. Die Küste ist sehr felsig mit teils malerischen Klippen. Streckenweise liegt zwischen Straße und Meer ein ganzes Areal von flachen Felsplatten. Zur anderen Seite hin steigen die Berghänge steil an.

(256) WOMO-Campingplatz: East Cape Campground

GPS: S 37°39'26" E 178°29'41", 1480 East Cape Rd, Tel. 06 864 4831. **Ausstattung:** Toilette, Dusche. **Preise:** 30 NZD. **Beschreibung:** Wunderbar an einer großen Viehweide gelegen. Es gibt viel Platz und einen netten Badestrand. Ein Flüsschen mündet hier. Tolle Ausblicke. Toilette und Duschen sehr einfach, recht teuer. **Zufahrt:** An der Straße zum East Cape, 20 Kilometer hinter Te Araroa, 6,6 Kilometer vor dem Leuchtturm.

(257) WOMO-Campingplatz: Te Araroa Holiday Park

GPS: S 37°36'11" E 178°18'48", SH35, Te Araroa, Tel. 06 864 4873, www.teararoaholidaypark.nz. **Ausstattung:** Keine Entsorgungsstation. Die nächste Gelegenheit finden sie in Te Araroa, 26 Te Arawapia Road. **Preise:** 40 NZD. **Beschreibung:** Weiträumiger, etwas wilder, schattiger Platz mit großen Stellplätzen. Zum eigenen Strand laufen sie 300m. Die Einrichtungen sind leider recht heruntergekommen. Nur eine Dusche, erst nach 18 Uhr. **Zufahrt:** Von Te Araroa in Richtung Hicks Bay, am Ende der Bay.

Am **East Cape** angelangt, treffen Sie auf eine grüne Gras- und Weidelandschaft, die in privatem Besitz ist. Sie sollten über rund 750 Stufen den auf einer 154 Meter hohen Anhöhe gelegenen Leuchtturm erklimmen und gen Osten blicken, denn hier am East Cape geht die Sonne weltweit zuerst auf: **»First to see the light!«** ist der lokale Werbespruch. Für den

Raukokore Anglican Church

Ausflug von Te Araroa zum East Cape einschließlich des Aufstieges zum Leuchtturm sollten Sie einen Zeitbedarf von mindestens drei Stunden veranschlagen.

Vom Eastcape nach Opotiki

Von Te Araroa aus fahren Sie Richtung Westen und erreichen nach zwölf Kilometern Hicks Bay, von James Cook nach seinem Leutnant Zachariah Hicks benannt. Hicks Bay hat eine Bucht, die zum Schwimmen, Angeln und auch Tauchen einlädt. Der SH35 verlässt nun die Küste, führt bald über eine leichte Passhöhe und erreicht nach 34 Kilometer den Ort *Whangaparaoa*. Er liegt am Cape Runaway, das von Cook so getauft wurde, weil eine Gruppe von Maori beim Anblick der Endeavour die Flucht ergriff.

Es folgen mehrere langgezogene Buchten, die zum Baden einladen. Immer wieder findet man entlang der Strecke kleine Campingplätze. Hinter dem nächsten Landvorsprung im Meer wartet plötzlich eine besondere Sehenswürdigkeit. In exponierter Lage auf einer kleinen Halbinsel, deren felsiges Ufer von der Brandung umspült wird, erhebt sich die strahlend weiße **Raukokore Anglican Church**. Sie ist von einem ebenfalls weißen Holzzaun umgeben, die roten Türrahmen sind Maori-Arbeiten nachempfunden. Die Kirche kann besichtigt werden. Nach weiteren 14 Kilometern auf dem SH35 erreicht man die idyllische Whanarua Bay mit ihrem kleinen Strand, der nur zu Fuß erreichbar ist. Ausgangspunkt ist die **Pacific Coast Macadamia Nut Farm** (GPS: S 37°40'51" E 177°47'31". Tel. 07 325 2960, www.macanuts.co.nz, täglich von 9 bis 17 Uhr, im Winter von 10 bis 15 Uhr), auf der Macadamianüsse angebaut werden und die auch über ein kleines Café verfügt. Man befin-

Te Kaha, Maraetai Bay

det sich hier in einer absolut ruhigen und malerischen Umgebung. Neben unzähligen Macadamia-Bäumen gedeihen in dem fruchtbaren Garten auch andere tropische Früchte wie Papayas und Bananen. Bei Kaffee, Kuchen oder leckeren getoasteten Sandwiches kann man den Blick auf das Meer genießen.

(258) Offizieller WOMO-Stellplatz: Maraehako CG

GPS: S 37°40'24" E 177°48'11", 8563A SH35, Waihau Bay, Tel. 07 325 2901. **Max. WOMOs:** 12. **Ausstattung:** Toilette, Wasser, Dusche. **Preise:** 30 NZD. **Beschreibung:** Großer Grasplatz mit Bäumen und stimmungsvoller Lage am Strand, neben dem Maraehako Bay Retreat. Toller Blick auf White Island. Kajak Vermietung. **Zufahrt:** Am SH35, 14 km hinter Raukokore.

Der Pacific Coast Highway SH35 folgt nun der Küste und erreicht bald die Region Bay of Plenty. 18 Kilometer hinter Maraehako erreicht man **Te Kaha**, ein altes Walfängerdorf, in dem das Versammlungshaus Marae Tukaki auf einem Hügel mitten im Dorf die Blicke auf sich zieht. Es ist besonders reich verziert und mit seinen kunstvollen Schnitzereien wohl das schönste Marae in dieser an Versammlungshäusern wahrlich nicht armen Region. Das Maori-Wort Te Kaha bedeutet »Festung«. Der Name verweist auf die Stärke des hiesigen Maoristammes, der sich lange Zeit erfolgreich gegen andere Stämme behaupten konnte. In Te Kaha ticken die Uhren noch etwas langsamer als sonst in Neuseeland. Hier kann es durchaus vorkommen, dass man Kinder oder Erwachsene auf Pferden durch die Straßen reiten sieht. Wer Lust auf einen Ausritt hat, hat hier die Gelegenheit dazu. Auf dem Rücken der Pferde geht es einen halben oder ganzen Tag lang durch die wunderschöne unberührte Natur, entlang von Flüssen und zu Wasserfällen. Auch für Reitanfänger ist gesorgt. **Maungaroa Station Horse Treks**,

Mangaroa Access Road, Tel. 07 325 2727. Hier kann man mit dem Wohnmobil übernachten. Die Gelegenheit zu einer wunderbaren 1,5-stündigen Jetbootfahrt auf dem Motu River (**Motu River Jet**, Tel. 07 315 5028) haben Sie 35 Kilometer vor Opotiki. Die Touren starten am Parkplatz an der Motu River Bridge. Ein unvergessliches Erlebnis.

Die 5.000 Einwohner zählende Kleinstadt **Opotiki** erreichen Sie 65 Kilometer hinter Te Kaha. Das verschlafen wirkende Städtchen liegt am östlichen Rand der Bay of Plenty am Zusammenfluss des Waioeka- und des Otara River und wird als Tor zum Eastland betrachtet. Opotiki ist eine der ersten Siedlungen der Maori, deren Kultur hier auch heute noch allgegenwärtig ist. So können Sie entlang der Hauptstraße Opotikis kunstvolle Schnitzereien bewundern. Wer mehr über Kultur und Geschichte der Maori kennen lernen möchte, kann sich im Museum informieren oder sich einer geführten Tour anschließen. Ein Maori-Führer vermittelt Ihnen Einblicke in die Lebensweise und Traditionen seiner Landsleute. Sehr guten Kaffee und deftiges Essen bekommen Sie im **Two Fish** (102 Church St, Tel. 07 315 5548) geboten. Viele Besucher Opotikis werden von seinem schönen Sandstrand angezogen. Er ist bei Schwimmern und Surfern gleichermaßen beliebt. Etwa 8 Kilometer südlich des Stadtzentrums von Opotiki können Sie die Hukutaia Domain besuchen, einen Park in dem neben vielen verschiedenen Baum- und Pflanzenarten ein über 2.000 Jahre alter Puriri-Baum von 22 Meter Umfang steht, in dessen Hohlraum Maori die Knochen ihrer Toten beerdigt haben.

(259) Offizieller WOMO-Stellplatz: Te Kaha Maraetai Bay

GPS: S 37°43'39" E 177°41'41". SH35, Te Kaha, Tel. 07 315 3030. **Max. WOMOs:** 8. **Ausstattung:** Toilette, Spielplatz. **Beschreibung:** Wunderbare Lage, Stellplätze auf Gras, allerdings angrenzend an den SH35. Wenig Verkehr. Parken Sie bitte im vorgesehenen Bereich. Maximal drei Nächte. **Zufahrt:** Auf einer markante Landnase an einer Biegung des SH35.

(260) Offizieller WOMO-Stellplatz: Omaio Hoani Waititi

GPS: S 37°48'55" E 177°37'28", 84 Omaio Pa Road, Tel. 07 315 3030. **Max. WOMOs:** 12. **Ausstattung:** Keine. **Beurteilung:** Schöner, großer Grasplatz etwas oberhalb der Beach, durch Buschwerk zur Steilküste abgegrenzt. Der Platz wurde vom Opotiki District Council bereitgestellt. **Zufahrt:** 53 km hinter Opotiki erreicht der SH35 die Omaio Bay. Dort, wo der SH35 auf den Strand trifft, biegen Sie links in die Omaio Pa Road ein, die an der Beach entlangführt. Nach 700 m zweigt rechts eine Straße zum Platz ab.

(261) Offizieller WOMO-Stellplatz: Hukuwai Beach

GPS: S 37°59'26" E 177°18'40", SH311, Tirohanga. **Max. WOMOs:** 10. **Ausstattung:** Toilette. **Beschreibung:** Hübscher Platz mit Stellplätzen auf Gras, etwas uneben. Er liegt an einem Radweg zwischen Strand und Straße. Sehr beliebt, früh kommen. Maximal drei Nächte. **Zufahrt:** Nur drei Kilometer hinter Opotiki, wenn der SH35 die Küste erreicht..

TOUR N10
25 km
N
Bay of Plenty
Te Urewera National Park
Opotiki
Hukutaia Domain
Ohiwa
Ohope
Whakatene
Awakeri
Awakeri Hot Springs
Edgecumbe
Matata
Mount Edgecumbe 821 m
Kawerau
Lake Rotoma
Lake Rotoehu
Lake Rotoiti
Okere Falls
Lake Okataina
Mount Tarawera 1111 m
Lake Tarawera
Lake Rotomahana
Lake Rerewhakaaitu
Waimangu
Wai O Tapu
Te Wairoa The Buried Village
Lake Okareka
Lake Tikitapu
Lake Rotokakahi
Waikite Valley
Lake Rotorua
Rotorua
Maketu
Te Puke
Papamoa Beach
Mt Maunganui
Tauranga
Tour N12
McLaren Falls
TeKaimai-Mamaku Forest Park
Te Waihou Walkway Blue Spring
Putaruru
Tirau
Minden Lookout
Wairere Falls
Opal Hot Springs
Gordon
Matamata
Hobbiton Movie Set
Te Tapui Senic Reserve
Katikati
Lindemann Lookout
Te Aroha
Waihi
WC
2
5
27
29
33
36
271
272
273
274
275
276
277
278
279
280
281
282
283
284
285
286
287
288
289
290

Tour N10: Höllische Verhältnisse in Rotorua 400 km

Opotiki - Ohope - Whakatane - Rotorua - Te Puke - Papamoa - Tauranga - Katikati - Waihi Beach - Waihi

Stellplätze:	Ohope Maraetotara, Whakatane McAlister St, Lake Rotoma Rotorua, Okere Falls Trout Pool, Papamoa Beach, Katikati: MacMillan Reserve, Tuapiro Point, Waihi Beach
Camping:	Island View HP, Ohiwa Beach HP, Ohope Beach HP, Awakeri Hot Springs, Whakatane HP, Rotorua Tasman, Blue Lake Top 10 HP, Papamoa Beach Tasman, Mount Beachside Maunganui, Omokoroa Top 10 HP, Athenree HP
Besichtigen:	Ohiwa Harbour, Whale Island, Rotorua: Kuirau Park, Ohinemutu, Whakarewarewa, Te Puia, Tudor Bathhouse, Tauranga: The Elms, Historic Village, Mt Maunganui
Wandern:	Walks around Whakatane, Puketapu Lookout, Kohi Point Walkway, Tarawera Falls, Okataina Walkway, Kuirau Park, Mount Maunganui Summit, Tauranga City, Historic Tauranga
Essen:	Whakatane: Wharf Shed, Rotorua: Lime Caffeteria, Indian Star, Tauranga: Mediterrano Café, Fresh Fish Market
Baden:	Ohiwa, Ohope, Papamoa, Mount Maunganui, Waihi Beach,

Die Tour N10 bietet Ihnen die beiden Attraktionen Bay of Plenty und Rotorua. Auf Ihrem Weg nach Whakatane umfahren Sie zunächst den Naturhafen Ohiwa Harbour. Auf dem Weg liegen wunderschöne Badestrände. Zur Whakatane vorgelagerten und von Schädlingen befreiten Insel Whale Island können Sie einen Bootsausflug unternehmen. In Whakatane verlassen Sie die Küste und fahren nach Rotorua, in eines der geothermisch aktivsten Gebiete der Erde. Der SH30 nach Rotorua führt Sie an den wunderschönen Seen der Rotorua Seenplatte vorbei, die sämtlich aus Vulkankratern hervorgegangen sind. Nach einer ausgiebigen Besichtigung der Geothermalgebiete um Rotorua wenden Sie sich Tauranga und damit wieder der Bay of Plenty zu. Das sehr reizvoll auf mehreren Halbinseln gelegene Tauranga ist die einzige größere Stadt Neuseelands, die einen Maori-Namen trägt (»Sicherer Ankerplatz«). Nachdem Sie sich die Stadt angesehen haben, fahren Sie um den Tauranga Harbour herum, erreichen zunächst Katikati dann Waihi Beach und abschließend Waihi, den Zielort von Tour N10.

Bay of Plenty

Wie so oft muss zwischen der politischen Region und der gleichnamigen Bucht unterschieden werden. Die Bay of Plenty bildet die nördliche Grenze der Region Bay of Plenty. Im Osten bildet die Raukumara Range eine natürliche Grenze zur Region Gisborne, zu der auch das von der Tour N09 durchquerte Eastland gehört. gehört. Im Südosten der Region befinden sich die Huirau Ran-

Island View Holiday Park

ges und die Hawke's Bay Region und im Westen die Waikato Region. Die größte Stadt der Region ist Tauranga mit rund 132.000 Einwohnern. Das 50 Kilometer landeinwärts gelegene, schnell wachsende Rotorua hat 77.000 Einwohner. Im milden, fast subtropischen Klima werden Obst und Südfrüchte angebaut. Äpfel und Avocados dominieren, und der Kiwi-Anbau des Landes nahm hier seinen Anfang. Nicht umsonst nannte James Cook die Bucht »Bay of Plenty«, »Bucht des Überflusses«. Neben der Landwirtschaft wird auch Forstwirtschaft betrieben, da die Region zu einem großen Teil bewaldet ist. Der Weinbau spielt noch eine untergeordnete Rolle. Dagegen hat der Tourismus vor allem in den beiden größten Städten Tauranga und Rotorua stark zugenommen. An natürlichen Attrak-

tionen werden dem Besucher viel Sonne und lange feinsandige Strände, einsame Nationalparks, großer Fischreichtum, zahlreiche schöne Seen, das geothermisch sehr aktive Gebiet um Rotorua und die aktive Vulkaninsel White Island geboten.

(271) WOMO-Campingplatz: Island View Family HP
GPS: S 37°59'32" E 177°14'34", 6 Appleton Road, Waiotahi Beach, Opotiki, Tel. 07 315 7519, www.islandview.nz. **Ausstattung:** Swimming Pool, Tennisplatz, Freiluftduschen zum Strand hin. **Preise:** 60 NZD. **Beschreibung:** Direkt am wunderschönen, langgezogenen weißen Sandstrand der Waiotahi Beach gelegen. Sehr gut und freundlich geführte Anlage. Ausgesprochen ruhige Lage, trotz der Nähe zum SH2. Große Stellplätze auf Gras. Sehr gute Sanitäranlagen. Das freie WiFi ist sehr gut, und überall zu empfangen. **Zufahrt:** Kurz bevor der SH2, 5 km hinter Opotiki, wieder auf die Küste trifft, rechts abbiegen. Das Office liegt nach 100 Metern rechts.

Von der Opotiki nach Whakatane

Die Tour N10 startet in Opotiki und führt zunächst zur nahe gelegenen Waiotahi Beach, wo sich direkt am Strand ein sehr schöner Campingplatz befindet. Falls Sie genügend Zeit haben, sollten Sie sich einen kleinen Abstecher nach **Ohiwa** gönnen. An dem weitläufigen Strand können Sie wunderbar baden. Über die Ohiwa Loop Road gelangen Sie auf ausgesprochen reizvoller Strecke zurück zum SH2. kurz danach verlässt der SH2 die Küste, um dem großen Naturhafen Ohiwa Harbour auszuweichen. Verlassen Sie den SH2 kurz hinter Kutarere und biegen Sie rechts in die Wanui Road ein. Diese umrundet den Naturhafen und stößt in **Ohope** wieder an die Küste. Sie

Ohiwa Beach Holiday Park

biegen hier rechts in die Harbour Road ein, um der langen schmalen Landzunge zu folgen, die die Bucht zum Naturhafen macht. Am Ende der flachen Halbinsel befindet sich ein empfehlenswerter Campingplatz mit Stellplätzen direkt am Strand. Dieses wunderschöne Fleckchen Erde ist auch bei den Einheimischen en vogue, die hier zahlreiche Zweitwohnungen ihr Eigen nennen. An den Wochenenden voll ist es. Wegen des reichhaltigen Angebotes an Meeresfrüchten war die Landzunge auch schon bei den Maoris sehr beliebt.

(272) WOMO-Campingplatz: Ohiwa Beach Tasman HP

GPS: S 37°59'24" E 177°9'41", 380 Ohiwa Harbour Road, Opotiki, Tel. 07 315 4741, www.tasmanholidayparks.com/nz/ohiwa/ **Ausstattung:** Pool, Spielplatz. **Preise:** 47-55 NZD. **Beschreibung:** Wunderschön direkt am Meer gelegener Campingplatz mit Blick auf das rauchende White Island. Ein kurzer Spaziergang durch die Dünen führt zum traumhaften weißen Sandstrand mit guten Bademöglichkeiten. Die Anlage liegt abseits des Highways In einer ausgesprochen naturnahen Umgebung. Buschwanderungen sind möglich. Saubere Sanitäranlagen. Große Plätze aus Gras. Wir haben die wundervolle Stimmung hier sehr genossen. Der Platz ist bei Neuseeländern besonders in der Ferienzeit sehr beliebt. **Zufahrt:** Vom SH2 hinter dem Waipoua River in die Oxford Street abbiegen.

(273) WOMO-Campingplatz: Ohope Beach Top 10 HP

GPS: S 37°58'59" E 177°6'46", 367 Harbour Road, Ohope, Tel. 07 312 4460. **Ausstattung:** Pool, Spielplatz. **Preise:** 70-80 NZD. **Beschreibung:** Traumhafte Lage am Ende der Landnase direkt am langen Sandstrand. Wiese, Bäume, schöner Pool. Allerding sind die Sanitäranlagen sind für die Zahl der Gäste nicht ausreichend. Der gesamte Platz ist recht eng. **Zufahrt:** In Ohope in die Harbour Road einbiegen und den Hinweisschildern folgen.

Whakatane

Lassen Sie sich auf dem Weg nach Whakatane den rechts vom SH2 abzweigenden Abstecher zum **Kohi Point Lookout** (GPS: S 37°57'28" E 177°0'45") nicht entgehen. Auf dem Weg dorthin haben Sie einen wunderbaren Blick auf den hinter Ihnen liegenden Küstenabschnitt und am Aussichtspunkt selbst liegt Ihnen Whakatane zu Füßen. Die ansehnliche 15.000 Einwohner zählende Stadt ruht in der letzten Flussschleife des Whakatane River, bevor dieser ins Meer fließt. Im Mittelpunkt von Whakatane trohnt der imposante Felsen Pohaturoa. Ih-

Blick auf Whakatane

re erste Anlaufstelle sollte jedoch die zentral am Civic Centre gelegene i-Site sein, wo Sie sich über mögliche Ausflüge oder Wanderungen (Broschüre: *Discover the Walks around Whakatane*) informieren können.

(274) Offizieller WOMO-Badeplatz: Ohope Maraetotara
GPS: S 37°58'14" E 177°3'27", 233 Pohutukawa Ave, Ohope, Tel. 07 306 0500 **Ausstattung:** Toilette, Wasser, Entsorgungsstation. **Max. WOMOs:** 5. **Beschreibung:** Klasse am Strand gelegen. Bitte nur im vorgesehenen Bereich stehen. Maximal 2 Nächte. Früh kommen! **Zufahrt:** Zentral gelegen.

(275) WOMO-Campingplatz: Whakatane Holiday Park
GPS: S 37°56'55" E 176°59'11". McGarvey Rd, Whakatane, Tel. 07 308 8694. **Ausstattung:** Pool, Spielplatz. **Preise:** 50-70 NZD. **Beschreibung:** Ruhiger, großer Platz auf Gras, am Ohinemataroa River. Sanitäranlagen gut. Sie laufen 15 Min zu Fuß am Flussufer entlang in das Zentrum von Whakatane. **Zufahrt:** Vor der Brücke über den Ohinemataroa River rechts in die Landing Rd, dann links in die Elvers Rd, rechts in die Peace St und schließlich rechts in die McGarvey Rd einbiegen. An deren Ende linke Seite.

(276) WOMO-Stellplatz: Whakatane McAlister Street
GPS: S 37°57'1" E 176°59'28", 1 McAlister Street. **Max. WOMOs:** 5. **Ausstattung:** Toilette, Wasser, Entsorgungsstation. **Beschreibung:** Parkplatz an einem Deich zum Whakatane River. Auf dem Deich befindet sich die Toilette und Sie können dort wunderbar zur i-Site laufen. Bitte nur im vorgesehenen Bereich stehen (siehe Schild). Maximal 2 Nächte. **Zufahrt:** 1 McAlister Street, nähe NewWorld. 1,3 Kilometer westlich der i-Site.

White Island, 50 Kilometer vor der Küste liegend, ist Neuseelands einzige aktive marine Vulkaninsel und gehört zur Taupo Volcanic Zone, einer der weltweit aktivsten vulkanischen Regionen. Die Insel erstreckt sich über eine Fläche von etwa zwei Quadratkilometern und ragt rund 321 Meter aus dem Meeresspiegel empor. Der Name »White Island« stammt von den weißen Dampfwolken, die oft aus den Fumarolen des Vulkans aufsteigen. Diese Dampfwolken enthalten mineralische Abla-

Mündung des Whakatane River

gerungen, die dem Boden und den Felsen der Insel eine helle, weiße Farbe verleihen. Ein Bootsausflug zur 50 Kilometer vor der Küste liegenden, aktiven Vulkaninsel White Island wird nicht mehr angeboten, seit ein Ausbruch am 9. Dezember 2019 gegen 14:11 Uhr Ortszeit 22 Todesopfer und mehrere Verletzte forderte. Ein Rundflug über den Vulkan ist weiterhin möglich. Informieren Sie sich über den aktuellen Stand. Empfehlenswert sind ein Bootsausflug zum Vogelparadies **Whale Island** (www.whaleislandtours.com, 96 The Strand, Whakatane, Tel. 07 308 2001) und eine Tour zum Schwimmen mit Delfinen.

Sehenswert sind der Botanische Garten, das *District Museum and Gallery* und die zentral gelegenen *Te Wairere Falls*, der über die Wairaka Road erreicht werden kann. Lohnend ist auch ein Spaziergang auf den Hügel **Puketapu**, dessen Aussichtspunkt einen guten Überblick über die Stadt und den Fluss bietet. Eine längere Wanderung ist der etwa 3,5 Stunden in Anspruch nehmende **Kohi Point Walkway**. Preisgekrönte Lamm- und leckere Fischgerichte bekommen Sie im **Wharf Shed** (Ecke The Wharf - The Strand, Tel. 07 308 5698) mit Blick auf den Whakatane River. Leckere Fish&Chips bekommen Sie bei **Gibbo's on the Wharf** (2 The Strand, Tel. 07 307 1100).

In der Mythologie der Maori nimmt Whakatane (»handeln wie ein Mann«) eine wichtige Rolle ein. Nach ihrer Überlieferung landete vor etwa 700 Jahren an der Flussmündung des Whakatane River das Ahnen Kanu Mataatua. Während die Männer auf Erkundungstour waren, löste sich das Kanu und wurde abgetrieben. In dieser bedrohlichen Situation setzte sich die Häuptlingstochter **Wairaka** über das Tabu, das Frauen verbietet Boote zu steuern, hinweg und rettete das Kanu. Ihr zu Ehren, wurde die neu entstandene Siedlung Whakata-

Tarawera Falls

ne genannt. Auf dem Turuturu Rock, einem an der Mündung des Whakatane River liegenden Felsen, wurde der beherzten Waikaka eine Bronzestatue gewidmet.

Von der Whakatane nach Rotorua

Nun kehren Sie der Küste den Rücken und wenden sich dem landeinwärts gelegenen Rotorua zu. Die 80 Kilometer lange Wegstrecke folgt dem SH30. Wenn Sie Lust haben, die Holz- und Papierindustriestadt **Kawerau** kennenzulernen, müssen Sie einen drei Kilometer Umweg über den SH34 in Kauf nehmen. In Kawerau erwartet Sie ein recht strenger Geruch. Er geht von der Pulp & Paper Company Mill aus, einer hochmodernen Zellstoff- und Papier-Mühle. Die unzähligen mit Holz gefüllten Container direkt am SH34 sind nicht zu übersehen.

(277) WOMO-Campingplatz: Awakeri Hot Springs HP

GPS: S 38°0'20" E 176°51'39", 1363 SH30, Awakeri, Tel. 07 304 9117, www.awakerisprings.co.nz **Ausstattung:** Hot Pool, Spielplatz. **Preise:** 40-50 NZD. **Beschreibung:** Sehr schöne, gut gegeneinander abgegrenzte Plätze auf Gras, viele Bäume. Den traumhaften Hot Pool (10m x 20m) können Sie von 6 Uhr bis 22.30 Uhr genießen. Das Bad ist besonders früh morgens und abends unter dem Sternendach ein ganz besonderes Vergnügen. **Zufahrt:** 16 km hinter Whakatane am SH30.

Nur vier Kilometer entfernt, quasi vor der Haustür Kaweraus, liegt der markante 820 Meter hohe Vulkankegel des **Mount Edgecumbe** (Maori: Pūtauaki). Zum Besteigen des Vulkangipfels benötigen Sie ein Permit (i-Site). Zu gleichen Konditionen können Sie einen Ausflug in die *Lake Tarawera Scenic Reserve* unternehmen. Eine ca. 45-minütige Fahrt auf unbefestigten Straßen durch Landschaftsschutzgebiet bringt Sie zunächst zu einem Parkplatz. Hier beginnt ein gut ausgebauter Pfad, der Sie nach 20-minütigem Fußmarsch zu den **Tarawera Falls**, einem 60 Meter hohen Wasserfall führt. Das Besondere an diesem Naturschauspiel ist, dass der Wasserfall inmitten einer Felswand entspringt. Dieser verblüffende Umstand hat seine Ursache darin, dass der Tarawera River vor den Fällen unterirdisch in einer Höhle vulkanischen Ursprunges verläuft. Folgen Sie dem Wanderpfad über den Wasserfall hinaus. Dort können Sie an verschiedenen Stellen ganz wunderbar im glasklaren Wasser des Tarawera River schwimmen.

Zurück auf dem SH30 treffen Sie bald auf den ersten von vier Seen, die wie an einer Kette aneinandergereiht liegen. **Lake Rotoma** ist der östlichste von ihnen und wurde wie die anderen Seen **Lake Rotorua, Lake Rotoiti** und **Lake Rotoehu** vor etwa 10.000 Jahren durch vulkanische Aktivität geschaffen, indem erkaltete Lava als natürliche Staumauer fungierte. Lake Rotoma hat eine sehr gute Wasserqualität, die Sichten bis in 13 Meter Tiefe erlaubt. Zögern Sie nicht an seinem Ufer einen Picknick- oder Badestopp einzulegen.

(278) WOMO-Badeplatz: Lake Rotoma - Matahi Spit
GPS: S 38°3'54" E 176°36'8". Matahi Rd, Lake Rotoma. **Max. WOMOs:** 10
Ausstattung: Toilette. **Beschreibung:** Ruhiger Platz auf Gras in Seenähe.
Zufahrt: Am See vom SH30 in die Matahi Rd abbiegen. Nach 120 m am Ziel.

Nach dem Lake Rotoma folgt zunächst Lake Rotoehu, der bei Kajak Fahrern und Anglern (Regenbogenforelle) sehr beliebt ist. Kurz dahinter treffen Sie auf den langgestreckten Lake Rotoiti, der durch den Ohau Channel mit dem Lake Rotorua verbunden ist. Seine Wasserqualität ist bedingt durch landwirtschaftlichen Nährstoffeintrag und daraus verursachter Algenblüte deutlich schlechter.

Vom am See gelegenen Ort Ruato kann man über den **Okataina Walkway** zum geschützten *Lake Okataina* wandern. Es führt allerdings auch eine 7 Kilometer lange Straße zu dem nördlichsten von vier kleinen Seen zwischen dem *Lake Rotorua* und dem *Lake Tarawera*. Sie ist kurvenreich und sehr eng, aber wunderschön überwachsen. Sie fahren fast die gesamte Strecke unter einem grünen Blätterdach. Die anderen drei Seen, *Lake Rotokakahi (Green Lake)*, *Lake Tikitapu (Blue Lake)* und *Lake Okareka* werden Sie sich von Rotorua aus erschließen. Lake Okataina ist vollständig von Wald aus heimischen Baumarten umgeben und hat weder Zu- noch Abfluss.

Kurz bevor Sie auf Lake Rotorua, den vierten und mit Abstand größten See der Seenkette treffen, sehen Sie rechts das Thermalfeld **Hells Gate** liegen (351 SH30, Tikitere, www.hellsgate.co.nz, Tel. 07 345 3151, täglich 10-18 Uhr). Hier haben Sie die Chance, einen ersten Eindruck der Erdaktivitäten im Geothermalgebiet Rotorua zu bekommen. Sie können die

Pool im Thermalfeld Hells Gate

Urgewalten der Erde hier relativ ungestört genießen, überall blubbert, brodelt und dampft es. In dem ausgedehnten Areal gibt es tiefschwarze Pools, gelbe Schwefelablagerungen, brodelnde Schlammlöcher und Seen angefüllt mit kochend heißem Wasser. Überall steigen dampfende Schwaden auf und die Luft ist erfüllt von fauligem Schwefelgeruch. Unter dem 38°C heißen Wasserfall darf man heute leider nicht mehr duschen, so dass Sie sich auf ein entspannendes Bad im modernisierten historischen Badehaus beschränken müssen.

Rotorua

Nach diesem ersten Eindruck von einem brodelnden Vulkangebiet setzen Sie Ihre Reise nach Rotorua fort. Nach vier Kilometern erreichen Sie den Lake Rotorua, an dessen Gestaden Sie weitere 12 Kilometer bis zur Touristenattraktion Nummer eins auf der Nordinsel zurückzulegen haben. Der 80 Quadratkilometer große **Lake Rotorua** ist der zweitgrößte Binnensee der Nordinsel. Wie seine fast kreisrunde Form nahelegt, bildet die nach einer Eruption zusammengefallene Magmakammer eines Vulkans das Bett für den heutigen See. Sie können den Lake Rotorua mit einem Raddampfer im Mississippi Stil, der Lakeland Queen, erkunden.

Eine der auffälligsten Eigenschaften von Rotorua ist die reiche geothermische Aktivität. Besucher können Geysire, heiße Quellen, Schlammtöpfe und Fumarolen erleben. Die bekannteste Attraktion ist sicherlich das Pohutu Geysir, der regelmäßig beeindruckende Fontänen von heißem Wasser und Dampf in die Luft schießt. Dieses natürliche Schauspiel fasziniert Touristen aus der ganzen Welt. Rotorua liegt im Zentrum der **Taupo Vulcanic Zone**, einem Gebiet von 300 Kilometer Länge und 30-70 Kilometer Breite, das sich von White Island bis

Rotorua, Tudor Bathhouse

zum Tongariro Nationalpark erstreckt. Die touristische Tradition Rotoruas reicht etwa bis ins Jahr 1850 zurück. Nachdem auch nach dem Ende der Landkriege keine Ruhe einkehrte, wurde das Gebiet um Rotorua unter Staatsschutz gestellt. Man richtete großzügige Parks ein und machte das ehemalige Maori-Dorf zu einem Heilbad, das zunächst den oberen Gesellschaftsschichten vorbehalten blieb. Besondere Attraktion waren damals zwei Terrassen, die aus Ablagerungen von zwei Geysiren entstanden waren. Die mit sehr heißem Wasser gefüllten **White Terraces** waren die größere und schönere Formation, die **Pink Terraces** konnten dagegen zum Baden genutzt werden. Die Terrassen wurden als *achtes Weltwunder* angesehen und zogen in den frühen 1880er Jahren auch Besucher aus Europa an. Die Terrassen wurden 1886 bei einem gewaltigen Ausbruch des Mount Tarawera zerstört, bei dem 150 Menschen ums Leben kamen.

Mit der beschaulichen Ruhe des einstigen mondänen Kurortes ist es heute vorbei. Jährlich kommen drei Millionen Gäste, die hier zwischen dem Besuch der Sehenswürdigkeiten nach Herzenslust einkaufen und Geld ausgeben können. Das städtische Leben, der sich rasant entwickelnden Stadt konzentriert sich um die Fenton Street. An der ca. 3,5 Kilometer langen Hauptstraße liegen die meisten Hotels, Motels, Supermärkte und vor allem die Souvenirläden, die aus Holz und Jade gefertigte Maori-Kunst und Produkte aus Schafwolle anbieten.

Kulinarische Tipps: Die Eat Street ist eine Fußgängerzone im Zentrum von Rotorua. Hier finden Sie eine breite Auswahl an Restaurants, Cafés und Bars, die internationale und lokale Küche anbieten. Es ist ein großartiger Ort, um Mahlzeiten und Snacks zu genießen. An der Ecke zur Whakaue Street können Sie in See Nähe, klassische Snacks und leckeren Kaffee zu sich nehmen (**Lime Caffeteria**, Tel. 07 350 2033). Ausge-

Rotorua, Badevergnügen im Polynesien Spa

zeichnete indische Küche serviert das **Indian Star** (1118 Tutanekai St, Tel. 07 343 6222).

Die zentrumsnahen Attraktionen sind: **Das Informationszentrum**, das in zwei imposanten Bauten aus den frühen 1900ern untergebracht ist (Ecke Fenton St / Haupapa St, Tel. 07 348 5179). Wenige Schritte entfernt, befindet sich im großzügig angelegten Park **Government Gardens** in typisch englischer Umgebung (Cricket-Spielfeld, Bowling Greens, echter englischer Rasen) das 1908 gebaute **Bath House (Tudor Towers).** Heute ist in dem wunderschönen Gebäude das *Rotorua Museum & Art Gallery* (Tel. 07 350 1814, www.rotoruamuseum.co.nz, tgl. 9.30-18 Uhr) untergebracht. Es zeigt eindrucksvoll die Geschichte der neuseeländischen Badekultur, Maorischätze und Dokumente über den Ausbruch des Vulkans Tarawera.

(279) WOMO-Campingplatz: Rotorua Tasman HP

GPS: S 38°8'11" E 176°14'26", 1495 Pukuatua St., Rotorua, Tel. 07 777 297. **Ausstattung:** Spielplatz, Hot Pool. **Preise:** 40-50 NZD. **Beschreibung:** Sehr schöne, neu gestaltete Anlage. Die Mineral Pools haben 38-40°. Die Sanitäranlagen sind sehr gut. Der frei zugängliche Kuirau Thermal Park liegt nebenan, in 10 Fußminuten erreichen Sie die Stadtmitte.
Zufahrt: Die Pukuatua Street zweigt westlich des Zentrums vom SH5 ab. Der Platz liegt 500 m Richtung Osten auf der linken Seite.

(280) Offizieller WOMO-Stellplatz: Rotorua Goverment Gardens

GPS: S 38°8'15" E 176°15'26", 1011 Hinemoa St, Rotorua. **Max. WOMOs:** 12.
Ausstattung: Keine (Toilette im Spa oder Goverment Garden).
Beurteilung: Ruhiger Parkplatz obwohl sehr zentral gelegen. Zur i-Site sind es 500 m. Die Wohnmobile stehen dicht an dicht. Warten lohnt sich. Bitte nur im vorgesehenen Bereich stehen. Maximal 2 Nächte.
Zufahrt: Am östlichen Ende der Hinemoa Street, am Polynesian Spa.

Am Ende der Government Gardens finden Sie das im Jahr 1886 eröffnete **Polynesian Spa** (Hinemoa St, Tel. 07 348 1328,

Rotorua, Stellplatz am Polynesien Spa

www.polynesianspa.co.nz, tgl. 8 - 23 Uhr). Größtenteils unter freiem Himmel können Sie hier in 26 verschieden temperierte Hot Pools zwischen 36°C und 42°C mit Blick auf den Lake Rotorua ein entspannendes Bad nehmen. Einige der Felsenpools liegen direkt am Seeufer. Das Heilwasser soll gegen Arthritis und Rheuma wirksam sein.

Es gibt ein neu eröffnetes Thermalbad am Ufer des Sees, das von Maori betrieben wird. Es verbindet das Mineralbad-Erlebnis mit dem jahrhundertealten Erbe und den traditionellen Praktiken der Ngāti Whakaue-Kultur. **Wai Ariki Hot Springs and Spa** (1047 Whakaue Street, Rotorua, Tel. 07 349 7111, www.waiariki.co.nz, täglich 9 bis 22.30 Uhr).

Wendet man sich am Seeufer von Rotorua westlich, so kommt man nach wenigen 100 Metern an der Konzertmuschel vorbei zum Maori-Dorf **Ohinemutu**. Das mit wunderschönen Schnitzereien reich verzierte *Tamatekapua-Marae* fällt hier sofort ins Auge. Die wundervolle Holzkirche *St. Faith's Anglican Church* liegt gegenüber in Richtung See. Die 1914 im Tudor-Stil gebaute Kirche verbirgt in ihrem Inneren wahre Kunstschätze von feinsten Schnitzereien und sorgfältig gewebten Wandverkleidungen, »tukutuku« genannt. Auch eine in einen Maori Umhang gehüllte Christusfigur gibt es hier zu bewundern. Sie ist in einem Fenster platziert und scheint für den Betrachter auf dem Wasser des Lake Rotorua zu schweben.

Tipp: Der städtische **Kuirau Park** liegt 600 m westlich der Government Gardens und ist über die Arawas Street zu erreichen. Er bietet inmitten einer gepflegten Gartenanlage ein frei zugängliches, aktives Thermalgebiet. In zwei Fußbädern können Sie Ihre Füße kostenlos im warmen Thermalwasser baumeln lassen.

Rotorua, Kuirau Park

Wenn Sie die Kulisse von Rotorua von oben aus betrachten wollen, sollten Sie sich von der Rotorua **Skyline Gondola** auf eine 487 m hohe Bergstation nahe dem Mount Ngongotaha (757 m) bringen lassen. Am Fuße der Seilbahn befindet sich der *Rainbow Springs Nature Park*, in dessen Mineralwasserquellen sich verschiedene Forellenarten wohlfühlen. Höhere Bedeutung hat jedoch der *Kiwi Encounter*, in dem die Besucher durch eine Glasscheibe den kompletten Brutvorgang und das Schlüpfen der Vögel beobachten können. Ein paar Kilometer weiter nördlich finden Sie den sehr kommerziellen *Agrodome Freizeitpark*. Geboten wird eine amüsante Show, in der man so ziemlich alles über Schafe lernen kann. Daneben gibt es im Agrodome einen Abenteuer-Spielplatz für Adrenalinjunkies.

Whakarewarewa und Te Puia

Etwa zwei Kilometer südlich der i-Site, also noch recht zentral, liegt der touristisch stark frequentierte Ort Whakarewarewa mit dem größten Geysirfeld Neuseelands. Da der vollständige Name Te Whakarewarewatanga O Te Ope Taua A Wahiao (Der Aufstand der Krieger von Wahiao) sehr lang ist, wird der Ort gerne abgekürzt. Whakarewarewa besteht aus etwa 500 heißen Quellen, Schlammtöpfen und Geysiren, von denen derzeit sieben aktiv sind. Der berühmteste von ihnen, der Pohutu Geysir, bricht etwa stündlich aus und schleudert heißes Wasser bis zu 30 Meter hoch. Das Gebiet wurde 1998 nach jahrelangen Besitzstreitigkeiten aufgeteilt. Das NZ Maori Arts and Crafts Institute besitzt heute 2/3 des Whakarewarewa Thermal Reserve - nach einer Maori-Festung Te Puia genannt - und das restliche Drittel gehört dem Dorf Whakarewarewa - The Thermal Village. Die beiden Gebiete sind durch einen Zaun voneinander getrennt. Die Geysire gehören zu Te Puia.

Whakarewarewa - The Thermal Village

Whakarewarewa - The Thermal Village (17 Tryon St, Rotorua, Tel. 07 349 3463, www.whakarewarewa.co.nz). Geöffnet ist das Gelände im Sommer von 8 - 18 Uhr (im Winter bis 17 Uhr), stündlich werden Führungen angeboten. Die sehr empfehlenswerte 45-minütige Maori cultural Performance Show findet täglich um 11:15 und 14 Uhr vor dem Versammlungshaus statt. **Te Puia** (Hemo Rd, Rotorua, Tel. 0800 405 623, www.tepuia.co.nz, geöffnet tgl. 8 - 17 Uhr (im Winter bis 16 Uhr).

(281) WOMO-Campingplatz: Blue Lake Top 10 HP
GPS: S 38°11'13" E 176°19'56", 723 Tarawera Rd, Blue Lake Rotorua, Tel. 07 362 8120, www.bluelaketop10.co.nz **Preise:** 60-70 NZD.
Beschreibung: Großer Platz, vom wunderschönen, glasklaren Blue Lake mit Sandstrand nur durch eine Straße getrennt. Sanitäranlagen gut.
Zufahrt: Östlich von Rotoruas Stadtzentrum zweigt eine Stichstraße Richtung Südosten zum Lake Tarawera ab. Dieser etwa 15 km folgen.

Der Südosten von Rotorua

Östlich von Rotoruas Stadtzentrum zweigt eine Stichstraße Richtung Südosten zu den Seen *Lake Okareka, Lake Tikitapu, Lake Rotokakahi* und *Lake Tarawera* ab. Der erste See, den die kurvenreich ansteigende Straße erreicht, ist der Lake Tikitapu. Der See mit seinem glasklaren Wasser liegt zu Ihrer Rechten und auf der anderen Straßenseite befindet sich, an einem leichten Hang gelegen, ein Top10 Campingplatz. Wenig später befindet sich rechts der Straße ein Aussichtspunkt, der zwischen dem *Lake Tikitapu (Blue Lake)* und dem *Lake Rotokakahi (Green Lake)* liegt und Ausblicke auf beide Seen bietet. Nur zwei Kilometer hinter dem Aussichtspunkt treffen Sie auf **Te Wairoa, The Buried Village.** Wie schon geschildert, begrub der Ausbruch des Vulkans Mount Tarawera am 10. Juni 1886 die zuvor als achtes Weltwunder angesehenen Sinterter-

Blick auf Lake Tikitapu (Blue Lake)

rassen (Pink and White Terraces) unter Schlamm und Asche. Das 15 Kilometer entfernte Te Wairoa, mit einem Hotel für die Besucher der Terrassen, und zwei Nachbarorte wurden ebenfalls verschüttet. Fünfzig Jahre nach der Katastrophe wurde Te Wairoa freigelegt und verschiedene Häuser rekonstruiert. Ein kleines Museum vermittelt einen sehr guten Eindruck von der Gegend vor dem Vulkanausbruch. Auf dem Gelände gibt es einen Rundwanderweg, der Sie auch zu einem Wasserfall bringt. Alleine die herrliche Anfahrt, die Sie an den genannten Kraterseen vorbeiführt, ist den Ausflug wert.

Tipp: Am nahen Lake Tarawera schlagen wir Ihnen eine Tour vor. Sie fahren zunächst zu **The Landing**, GPS: S 38°12‘22” E 176°22‘33”, einem Cafe mit toller Aussichtsterrasse. Von dort nehmen Sie ein Wassertaxi zur Hot Water Beach (Unter Tel. 07 362 8080 Zeit vereinbaren). Von der Te Rata Bay führt ein gut ausgeschilderter Wanderweg zunächst 150 m bergauf, dann am Rotomahana Lookout vorbei und schließlich hinab zur Te Wairua Amenity Area mit Toilette. Biegen Sie dort rechts zur Beach ab. Nach insgesamt einer Stunde können Sie kurz vor dem Seeufer ein verdientes Bad in natürlichen Hotpools nehmen. Vereinbaren Sie mit dem Wassertaxi eine Abholzeit.

Die weiter nördlich gelegenen Thermalgebiete **Waikite Valley, Wai-o-Tapu** und **Waimangu** sind in Tour N08 beschrieben.

Tauranga und Mount Maunganui

Mount Maunganui erreichen Sie über SH36 und SH33 in jeweils 73 Kilometer. Am SH33 liegen die sehenswerten **Okere Falls**. Im Ort Okere Falls zweigt die Okere Falls Rd nach Norden ab. Nach 200 Metern ist ein Besucherparkplatz mit Zugang zu einer Aussichtsplattform ausgeschildert. Dort können Sie zuschauen, wie Rafter einen sieben Meter hohen Wasserfall

hinabstürzen, sehr beeindruckend. Etwa 800 Meter weiter liegt ein Parkplatz, auf dem Sie frei übernachten können. Dort liegt der Trout Pool. Ein Rundweg folgt dem Kaituna River flussauf, vorbei an den von Raftern eifrig genutzten Stromschnellen: Okere Falls, Kaituna Falls und Tutea Falls (3 km, 1 h). Das Zentrum von Tauranga liegt im Südosten eines großflächigen Naturhafens, der sich aus vielen Buchten und Halbinseln zusammensetzt. Direkt am Meer liegen die Stadtteile Mount Maunganui und Papamoa. Der Hafen von Tauranga bietet auch Möglichkeiten für Bootsfahrten, Hochseeangeln und Walbeobachtungen. Das vorherrschende Klima mit trockenen Sommern und milden Wintern lockte zuletzt viele Menschen an. Ruheständlern folgten Pendler und schließlich Selbstständige, die ihre Firma von hier aus führen konnten. Im Ergebnis ist Tauranga mit seinen Vororten die am schnellsten wachsende Stadt des Landes und dazu ausgesprochen wohlhabend. Trotzdem ist die Stadt von einer wild wuchernden Bebauung verschont geblieben und weist viele Parks und kleinere Grünanlagen auf.

Das weithin sichtbare Wahrzeichen der Stadt ist der 232 Meter hohe, erloschene Vulkankegel **Mount Maunganui** (Maori-Name: Mauao), von den Bewohnern einfach *The Mount* genannt.

(282) Offizieller WOMO-Wanderplatz: Okere Falls Trout Pool

GPS: S 38°00'30" E 176°20'32", 103 Trout Pool Road. **Max. WOMOs:** 5. **Ausstattung:** Toilette, Mülleimer. **Beschreibung:** Parkplatz, der auch von Raftern und ihren Tourbussen benutzt wird. Nachts ruhig. Rundweg. **Zufahrt:** Auf Okere Falls Rd abbiegen, dann in die Trout Pool Rd.

(283) Offizieller WOMO-Badeplatz: Papamoa Beach Stella Place

GPS: S 37°41'38" E 176°16'49". **Max. WOMOs:** 3. **Ausstattung:** Toilette. **Beschreibung:** Ruhiger Parkplatz mit Strandblick. Bitte nur im vorgesehenen Bereich stehen. Maximal 2 Nächte. **Zufahrt:** Neben dem Campingplatz. **Hinweis:** Ausweichplatz: **Harrisons Cut, GPS** S 37°41'26" E 176°16'23".

Er liegt in einem weitgehend flachen Umland und thront vor dem Eingang des Naturhafens. Sie können den Berg auf einem über viele Stufen steil nach oben führenden Wanderweg hinaufwandern (**Summit Track**, 1,5 h) und oben angekommen, die herausragende Aussicht genießen. Die gleichnamige Vorstadt Taurangas liegt auf einer schmalen Sandbank, die den Mount Maunganui mit dem Festland verbindet. Der feinsandige, kilometerlange Sandstrand lockt die Menschen an, Kiwis wie Touristen. Der Strand von Mount Maunganui ist vor allem bei Surfern beliebt, für die durch ein künstliches Riff hohe Wellen erzeugt werden. Direkt am Fuße des Berges liegt ein wegen der attraktiven Lage recht teurer Campingplatz.

Maunganui Beach mit Moturiki Island

Unter den vielen Restaurants ist das **Delissi** (16 Pacific Ave, Mount Maunganui, Tel. 07 574 8200) am besten bewertet. Der kürzeste Weg von Mount Maunganui zum Zentrum Taurangas führt über die Harbour Bridge. Ziviler Ungehorsam (man zahlte die Maut einfach nicht) führte dazu, dass sie fallengelassen wurde. Der danach stark gestiegene Verkehr führt allerdings immer wieder zu Staus. Inzwischen hat sich die Maut durchgesetzt. Auch das Zentrum Taurangas liegt auf einer schmalen Landzunge, auf deren östlicher Seite die Uferpromenade The Strand viele Cafés und Restaurants aufweist.

(284) WOMO-Campingplatz: Papamoa Beach Tasman Holiday Parks

GPS: S 37°41'48" E 176°17'4", 535 Papamoa Beach Road, Papamoa, Tel. 0800 232 243. **Preise:** 50-60 NZD. **Ausstattung:** Pool, Spielplatz, Trampoline. **Beschreibung:** Sehr schöne Anlage am wunderschönen, langen Sandstrand, gute Sanitäranlagen. Großer Platz, direkt am Strand, fragen Sie nach einem der Plätze zur Beach hin. **Zufahrt:** Vom SH33 nach Papamoa Beach abfahren, am Kreisel zur Düne hoch, kein Schild!

(285) WOMO-Campingplatz: Beachside Holiday Park Mount Maunganui

GPS: S 37°37'55" E 176°10'35", 1 Adams Avenue, Mount Maunganui, Tel. 07 575 4471. **Ausstattung:** Spielplatz. **Preise:** 60-80 NZD. **Beschreibung:** Ein großer, teurer und dennoch meist voller Platz, der ideal zu den schönen Stränden und zum Aufstieg auf den Mt Maunganui liegt. Nebenan finden Sie einen beheizten Salzwasser Pool und viele Restaurants. **Zufahrt:** Der Platz liegt am Kopfende der Straße zum Mt Maunganui.

In der Nähe der Harbour Bridge liegt das restaurierte Missionshaus **The Elms** (Mission St, Tel. 07 577 9772, www.theelms.org.nz, Mi, Sa, So 14-16 Uhr). Das historische Gebäude im spätklassizistischen Stil wurde 1847 aus Kauriholz erbaut und ist noch original möbliert. Das Haus diente als Missionsstation

Blick auf Mount Maunganui

der englischen Church Mission Society und ist vor allem für seine Bibliothek mit rund 1000 Bänden aus dem Originalbestand bekannt. Das parkähnliche Gelände mit altem Baumbestand ist auch außerhalb der Öffnungszeiten zugänglich. Zum Freizeitangebot von Tauranga gehört auch das Schwimmen mit Delphinen Bootsausflug. Im i-Site sind die Broschüren Tauranga City Walkways und Historic Tauranga kostenlos erhältlich. Letztere führt Sie zu den historischen Sehenswürdigkeiten der Stadt. **The Historic Village**, 17th Ave West, Tauranga, Tel. 07 571 3700.

Kulinarisches: Leckere Sandwiches und ausgezeichneten Kaffee gibt es im **Mediterrano Café** (62 Devonport Rd, Tel. 07 577 0487). Frische Fischgerichte werden im **Fresh Fish Market** direkt am Meer serviert (1 Dive Cres, Tel. 07 578 1789). Dive Cres befindet sich in der Verlängerung der Devonport Road.

(286) WOMO-Campingplatz: Omokoroa Top 10 HP

GPS: S 37°38'30" E 176°2'21", 65 Omokoroa Beach Road, Tauranga, Tel. 07 548 0857, www.omokoroa.co.nz **Ausstattung:** Hot Pools. **Preise:** 65-80 NZD. **Beschreibung:** Exzellent gepflegte, saubere und ordentliche Anlage mit unglaublich vielen Blumenbeeten. Mehrere sehr schöne Thermalbecken mit Temperaturen zwischen 35° C und 39° C zur freien Nutzung. **Zufahrt:** SH2 bis Whakamārama, dann 3,6 km Omokoroa Rd bis zum Platz.

Von der Tauranga nach Waihi

Vor der Einfahrt zum Naturhafen, direkt neben dem Mount Maunganui, beginnt eine langgestreckte, schmale Insel, die sich 25 Kilometer nach Nordwesten erstreckt: Matakana Island. Die Meeresbucht zwischen Festland und Insel, Tauranga Harbour genannt, ist sehr flach und in weiten Uferbereichen sumpfig. Im weiteren Verlauf der Tour N06 haben Sie mehrfach Gelegenheit, einen Abstecher zum Tauranga Harbour zu machen. Hier gibt es zwei freie Stellplätze und einen Campingplatz mit Hot Pools. Auf der dem Meer abgewandten Seite liegt die Bergkette der Kaimai Range, die Regenwolken abhält und für die trockenen Sommer verantwortlich ist. Sie verlassen *Tauranga* und fahren auf dem SH2 entlang der Küste und parallel zur Matakana Island in nordwestlicher Richtung.

Sie überqueren den Wairoa River und biegen in Te Puna links in eine Stichstraße ab, die Sie nach vier Kilometern auf den **Minden Lookout** bringt. Von hier aus hat man eine fantastische Perspektive auf *T*auranga und Tauranga Harbour. Zurück auf dem SH2 erreichen Sie nach 28 Kilometer, die Insel noch immer vor Augen, **Katikati**. Im Hinterland von Katikati liegt das Naturschutzgebiet *Kaimai Mamaku Forest Park*, in dem die während des Goldrausches im 19. Jahrhundert rücksichtslos gerodeten Hänge wieder aufgeforstet werden.

(287) Offizieller WOMO-Stellplatz: Katikati MacMillan Reserve

GPS: S 37°32'53" E 175°57'4". Beach Rd, Katikati. **Max. WOMOs:** 8. **Ausstattung:** Toilette, Picknicktisch, Bootsrampe. **Beschreibung:** Schöner Übernachtungsplatz am Wasser. Picknicktische auf Gras mit Schatten spendenden Bäumen. Maximal drei Nächte. **Zufahrt:** In Katikati rechts in die Beach Road abbiegen und dieser 2,5 km bis zum Strand folgen.

(288) Offizieller WOMO-Stellplatz: Katikati - Tuapiro Point

GPS: S 37°29'21" E 175°57'16", 365-367 Tuapiro Rd, Katikati. **Max. WOMOs:** 3. **Ausstattung:** Toilette, Mülleimer. **Beschreibung:** Sehr guter Übernachtungsplatz. **Zufahrt:** Kurz hinter Tahawai biegen Sie rechts in die Tuapiro Road ab und folgen dieser für 4 km. Maximal drei Nächte.

(289) WOMO-Campingplatz: Athenree Hot Springs HP

GPS: S 37°26'54" E 175°58'01".1 Athenree Rd, Athenree, Bay of Plenty, Tel: 07 863 5600. **Ausstattung:** Spielplatz, Hot Pools. **Preise:** 60 NZD. **Beurteilung:** Sehr zu empfehlen: Wunderbar gepflegte Grasflächen, super Gemeinschaftsküche, gute Sanitäranlagen und freie Benutzung der beiden Hot Pools (37°C + 34°C) mit kristallklarem, mineralreichem Wasser. **Zufahrt:** Sie biegen 4 km hinter Katikati rechts vom SH2 in die Athenree Rd ab. Wenn Sie nach 3,5 km auf der rechten Seite einen überdimensionaler Reiher mit einem Fisch im Schnabel sehen, sind Sie angekommen.

Die etwa 4000 Einwohner zählende charmante Gemeinde **Katikati** ist für ihre bemerkenswerten Wandmalereien bekannt. Die Stadt hat sich einen Namen gemacht, indem sie sich mit wunderschönen Wandmalereien, auch als geschmückt hat. Diese auch als »murales« bekannten Kunstwerke haben Katikati zu einem einzigartigen Reiseziel gemacht und ziehen Kunstliebhaber und Touristen gleichermaßen an. Darin wird die Geschichte der Pioniere und ihres Lebensstiles in fein ausgearbeiteten Gemälden an den Außenwänden von Handels- und Wirtschaftsgebäuden festgehalten. Katikati ist stolz auf seine Kunstszene. Neben den Wandmalereien finden Besucher auch eine Reihe von Galerien und Kunsthandwerksstätten, die lo-

Goldgrube »Matha Mine« in Waihi

kale Kunstwerke und Handwerkskunst präsentieren. Dies ist eine großartige Gelegenheit, lokale Künstler und ihre Arbeiten kennenzulernen. Das Uretara Domain ist ein Ort, an dem Sie traditionelle Maori-Kunstwerke und Schnitzereien bewundern können. Katikati wurde 2005 mit der Auszeichnung als »Neuseelands schönste Kleinstadt« ausgezeichnet.

(290) Offizieller WOMO-Badeplatz: Waihi Beach Island View

GPS: S 37°25'44" E 175°57'34", Tuna Avenue. **Max. WOMOs:** 3. **Ausstattung:** Toilette. **Beurteilung:** Sehr guter Übernachtungsplatz. In nur 50 m Entfernung können Sie sich in die Wellen der Bay of Plenty stürzen. **Zufahrt:** Von Waihi kommend vom SH2 links in die Waihi Beach Rd abbiegen. Nach 17 km im Kreisverkehr zweite Ausfahrt (Wilson Rd) nehmen, weiter auf Seaforth Rd, nach 2 km links in die Tuna Ave, Ankunft.

Elf Kilometer hinter Katikati biegen Sie rechts in die Athenree Road Richtung Waihi Beach ab. Den Campingplatz Hot Springs Holiday Park Athenree erreichen Sie nach etwa vier Kilometern. Wenn Sie dort über Nacht stehen, können Sie die beiden heißen Pools kostenlos benutzen. Wir ziehen diesen Platz den zahlreichen Campingplätzen in Waihi Beach vor. **Waihi Beach** bietet Ihnen sehr schöne weiße Sandstrände mit tollen Bademöglichkeiten und einen empfehlenswerten freien Stellplatz. Wenn Sie von der Athenree Road links in die Steele Road und dann rechts in die Emerton Road einbiegen, stoßen Sie, an der Küste angekommen, genau auf den Platz. Das Tourenziel, die 4.500 Einwohner zählende Gemeinde **Waihi**, liegt etwa zehn Kilometer hinter Waihi Beach. Die Stadt hat eine faszinierende Geschichte als Zentrum des Goldbergbaus. In den späten 1800er Jahren wurde in der Region eine Goldader entdeckt, was zu einem Goldrausch führte. **Martha Mine**, die größte und bekannteste Goldmine der Stadt, ist nach wie vor in Betrieb und bietet Touren an, die den Besuchern einen Einblick in die Geschichte und den modernen Goldbergbau ermöglichen. Essen Sie in Waihi unbedingt einen Apfelstrudel in der **German Bakery**, 54a Seddon Street.

Rotorua
30
Lake Okataina
Lake Tarawera
34
30
Kawerau
Waikite Valley
Waimangu
Lake Rotomahana
Lake Matahina
Lake Rerewhakaaitu
Waiotapu
5
38
Lake Aniwhenua
301 WC
Maori Felszeichnungen
Galatea
302
Murupara
Rangitaiki River
Te Whaiti
Minginui
Whirinaki Forest Park
Ruatahuna
Te Urewera Nationalpark
WC 303
304 WC
Manuoha 1392 m
Whakataka 1252 m
Maungataniwha 1373 m
305 WC
Pukepuke 1235 m
TOUR N11
Lake Waikareti
Lake Waikaremoana
306
307 WC
1181 m Pukenui
Tuai
N
20 km
38
Mohaka River
Wairoa River
Mohaka Viaduct
2
Fraser town
Tour N09
Wairoa
309
Waihua
310
308

Tour N11: Im Land der Kinder des Nebels 220km

Rotorua - Murupara - Whirinaki Forest Park - Te Urewera Nationalpark - Lake Waikaremoana - Frasertown - Wairoa

Stellplätze:	Lake Aniwhenua, Mimiha, Orangihikoia, Mokau Landing, Rosie Bay, Wairoa: War Memorial Park, Pilot Hill Carpark
Camping:	Murupara, Lake Waikaremoana, Wairoa HP
Besichtigen:	Muruoara Maori Felszeichnungen, Whirinaki Forest Park, Te Whaiti-Nui-A-Toi Canyon Lake Waikaremoana, Mokau Falls, Waiatiu Falls, Papakorito Falls, Aniwaniwa Falls, Lake Waikareiti, Wairoa: Portland Lighthouse, Gaiety Theatre
Wandern:	Whirinaki Forest Park: Waiatiu Falls, Whirinaki Waterfall, Te Waiti-Nui-A-Toi Canyon, Lake Waikaremoana Walks, Rundweg Waipai-Ruapani-Waikareiti
Baden:	Lake Waikaremoana, Lake Waikareiti

Freuen Sie sich auf diese ursprüngliche Tour, die Sie von Rotorua nach Wairoa an der Hawke Bay führt. Diese Tour gehört nicht zum touristischen Standardprogramm, denn sie durchquert eine der abgelegensten und am dünnsten besiedelten Regionen Neuseelands. Die 220 Kilometer lange stetig in südöstliche Richtung verlaufende Strecke ist im Mittelteil auf einer Länge von etwa 100 Kilometern nicht asphaltiert. Im ersten Drittel der Strecke lernen Sie den Whirinaki Forest Park mit seinen vielfältigen Wanderwegen kennen. Kurz vor dem Holzfällerdorf Murupara können Sie Maori-Felszeichnungen bewundern und auf dem Rangitaiki River White Water Rafting betreiben. Danach dringen Sie in das Herzstück der Tour ein, den urwüchsigen und nahezu unberührten Te Urewera National Park. Er beherbergt das größte Waldgebiet mit einheimischen Pflanzen der Nordinsel. Sicherlich werden auch Sie auf Ihren Wanderungen dem Bann dieses uralten und teils mystischen Regenwaldes erliegen. Die hier seit Jahrhunderten lebenden Tuhoe werden auch Kinder des Nebels genannt. Ein besonderes Kleinod des Nationalparks ist der Lake Waikaremoana, der »See des sich kräuselnden Wassers«. Den Abschluss der Tour bildet das an der Hawke Bay gelegene Städtchen Wairoa mit dem 1877 aus Kauriholz erbauten Portland Lighthouse, dem wohl beliebtesten Fotomotiv der Stadt.

Tour-Vorbereitung: Sie sollten in Rotorua Ihr Wohnmobil volltanken und Lebensmittelvorräte einkaufen. Unterwegs wird es mit Tanken und Einkauf schwierig. Am Lake Waikaremoana Holiday Park gibt es zwar einen Shop, der aber nicht gut sortiert und zu teuer ist.

Lake Waikaremoana, See des sich kräuselnden Wassers

Von Rotorua in den Te Urewera National Park

Sie verlassen Rotorua auf dem SH5 Richtung Süden und biegen nach 20 Kilometern, zwischen den Thermalgebieten Waimangu und Wai-o-Tapu, links in den State Highway 38 ein. Diese ausgesprochen rustikale Straße ist in ihrem durch den Te Urewera Nationalpark führenden Teil nicht geteert. Dort wartet auf Sie eine kurvige aber ausreichend breite Schotterstraße.

Achtung! Kurven und Schotterbelag machen das Fahren in diesem Bereich sehr anstrengend. Einige Hinweise sind uns dazu wichtig: Planen Sie für diese etwa 100 Kilometer lange Strecke ausreichend Zeit ein, unter Zeitdruck sollten Sie hier nicht fahren! Eine weitere

Empfehlung: Fahren Sie langsam und bleiben Sie immer links, auch wenn Ihnen unterwegs nur wenige Fahrzeuge entgegenkommen. Auf den vielen bewaldeten und kurvigen Abschnitten sehen Sie entgegenkommende Fahrzeuge erst im letzten Moment. Wenn Sie in der Mitte fahren, kann ein Ausweichmanöver auf der Schotterstraße schwierig werden. Diese Teile der Strecke erlauben unseres Erachtens kaum eine höhere Geschwindigkeit als 30 km/h. Wichtig ist es auch, sich vor der Fahrt über Wetterverhältnisse und Straßenzustand zu informieren. Bei starkem Regen sollten Sie die Strecke keinesfalls fahren. Schließlich sollten Sie prüfen, ob der Mietvertrag für Ihr Wohnmobil das Befahren dieser Strecke erlaubt.

Nun aber los! Zunächst verläuft die Fahrt durch die Kiefernwälder des **Kaingaroa Forest,** der größten forstlichen Anpflanzung der Südhalbkugel. Der Wald wird hauptsächlich für die Forstwirtschaft genutzt, bietet aber auch Freizeitmöglichkeiten wie Wandern, Mountainbiken und Jagd. Es gibt Wanderwege und Straßen, die die Erkundung des Waldes ermöglichen.

Acht Kilometer vor Murupara wartet auf der rechten Straßenseite das erste Highlight auf Sie, die **Kaingaroa Forest Maori Rock Drawings**. Die eindrucksvollen Felszeichnungen, auf denen ein Kanu abgebildet ist, stammen vom Stamm der Ngati Manawa. Die Zeichnungen in einem Felsunterschlupf wurden 1925 entdeckt und geben Hinweise auf eine frühe Besiedlung.

(301) Offizieller WOMO-Stellplatz: Lake Aniwhenua

GPS: S 38°18'38" E 176°47'38" 71, Black Rd, Galatea, Tel. 07 306 0500.

Max. WOMOs: 10. **Ausstattung:** Toilette, Wasser, kalte Dusche. **Beschreibung:** Schöne Lage am See. Der Rangitaiki River wird hier aufgestaut. Die Staumauer ist nicht weit entfernt. Bei Neuseeländern beliebter Platz, um Forellen zu fangen. Auch Wasserski wird gefahren. **Zufahrt:** Am SH38, kurz vor Murupara, in die Kopuriki Rd einbiegen. 20 km folgen.

(302) WOMO-Campingplatz: Murupara Motor Camp

GPS: S 38°27'29" E 176°42'00", 963 Main Rd, Murupara, Tel. 07 366 5365, www.murupara-motorcamp.co.nz

Ausstattung: SPA, Billiard. **Preise:** 20-30 NZD **Beschreibung:** Großzügige Anlage mit Stellplätzen auf Gras nahe dem SH38. Sehr freundliche Eigentümer. Gemüse und Kräuter aus dem Garten können zum Kochen verwendet werden. **Zufahrt:** Am Ortseingang von Murupara, links am SH38. 62 km hinter Rotorua

Die kleine Gemeinde **Murupara** ist Dienstleistungszentrum für die Forstarbeiter und ihre Familien. Bewirtschaftet werden immerhin 1400 Quadratkilometer Kiefernforst. Die Bedeutung des heute verschlafen wirkenden Ortes ist allerdings in den letzten Jahren zurückgegangen. Wenn Sie sich über die glorreiche Vergangenheit des Ortes informieren wollen, wird Kent, der Eigentümer des örtlichen Campingplatzes, sicherlich auch Ihnen gerne von der »großartigen Geschichte« (*great history*) Muruparas berichten. Für den Abend sollten Sie sich dann aber nicht mehr allzu viel vornehmen. Bei Kent können Sie auch eine der beliebten Wildwassertouren auf dem Rangitaiki River buchen. Die in Rotorua ansässigen Tourenveranstalter sind **Wet ‚n' Wild Rafting** (www.wetnwildrafting.co.nz) und **Wild River Rats** (www.riverrats.co.nz).

(303) Offizieller WOMO-Stellplatz: Mimiha Campsite
GPS: S 38°38'52" E 176°55'08", 5254 Ruatahuna Rd, Ruatahuna. **Max. WOMOs:** 10. **Ausstattung:** Toilette, Picknicktisch. **Beschreibung:** Sehr schöne Lage am Fluss, an einer Lichtung am Whakatane River. Maximal fünf Nächte sind erlaubt. **Zufahrt:** Nicht zu verfehlen. 42 km hinter Murupara.

Nicht weit hinter Murupara beginnt der 55.000 Hektar große **Whirinaki Forest Park** (www.whirinakirainforest.info), Heimat von Kaka und Kiwi. Er liegt an der Grenze zwischen den Waldkulturen der Kaingaroa-Ebene und den bewaldeten Bergen des Te Urewera Nationalparks. Der urtümlich anmutende Wald besteht hauptsächlich aus riesigen Steineibenarten. Die Vegetation des Waldes ist wirklich unglaublich, alle Schattierungen von Grün sind hier zu finden. Die Bäume sind oft mit Flechten und Moosen überzogen und den Eindruck eines Zauberwaldes. Jeden Moment meint man, eine Märchenfee würde erscheinen. Der Wald bietet zahlreiche Wandermöglichkeiten. Beliebte Wanderziele sind die Waiatiu Falls, die Whirinaki Falls und der Te Whaiti nui a toi Canyon. Die Broschüre **Walks in Whirinaki Forest** ist im Besucherzentrum des DOC-Rangitaiki in Murupara erhältlich.

Wir wollen Ihnen drei Wanderungen vorstellen, die am River Road Carpark beginnen. Sie erreichen ihn, indem Sie 20 Kilometer hinter Murupara rechts in die Minginui Road einbiegen und dieser 9 Kilometer bis zum Parkplatz (GPS: S 38°40'32" E 176°41'56") folgen. Der letzte Abschnitt ist Schotterpiste.

Waiatiu Falls Track (1 h 30 min hin und zurück, 4,4 km). Ein leicht zu wandernder (leicht ansteigend) und gut gepflegter Track durch einen wirklich eindrucksvollen Podocarpaceen Wald. Die Wasserfälle sind pittoresk.

Whirinaki Forest

Whirinaki Waterfall Loop Track (3–4 h, Rundweg, 9,3 km). Der ebenfalls leicht zu wandernde Track folgt dem Whirinaki River durch Podocarpaceen Wald. Unterwegs gibt es viele schöne Aussichtspunkte am Fluss. Den tosenden Wasserfall können Sie schon eine Weile hören, bevor Sie ihn erreichen.

Te Whaiti-Nui-A-Toi Canyon (30 min hin und zurück, 2 km). Diese Kurzwanderung folgt dem Whirinaki Track bis zu dem spektakulären Canyon.

Wenn Sie dem Charme des urtümlichen Podocarpaceen-Waldes erliegen und ihn noch intensiver kennenlernen wollen, können Sie auch eine geführte Tagestour buchen (**Whirinaki Rainforest Experiences**, Tel. 0800 869 255, www.whirinaki.com). Bei der Tour lernen Sie nicht nur die märchenhafte Vegetation und uralte Bäume kennen, sondern auch vieles über die Maori-Kultur. Die Tour beginnt mit einer traditionellen Maori-Begrüßung einschließlich Hongi, dessen wichtigster Bestandteil das Aneinanderdrücken der Nasen ist. Zum Abschluss gibt es noch leckere Sandwiches!

Auf der Weiterfahrt zum Lake Waikaremoana endet nun die asphaltiere Straße. Fahren Sie vorsichtig! Bis zum See des sich kräuselnden Wassers haben Sie nun nur noch 60 Kilometer zurückzulegen, für die Sie allerdings 1,5 Stunden veranschlagen sollten. Wir nennen Ihnen unterwegs zwei Übernachtungsstellen, an denen Sie auch wunderbar eine Rast einlegen können.

Te Urewera Nationalpark und Lake Waikaremoana

Der Te Urewera Nationalpark umschließt das größte Urwaldgebiet der Nordinsel und ist fast vollständig von Vegetation bedeckt. Der Urwald wächst sogar noch auf den bis zu 1500 Meter hohen Bergketten des Parks. Seine Fruchtbarkeit ver-

Mokau Falls

dankt der Nationalpark, der auf der Verwerfungslinie der Taupo Volcanic Zone liegt, dem Zusammenspiel von vulkanischer Asche und hohen Regenmengen. Der artenreiche Wald (Eine 2005 vom DOC durchgeführte Erhebung ergab 563 verschiedene Pflanzenarten) wird an vielen Tagen in Nebel eingehüllt. Folgerichtig nannte sich der hier lebende Maori-Stamm **Tuhoe**, was »Kinder des Nebels« bedeutet. Abgeschiedenheit, Frieden und fehlender Tourismus machen dieses Fleckchen Neuseeland zu einem der schönsten und außergewöhnlichsten Orte einer Urlaubsreise. Die Tuhoe sagen: »Besteige die Berge und der Wind des Tawhirimatea, der Gott des Sturmes, wird dich reinigen«. Die Energie, die diesen magischen Ort umgibt, ist nahezu greifbar.

(304) Offizieller WOMO-Stellplatz: Orangihikoia Campsite
GPS: S 38°40'05" E 177°02'26". **Max. WOMOs:** 20. **Ausstattung:** Toilette. **Beschreibung:** Idyllischer Platz an einer Lichtung mitten im Te Urewera Nationalpark. **Zufahrt:** Nicht zu verfehlen. 70 km hinter Murupara am SH38.

Lake Waikaremoana, Mokau Landing

Wenn der SH38 auf den dunkelblauen See trifft, haben Sie noch zwölf Kilometer Schotterstraße bis zum **DOC Te Urewera Visitor Centre** vor sich (GPS: S 38°44'41" E 177°09'50"). An das Besucherzentrum ist ein Museum angeschlossen, das über Leben und Kultur der Tuhoe Auskunft gibt. Vertreter dieses Maori-Stammes bieten darüber hinaus authentische Einführungen in die Legenden und Lebensweise ihres Volkes sowie naturnahe Wanderungen an. Decken Sie sich im Besucherzentrum mit den benötigten Informationen ein oder buchen Sie den Lake Waikaremoana Great Walk.

Der 46 Kilometer lange **Lake Waikaremoana Track**, wie er auch genannt wird, verläuft über weite Strecken am Süd- und Westufer des Lake Waikaremoana und wird damit stark durch diesen großartigen See geprägt. Der Wanderweg führt durch verschiedene Typen von Wäldern und offene Wiesenflächen, die immer wieder herrliche Ausblicke auf den See ermöglichen. Für die Wanderung sollten Sie drei bis vier Tage einplanen. Für Übernachtungen stehen an fünf Plätzen einfache DOC-Unterkünfte (nur Trinkwasser und Toiletten, buchungspflichtig!) bereit. Ausgangspunkte des Lake Waikaremoana Track (kein Rundwanderweg!) sind der *Onepoto Car Park* am Süd- und *Hopuruahine* am Nordende des Sees. Beide liegen am SH38. Vom Lake Waikaremoana Holiday Park aus verkehren Wassertaxis zu verschiedenen Stellen des Tracks. Wer will, kann sich also morgens zu einer Stelle bringen und abends von einer anderen wieder abholen lassen (**Big Bush Water Taxi**, Tel. 0800 525 392, www.lakewaikaremoana.co.nz/water-taxi). Die Wanderung bietet eine fabelhafte Szenerie und den hautnahen Kontakt mit der einzigartigen Flora und Fauna des Landes. Viele Wanderer berichten zudem von mystischen Legenden, Maori-Erfahrungen und einer Art Selbstfin-

Lake Waikareiti

dungsprozess auf Ihrem Weg durch den magischen Urewera Forest. Es ist ein besonderes Gefühl, wenn man zum ersten Mal den »Feenwald« betritt, in dem die verwitterten und in sich verschlungenen Silberbuchen von oben bis unten mit Flechten und Moos verziert sind.

(305) WOMO-Wanderplatz:
Mokau Landing - DOC Standard Campsite

GPS: S 38°43‘58“ E 177°05‘24“, Tel. 06 837 3803. **Max. WOMOs:** 30. **Ausstattung**: Toiletten. **Preise:** 32 NZD. **Beschreibung:** Idyllische Lage am Lake Waikaremoana. Der Mokau River mündet hier. Die Mokau Falls sind nur 1,5 km entfernt. **Zufahrt:** Wenn Sie den See von weit oben sehen, rechts abbiegen, ausgeschildert. Achtung, die Zufahrt ist sehr steil.

Der Lake Waikaremoana wird auch »See des sich kräuselnden Wassers« genannt. Wissenschaftler haben herausgefunden, dass der 600 Meter hoch gelegene Bergsee vor gut 2000 Jahren durch einen gewaltigen Erdrutsch entstand, der den Waikaretaheke-Fluss auf einer Fläche von 54 Quadratkilometern aufstaute. Zu den Freizeitmöglichkeiten gehören zahlreiche Wanderungen unterschiedlicher Länge, Kanufahrten und Angeln. Die DOC-Broschüre *Lake Waikaremoana Walks* informiert über mögliche Wanderungen. Auf jeden Fall sollten Sie die kurzen Wanderungen zu zwei nahe gelegenen Wasserfällen einplanen. Die Papakorito Falls befinden sich zwei Kilometer östlich des Besucherzentrums und die Aniwaniwa Falls sind nur einen Kilometer entfernt.

Eine sehr schöne Wanderung ist der **Lake Waikareiti Walk** (2 h hin und zurück, 300 Hm). Er startet 200 Meter vom Besucherzentrum entfernt und führt zu dem 300 Meter höher gelegenen bezaubernden friedvollen Lake Waikareiti. Wer dort eine ruhige und extrem naturnahe Ruderboot Fahrt unternehmen

Papakorito Falls

möchte, muss diese vor Antritt der Wanderung im Te Urewera Visitor Centre buchen. Sie erhalten dort einen Schlüssel, mit dem Sie ein Ruderboot von der Kette lösen können. Auf dem Weg zu dem kleinen See tauchen Sie in eine mystisch wirkende, grüne Welt ein. Sie besteht aus Farnen und urwüchsigen Bäume, die von Flechten und Moosen überzogen sind. Ein richtiger Feenwald, Magie liegt in der Luft, ein Naturerlebnis der besonderen Art. Wer ehrgeizigere Wanderziele verfolgt, kann den insgesamt 15 Kilometer langen **Rundweg Waipai-Ruapani-Waikareiti** gehen, der am Lake Waikareiti vorbeiführt.

(306) WOMO-Campingplatz: Lake Waikaremoana HP

GPS: S 38°45'13" E 177°9'19", 6249 Lake Rd, Lake Waikaremoana, Tel. 06 837 3826, www.holidayparks.co.nz/de/park. **Ausstattung:** Spielplatz, Schwimmbad, Tennisplatz, Camp Shop, Tankstelle. **Preise:** 40-46 NZD. **Beschreibung:** Einfache Anlage am Lake Waikaremoana mit großzügigen Stellplätzen auf Gras. **Zufahrt:** Dem SH38 folgen, etwa 12 km nachdem der SH38 auf den See trifft, direkt am Lake Waikaremoana in der Opourau Bay.

(307) Offizieller WOMO-Stellplatz: Rosie Bay - DOC Basic

GPS: S 38°47'9" E 177°07'51", SH38, Lake Waikaremoana, Tel. 06 837 3803. **Max. WOMOs:** 6. **Ausstattung:** Toilette. **Beschreibung:** Idyllischer Grasplatz am Lake Waikaremoana mit tollen Ausblicken auf den See. Die Toilette ist etwas entfernt, Toilettenpapier mitnehmen!
Zufahrt: Sechs Kilometer hinter dem Holiday Park führt in einer scharfen Rechtskurve eine Schotterstraße hinab zum See und zum Platz. Nicht leicht zu finden. Der Eingang befindet sich gegenüber einem alten Maori Pfad.

Vom Te Urewera Nationalpark nach Wairoa

Sie verlassen den Te Urewera Nationalpark über den SH38 und haben bis Wairoa 65 kurvenreiche Kilometer zurückzulegen, die im oberen Teil nicht durchgehend geteert sind. In dem Örtchen **Tuai**, das fünf Kilometer vor dem Eingang des Nationalparks liegt, befindet sich ein 1926 erbautes Wasserkraftwerk, das aus dem künstlich aufgestauten Lake Whakamarino Strom

Lake Waikaremoana mit Blick auf den Campingplatz

erzeugt. Sie können dort ein Picknick einlegen. Bleiben Sie hinter Tuai weiter auf dem SH38 und genießen die wunderschöne Strecke entlang des wilden Waikaretaheke River. Der nächste Ort, durch den Sie fahren, ist Frasertown acht Kilometer vor Wairoa. Dort zweigt der SH36 ab, die Inlandsroute nach Gisborne (siehe Tour N09).

(308) Offizieller WOMO-Stellplatz: Wairoa - War Memorial Park
GPS: S 39°1'51" E 177°25'17", 6 River Parade. **Max. WOMOs:** 10. **Ausstattung:** Keine. **Beschreibung:** Schöne Lage am Fluss, zentrumsnah. Maximal drei Nächte. **Zufahrt:** Bevor der SH2 den Wairoa River überquert, links in die River Parade einbiegen und dieser bis zum Parkplatz folgen.

Die Stadt **Wairoa** mit ihren 5.500 Einwohnern gilt als Tor zum Te Urewera Nationalpark. Sie liegt im Norden der Hawke Bay an der Mündung des Wairoa River in den Pazifischen Ozean. Die Stadt wird durch den gleichnamigen Fluss in zwei Hälften geteilt und ist von einer Hügellandschaft umgeben. Zuerst erreicht man den industriell geprägten nördlichen Teil der Stadt, der einige kleinere Betriebe beherbergt. Im südlichen Teil leben die meisten Einwohner. Er bietet Einkaufsmöglichkeiten und ist mit seinen sozialen und kulturellen Einrichtungen das eigentliche Zentrum der Stadt. Die Brücke, die die beiden Stadtteile verbindet, wurde nach fast zweijähriger Bauzeit im Februar 1990 von Königin Elisabeth II. offiziell eingeweiht. Wairoa war ursprünglich eine Māori-Siedlung. Für die Vorfahren, die mit dem Takitimu Kanu an der Flussmündung des Wairoa River ankamen, war der Fluss Grundlage zur Nahrungsbeschaffung und die Flussmündung schließlich ihr Siedlungsgebiet. Die Wirtschaft von Wairoa basiert auf Landwirtschaft, Forstwirtschaft und Lebensmittelverarbeitung. Die umliegende Region ist bekannt für den Anbau von Äpfeln, Gemüse und Weintrauben.

Wairoa River Mouth - Pilot Hill Carpark

(309) WOMO-Campingplatz: Wairoa Riverside MC

GPS: S 39°1'57" E 177°24'55", 19 Marine Parade, Wairoa, Tel. 06 838 6301. **Ausstattung:** Spielplatz, zentrumsnahe Lage, zu den Shops 200 m. **Beschreibung:** Die großzügigen Stellplätze liegen auf gepflegtem Rasen. Alles ist sehr sauber und ordentlich. Der Platz liegt am stattlichen Wairoa River, in dem Sie auch schwimmen können. Beheizter Swimmingpool nebenan. **Zufahrt**: Von Frasertown kommend im Kreisel hinter der Brücke rechts abbiegen. Nach 200 m liegt der Platz auf der rechten Seite. **Preise:** 40-50 NZD. **Achtung:** Zuletzt wegen Überflutungsschäden geschlossen.

(310) Offizieller WOMO-Stellplatz: Wairoa - Pilot Hill

GPS: S 39°03'38" E 177°24'53". **Max. WOMOs:** 5. **Ausstattung:** Keine. **Beurteilung:** Schöne Lage an der Mündung des Wairoa River. Die wunderbare Pohutukawa Bäume blühen im Dezember feuerrot und liefern angenehmen Schatten. Maximal drei Nächte. **Zufahrt:** Sie folgen vom Zentrum Wairoas aus dem Fluss bis zur Mündung.

Sehenswert in der zwei Kilometer vor der Mündung des Wairoa River gelegenen Kleinstadt sind der Leuchtturm, ein 1935 erbautes Maori-Versammlungshaus (Takitimu-Marae) und das Wairoa District Museum, wobei das 1877 aus Kauri-Holz erbaute **Portland Lighthouse** eindeutig das beliebteste Fotomotiv der Stadt ist. Es steht heute in der Nähe des Stadtzentrums am Flussufer gegenüber dem Einkaufszentrum. Besuchen Sie auch das **Gaiety Theatre** (Gaiety Cinema & Theatre, 52 Marine Parade, Wairoa, Tel. 06 838 3104). Das 1928 erbaute Gebäude wurde drei Jahre später durch das Erdbeben von 1931 zerstört. Heute finden in dem renovierten ehemaligen Kino Live-Shows und Themenabende statt.

Eine weitere beliebte Attraktion in der Stadt, die entlang des Wairoa River bis zur Mündung verläuft, ist der **Wairoa Riverside Walkway**. Besucher können auf diesem Weg spazieren gehen und die schöne Aussicht auf den Fluss und die Umgebung genießen.

TOUR N12
20 km
N
Paeroa
336
WC
Waikino
Waihi
Karangahake Gorge
Ohinemuri River
Waihi Beach
Athenree Hot Springs
Katikati Entrance
Kaimai-Mamaku
Forest Park
Te Aroha
334
335
Tatuanui
Katikati
Tauranga Harbour
Matakana Island
Kaimai Range
Gordon
Tour N10
Waharoa
Wairere Falls
P
Tauranga
Opal Hot Springs
333
Matamata
Okauia
Hobbiton Movie Set
McLaren Falls
332
331
Horahora Domain
Tirau
Spielzeug Museum
Tapapa
Kaimai-Mamaku
Forest Park
Whites Road
Putaruru
Te Waihou
Blue Spring
Ngongotaha
Skyline Gondola
Rotorua
2
26
27
29
21
28
1
36
5

Tour N12: Durch Mittelerde 150 km

Rotorua - Tirau - Hobbingen - Matamata - Opal Hot Springs - Wairere Falls - Te Aroha - Paeroa - Karangahake Gorge

Stellplätze:	Horahora, Brock`s Place, Te Aroha Boyd Park, Paeroa
Camping:	Opal Hot Springs, Te Aroha Holiday Park
Besichtigen:	Wellblechgebäude Tirau, Matamata i-Site, Hobbingen, Opal Hot Springs, Wairere Falls, Te Aroha Mokena Geysir, Paeroa Maritime Museum, Waikino Railway Station
Wandern:	Wairere Falls Track, Te Aroha Mountain Track, Howarth Memorial Wetlands Walk, Waiorongomai Valley Tramping Tracks, Karangahake Gorge Historic Walkway, Karangahake Tunnel Loop Walk
Essen:	Matamata: Workman's Café, Grüner Drache, The Shires Rest, Te Aroha: Domain Cottage Café, Grand Tavern, Paeroa: L&P-Café Bar & Brasserie, Waikino Station Café
Baden:	Horahora, Opal Hot Springs, Te Aroha Leisure Pool

Für die Freunde von Peter Jacksons weltberühmter Filmtrilogie »Herr der Ringe« ist ein Besuch des Hobbiton Movie Set nahe Matamata sicherlich der Höhepunkt dieser Tour, die Sie von Rotorua nach Waihi an der Bay of Plenty führen wird. Weitere Stationen von Tour N12 sind die kristallklaren Blue Springs, die Opal Hot Springs, die anspruchsvolle Wanderung zu den Wairere Falls, ein Besuch im Kurort Te Aroha, eine Visite in Paeroa, das sich selbstironisch »weltberühmt in Neuseeland« nennt, und eine Fahrt durch die bezaubernde Felsschlucht Karangahake Gorge.

Das Farmerstädtchen Tirau

Das Farmerstädtchen Tirau liegt verkehrstechnisch günstig an den Highways SH1, SH5 und SH27. In Rotorua startend erreichen Sie Tirau nach 52 Kilometern über den SH5. Das 800 Einwohner Städtchen ist heute ein beliebter Ort für einen Stopp, um einen Kaffee zu trinken und in den markanten Läden Altes, Originelles oder auch Kitsch zu kaufen. Das Markenzeichen des Ortes ist, etwas verblüffend, Wellblech. Fast alle Läden haben Wellblechskulpturen oder sind ganz aus Wellblech gebaut, z.B. ein Laden für Wollprodukte in Form eines riesigen Schafes. Das Touristenbüro wiederum ist ein großer Hund (**Tirau i-Site**, 65 Main Rd, Tel. 07 883 1202). Die Wellblechbauten sind inzwischen zum Wahrzeichen des Ortes geworden, ein geschickter Vermarktungs-Schachzug. Ein besonderer Tipp ist der originelle Antiquitätenladen Antiques@Tirau (28 Main Rd, tgl. 9 - 17 Uhr), in dem Sie echte Schätze entdecken werden. Es gibt einen Art-Deco und einen Art-Nouveau Raum, viktorianische

Stilechte i-Site in Matamata

Deckenlampen, königliche Fanartikel, eine riesige Kollektion von antiken Kameras, Kristallgläser oder antikes Spielzeug, wie eine Miniatur-Singer-Nähmaschine. Daneben hat Tirau noch ein Spielzeugmuseum zu bieten, das in Form eines Castles gebaut ist (**The Castle Pamela**, 10 Bridge St, Tel. 07 883 1112, www.thecastle.co.nz).

Kurz vor Tirau haben Sie die Möglichkeit den bezaubernden **Te Waihou Walkway** (4,7 km) zu einer der reinsten Wasserquellen der Welt, den **Blue Springs** zu wandern. Entlang des Waihou River schlängelt sich der Weg durch Feuchtgebiete, über hügelige Weiden und vorbei an kleinen Wasserfällen bis zum türkisfarbenen Wasser der Quelle. Sie werden immer wieder Forellen im kristallklaren Wasser schwimmen sehen. Das Wasser ist so rein, dass es in Flaschen abgefüllt wird und etwa 60 % des neuseeländischen Mineralwasser-Bedarfes deckt. Mit einer Fließgeschwindigkeit von 42 Kubikmetern pro Minute ist das kein Problem. Es herrscht zu jeder Jahreszeit eine konstante Wassertemperatur von 11°C. Die Wanderung beginnt (und endet) am Whites Road Parkplatz (GPS: S 38°1‘10“ E 175°48‘48,5“). Vom Parkplatz Leslie Road aus dauert der Spaziergang nur 15 min pro Wegstrecke. Wegen eines heftigen Steinschlages ist dieser Wanderweg derzeit gesperrt.

(331) Offizieller WOMO-Badeplatz: Horahora Domain

GPS: S 37°57‘26“ E 175°39‘24“, 2307 Maungatautari Rd, Tel. 07 823 3800. **Max. WOMOs:** 30. **Ausstattung:** Toiletten. **Beschreibung:** Etwas abseits gelegener, wirklich reizender, großer Grasplatz direkt an einer Badebucht des Waikato River. Die Stellplätze liegen nicht direkt am Wasser. Zwei Nächte sind erlaubt. Sehr beliebt bei Neuseeländern, nicht nur wegen der Bootsrampe. **Zufahrt:** 13 km hinter Tirau trifft der SH1 auf den Waikato River. Dort biegen Sie links in die Maungatautari Road. Dieser 1,4 km folgen.

Matamata, i-Site im Hobbingen Stil

Das 20 Kilometer hinter Tirau liegende Matamata erreichen Sie über SH27. Unterwegs passieren Sie den **Oraka Wapiti Deer Park** (71 Bayly Rd, Tirau, Tel. 07 883 1382), mit Shop, Restaurant und einem Rehgehege. Mit Kindern ist ein Stopp hier sicherlich lohnend.

Durch den immerhin 7.800 Einwohner zählenden Ort Matamata würden Sie vermutlich einfach durchfahren, wäre da

Hobbit Unterkunft in Hobbingen

nicht Peter Jacksons großartige Filmtrilogie »Herr der Ringe«. Damit würden Sie allerdings auch **Workman's Café Bar** (52 Broadway, Tel. 07 888 5498) verpassen. Das bekannte und angenehm verschrobene Restaurant hat ausgezeichnete Speisen und auch die diversen afrikanischen Frauenbüsten an den Wänden sind sehenswert. Ins Auge springt in Matamata auch die **i-Site** (45 Broadway, Matamata, Tel. 07 888 7260). Das Visitor Information Centre wurde eigens im Hobbingen Stil umgebaut. Es gibt hier einen Abholservice für die Hobbiton Movie Tours, die in einem 16 Kilometer entfernten Besucherzentrum mit Café starten (**The Shires Rest**, 501 Buckland Rd, Hinuera, Matamata, GPS: S 37°52'19" E 175°41'1", Tel. 07 888 1505). Wenn Sie mit dem Wohnmobil direkt dorthin fahren wollen, müssen Sie von Tirau kommend etwa auf halber Strecke zu Matamata links abbiegen.

(332) Offizieller WOMO-Stellplatz: Brocks Place

GPS: S 37°52'52" E 175°41'48", 277B Buckland Rd, Tel. 0224 526 405. **Max. WOMOs:** 5. **Ausstattung:** Toilette, Wasser, Dusche. **Preise:** 20 NZD. **Beschreibung:** Große Wiese auf einer Farm, gute Duschen, sauber, ruhig. Tolle Ausblicke. Die Frühstückseier können Sie bei der Farmersfrau kaufen. **Hinweis:** Die Ankunftszeit sollte zwischen 16 und 20 Uhr liegen. **Zufahrt:** 2,2 km vor dem Movie Set an der Buckland Road (277B).

Wenn Sie das Hobbiton Movie Set besuchen und in der Nähe übernachten wollen, bieten sich drei Möglichkeiten an. Nur zwei Kilometer vom Movie Set entfernt liegt eine Farm, an der eine Übernachtung möglich ist (Brock`s Place). In Matamata gibt es einen kostenlosen, aber nicht sehr schönen Stellplatz für Ihr Wohnmobil. Alternativ können Sie im nur sieben Kilometer entfernten Opal Hot Springs & Holiday Park die Übernachtung mit einem Bad in heißen Thermalpools verbinden.

Wassermühle in Hobbingen

Hobbiton Movie Set

Die geführten Touren zum Hobbiton Movie Set starten jede halbe Stunde und dauern knapp zwei Stunden. Sie sind bestens organisiert und nach unserer Einschätzung ganz ausgezeichnet, die Guides ausgesprochen kompetent. Wegen der bezaubernden Landschaft kommen auch Besucher auf ihre Kosten, die die Filme nicht gesehen haben. Die Führungen zeigen 44 Hobbit-Höhlen, die in die wunderbar grünen Berghänge voll integriert sind, die Hobbit-Obstgärten, den Festbaum und den Festplatz. Die Tour endet mit einem Freibier (selbstgebrautes Hobbit-Bier) im **Grünen Drachen**. Wer möchte kann etwas zu Essen bestellen und Speisen wie ein Hobbit. Das rustikale Ambiente bis hin zum steinernen Bierseidel ist perfekt.

Tipp: Wenn Sie dem größten Besucheransturm entgehen wollen, kommen Sie am Spätnachmittag.

(333) WOMO-Campingplatz: Opal Hot Springs & HP

GPS: S 37°47'16" E 175°50'18"**,** 257 Okauia Springs Road, Matamata, Tel. 0800 800 198, www.opalhotsprings.co.nz **Ausstattung:** Spielplatz, Hot Pools, Camp Store. **Preise:** 40 NZD. **Beschreibung:** Saubere und ordentliche Anlage. Die Waschräume nicht mehr die neuesten und es gibt nur zwei Duschen pro Geschlecht. Auch die Küche ist klein. Zwei schöne Essgelegenheiten in einem Pavillon. Sehr freundliches Personal. Es gibt ein großes Schwimmbecken mit einer Temperatur von 27°C und zwei flache Mineralthermen von 40°C zur freien Nutzung. Touren zum Hobbiton Movie Set starten hier. Die sehenswerten Wairere Falls sind 8,5 km entfernt. Check-out-Zeit ist 12 Uhr, Sie haben also Zeit für ein heißes Bad am Morgen. **Zufahrt:** Von der i-Site in Matamata auf dem SH24 nach Südosten, links in Tower Rd, nach 3,6 km links in Okauia Springs Rd, nach 2,6 km links.

Wairere Falls

Von Matamata führt Tour N12 nach Te Aroha, der Stadt der Liebe. Unsere Streckenführung erfolgt nicht über den weniger

Wairere Falls

interessanten SH27, sondern führt zunächst an den Opal Hot Springs vorbei zu den Wairere Falls. Danach verläuft Tour N12 an den Hängen der **Kaimai Range** entlang über die Old Te Aroha Road und ab Gordon über die Te Aroha-Gordon Road (37km). Ihr erstes Ziel ist der Wairere Falls Parkplatz (GPS: S 37°44'14" E 175°51'45"). Von Matamata kommend fahren Sie zunächst nach Okauia und biegen dort links in die Old Te Aroha Road Richtung Gordon ein. Nach sechs Kilometern biegt

Wairere Falls Track
(5 km, 3 bis 4 Stunden hin und zurück, anspruchsvoll)

Auf Sie wartet eine fantastische Wanderung hinauf an die Fallkante des 153 m hohen Wasserfalles. Die Wairere Falls sind damit der höchste Wasserfall der Nordinsel. Bei dem anspruchsvollen Aufstieg haben Sie also einige Höhenmeter zu bewältigen. Er verläuft weitestgehend im schattenspendenden Wald. Nikau Palmen, Puriri - sowie Kohekohe Bäume säumen Ihren Weg. Der gut ausgeschilderte Track führt zunächst zum Wairere River und folgt diesem über moosbedeckte Felsen und Baumwurzeln hinweg. Die beiden Fluss-Überquerungen sind dank Brücken leicht zu bewältigen. Es gibt immer wieder Pools, in denen Sie ein erfrischendes Bad nehmen können. Die zunächst moderate Steigung nimmt allmählich zu und schließlich helfen Ihnen Holzstufen, die letzte Steigung zum Ende der Schlucht und zur ersten Aussichtsplattform zu bewältigen. Von hier aus haben Sie einen wunderbaren Blick auf die breiten Wasserfälle, deren Basis nun direkt vor Ihnen liegt. Die Hälfte des Weges zur Fallkante ist geschafft und wem der Ausblick hier genügt, kann sich auf den Rückweg begeben.

Wer auch die Fallkante sehen will, muss sich auf den steilen Weg machen und zusätzliche 121 Treppenstufen bewältigen. Sie passieren ein reiches Mosaik an verschiedenartigen Bäumen, unter denen der Tawa Baum dominiert. Oben fällt der Wairere River über einen steilen Geländeabbruch, der zur Okauia Faltline gehört. Welch großartigen Blick auf die Waikato Plains Sie hier genießen, braucht nicht eigens betont zu werden. Nehme Sie eine Jacke mit, denn hier ist es sehr windig und Sie können nass werden.

Te Aroha Town Clock

rechts eine ausgeschilderte Straße zum Carpark ab. Nehmen Sie Ihre Wertsachen mit auf die Wanderung! Sie sollten gute Wanderschuhe tragen, denn es geht über Stock und Stein.

Der Kurort Te Aroha

Der Kurort Te Aroha ist eine rund 3.900 Einwohner zählende Stadt in ländlicher Umgebung am südlichen Ende des Thames Valley. Durch den Ort führt der SH26, der Te Aroha nach Norden mit der Coromandel-Peninsula verbindet (Thames ist 48 Kilometer entfernt) und nach Südwesten mit Hamilton (57 Kilometer). Durch Te Aroha fließt der *Waihou River*, der durch das sumpfige Tiefland der Hauraki Plains verläuft und schließlich in den Firth of Thames mündet. Nordöstlich der Stadt liegt der 952 Meter hohe Mount Te Aroha, der Ihnen schöne Wanderungen bietet. Einer Legende nach war ein Maori Häuptling, der den Berg bestieg, von dem Ausblick so beeindruckt, dass er »Aroha ki tai! Aroha ki uta!« ausrief. Das gab Berg und Stadt den Namen Aroha, was übersetzt »Die Liebe« bedeutet.

Obwohl Te Aroha am 25. November 1880 zeitgleich mit der Erschließung der drei Kilometer südöstlich gelegenen Goldfelder von Waiorongomai gegründet wurde, war die Schenkung der heißen Quellen durch den Maori-Häuptling Te Mokena Hau an die britische Krone von größerer Bedeutung für die Stadt. Die heißen Mineralquellen standen nun erholungssuchenden Europäern zur Verfügung, und die 1883 gebaute Eisenbahnverbindung machte die Stadt schnell zu einem landesweit bekannten Kur- und Erholungsort. Die Architektur im viktorianischen Stil spiegelt Te Arohas Geschichte als Kurort wider. Auch heute noch ziehen die heißen Quellen Touristen und Erholungssuchende an, doch die wichtigsten Wirtschaftsfaktoren sind inzwischen Milchwirtschaft, Schafzucht, Fleischverarbeitung, Holzverarbeitung und Düngemittelherstellung.

Te Aroha District Museum

(334) WOMO-Campingplatz: Te Aroha Holiday Park
GPS: S 37°33'58" E 175°43'09", 217 Stanley Rd, Tel. 07 884 9567, www.tearohaholidaypark.co.nz. **Ausstattung:** Abenteuer Spielplatz, heißer Mineralpool. **Preise:** 40 NZD. **Beschreibung:** Saubere und ordentliche im Grünen gelegene Anlage, etwas in die Jahre gekommen. Nicht alles funktioniert, aber gute Duschkabinen. Der beheizte Mineralpool von 37 - 39 °C steht von 17:00 bis 20:00 Uhr für Holiday Park Gäste zur freien Verfügung. **Zufahrt:** Auf SH26 nach Südosten, nach links abbiegen, um auf SH26 zu bleiben, 2,1 km geradeaus auf Stanley Road.

(335) Offizieller WOMO-Stellplatz: Te Aroha - Boyd Park
GPS: S 37°32'52" E 175°42'07". Spur St, Te Aroha. **Max. WOMOs:** 10 **Ausstattung:** Keine. **Beschreibung:** Neben einer Sportstätte und einem Park gelegen. Die Erfahrungen gehen auseinander. Einige Camper bekamen im Club eine freie heiße Dusche, andere wurden am Wochenende von Angetrunkenen belästigt. **Zufahrt:** Auf SH26 nach Südosten, rechts auf Stanley Ave, rechts abbiegen auf Spur St. Der große Parkplatz liegt links.

Ein Kulturerbe Pfad führt Sie entlang der historischen Gebäude und Denkmäler des Kurortes. Wunderschöne Holzhäuschen säumen die Straßen und tragen zusammen mit den gepflegten kleinen Gärten dazu bei, dass Te Aroha 2013 bereits zum dritten Mal den Titel »Best Big Little Town in New Zealand« gewonnen hat. Besuchen Sie auch »The Domain«, mit verschiedenen heißen Mineralwasserbecken und dem einzigen Geysir der Welt, der von heißem, kohlensäurehaltigem Wasser gespeist wird. Der **Mokena Geysir** kommt aus einer Tiefe von rund 70 Metern und fördert alle 40 Minuten rund 28.000 Liter kristallklares Wasser zu Tage, das zwischen 75 und 85 Grad Celsius warm ist.

Ein heißer Tipp: Besuchen Sie unbedingt die Te Aroha Mineral Spas. Die neu renovierte Mineral Therme liegt in herrlicher Umgebung in der Te Aroha Domain in einem ausgesprochen hübschen edwardianischen Gebäude. Dort können Sie

Te Aroha Domain, im Hintergrund die Grand Tavern

in großen Holzbottichen im heißen Sodawasser entspannen und das mit spektakulärem Blick auf die umliegenden Berge. Hinterher können Sie erfrischt in der nahen **Grand Tavern** gut speisen (81 Whitaker St, Tel. 07 884 7576). Wenn Ihnen eher nach einem leckeren Cappuccino zumute ist, bekommen sie ihn nebenan im charmanten **Domain Cottage Café**, Tel. 07 884 9222. Und das Beste: Wenn Sie am Nachmittag kommen, können Sie am Parkplatz des Thermalbades frei übernachten! **Te Aroha Mineral Spas**, Boundary Street, Te Aroha, Tel. 07 884 8717.

Weitere Sehenswürdigkeiten sind das Cadman House Museum (Neuseelands erstes Sanatorium) und die älteste Orgel in der südlichen Hemisphäre. Mitte März findet an einem Sonntag in der Te Aroha Domain das Stadtfest Domain Day statt. Die **Te Aroha i-Site** finden Sie am Rande der Domain an der Hauptstraße (102 Whitaker Street, Tel. 07 884 8052). Im gleichen Gebäude wie das zentral in der Domain liegende alte Badehaus liegt das Te Aroha District Museum.

Wanderwege in und um Te Aroha

Howarth Memorial Wetlands Walk (1 h Rundweg, 4 km). Der einstündige Spaziergang führt über gut ausgebaute hölzerne Plankenabschnitte und hervorragend angelegte Wege durch Mischwald und das Sumpfland der Howarth Memorial Wetlands. Unterwegs gibt es eine Hütte zur Vogelbeobachtung. Zu sehen sind, Reiher, Stelzenläufer, Eisvögel, Kormorane und Pukekos, wie sie das Sumpfgebiet durchstreifen.

Waiorongomai Valley Tramping Tracks
Am Waiorongomai Loop Carpark (GPS: S 37°33'37" E 175°45'19") starten mehrere Wanderwege durch altes Mi-

Domain Cottage Café

nengelände, einst Heimat von Tausenden von Goldgräbern. Wir haben für Sie den Low Level Loop Walk ausgewählt.

Te Aroha Mountain Track (3 h einfach, 3,9 km). Der Wanderweg hoch zum Mount Te Aroha startet in der Domäne und führt zunächst in 45 Minuten zum Whakapipi Lookout. Der Track führt nun in den Kaimai Mamaku Forest Park über einen schmalen Sattel hinweg und dann in zwei Stunden steil hinauf auf den Gipfel. Die raue Wegoberfläche erfordert gutes Schuhwerk. Vom Gipfel haben Sie einen wunderbaren Rundblick und können an einem klaren Tag die Bay of Plenty, Mt Ruapehu, Mt Ngauruhoe, und sogar Mt Taranaki sehen.

Low Level Loop (2 h Rundweg, 5,5 km). Die zunächst leicht ansteigende Wanderung folgt teilweise dem Piako Country Tramway (1882-1883) durch sich regenerierendes Buschland. Die Schienen sind immer noch vorhanden und geben Ihnen ein Gefühl wie sie früher einmal eingesetzt wurden. Auf dem idyllischen Rundgang überqueren Sie einige kleine Bäche, passieren einen engen Tunnel und begegnen immer wieder Relikten aus alten Goldgräber Tagen.

Te Aroha ist Bestandteil des Hauraki Rail Trails, so dass der Ort im Sommer von Radfahrern gut besucht ist. Fahrräder leihen können Sie in der Aroha Mountain Lodge (5 Boundary St, Tel. 07 884 8134, 9 bis 16 Uhr).

Paeroa, weltberühmt in Neuseeland

Das Maori-Wort Paeroa bedeutet »lange, niedrige Bergkette«. Bereits 1779 kam Captain Cook in diese Gegend, als er mit einem Langboot auf dem Waihou River landeinwärts fuhr. Er kam bis zur heutigen Puke Bridge. Nirgendwo sonst in Neuseeland ist Cook so weit ins Landesinnere vorgedrungen wie hier.

Sieben Meter hohe Lemon & Paeroa Flasche

Das Erkennungszeichen des kleinen Ortes Paeroa (4000 Einw.) ist seine sieben Meter hohe Lemon & Paeroa Flasche. Das will erklärt werden: Zu Beginn des 20. Jahrhunderts begann man dem in Paeroa aus dem Boden sprudelnden Mineralwasser Zitronensaft beizumischen. Dazu noch reichlich Zucker und fertig war das Limonadengetränk. Es wurde immer beliebter, war bald unter dem Namen Lemon & Paeroa in ganz Neuseeland zu kaufen, und erlangte schließlich Kultstatus. Mit typisch neuseeländischem Humor kreierte man den selbstironischen Werbeslogan **»weltberühmt in Neuseeland«**, der mittlerweile seinerseits zu einem geflügelten Spruch geworden ist. Wenn Sie die Geschichte der Limonade interessiert, können Sie sich auf Tafeln um ein kleines Freilichtmuseum informieren. Schließlich gibt es noch ein L&P-Café Bar & Brasserie (2 Seymour St, Tel. 07 862 6753, www.lpcafe.co.nz). Dort steht auch die haushohe und oft fotografierte L&P-Flasche.

(336) Offizieller WOMO-Stellplatz: Paeroa Railway Reserve

GPS: S 37°22'40" E 175°40'02", 31 Marshall St, PaeroaTel. 07 862 8609. **Max. WOMOs:** 10. **Ausstattung:** Toilette, Wasser, Dumpstation, Strom. **Preise:** 5 NZD. Zahlen Sie bitte an der Caltex Tankstelle auf der anderen Straßenseite, Ecke Belmont und Station Rd. **Beschreibung:** Parkplatz unter Bäumen, zwischen Straße und einem Grünstreifen, sehr zentral gelegen. Saubere Toilette, Spielplatz nebenan. Herzlichen Dank an den District Council, der diesen Platz für maximal zwei Nächte zur Verfügung gestellt hat. **Zufahrt:** An der Marshall St, die am Paeroa Hotel vom SH2 abzweigt.

Wirtschaftlich wird die Gegend in und um Paeroa von der Milchwirtschaft dominiert. Daneben sorgt der ortsansässige biologische Düngerhersteller AgriSea für Arbeitsplätze. Wie der Firmenname nahelegt, findet der hochwertige Seetang einheimischer neuseeländischer Gewässer im Fertigungsprozess Verwendung. Es werden auch Seifen und Cremes hergestellt, die auf der natürlichen Wirkkraft des Seetangs beruhen. Agrisea wurde mehrfach mit Preisen für Nachhaltigkeit ausgezeichnet. Bei Ocean Organics (6 Fraser St, 07 862 8424, Mo-Fr 8-17 Uhr, www.oceanorganics.co.nz) werden die gefertigten »Natural Healing & Garden Products«

Karangahake Gorge

verkauft. Im Jahr 2012 gewann die Gemeinde Paeroa dank zahlreicher Events und Hilfsaktionen den Titel »Community of the Year«. Neben einer kuriosen Santa Parade vor Weihnachten gibt es Oldtimer-Shows, Motorradrennen und Walking Festivals. Nett ist auch eine Bootsfahrt auf dem Waihou River und dem Ohinemuri River (**Tamati Paddle Boat River Cruise**, Tel. 07 862 6316, www.pedlarsmotel.nz/river-cruises). Das kleine Boot fährt am Maritime Park ab. Die Abfahrzeiten richten sich nach Ebbe und Flut. Besuchen Sie auch das **Paeroa Historical Maritime Park Museum**, in dem Sie vielfältiges Material über die lokale und nationale Seefahrtgeschichte Neuseelands finden (6876 SH2, Paeroa, Tel. 07 862 7121, www.paeroamaritimepark.com, tgl. 10 bis 15 Uhr). Die Paeroa i-Site finden Sie in 101 Normanby Rd, Tel. 07 862 8636.

Überdies ist Paeroa Ausgangspunkt für eine Fahrradtour auf dem beliebten Hauraki Rail Trail. Der 82 Kilometer lange Radwanderweg folgt historischen Eisenbahnlinien von Paeroa nach Thames und von Waikino nach Te Aroha. Höhepunkt ist sicherlich der Streckenabschnitt durch die Karangahake Gorge.

Die Karangahake Gorge

Die 21 Kilometer lange Strecke von Paeroa nach Waihi führt Sie durch die Karangahake Gorge. Der *Ohinemuri River*, der sich durch die Felsschlucht schlängelt, ist für die Entstehung dieser Gorge verantwortlich. Die Schlucht bildet die natürliche Trennlinie zwischen den Gebirgszügen Kaimai Range und Coromandel Range, die beide den Ohinemuri River durch Zuflüsse speisen. Der Ohinemuri River mündet bei Paeroa in den Waihou River. Die Coromandel Range, die die Coromandel Peninsula durchzieht, werden Sie in Tour N13 kennen lernen. Das Maori Wort **Karangahake** bedeutet Alarmruf von der an-

Brücke zum Railway Tunnel

deren Seite. Der Begriff geht darauf zurück, dass sich die in der Schlucht lebenden Maori-Gruppen gegenseitig mit einem hölzernen Gong vor den nahenden Feinden warnten.

Wenn Sie mit Kindern unterwegs sind, lohnt sich schon bald hinter Paeroa ein Stopp an dem **Bullswool Farm & Nature Park** (240 Rahu Rd, Paeroa, Tel. 07 862 8843, tgl. 10–16 Uhr). Sie erreichen die Farm, wenn Sie fünf Kilometer hinter Paeroa links in die Rahu Road abbiegen und dieser 2,3 Kilometer folgen. Bereits am Eingang werden Sie von Pferden und ihren Fohlen begrüßt. Ziegen, Alpakas, Rehe, Schafe, Schweine, Esel, Kühe und Miniaturpferde, sie alle grasen auf den grünen Weiden der Farm und können von Hand gefüttert werden. Die einzelnen Gehege des Farm Geländes sind durch Wanderwege miteinander verbunden. Es gibt ein Emu Gehege und ein preisgekröntes Naturschutzgebiet für einheimische Vögel. Auch die ulkigen Kaka-Papageien sind zu bewundern.

Bis 1979 führte durch die Karangahake Gorge die Eisenbahnstrecke der ehemaligen *East Coast Main Trunk Railway* zwischen Paeroa und Tauranga. Heute wird der Abschnitt zwischen Paeroa und Waikino nach Entfernung der Gleise für den **Karangahake Gorge Historic Walkway** genutzt, während zwischen Waikino und Waihi eine Museumsbahn unterwegs ist. Durch die Schlucht führt der schon mehrfach erwähnte Hauraki Rail Trail, der als einfachste Radstrecke Neuseelands gilt. Besonders die Strecke entlang des wild sprudelnden Ohinemuri River bis zur spektakulären Karangahake Gorge bietet für Familien tolle Möglichkeiten für eine gemeinsame Fahrrad Tour. Sie können an zahlreichen Stellen Fahrräder ausleihen. Doch nun wollen wir zwei der Wanderungen vorstellen, die sich in der Schlucht anbieten.

Waikino Railway Station

Karangahake Gorge Historic Walk (4h hin und zurück, 8,6 km)

Der Wanderweg verläuft zwischen den beiden Ortschaften Karangahake und Waikino durch die Karangahake Gorge. Der Wanderweg führt an zahlreichen interessanten historischen Stätten vorbei an denen Gold abgebaut wurde. Karangahake, Owharoa und Waikino waren früher wichtige Minenorte mit großen Geländen für die Bearbeitung goldhaltiger Quarzsteine, die an die Zeit des Goldrausches zwischen 1870 und 1950 erinnern. Da die Wanderung hin und zurück führt, können Sie an beliebigen Stellen einsteigen. Für Sie kommen zwei Stellen in Frage, an denen es Wohnmobil Parkplätze gibt: In Karangahake hinter der Brücke über den Ohinemuri River und am Waikino Bahnhof und Besucherzentrum. Wie schon erwähnt wurden nach der Einstellung der Eisenbahnlinie die Gleise demontiert und der ehemalige Bahndamm wird heute als Wanderweg genutzt. Wenn Sie die Wanderung in Karangahake beginnen, führt der Weg an der dem Highway gegenüberliegenden Seite des Ohinemuri-River entlang. Nach einer Stunde erreichen Sie die wunderschönen **Owharoa Wasserfälle**, in denen sich die Wassermassen über steinerne Kaskaden in die Tiefe stürzen. Die Route führt weiter zur nahen Victoria Battery, dem einst landesgrößten Goldproduzenten. Der Höhepunkt der Strecke ist die Karangahake Gorge selbst. In der beeindruckenden Steinschlucht bahnen sich die tosenden Wassermassen ihren Weg über moosgrünes Gestein. Entlang des Flusses geht es weiter bis zum **Waikino Station Cafés** auf der anderen Seite des Flusses. Hier können Sie sich für den Rückweg stärken. Auf dem Rückweg sollten Sie kurz vor dem Ende der Wanderung den Abzweig rechts über die Brücke zum **Railway Tunnel** nehmen. Der rund 1100 Meter lange frühere Eisenbahntunnel ist beleuchtet und für Fußgänger als Bestandteil des Walkway begehbar, besonders für Kinder eine spannende Angelegenheit.

Karangahake Tunnel Loop Walk (1h Rundweg, 3 km).

Die Wanderung verläuft zunächst wie der Karangahake Gorge Historic Walkway. Sie passieren die Überreste alter Goldminen und folgen dem Wanderpfad, der sich abenteuerlich an Felsen der Schlucht entlang hangelt. Schon nach 1,5 Kilometern wandern Sie links über die Brücke zum alten Eisenbahn Tunnel und laufen durch diesen zurück zum Ausgangspunkt. Obwohl der Tunnel im Prinzip ausreichend beleuchtet ist, empfiehlt es sich eine Taschenlampe mitzunehmen.

TOUR N13
10 km
Port Jackson
Fletcher Bay
Fantail Bay
Coromandel Forest Park
Stony Bay
Sandy Bay
Port Charles
Mount Moehau 892 m
Waikawau Bay
Cloville Bay
Colville
Waitete Bay
374
Amodeo Bay
Coromandel Forest Park
Great Mercury Island
Kennedy Bay
New Chums Beach
373
372
371 WC
Coromandel
Whangapoua
Coro-mandel Harbour
Matarangi
Otama
Opito Bay
Te Rerenga
Kuaotunu
Opito
Manaia Harbour
Waiau Falls
370
Mercury Bay
Waiau Kauri Grove
368
Whitianga
369
309
Ferry Landing
Cathedral Cove
Hahei
367
25
Mount Maumaupaki
366
822 m
Coroglen
Hot Water Beach
376
Tapu
WC 375
Waiomu
Rapaura Watergardens
Coromandel Forest Park
Mount Tanehua
659 m
365 WC
Tairua
Pauanui
377
Tararu
Schmetter-lingshaus
Thames
379 WC
WC 378
Kauaeranga
364
25a
Opoutere
Waihou River
363 WC
Onemana
Ngatea
362 WC
Whangamata
2
WC 361
Piako River
Wentworth Falls
Hauraki Plains
Coromandel Forest Park
Whiritoa
Paeroa
Waihi

Tour N13: Um die wilde Coromandel Halbinsel 290 km

Waihi - Whangamata - Hot Water Beach - Cathedral Cove - Whitianga - Mantarangi - Whangapoua - Coromandel - Thames

Camping:	Opoutere, Hot Water Beach, Hahei, Whitianga Harbourside, Coromandel Shelly Beach, Anglers, Tapu Creek, Dickson.
Stellplätze:	Wentworth Valley, Whangamata, Onemana, Tairua Paku Hill, Whitianga, Whagapoua, Coromandel, Waiomu, Thames, Kauaeranga Valley
Besichtigen:	Wentworth Falls, Wharekawa Wildlife Refuge , Paku-Hügel Hot Water Beach, Cathedral Cove, Shakespeare Cliff, Waiau Falls, Rapaura Watergardens, Goldmine Experience
Wandern:	Wentworth Falls, Wharekawa Wildlife, Tairua Paku Hill, Broken Hills, Cathedral Cove Walkway, Coromandel Heritage Trail, Coastal Walkway, Kauaeranga Valley
Essen:	Whangamata: Olivers Deli Bakery, Tairua: Old Mill Café, Hot Waves Café, Whitianga: Sangam Indian Cuisine, Coromandel Town: Pepper Tree, Driving Creek Café, Rapaura Watergardens, Thames: Bullion Bar
Baden:	Whiritoa, Whangamata Ocean Beach, Opoutere, Hot Water Beach, Hahei Beach, Whitianga, Wharekaho, Matarangi, Kuaotunu Beach, Otama Beach, Opito Bay

Auf der Tour N13 lernen Sie die wundervolle Coromandel-Halbinsel kennen. An der über weiten Strecken felsigen Ostküste können Sie in den Orten Whiritoa, Whangamata, Onemana, Opoutere und Tairua an feinsandigen Stränden baden. Ein besonderes touristisches Highlight erwartet Sie am Hot Water Beach. Hier buddeln Sie sich bei Ebbe (±2h) eine Kuhle in den Sand und legen sich nach getaner Arbeit in deren warmes Wasser. Vorsicht, heiß, Verbrühungsgefahr! Nicht weit entfernt wandern Sie an einen Strandabschnitt mit magischer Atmosphäre, Cathedral Cove. Danach passieren Sie Whitianga an der Mercury Bay und erreichen schließlich Kuaotunu. Die Straße wendet sich nun nach Westen und durchquert die Halbinsel und ihre Bergkette bis zur Ostküste. Unterwegs besuchen Sie Matarangi und Whangapapoua. Bevor Sie Coromandel Town erreichen, können Sie von einem hochgelegenen Aussichtspunkt das Panorama des Coromandel Harbour mit seinen vorgelagerten Inseln genießen. Weiter in Richtung Süden erreichen Sie am südwestlichen Ende der Coromandel-Halbinsel das altehrwürdige Thames, das zu Zeiten des Goldrausches mit über 18.000 Einwohnern deutlich größer war als Auckland. Anschließend wandern Sie durch das tief eingeschnittene Kauaeranga Valley östlich von Thames. Erfrischen Sie sich nach der Wanderung bei einem Bad in einem natürlichen Pool im Kauaeranga River. Gute Erholung!

Badespaß am Whangamata Harbour

Die Coromandel Halbinsel

Die Coromandel-Halbinsel ist ein wahres Juwel auf der Nordinsel Neuseelands. Dieses paradiesische Stück Land erstreckt sich in den Hauraki Gulf und den Pazifischen Ozean und bietet eine eindrucksvolle Mischung aus atemberaubender Natur, historischer Bedeutung und entspanntem Lebensstil. Die Halbinsel zieht Reisende mit ihren reichen Angeboten und malerischen Schönheiten in ihren Bann. Die Coromandel Peninsula ist sehr hügelig und wird von der bis zu 900 Meter in die Höhe ragenden Bergkette **Coromandel Range** von Nord nach Süd durchzogen. Gerade einmal 26.000 Einwohner leben auf dieser wundervollen Halbinsel, die in weiten Teilen von dichtem, immergrünem Regenwald überzogen ist. Vor der Küste liegen viele kleine Inseln verstreut, zu denen Motukawo Island im Nordwesten, die Alderman Islands und Slipper Island im Südosten und Mercury Island im Nordosten gehören. An der Küste wechseln sich felsige Abschnitte und lange Sandstrände ab.

(361) Offizieller WOMO-Wanderplatz: Wentworth Valley
GPS: S 37°14'40" E 175°49'12", 474 Wentworth Valley Rd, Whangamata, Tel. 07 865 7032. **Max. WOMOs:** 60, 3 mit Strom. **Preise:** 30-40 NZD. **Ausstattung:** Toilette, Duschen (kalt, heiß für 2 NZD), eingeschränkte Einkaufsmöglichkeit, Trinkwasser, Picknicktische. **Beschreibung:** Sehr schöne Stellplätze, mitten im Wald. Im Bach können Sie Baden. Sehr einfache Sanitäranlagen. Wanderweg zum Wasserfall **Zufahrt:** Am Golfplatz von Whangamata, 2 km vor dem Stadtzentrum, links in die Wentworth Valley Rd einbiegen und 4 km nicht asphaltierte Straße fahren (2 x Bachquerung).

Es gibt eine Vielzahl idyllischer Wanderwege, die oft zu höchst interessanten Zielen und beeindruckenden Aussichtspunkten führen. Die Halbinsel beherbergt einige der beeindruckendsten Kauri-Bäume, die zu den größten und ältesten Bäumen der Welt gehören. In Waiau Kauri Grove können Besucher diese

Whangamata, Ocean Beach

majestätischen Bäume bewundern und in die Natur eintauchen. Große Teile Coromandels sind Naturschutzgebiete mit einer reichen Pflanzenvielfalt und kristallklaren Wasserläufen.

Von den unzähligen Naturschönheiten werden nicht nur die Neuseeländer selbst angezogen, sondern auch Öko-Touristen und Menschen mit einem alternativen Lebensstil. Außerdem siedeln sich immer mehr Wohlhabende aus dem Ballungsraum Auckland fest an. Coromandel ist darüber hinaus die Wahlheimat vieler Künstler, Maler, Töpfer und Kunsthandwerker geworden. Viele Kiwis verbringen auf der Coromandel Peninsula ihre Wochenenden oder ihre Ferien. In der Zeit zwischen Weihnachten und Ende Januar ist es sinnvoll, Campingplätze im Voraus zu buchen.

(362) Offizieller WOMO-Badeplatz: Whangamata Island View Reserve

GPS: S 37°13'16" E175°52'58", Rangi Ave, Tel. 07 868 0200. **Max. WOMOs:** 4. **Ausstattung:** Toilette, Picknicktische. **Beschreibung:** Parkplatz an der Beach. Auf den vier markierten Wohnmobil-Plätzen steht man sehr eng, trotzdem ist es ein traumhafter Übernachtungsplatz. Am Strand haben Sie Blick auf vier Inseln. Nicht zu spät kommen! Maximal zwei Nächte. **Zufahrt:** Vom SH25 rechts in die Achilles Ave abbiegen, später rechts auf Ocean Rd, geradeaus auf Rangi Ave, links abbiegen auf Island View Rd.

Von Waihi zur Cathedral Cove

Schon 18 Kilometer hinter **Waihi** erreichen Sie in Whiritoa den ersten reizenden Badestrand an Coromandels Ostküste. **Whiritoa Beach** ist bei Surfern und Paraglidern sehr beliebt, denn hier ist es oft stürmisch. Nach 13 weiteren Kilometern Fahrtstrecke auf dem SH25 gelangen Sie an einen der bekanntesten Surfstrände Neuseelands, Whangamatas **Ocean Beach**.

Der herrliche vier Kilometer lange Badestrand reicht vom **Whangamata Harbour** bis zur Mündung des Otahu River mit

Surf-Strand in Whangamata

vier kleinen vorgelagerten Inseln. Die größte dieser Inseln, *Hauturu Island*, liegt der Küste so nahe, dass Sie bei Ebbe durch das seichte Wasser hinüberwaten können. Wunderbares Brot bekommen Sie in **Olivers Deli Bakery**, 100 Aickin Rd, Tel. 07 865 6979.

Trotz hoher Brandung ist an zwei Strandabschnitten ein sicheres Schwimmvergnügen möglich. **Whangamata** ist auch bei Hochseeanglern und Seglern beliebt. Vor allem wegen der malerischen Kombination von Strand und dem die Halbinsel begrenzenden, buschbewachsenen Hügel und Regenwald ist Whangamata ein ausgesprochen beliebter Ferienort. Der angrenzende **Coromandel Forest Park** bietet Ihnen eine Vielzahl von Aktivitäten wie Waldspaziergänge, Mountainbiking oder Wanderungen zu den alten Goldminen. Jenseits der *Ocean Beach* wartet noch manch einsamer Strand und einige versteckte Buchten auf Ihre Erkundung. Diese sind oft nur über verborgene Wege zu erreichen.

(363) WOMO-Badeplatz: Onemana Beach Reserve

GPS: S 37°9'5" E175°52'42", Tel. 07 868 0200. **Max. WOMOs:** 5. **Ausstattung:** Toilette. **Beschreibung:** Ein wunderbarer und sehr ruhiger Übernachtungsplatz in Strandnähe. Nur auf den Womo Plätzen zwischen den Pfosten übernachten (15 m). Die Camper stehen sehr eng beieinander. Rücksichtvoll parken! Maximal zwei Nächte. Platz bis 9 Uhr räumen. **Zufahrt:** In Onemana nicht zu verfehlen.

Eine lohnende zehn Kilometer lange Wanderung führt zu den zweistufigen **Wentworth Falls** im nahe gelegenen Wentworth Valley. Sie startet von einem hübschen DOC-Campingplatz mit Stellplätzen am Wentworth River. Acht Kilometer nördlich von Whangamata werden Sie am Straßenrand des SH25 ein Schild entdecken, das auf den Ort **Onemana** hinweist. Wir

Opoutere Beach

empfehlen Ihnen, diesem Hinweis zu folgen, auch wenn die Straße im Tairua Forest zu verschwinden scheint. Tatsächlich tauchen Sie in das dichte Grün des Waldes ein, das sich nach drei Kilometer auf einem Bergkamm öffnet und einen wunderbaren Blick auf die Küste freigibt. Wenn Sie das Glück haben, um die Weihnachtszeit unterwegs zu sein, können Sie umringt von leuchtend rot blühenden Pohutukawa-Bäumen in den Ort hinabfahren.

(364) WOMO-Campingplatz: Opoutere Coastal Camping

GPS: S 37°6'5" E 175°52'43", 460 Ohui Rd, Opoutere, Tel. 07 865 9152, www.opouterebeach.co.nz. **Ausstattung:** Shop. **Preise:** 42-54 NZD. **Beschreibung:** Wunderschön gelegener Campingplatz, von Wald umgeben, abseits der Hauptroute. Wir haben die friedliche Stimmung hier sehr genossen. Die Sanitäranlagen sind sauber und einfach gehalten. Sie passen sich wunderbar in die naturbezogene Umgebung ein. Die Stellplätze auf Gras sind ausreichend groß. Ein schöner Weg führt in fünf Minuten zu einem langen und kaum besuchten Sandstrand. Unbedingt zu empfehlen. Der Platz ist nur im Sommer geöffnet und sollte reserviert werden. Der hintere Teil des Platzes ist von Wald umgeben und von friedvoller Schönheit. **Zufahrt:** 12 km hinter Whangamata rechts in die Ohui Rd abbiegen, am Wharekawa Harbour entlang und Opoutere durchfahren, wenn der Asphalt aufhört (4,5 km) sehen Sie rechts den Campingplatz liegen.

Zurück auf dem SH25 sollten Sie wenig später unbedingt einen weiteren Abstecher zur Küste unternehmen. Die von Pohutukawa Bäumen gesäumte Zufahrtstraße nach **Opoutere** verläuft am Wharekawa Harbour entlang und führt an einem Feuchtgebiet vorbei. Passieren Sie den kleinen Ort und parken Sie kurz vor dem Ende der geteerten Straße auf dem ausgeschilderten Parkplatz. Ein Hinweisschild lädt Sie zu einer Einkilometer-Wanderung in das Vogelschutzgebiet **Wharekawa Wildlife Refuge** ein. Es liegt in einem abgesperrten Teil des fünf Kilometer langen, weißen Sandstrandes von Opoutere.

Surf-Strand in Tairua

Dort angekommen werden Sie von der friedvollen Schönheit dieses Ortes vollkommen eingenommen sein und sich nach einer Weile fragen, wieso an diesem Traumstrand kaum eine Handvoll Menschen anzutreffen sind. Auch Ferienhäuser werden Sie in Strandnähe nicht finden. Der Meeresarm, der an der Zufahrtsstraße liegt, wird von einer Landzunge vor den mächtigen Wellen des Pazifiks geschützt. Auf dieser Landzunge befindet sich das erwähnte Vogelschutzgebiet. Hier leben eine Vielzahl seltener Seevögel. Der geschützte Meeresarm ist auch ein Paradies für Kajak-Fahrer. Ganz am Ende der Zufahrtstraße liegt auf der rechten Seite ein Campingplatz, von dem aus Sie den Strand in wenigen Minuten erreichen.

(365) Offizieller WOMO-Badeplatz: Tairua Paku Drive

GPS: S 36°59'46" E 175°51'40", 25 Paku Drive, Tairua. **Max. WOMOs:** 6. **Ausstattung:** Toilette, Picknicktische. **Beschreibung:** Sehr schön gelegener Übernachtungsplatz am Tairua Harbor. Eng. Gegenüber gibt es einen Zugang zur Surf-Beach. Wenn sie dem Pau Drive 500 m folgen, kommen sie zur Marina und dem »The Old Mill Waterfront Café«, Tel. 07 8649390. Probieren Sie unbedingt den Apfelstrudel, einfach himmlisch! **Zufahrt:** In Tairua biegen Sie rechts in die Manaia Rd ein und am Ende der Straße leicht rechts in den Paku Drive. Plätze liegen nach 350 m rechts.

Der SH25 macht nun einen kräftigen Schwenk ins Landesinnere und trifft nach elf kurvenreichen Kilometern auf den SH25a. Dieser gut ausgebaute Highway ist die kürzeste und schnellste Verbindung zwischen Ost und Westküste. Sie bleiben auf dem SH25, der bald auf den *Tairua River* trifft und wenig später auf den fjordähnlichen *Tairua Harbour*. Kurz vor dem Fluss zweigt die Hikuai Settlement Rd rechts ab, die nach **Pauanui** führt. Hier verbringt Aucklands obere Mittelschicht bevorzugt ihre Sommerferien und lässt dann die Einwohnerzahl des kleinen Ortes auf mehr als 15.000 ansteigen. Auf die Besucher

Blick von Pauanui nach Tairua

warten ein herrlicher weißer Sandstrand, eine sehr gute Infrastruktur, Campingplätze und ein umfangreiches Freizeitangebot. Sie bleiben auf dem SH25, dem Sie nach **Tairua** folgen, das umringt von bewaldeten Hügeln an einem sehr reizvollen Küstenabschnitt liegt. Setzen Sie sich in eines der Cafés mit Blick auf den Tairua Harbour und genießen die Aussicht über den bei Ebbe in weiten Teilen trockenfallenden Sand hinüber nach Pauanui. Im Sommer verkehrt eine Personen-Fähre zwischen beiden Orten. In der Verlängerung der wilden Ocean Beach liegt der markante **Paku-Hügel** mit zwei Gipfeln, deren höherer 360 Meter hoch ist. Sie können fast bis zum Gipfel fahren und müssen vom Parkplatz aus lediglich noch zehn Minuten laufen. Der Marsch lohnt sich, denn vom Gipfel haben Sie einen fantastischen Rundumblick auf die beeindruckende Szenerie und die vorgelagerten Inseln Slipper, Shoe und Alderman Islands. Am Hang des Hügels lag früher das Maori Pa Paku. Neben dem ausgedehnten Freizeitangebot haben Sie in Tairua die Möglichkeit zu einigen Wanderungen, die Sie zu den Goldminen von Broken Hills, in Kauri-Wälder oder zum nahen Mount Kaitarakihi führen (Infos gibt es wie immer in der i-Site). Nehmen Sie im **Old Mill Café** (1 The Esplanade, Tel. 07 864 9390) auf eleganten Gartenmöbeln sitzend einen Schoko Muffin oder einen Blaubeerkuchen zu sich. Hinter Tairua klettert der SH25 kurvenreich eine Bergkette hinauf und erreicht nach 16 Kilometer das Örtchen Whenuakite. Sie biegen hier rechts ab, um auf einer schmalen Straße zu den touristischen Highlights Hot Water Beach und Cathedral Cove zu gelangen.

Hot Water Beach und Cathedral Cove

An der **Hot Water Beach** werden Sie vermutlich mehr als hundert Menschen antreffen, die zum größten Teil mit Schaufeln im Sand des Strandes graben. Sie sind auf der Suche nach

Buddel-Vergügen an der Hot Water Beach

einer der Thermalquellen vulkanischen Ursprungs, die hier direkt unter dem Sand liegen. Werden Sie fündig, können Sie genüsslich ein warmes Bad in Ihrem persönlichen Spa-Pool nehmen, was durchaus auch bei Regen seine Reize hat. Die Flut wird Ihre Arbeit bald wieder zunichtemachen und zwei Stunden vor der nächsten Ebbe kann die nächste Schicht mit dem Buddeln beginnen. Den benötigten Spaten können Sie sich im **Hot Waves Café** (8 Pye Pl, Tel. 07 866 3887) ausleihen. Sie können dort bei schönem Blick über die Bucht gut essen. Das Baden im Meer ist an der Hot Water Beach wegen tückischer Strömungen, die vor allem im Bereich der den Strand teilenden Felszunge vorherrschen, mit Vorsicht zu genießen. Man sollte sich nur an den dafür vorgesehenen Abschnitten ins türkisfarbene Nass wagen.

(366) WOMO-Campingplatz: Hot Water Beach Top 10 Holiday Park

GPS: S 36°53'25" E 175°49'14", 790 Hot Water Beach Road, Whitianga, Tel. 07 866 3116, www.hotwaterbeachtop10.co.nz **Ausstattung:** Spielplatz, Schwimmbad, Shop, Imbissbude. **Preise:** 54-66 NZD. **Beschreibung:** Ideal gelegen zum Besuch der Hot Water Beach. Sie laufen dorthin entlang einem schönen, gut gepflegten Pfad (600 m). Einen Spaten, um sich eine Badekuhle zu graben, bekommen Sie kostenlos! Sehr gut geführte, großzügige Anlage, mit ausgesprochen hilfsbereitem und freundlichem Personal. Fantastisch eingebettet in die Natur. Tolle Spielplätze und Aktivitäten für Kinder. Klasse neuer Swimmingpool. Ein Fish&Chips-Shop befindet sich vor Ort. **Zufahrt:** Kurz vor dem Parkplatz der Hot Water Beach.

Der nächste Höhepunkt liegt ein paar Kilometer weiter nördlich im charmanten Örtchen **Hahei**. Der Strand des Ortes an einem Seitenarm der Mercury Bay ist mit Muscheln übersät und eignet sich gut zum Baden. Die wunderschöne Wanderung zur Cathedral Cove beginnt an einem kleinen Parkplatz

Cathedral Cave

mit Aussichtsplattform nördlich des Ortszentrums. Da dieser Parkplatz chronisch überfüllt ist, wurde am Ortseingang von Hahei ein großer kostenloser Parkplatz eingerichtet. Von hier aus können Sie einen Shuttlebus (7 NZD) nehmen oder einen Kilometer zu Fuß über den Strand von Hahei zum Ausgangspunkt der Wanderung gehen. Nach etwa 40 Minuten steigen Sie eine steile Treppe zum Strand hinab und sehen zu Ihrer Linken einen stattlichen Durchbruch in einem etwa 15 Meter hohen Felsen. Sie haben soeben die Cathedral Cave entdeckt, durch die Sie einen eindrucksvollen, auf dem Strand hinter ihr stehenden, weißen Rhyolit Felsen sehen. Bei Ebbe können Sie durch diese Kathedrale mit spitz zulaufender Decke gehen. An vielen Stellen am Strand und im Wasser sind interessante Kalksteinformationen zu entdecken. Die Strandabschnitte rechts (Mare´s Leg Cove) und links (Cathedral Cove) der Cathedral Cave sind von bizarrer Schönheit. Die magische Atmosphäre dieses Ortes wird sicherlich auch Sie in ihren Bann ziehen.

(367) WOMO-Campingplatz: Hahei Beach Resort

GPS: S 36° 50' 28" E 175° 48' 31", 41 Harsant Ave, Hahei Beach, Tel. 07 866 3889, www.haheiholidays.co.nz. **Ausstattung:** Spielplatz, Imbissbude. **Preise:** 70-100 (am Wasser) NZD. **Beschreibung:** Der Strand hier ist atemberaubend. Übernachtung ideal, um früh zur Cathedral Cove zu wandern. Zum Startpunkt der eigentlichen Wanderung laufen Sie zwei Kilometer. **Zufahrt:** Vom SH25 bis zum Platz sehr gut ausgeschildert.

Die **Cathedral Cove** ist auch vom Wasser aus zu erkunden. Das Gebiet um die Cathedral Cove wurde wegen ihres reichen und vielfältigen Lebensraumes zum Wasserschutzgebiet erklärt. Felsenriffe, weiche Schichtgesteine sowie zahlreiche Höhlen und Unterwassergewölbe bieten einen Lebensraum für komplexe Lebensgemeinschaften von Pflanzen, Krusten-

Friedvolle Stimmung an der Cathedral Cove-Bucht

tieren, Weichtieren und Fischen. Geschützt vor den starken Südwinden können Sie bei einer einstündigen Bootsfahrt, die auch an der Cathedral Cove vorbeiführt, eine unberührte Wasserumgebung genießen (**Hahei Explorer**, Tel. 064 7866 3910, www.haheiexplorer.co.nz).

Sie mögen nach diesem eindrucksvollen Erlebnis und einem Blick in Ihre Straßenkarte versucht sein, nach **Ferry Landing** zu fahren und mit der Fähre nach Whitianga überzusetzen, um so ein gutes Stück Weg abzukürzen. Vergessen Sie es, denn bei der Fähre handelt es sich um eine Personenfähre. Der kurze Ausflug von Hahei nach Ferry Landing lohnt sich dennoch. Zum einen wegen der direkt vor Ferry Landing liegenden wunderschönen Cooks Beach. Der große Seefahrer und Entdecker lag hier 1769 mit seinem Schiff Endeavour vor Anker, um Reparaturarbeiten vorzunehmen und um seinem Auftrag folgend den Durchgang des Planeten Merkur vor der Sonne zu vermessen. Die große Meeresbucht Mercury Bay verdankt diesem Ereignis ihren Namen. Im Mercury Bay Museum in Whitianga können Sie sich erschöpfend über Cooks Aufenthalt in der Mercury Bay informieren. Besuchen Sie auch die die 1837 erbaute Stone Steps Wharf. Zum anderen zweigt zwischen Ferry Landing und Cooks Beach eine Straße (Shakespeare Rd) zum **Shakespeare Cliff** ab. Seine Aussichtsplattform bietet Ihnen einen wunderbaren Überblick über die gesamte Mercury Bay und hinab zur Cooks Beach. Sie können mit Ihrem Wohnmobil von Ferry Landing nicht nach Whitianga übersetzen und müssen deswegen zurück zum SH25 und die tief ins Land reichende Meeresbucht **Whitianga Harbour** umfahren, um nach Whitianga zu gelangen.

Die größte Stadt in der bezaubernden *Mercury Bay* hat einen 4,5 Kilometer langen und charmanten Strand, an dem Sie

Im Hintergrund die Höhle Cathedral Cave

sicher schwimmen können. Auch die umliegenden idyllischen Buchten werden von Schwimmern, Surfern, Kajakfahrern und allen anderen Arten von Wassersportlern mit Begeisterung genutzt. Fahrten mit dem Glasboden-Boot zur Cathedral Cove werden angeboten!

(368) WOMO-Campingplatz: Whitianga Harbourside HP

GPS: S 36°50'24" E 175°42'8", 135 Albert Street, Whitianga, Tel. 07 866 5746 **Ausstattung:** Spielplatz, Swimmingpool, Spa. **Preise:** 40-50 NZD. **Beschreibung:** Gepflegte Anlage, mit einem guten und sauberen Sanitärbereich. Von der Meeresbucht Whitianga Harbour nur durch die Straße getrennt. **Zufahrt:** Im Zentrum in die Albert St abbiegen.

(369) Offizieller WOMO-Stellplatz: Whitianga Mill Street

GPS: S 36°50'3" E 175°42'24", 1 Mill Road, Whitianga. **Max. WOMOs:** 4. **Ausstattung:** Keine (zur Toilette laufen Sie 2 Min). **Beschreibung:** Zentral gelegener ruhiger Parkplatz, der nur für die Übernachtung nutzbar ist. Wir haben bis Sonnenuntergang an der Beach gestanden (GPS: S 36°49'23" E 175°42'5") und sind zum Frühstück wieder dorthin gefahren. **Zufahrt:** Von der Monk St rechts in die Mill St. fahren. Die für das Freedom Camping zugelassenen Plätze liegen am Parkplatz hinten links.

Während **Whitianga** früher von der Verschiffung des Kauri Holzes und seines begehrten Harzes lebte, trägt heute neben dem Tourismus Fischfang und Landwirtschaft zum Broterwerb bei. Mit 4000 Einwohnern ist Whitianga heute das Einkaufs- und Verwaltungszentrum der östlichen Coromandel Halbinsel. Gut essen können Sie im indischen Restaurant **Sangam Indian Cuisine** (121a Cook Dr, Tel. 07 866 0456).

Tipp: Entdecken Sie die heißen, traumhaften und verspielten Thermalbecken von **The Lost Spring** (121A Cook Drive, Whitianga, Tel. 07 866 0456, www.thelostspring.co.nz). Es gibt drei verschiedene Pools, unterschiedlicher Größe und Temperatur, die aus 667 Meter Tiefe gespeist werden.

Stellplatz Simpsons Beach

(370) WOMO-Badeplatz: Simpsons Beach Camp

GPS: S 36°47'34" E 175°43'34", 118 Wharekaho Rd, Waitaia Bay, Tel. 07 866 5633. **Ausstattung:** Keine. **Max. WOMOs:** 30. **Preise: 20 NZD.** **Beschreibung:** Große Wiese an der Waitaia Bay. Friedlicher, geschützter Platz. 500 Meter am Strand entlang finden Sie öffentliche Toiletten.

Von der Cathedral Cove nach Coromandel Town

Sie setzen Ihre Fahrt gen Norden entlang der **Mercury Bay** fort und erreichen nach 17 Kilometern **Kuaotunu**. Dort gibt es einen in Meeresnähe gelegenen Campingplatz (Kuaotunu Motor Camp, 33 Bluff Rd, Tel. 07 866 5628). Wenn Sie die Straße überqueren, sind Sie direkt an einem herrlichen weißen Sandstrand, an dem sicheres Schwimmen gewährleistet ist. Im Motorcamp werden Kajaks vermietet. Ein freier Stellplatz für zwei Wohnmobile befindet sich direkt am Meer.

Wenn Sie Lust dazu haben, können Sie einen Ausflug ins neun Kilometer östlich gelegene **Opito** unternehmen. Die meist ungeteerte Straße führt steil über den Black Jack Hill und bietet reizvolle Ausblicke. Entlang der Strecke liegen einige Aussichtspunkte und Badebuchten. Am Ende der Landzunge wartet in der **Opito Bay** ein sehr ruhiger und traumhaft schöner, kleiner Strand auf Sie.

In Kuaotunu macht der SH25 eine scharfe Kurve Richtung Südwesten. Bald trifft er auf die große Bucht des Whangapoua Harbour, die vom Waitekuri River und vom Opitonui River mit frischem Wasser aus der Coromandel Range versorgt wird. Hier zweigt eine Stichstraße zum mondänen Ferienort **Matarangi** ab. Im Jahr 1985 wurde begonnen, auf einer weißsandigen Nehrung touristische Infrastruktur für gehobene Ansprüche aufzubauen. Die kleine Stadt hat es wegen ihrer bekannt wohlhabenden Gäste zu einigem Wohlstand gebracht. Im Sommer schwillt die Einwohnerzahl von 300 auf über 7000 an. Sie finden hier u.a. eine kleine Flugpiste sowie einen herr-

Top-Spot: New Chums Beach

lich am Ende der Landzunge gelegenen 18-Loch-Golfplatz, und auch ein Bowling Green darf nicht fehlen.

Die gut 4000 Einwohner zählende Gemeinde **Te Reren-ga** liegt am südwestlichen Ende des **Whangapoua Harbour**, etwas von der Küste entfernt. Hier können Sie in der Castle Rock Winery eine ganze Reihe von Fruchtweinen probieren.

(371) Offizieller WOMO-Badeplatz: Whangapoua Tangiora

GPS: S 36°42'48" E 175°36'53", 378 Tangiora Ave, Whangapoua. **Max. WOMOs:** 2. **Ausstattung:** Toilette, Picknicktische, Spielplatz. **Beschreibung:** Schön am Meer gelegen. Sie können von hier aus zur New Chums Beach wandern. Maximal zwei Nächte. Platz nach 9 Uhr räumen. Die beiden für Wohnmobile vorgesehenen Stellplätze benutzen!
Zufahrt: In Te Reranga rechts auf die Whangapoua Rd abbiegen, nach 5 km links auf Tangiora Ave. Nach 1 km Stichstraße nach rechts nehmen.

Achtung Top-Spot: Die **New Chums Beach** wird zu den zehn besten Stränden der Welt gerechnet. Sie liegt fünf Kilometer nördlich bei dem Ort **Whangapoua**. Man erreicht den Strand nur zu Fuß, wenn man einem rund 30-minütigen Wanderweg entlang der schroffen Küste folgt und durch natürlichen Buschwald und eine kleine Felsnase klettert. Dahinter findet man die fantastische goldgelbe Sandbucht, gesäumt von Pohutukawa Trees. Die abgeschiedene Lage macht den besonderen Reiz von New Chums Beach aus. Nehmen Sie ein erfrischendes Bad im tiefblauen Wasser der Bucht. Die New Chums Beach gilt als eines der am besten gehüteten Geheimnisse Coromandels. Doch auch Sie werden sicherlich feststellen, dass

Tuaotunu Beach

sich ihr besonderer Reiz zwischenzeitlich herumgesprochen hat. Lassen Sie sich dadurch nicht abschrecken! Die Wanderung startet an einem Parkplatz am Ende des Mangakahia Dr. in Whangapoua (GPS: S 36°42'33" E 175°36'33"). Zunächst müssen Sie ein kleines Flüsschen überqueren. Der Weg ist ausgeschildert.

Sie verlassen Te Rerenga durch ein üppiges Waldgebiet und erreichen etwa zehn Kilometer nördlich einen auf einer Kammhöhe gelegenen Aussichtspunkt. Hier sollten Sie unbedingt anhalten und die atemberaubende Aussicht hinunter zum Hauraki Gulf genießen, in dem in lieblicher Anordnung mehrere Inseln drapiert sind. Auch Coromandel Town ist im Blickfeld.

Coromandel Town

Sie werden in Coromandel Town einen angenehm entspannten und lockeren Lebensstil antreffen. Das war nicht immer so. Der aufsehenerregende Goldfund beim Driving Creek 1852 brachte Coromandel Town einen gewaltigen Aufschwung und zeitweise eine Einwohnerzahl von über 10.000. Noch heute verleihen restaurierte Erinnerungsstücke an die Goldgräberzeit und herrschaftliche Gebäude aus der Gründerzeit der Stadt eine besondere Note. Bewundern Sie auf dem **Heritage Trail** die eleganten Villen aus den Goldgräbertagen. Im 1,5 Kilometer nördlich gelegenen Coromandel Goldfields Centre & Stamper Battery haben Sie die Gelegenheit, sich im Rahmen einer einstündigen Führung über alles, was zum Goldabbau gehörte, zu informieren. Die 1861 gegründete und heute ca.1.600 Einwohner zählende Stadt verdankt ihren Namen dem britischen Schiff HMS Coromandel, das im Jahr 1820 in der Bucht ankerte, um das für die Schifffahrt wertvolle Kauri-Holz an Bord zu nehmen.

Blick auf Coromandel Town

(372) Offizieller WOMO-Stellplatz:
Kapanga Road Carpark Coromandel Town

GPS: S 36°45'26" E 175°29'55", 450-510 Kapanga Rd, Tel. 07 868 0200. **Ausstattung:** Picknicktische. **Max. WOMOs:** 6. **Beschreibung:** Parkplatz an der Hauptstraße, gegenüber dem DOC Visitor Centre. Die Plätze sind ausreichend breit. Hinter dem Parkplatz liegt ein schmaler Grünstreifen mit Picknicktisch. Sehr zentral gelegen. Straßengeräusche erträglich. **Zufahrt:** Sie fahren geradeaus ins Stadtzentrum und biegen am Ende der Straße rechts in die Kapanga Road ab. Die Plätze liegen nach 350 m rechts. **Hinweis:** Maximal zwei Nächte; Platz zwischen 17 Uhr und 9 Uhr nutzbar. Ausweichplatz: Woollams Ave! **GPS:** S 36°45'32.5" E 175°29'55.5".

Heute sind neben dem Tourismus vor allem die reichen Fischgründe, Muschelfarmen und Austernbänke für Coromandel Town von wirtschaftlicher Bedeutung. Auch fühlen sich viele Künstler und Kunsthandwerker von der entspannten Atmosphäre der Gegend angezogen und in ihrem Schaffen gefördert. Einige von Neuseelands besten Künstlern leben im Coromandel Town District. Die Craft Gallery in der Wharf Rd ist das Zentrum des örtlichen Kunsthandwerkes.

Um den Ort kennenzulernen, ist die Broschüre *Visiting the Town of Coromandel* sehr hilfreich. Sie erhalten sie in der Touristeninformation (Coromandel Town Information Centre, 85 Kapanga Road, Tel. 07 866 8598, www.coromandeltown.co.nz). Wenn Sie auf der Straße am Hafen, der Wharf Road, drei Kilometer westwärts fahren, gelangen Sie zum **Long Bay** Motorcamp. 100 Meter hinter dem Motorcamp ist der Startpunkt für eine markierte 40-minütige Wanderung durch ein Landschaftsschutzgebiet. Alleine wegen der besonders hübschen Straße entlang des Coromandel Harbour ist dieser kleine Ausflug unbedingt empfehlenswert. Ob Sie frühstücken, Mittag essen oder dinieren wollen, wir empfehlen Ihnen das Pepper

Driving Creek Railway

Tree. Das im historischen Stil gebaute Restaurant hat mehrere Auszeichnungen gewonnen. Bitte reservieren Sie (**Pepper Tree**, 31 Kapanga Road, Tel. 07 8668 211, www.peppertree-restaurant.co.nz).

(373) WOMO-Campingplatz: Shelly Beach Top 10 HP

GPS: S 36°44'6" E 175°28'59", 243 Colville Rd, Coromandel, Tel. 0800 424 655. **Ausstattung:** Spielplatz, Schwimmbad. **Preise:** 50-60 NZD. **Beschreibung:** Friedvolle Anlage mit sehr gepflegten Sanitäranlagen! Exzellente Lage an der Kikowhakarere Bay. Wunderbare Sonnenuntergänge über dem Meer. **Zufahrt:** In Coromandel rechts in die Kapanga Rd Richtung Norden einbiegen. Dann der Rings Rd und später der Colville Rd folgen.

Neuseelands einzige schmalspurige Bergeisenbahn liegt am Driving Creek unweit der Stelle, an der 1852 das erste Gold gefunden wurde, ein wenig außerhalb von Coromandel Town. Sie finden sie, wenn Sie nördlich Richtung Colville fahren und kurz vor dem Ortsausgang rechts der Ausschilderung zur Station der **Driving Creek Railway** folgen. Die Schmalspur-Eisenbahnstrecke durch den dichten Wald diente zunächst der Versorgung einer Ziegelei mit Tonerde aus den Bergen. Sie führt in abenteuerlicher Schienenführung drei Kilometer steil hinauf zur Aussichtsplattform Eyefull Tower, von der aus Sie eine fantastische Sicht haben. Es ist ratsam, unter Tel. 07 866 8703 zu buchen (380 Driving Creek Road, www.drivingcreekrailway.co.nz). Die Fahrt dauert etwa eine Stunde. Die allgegenwärtigen, von dem 2016 verstorbenen Töpfer und Ökoaktivisten Barry Brickell selbstgebauten liebevollen Details, die von kleinen Bahnhöfen über Mäuerchen, die die Strecke umsäumen, bis zu kleinen Tonfiguren reichen, sind zwingende Gründe diese Fahrt zu unternehmen. Besuchen Sie auch das auf dem Weg zur Eisenbahnstation liegende **Driving Creek Café** (380

Langflossenaale an der Anglers Lodge

Driving Creek Rd, Tel. 07 866 7066). Es hat ein ganz besonderes Flair mit teilweise kräftiger Farbgebung. In gemütlicher Atmosphäre können Sie ausgezeichneten hausgemachten Kuchen und frischgerösteten Kaffee genießen.

Der Norden der Coromandel Halbinsel

Wer einen Ausflug in den weiter nördlich gelegenen Teil der Coromandel-Halbinsel plant, sollte beachten, dass nördlich von Coromandel Town der bergigste und wildeste Teil der Halbinsel liegt und nur die Strecke bis kurz hinter **Colville** geteert ist.

(374) WOMO-Campingplatz: Anglers Lodge

GPS: S 36°40'21" E 175°26'33", 1446 Colville Road, Amodeo Bay, Tel. 07 866 8584, www.anglers.co.nz. **Ausstattung:** Spielplatz, Schwimmbad, Spa Pool, Shop. **Preise:** 40-50 NZD. **Beschreibung:** Ein unglaublich schöner, ruhiger, friedlicher und sauberer Ort. Die Anlage ist sehr gut gepflegt, die Duschen neu und sauber. Es gibt einen tollen Pool, eine schöne Lounge zum Verweilen, ein kleines Café und einen Shop, der erstaunlich gut ausgestattet ist. Die Besitzer waren extrem freundlich. Der Platz ist bei Anglern sehr beliebt. Wir bekamen vom Fang etwas ab. Der Fang wird am angrenzenden Tawhetarangi Stream filetiert. Im Fluss können sie zahlreiche große Langflossenaale bestaunen. Wir können diesen Ort nur jedem empfehlen. **Zufahrt:** An der Amadeo Bay auf der rechten Seite der Colville Road.

Hinter Colville warten unbefestigte, kurvenreiche, steile und sehr enge Straßen auf Ihr Wohnmobil. Sie brauchen auf die unberührten Naturschönheiten von Coromandels Norden jedoch nicht zu verzichten. Eine sehr zu empfehlende Ganztagestour bringt Sie zur Fletcher Bay, von der aus Sie den wundervollen **Coromandel Coastal Walkway** acht Kilometer entlangwandern. In Sandy Bay werden Sie vom Kleinbus wieder abgeholt (**Coromandel Discovery**, Tel. 07 866 8175, www.coromandeldiscovery.co.nz).

Blick auf Ohauhunga Bay

Von Coromandel Town nach Thames

Die 56 Kilometer lange Strecke von Coromandel Town entlang der Westküste nach Thames folgt der felsigen Küstenlinie der **Pohutukawa Coast**. Wie dieser Name erahnen lässt, ist die Fahrt auf dieser Straße zwischen Mitte Dezember und Mitte Januar besonders reizvoll, denn dann blühen die Neuseeländischen Weihnachtsbäume. Wenn Sie Glück haben, können Sie einzelne Exemplare auch noch Ende Februar in ihrem leuchtenden Rot bewundern. Die in weiten Teilen sehr enge Straße kommt gelegentlich an kleinen Ansiedlungen und Sandbuchten vorbei, steigt dann aber sofort wieder an und verläuft größtenteils ein gutes Stück über dem Meeresspiegel. Sie werden sicherlich immer wieder Fotostopps an den Aussichtspunkten einlegen und wer gerne wandert, wird der Versuchung, in den links liegenden, dichten, grünen Busch hineinzulaufen, irgendwann nachgeben. Die DOC-Broschüre *Coromandel Recreation Information* hilft Ihnen, sich nicht zu verlaufen. Nur sieben Kilometer hinter Coromandel Town biegt links der legendäre **Highway 309** ab. Die kurvenreiche, oft steile und in weiten Streckenabschnitten unbefestigte Straße bringt Sie nach 25 Kilometer auf die Ostseite der Halbinsel zum Whitianga Harbour.

(375) WOMO-Stellplatz: Waiomu Beach Side Domain

GPS: S36°45'26" E175°29'55", 378 Tangiora Ave, Wangapoua. **Max. WOMOs:** 5. **Ausstattung:** Toilette, Wasser, Picknicktische, BBQ. **Beschreibung:** Toller freier Stellplatz in einem Park am Meer, mit überdachten Sitzgelegenheiten und kostenlosen Gas-Barbecues. Trotz der Nähe zum SH25 sehr ruhig. Sehr beliebt. Die Ankunftszeit 17 Uhr könnte schon zu spät für eine der 5 SP sein. **Zufahrt:** Nicht zu verfehlen.

Wer den Mut hat den SH309 zu fahren, trifft nach wenigen Kilometern auf den etwas schrägen Funpark **Waiau Waterworks** (471 SH309,Tel. 07 866 7191). Legen Sie Hand an die bizarren, wasserbetriebenen Kunstwerke. Danach können Sie preis-

Blick auf den Manaia Harbour

wert essen und die nahe gelegenen **Waiau Falls** besuchen, in deren Pool Sie sich erfrischen können. Weitere zehn Minuten entfernt wartet der älteste Kauri-Baum der Coromandel-Halbinsel darauf, von Ihnen erkundet zu werden. Der Waiau Kauri Grove Track bietet Ihnen einen einfachen Zugang über einen gut ausgebauten Weg mit Holzstegen und Fußgängerbrücken. Zurück an der Pohutukawa Coast fahren Sie in Richtung Thames und machen im kleinen Ort Tapu einen Abstecher ins Innere der Halbinsel. Nach sechs Kilometern erwartet Sie in einer hügeligen Waldlandschaft ein kleines Paradies: die **Rapaura Watergardens** (586 Tapu-Coroglen Road, Tapu, Tel. 07 868 4821, www.rapaura.co.nz). Besuchen Sie zuerst das Café, in dem Sie einen sehr guten Tee trinken oder einen leckeren Snack zu sich nehmen können. Dann betreten Sie den Garten, in dem Sie neben exotischen Pflanzen auch kleine, verspielte Teiche bewundern können. In einem größeren Teich wachsen unzählige Wasserrosen und das Plätschern des Baches führt zu einem dreistufigen Wasserfall, in dessen Becken Sie sich herrlich erfrischen können. Machen Sie einen Spaziergang durch die von Wegen durchzogene Anlage und lassen Sie sich auf einer der Bänke nieder, um die Skulpturen zu bewundern oder über eine der philosophischen Botschaften nachzudenken, die auf den Tafeln zu lesen sind. Für die Rapaura Watergardens sollte man mindestens eine Stunde einplanen.

(376) WOMO-Campingplatz: Tapu Creek Campervan Park

GPS: S 36°58'48" E 175°31'49", 285 Tapu-Coroglen Road, Tapu, Tel. 07 868 4570. **Ausstattung:** Campingplatzüblich. **Preise:** 34 NZD (Honesty Box). **Beschreibung:** Kleiner, freundlicher und sehr ruhiger Campingplatz. Küche und Sanitärbereich sind einfach, aber sauber. Weitläufige Stellplätze zwischen Rasen und Bäumen. Im angrenzenden Fluss können Sie schwimmen und die Natur in ihrer ganzen Pracht genießen. **Zufahrt:** In Tapu in die Tapu-Coroglen Road abbiegen und dieser 3 Kilometer folgen

Rapaura Watergardens

(377) WOMO-Campingplatz: Dickson Holiday Park
GPS: S 37°6'39" E 175°31'20", Victoria Street, Thames, Tel. 07 8687 308, www.dicksonpark.co.nz. **Ausstattung:** Spielplatz, Swimmingpool. **Preise:** 45-50 NZD. **Beschreibung:** Schöne Anlage, sehr gepflegt. Das Schmetterlings- und Orchideenhaus wurde 2020 geschlossen. Der Campingplatz liegt neben einem Fluss und ist von ursprünglichem Busch umgeben. Ausgangspunkt einer dreistündigen Buschwanderung. **Zufahrt:** In Tararu links in die Victoria St abbiegen. Der Platz liegt auf der rechten Seite an der Straße.

Thames

Thames, das westliche Tor zur Coromandel-Halbinsel, wurde 1867 als Goldgräberstadt gegründet und war wenige Jahre später die drittgrößte Stadt des Landes. Zu dieser rasanten Entwicklung trug auch die Verarbeitung und der Abtransport des im Hinterland geschlagenen Kauriholzes bei. In der kurzen Blütezeit der Stadt wurden bis zu 70 Goldminen betrieben. Erinnerungen an diese Zeit werden im **Thames Historical Museum** (Ecke Pollen St / Cochrane St, Tel. 07 868 8509, täglich 13-16 Uhr) präsentiert. Einen besonders lebendigen Eindruck von der Vergangenheit vermittelt das Museum **Goldmine Experience** (Ecke Moanataiari Rd / SH25, Tel. 07 868 8514, www.goldmine-experience.co.nz, Führungen täglich 10-16 Uhr). In den restaurierten Gebäuden der Golden Crown Mine und der Stamper Battery wird dem Besucher eindrucksvoll vor Augen geführt, wie damals unter schwierigsten Bedingungen und mit einfachsten Mitteln Gold aus dem Gestein gewonnen wurde. Anhand einer noch voll funktionsfähigen Anlage wird gezeigt, wie die Gesteinsbrocken zerkleinert und zu einem glitzernden Brei gemahlen werden. Nach dem Auswaschen bleiben Gold, Silber und einige andere Mineralien übrig. Neben diesem Prozess der Goldgewinnung gibt es noch viele andere Einrichtungen aus der Zeit des Goldrausches zu sehen. Zum krönenden

Blick auf Thames vom War Memorial Monument

Abschluss kann man ein Stück in den Stollen hinabsteigen **Restaurantempfehlung:** Melbourne Café, 715 Pollen Street, Thames, Tel. 07 856 83159. Thames ist heute eine eher beschauliche Kleinstadt mit etwa 10.000 Einwohnern. Es ist das wichtigste Versorgungs- und Einkaufszentrum der Coromandel Peninsula. Die Einwohner leben hauptsächlich vom Tourismus, dem Einzelhandel und der Landwirtschaft. Bummeln Sie durch die historische Hauptstraße und entdecken Sie an vielen Stellen Reminiszenzen an die großartige Geschichte der Stadt. Verlassen Sie die Hauptstraße und bewundern Sie die charmanten und gut erhaltenen Holzhäuser. Besonders schön sind die beiden alten Kirchen St. James und St. George. Jeden Samstagmorgen können Sie den lokalen Markt am nördlichen Ende der Pollen Street besuchen. Hier werden neben den üblichen Pflanzen und Lebensmitteln auch Kunsthandwerk, Sammlerstücke und Nippes angeboten. Besuchen Sie auch die Bio-Käserei Es gibt zwei Orte, von denen aus man einen herrlichen Blick über die Stadt hat. Zum einen das War Memorial Monument in der Nähe der Goldmine Experience im Norden der Stadt, zu dem man über die Waiotahi Creek Rd gelangt. Zum anderen der Totora Pa, der sich im Süden der Stadt an der Te Arapipi Rd befindet, die von der SH25 abzweigt.

(378) Offizieller WOMO-Stellplatz: Thames Rhodes Park
GPS: S 37°9'7" E 175°33'0", 455 Ngati Maru Highway. **Max. WOMOs:** 20. **Ausstattung:** Keine. **Beschreibung:** Großer Schotterparkplatz zwischen Kauaeranga River und einem Fitnesscenter, südlich des Zentrums, ruhig. **Ausweichplatz:** Brown Street: GPS 37°08'13"S 175°32'19.5"E".

Das Kauaeranga Valley

Östlich von Thames liegt das bis zur Coromandel Range reichende Kauaeranga Valley. Sie sollten dieses üppig bewachse-

Morgenstimmung an der Kaueranga Road

ne Tal unbedingt besuchen. Neben ursprünglicher Natur warten eindrucksvolle Relikte aus der Gold- und Holzfällerzeit, Badepools im Flussbett und einige beschaulich in die Natur eingebettete DOC-Campingplätze auf Sie. Sie fahren vom Zentrum aus auf dem SH25 nach Süden, biegen links in die Banks St ab und 450 Meter später rechts in die Parawai Road, die nach 1,5 Kilometer in die Kauaeranga Valley Road übergeht. Nach zehn Kilometern endet der Asphaltbelag. Die letzten zwei Kilometer bis zu Ihrer ersten Anlaufstelle, dem DOC Visitor Centre, fahren Sie auf einer Gravelroad. Im Besucherzentrum versorgen Sie sich mit Informations- und Kartenmaterial und buchen den von Ihnen ausgewählten DOC-Campingplatz. Sie können zwischen sieben Plätzen, die jeweils mit Wasser und Toilette ausgestattet sind, auswählen (**DOC Visitor Centre,** GPS: S 37°7'16" E 175°37'47", Tel. 07 867 9080).

(379) Offizieller WOMO-Wanderplatz:
Hotoritori Kauaeranga Valley - DOC Standard Campsite

GPS: S 37°5'59" E 175°38'4", 995C Kauaeranga Valley Rd, Tel. 07 867 9080. **Max. WOMOs:** 15. **Ausstattung:** Toilette. **Preise:** 36 NZD. **Beschreibung:** Sehr schöne Stellplätze. Der Platz liegt ideal zur Erkundung des Kauaeranga Valley. Der 20-minütige Jasper Creek Walk startet hier. In der Kauaeranga Valley Road erreichen Sie nach 12 km das DOC Visitor Centre. Hier buchen, oder online. Bis zum Campingplatz noch 2,5 km. **Zufahrt:** Über Banks St und Parawai Rd in die Kauaeranga Valley Road.

Historische Hütten: Im Tal gibt es historische Hütten, die in den 1920er Jahren erbaut wurden, als das Gebiet für den Kauri-Holzeinschlag genutzt wurde. Eine der bekanntesten Hütten ist die Pinnacles Hut, die von Wanderern genutzt werden kann. Der Erhalt dieser historischen Hütten ist ein wichtiger Teil der Erhaltungsgeschichte des Tals.

Im Kauaeranga Valley warten 21 Wanderungen auf Sie, wobei Sie zwischen kurzen Spaziergängen, von einer guten Viertelstunde bis hin zu herausfordernden Wanderungen mit Übernachtung wählen können. Direkt hinter dem Besucherzentrum startet der kurze **Kahikatea Walk**, der Sie in zehn Minuten zu einem künstlich angelegten Kauri-Damm führt. In der Holzfällerzeit gab es viele derartige Dämme, in denen

Hoffmans Pool im Kaueranga Valley

man Wasser zu kleinen Seen aufstaute. Das Wasser wurde dann auf einen Schlag abgelassen und spülte die zuvor eingebrachten Kauristämme ein Stück weit in das Tal hinab. Ein zweiter kurzer Naturlehrpfad startet ein Kilometer hinter dem DOC Visitor Centre. Vorbei an mehreren Informationstafeln führt Sie der Pfad zum *Hoffmans Pool*, einem beliebten Platz zum Picknicken und zum Schwimmen.

Am Ende der Schotterstraße durch das Kauaeranga Valley, acht Kilometer hinter dem DOC Visitor Centre, liegt der letzte von insgesamt sechs DOC-Campingplätzen (Trestle View), die mit dem Wohnmobil erreicht werden können. Hier startet der anspruchsvolle und sehr beliebte **The Pinnacles Walk** (12 km einfach). Er führt durch die wildschönen Bergketten der Coromandel-Halbinsel bis auf die Spitzen der Pinnacles. Die ganz Fitten laufen an einem Tag hin und zurück, die anderen laufen vier Stunden hin, übernachten in der großen und modernen Pinnacle Hut (beim DOC reservieren) und wandern am darauffolgenden Tag den um das Jahr 1900 von Holzfällern und Goldgräbern angelegten Maultierpfad zurück. Sie werden die Wanderung durch herrlichen Kauri- und Rimu-Wald genießen. Die Pinnacles, die der Wanderung ihren Namen gaben, liegen im Gipfelbereich eines bis zu 759 Meter hohen Vulkanmassivs. Eine der beliebtesten Zweitageswanderungen Neuseelands.

Das Kauaeranga Valley bietet eine Mischung aus Abenteuer, Geschichte und Natur, die es zu einem beliebten Ziel für Naturliebhaber und Wanderer macht. Es ist ein Ort, der die Schönheit Neuseelands in all ihrer Pracht zeigt und die Besucher dazu einlädt, die Natur und die Geschichte des Landes zu erkunden.

TOUR N14
Coromandel Forest Park
Thames
Kopu
Piako River
Ngatea
Maukoro Canel
Waitakaruru
Mangatarata
Firth of Thames
10 km
N
Miranda
Miranda Hot Springs
Miranda Scenic Reserve
Miranda Shorebird Centre
Kaiaua
Mangatangi
Hauraki Gulf
Orere Point
Tapapakanga Regional Park
Mt Kohukohunui
688 m
Hunua Ranges Regional Park
Hunua Falls
Ness Valley
Kawakawa Bay
Ponui Island
Kauri Bay
Duder Regional Park
Waiheke Island
Tamaki Strait
Maraetai
Beachlands
Omana RP
Clevedon
Whitford
Ardmore Airport
Papakura
Drury
Takanini
Auckland Botanical Gardens
Manukau
Half Moon Bay
Auckland International Airport
Manukau Harbour
Ambury RP
Auckland
Motutapu Island
Rangitoto Island
Mt Victoria
Waitemata Harbour
WC
391
392
393
394
395
396
397
398
399
400
401
402
1
2
16
20
25
38

Tour N14: Auckland - City of Sails 180 km

Thames - Miranda - Kaiaua -Orere Pt - Kawakawa Bay - Clevedon - Duder - Omana - Hunua Rangesrk - Auckland

Camping:	Miranda, Auckland: North Shore, Takapuna Beach
Stellplätze:	Kaiaua, Whitford, Maraetai, Pine Harbour Marina, Hunua Falls, Bayswater Marina, Western Springs, Bruce Pulman
Besichtigen:	Miranda Shorebird Centre, Orere Point, Hunua Falls, Sky Tower, Auckland Museum, Viaduct Basin, Wynyard Quater, Albert Park, Mount Eden, Devonport, Mount Victoria, One Tree Hill, Inseln im Hauraki Gulf, Botanic Gardens
Wandern:	Hunua Ranges Regional Park, Auckland: Queen Street, Mt Victoria, Mt Eden Heritage Walk, Coast to Coast Walk, auf den Inseln des Hauraki Gulf Marine Parks
Essen:	Kaiaua Fisheries, Auckland: Drehrestaurant Orbit im Sky Tower, Kermadec Ocean Fresh Rest., Le Garde-Manger
Baden:	Orere Point, Kawakawa Bay, Takapuna, Devonport

In Tour N14 schließt sich der Kreis der in diesem Buch beschriebenen Touren und Sie kehren zurück nach Auckland. Sie verlassen das altehrwürdige Thames und überqueren kurz danach die neue zweispurige Kopu Bridge. Die weitere Reise führt Sie durch die Hauraki Plains und in Miranda treffen Sie auf heiße Quellen. Die Weiterfahrt führt Sie durch die Hauraki Plains und zu den heißen Quellen von Miranda. Dann geht es am Westufer der Meeresbucht Firth of Thames entlang nach Norden. Dieser Küstenabschnitt wird von Ornithologen als hervorragendes Gebiet zur Beobachtung von See- und Watvögeln geschätzt. Am Matingarahi Point verlässt die Route den Firth of Thames in westlicher Richtung. Hier bietet sich ein Abstecher zum Hunua Ranges Regional Park an. Nach 75 Kilometern erreichen Sie das Zentrum von Auckland.

Von Thames nach Auckland

Sie verlassen Thames Richtung Süden über den SH25 und biegen nach fünf Kilometern in **Kopu** rechts ab. Wenig später überqueren Sie den Waihou River auf der 580 Meter langen, neuen Kopu Bridge. Der 150 Kilometer lange Waihou River ist zusammen mit dem benachbarten Piako River für das fruchtbare Schwemmland der Hauraki Plains verantwortlich, das Sie nun durchfahren.

Direkt hinter der Brücke können Sie links abbiegen, um die sechs Kilometer entfernte **Piako Ostrich Farm** zu besuchen. In der Straußenfarm finden Sie alle Informationen zu den größten Vögeln der Erde (311 Piako Rd, Turua, Tel. 07 867 5326, www.ostrichfarm.co.nz, tgl. 9.30 - 16 Uhr, im Juli geschlos-

Thermalpool, Miranda Holiday Park

sen). Zehn Kilometer hinter der Brücke bietet sich für Familien ein sieben Kilometer Abstecher nach **Ngatea** in die **Ngatea Water Gardens** (Bratlie Place, Ngatea, Tel. 07 867 7275, Sonntag bis Donnerstag 10 bis 17 Uhr) an. Dort wartet ein fünf Hektar großer Garten mit Brücken, Wasserfällen, Wasserrädern und magischen Brunnen auf Sie. Achtzehn Kilometer hinter Kopu biegen Sie rechts in die Front Miranda Rd ein und erreichen nach sechs Kilometer das Thermal-Bad **Miranda Hot Springs**. Nebenan können Sie im Miranda Holiday Park übernachten und in dessen Thermalpool kostenlose Bäder nehmen.

(391) WOMO-Campingplatz: Miranda Tasman HP

GPS: S 37°12'25" E 175°19'55", 595 Front Miranda Road, Waitakaruru, Tel. 0800 833 144, www.mirandaholidaypark.co.nz **Ausstattung:** Spielplatz, Thermalpool, Tennis, Tischtennis, Einkaufsmöglichkeit. **Preise:** 65-75 NZD. **Beschreibung:** Dieser belebte Holiday Park hat schön gestaltete Stellplätze und einen wunderschönen heißen Mineralpool, der abends bis 22 Uhr genutzt werden kann. Herrlich beleuchtet, einfach toll !!! **Zufahrt:** In Waitakaruru Richtung Miranda fahren, ausgeschildert.

Nördlich von Miranda liegt an der Straße das **Pukorokoro Miranda Shorebird Centre** (283 East Coast Rd, Te. 09 232 2781, täglich geöffnet von 9 bis 17 Uhr). Die Wattzonen am Firth of Thames sind Winterquartiere für viele arktische Wandervögel wie Regenpfeifer, Flussuferläufer, Zwergstrandläufer, Brachvogel und Steinwälzer. Sie kommen von Alaska, der Mongolei oder Sibirien und haben eine Flugstrecke von ca. 15.000 Kilometer hinter sich. Von April bis August sind riesige Schwärme des Schiefschnabel- Regenpfeifers zu sehen. Das Shorebird Centre ist ein Informations- und Bildungszentrum, in dem Sie anhand unserer Ausstellungen mehr über die Vögel und die Naturgeschichte der Region erfahren können. Es liefert darüber hinaus alle benötigten Informationen, benennt

Miranda Shorebird Centre

die besten Beobachtungsplätze und verleiht Ferngläser. Für ornithologisch Interessierte ein absolutes Muss! Nun wird verständlich, warum die gesamte windreiche Westküste des Firth of Thames den Namen **Seabird Coast** trägt.

Den mehrfachen Sieger für die besten »Fish and Chips« des Landes treffen Sie vier Kilometer nördlich in Kaiaua. Im **Kaiaua Fisheries** können Sie zwischen verschiedenen Fischgerichten auswählen oder auch eine Portion »Fish and Chips«, ganz klassisch in Zeitungspapier eingewickelt, mitnehmen (939 East Coast Rd, Tel. 09 232 2776). Dreizehn Kilometer hinter Kaiaua verlässt die Straße am Matingarahi Point die Küste, die sie erst 16 km später an der Kawakawa Bay wieder erreicht. Unterwegs zweigt eine kleine Stichstraße zum **Orere Point** (netter Campingplatz mit viel Platz, www.orerepointholidaypark.co.nz) ab.

(392) Offizieller WOMO-Stellplatz: Kaiaua - Rays Rest

GPS: S 37°8'50" E 175°18'18". **Max. WOMOs:** 30. **Ausstattung:** Keine. **Beschreibung:** Sehr schöne Stelle Unweit der Straße, direkt am Strand. Sie verbringen die Nacht direkt am Ufer des vogelreichen Firth of Thames. **Hinweis:** Campingzeiten zwischen 18 Uhr und 10 Uhr, maximal 2 Nächte. **Zufahrt:** Genau zwischen Miranda und Kaiaua, nicht zu übersehen.

(393) Offizieller WOMO-Stellplatz: Hauraki Rail Trail

GPS: S 37°6'7" E 175°17'58", East Coast Rd, Kaiaua. **Max. WOMOs:** 10. **Ausstattung:** Toilette, Spielplatz 400m entfernt. **Beschreibung:** Schöner, großer und friedvoller Platz am Wasser mit wunderbaren Ausblicken auf den Firth of Thames. Bitte im gekennzeichneten Bereich stehen. Maximal zwei Nächte. **Zufahrt:** Ein Kilometer hinter den Kaiaua Fisheries.

Unterwegs empfehlen wir Ihnen einen kurzen Abstecher zum **Tapapakanga Regional Park**. Es gibt dort den Sea View Campground, der wunderbar gelegen ist und seinem Namen

Tapapakanga Regional Park

alle Ehre macht. Sie können ihn über das Auckland Regional Council buchen (www.aucklandcouncil.govt.nz, Tel. 09 366 2000, GPS: S 36°31′53″ E 174°42′41″). **Clevedon** erreichen Sie neun Kilometer hinter Kawakawa. Jeden Sonntag können Sie hier zwischen 8.30 und 12 Uhr den *Clevedon Village Farmers Market* besuchen.

(394) WOMO-Stellplatz: Whitford Point Reserve
GPS: S 36°56'52" E 175°9'53". **Max. WOMOs:** 5. **Ausstattung:** Toilette.
Beschreibung: Guter Übernachtungsplatz mit Blick auf Pakihi Island.
Zufahrt: An der Clevedon-Kawakawa Road ausgeschildert.

Wenn Sie in Clevedon rechts abbiegen und der North Road folgen, haben Sie die Möglichkeit, zwei reizvolle Regionalparks zu entdecken. Der erste ist der **Duder Regional Park**, der anmutig an der Ostküste liegt. Er ist ein Refugium für Naturliebhaber. Auf einer Fläche von 148 Hektar bietet der Park eine Vielfalt an Ökosystemen und lädt Naturliebhaber dazu ein, die faszinierende Landschaft zu erkunden - von schroffen Klippen über Sandstrände bis hin zu hügeligem Ackerland und üppigen Wäldern. Der Park ist ein Paradies für einheimische Vogelarten (Basstölpel, Seeschwalben, ...) und eine einzigartige Flora, die eine harmonische Symphonie natürlicher Schönheit bilden. Es gibt zahlreiche Wanderwege, von kurzen Spaziergängen bis hin zu einem vierstündigen Rundweg. Einen Übernachtungsplatz können Sie über das Auckland Regional Council buchen (www.aucklandcouncil.govt.nz, Tel. 09 366 2000, GPS: S 36°31′53″ E 174°42′41″).

Auch der **Omana Regional Park** ist ein wunderschöner Regionalpark. Er liegt am Hauraki Golf und bietet einen atemberaubenden Blick auf die Inseln Waiheke und Rangitoto, Wanderungen durch regenerierende Wälder, Campingplätze und sichere Badestellen. Der Park liegt auf einem sanft geschwungenen Hügel 40 Meter über dem Meeresspiegel. Einen

Omana Regional Park

der Campingplätze können Sie über das Auckland Regional Council buchen (www.aucklandcouncil.govt.nz, Tel. 09 366 2000, GPS: S 36°31′53″ E 174°42′41″).

Zwischen den beiden Regionalparks liegt die bezaubernde Maraetai Beach, die Ihnen ein einziges kilometerlanges Badevergnügen bietet. Im Ort gibt es eine alte Pier, ein wunderbares Indisches Restaurant (**Foreshore**, 251 Maraetai Drive, Maraetai, Tel. 09 536 5023) und zwei freie Stellplätze.

(395) Offizieller WOMO-Stellplatz: Maraetai - Colson Lane
GPS: S 36°52'54" E 175°2'43". **Max. WOMOs:** 2. **Ausstattung:** Restaurants um die Ecke. Öffentliche Toiletten sind etwa 200 m entfernt. **Beschreibung:** Ruhig gelegener Parkplatz, 100 m vom Strand entfernt. Maximal eine Nacht. **Zufahrt:** Zweigt vom am Strand entlangführenden Maraetai Drive links ab. **Hinweis:** 500 m östlich gibt es an der Coast Rd zwei weitere freie Stellplätze.

(396) Offizieller WOMO-Stellplatz: Pine Harbour Marina
GPS: S 36°53'22" E 174°59'27", 190 Jack Lachlan Drive, Pine Harbour, Beachlands, Tel. 09 536 4720 ext 1, Email: office@pineharbour.co.nz, www.pineharbour.co.nz/motorhomes/ **Max. WOMOs:** 15. **Ausstattung:** Toilette, Wasser, Müllcontainer, Waschmaschine, Restaurants. **Preise:** 20 NZD pro Erwachsenem. **Beschreibung:** Wohnmobilstellplätze auf Asphalt auf dem Gelände des Yachthafens. Fähre nach Auckland Downtown 35 min.

Hunua Falls

Die Hügelkette, die Sie zu Beginn der Tour an der Küste umfahren haben, war die sanft geformte **Hunua Range**, Aucklands Wasser-Reservoire. In vier Stauseen, dem Cosseys, Wairoa, Mangatangi und Mangatawhiri Reservoir, wird der jährliche Niederschlag von 2.300 mm gespeichert. Im Hunua Ranges Regional Park gibt es ein dichtes Netz von Wanderwegen, über das Sie sich im Hunua Ranges Park Visitor Centre informieren können. Der Park beherbergt mehr als 450 Vertreter einheimischer Pflanzen. **Hunua** liegt 12 Kilometer südlich von **Clevedon**. Nicht weit entfernt finden Sie die spektakulären 30 Meter hohen **Hunua Falls** und einen Übernachtungsplatz. Es gibt einen kurzen Weg zum Picknickareal am Fuße des Wasserfalls und einen längeren Rundweg zu einem Aussichtspunkt für einen herrlichen Blick auf die Gicht versprühenden Wasserfälle.

(397) Offizieller WOMO-Wanderplatz: Hunua Falls RP
GPS: S 37°4'1" E 175°5'22". **Max. WOMOs:** 10. **Preise:** 30-40 NZD. **Ausstattung:** Toilette. **Kontakt:** Auckland Council, Tel. 09 301 0101, regionalparks.aucklandcouncil.govt.nz. **Beschreibung:** Toller ruhiger Platz im Grünen, Schranke wird nachts geschlossen. Sie hören das Rauschen des Wasserfalls. Maximal 2 Nächte. Buchung online oder per Telefon, Zahlung über Kreditkarte. **Zufahrt:** Von Clevedon aus fahren Sie 12 km auf der Monument Rd Richtung Süden und biegen dann wie ausgeschildert links ab.

Auckland

Im schnell wachsenden Ballungsraum Auckland, der sich aus den bis 2010 eigenständigen Gemeinden Auckland City, North Shore, Waitakere und Manukau zusammensetzt, leben rund 1,5 Millionen Menschen. Die Landenge zwischen dem Pazifischen Ozean und der Tasmanischen See ist an ihrer engsten Stelle im Herzen Aucklands weniger als zwei Kilometer breit.

Auckland Downtown

Auf beiden Seiten prägen große Naturhäfen das Stadtbild, der **Waitemata Harbour** und der **Hauraki Gulf** zum Pazifik und der Manukau Harbour zur Tasmanischen See. Die stark befahrene Auckland Harbour Bridge ist eine enorm wichtige Verkehrsader über den Hauraki Gulf und verbindet North Shore (250.000 Einwohner) mit dem Stadtzentrum. Neben diesen maritimen Gegebenheiten wird das landschaftliche Bild Aucklands von 48 erloschenen Vulkanen geprägt, von denen Mount Eden, Mount Victoria und One Tree Hill aufgrund ihrer zentralen Lage besonders hervorzuheben sind. Ein weiterer Reiz der einzigartigen Topographie Aucklands sind die unzähligen Inseln, Halbinseln und Landengen, die in der Tasmanischen See und vor allem im Pazifischen Ozean verstreut liegen und mit etwas Glück schon beim Landeanflug zu sehen sind. Zahlreiche geschützte Buchten beherbergen unzählige Segelboote, was der Stadt den Beinamen »City of Sails« eingebracht hat. Nachdem das neuseeländische Team um Skipper Russell Coutts 1995 und 2000 zweimal den America‘s Cup gewann und die Kiwis in einen kollektiven Freudentaumel versetzte, wurde Segeln immer populärer und ist heute der unangefochtene Freizeitsport Nummer eins.

In Auckland reihen sich vielfältige Sport und Freizeitmöglichkeiten aneinander und neben dem Kulturleben in der Großstadt bietet es an seiner Peripherie großartige Naturerlebnisse wie urwüchsige Regenwälder und viele Sandstrände. So überrascht es nicht, dass Auckland gemeinsam mit Vancouver nach einer im Mai 2010 veröffentlichten Untersuchung der Beratungsgesellschaft Mercer hinter Wien, Zürich und Genf auf Platz vier der lebenswertesten Städte der Welt liegt. Mit dem Attribut »Hauptstadt« darf sich Auckland dennoch nicht

Ausflugstraktor auf Rangitoto Island

schmücken. Diesen Status musste man auf politischen Druck der Südinsel 1856 zähneknirschend an das zentraler gelegene Wellington abgeben. Auckland breitet sich über eine enorme Fläche von ca. 5.000 Quadratkilometer aus. Vom relativ kleinen Stadtzentrum mit seinen Hochhäusern abgesehen, ist die größte Stadt Neuseelands eine ausgedehnte Ansiedlung von Einfamilienhäusern und damit weltweit eine der am dünnsten besiedelten Großstädte. Die Bewohner Aucklands weisen eine bemerkenswerte ethnische Vielfalt auf. Die Kulturen Europas, Asiens und Polynesiens sind hier zu Hause. Der in jüngerer Zeit stetig ansteigende Anteil der Asiaten betrug im Jahr 2010 etwa 14%, ebenso der Anteil der Menschen, die von den Pazifischen Inseln stammen. Letztere machen Auckland zusammen mit den Maori zur größten polynesischen Stadt der Erde. Der polynesische Einfluss ist traditionell auf einige wenige Stadtgebiete begrenzt, entfaltet sich aber in jüngerer Zeit immer mehr und ist insbesondere in der Kunst überall deutlich spürbar.

Auch klimatisch ist Auckland (mit über das Jahr hinweg gesehen geringen Temperaturschwankungen) bestens ausgestattet. Milden Wintern mit durchschnittlich 15°C folgen lange, warme Sommer mit angenehmen Temperaturen, die selten über 35°C liegen. Der durchschnittliche Jahresniederschlag beläuft sich auf etwa 1.200 mm. Im Folgenden werden einige wenige der zahlreichen Aktivitäten vorgestellt, die diese multikulturelle Großstadt dem Besucher bietet:

Die Inseln im Hauraki Gulf

Sie sollten Auckland nicht verlassen, ohne einen Ausflug in den **Hauraki Gulf** unternommen zu haben. Im **Hauraki Gulf Maritime Park** liegen 47 Inseln, von denen wir Ihnen einige vorstellen. Weitere Informationen liefert Ihnen die überall erhältliche gleichnamige Broschüre.

Blick von der Bayswater Marina

Auf **Rangitoto Island** liegt Neuseelands jüngster Vulkan, der vor 600 bis 700 Jahren in einem Ausbruch die Insel über die Meeresoberfläche hob und einige hundert Jahre aktiv blieb. Ein etwa vier Kilometer langer Weg führt auf seinen 260 Meter hohen Gipfel, der an klaren Tagen eine fantastische Sicht auf den Hauraki Gulf und auf Auckland bietet. Der Aufstieg zum Gipfel des Vulkans führt an Neuseelands größtem Pohutukawa-Wald vorbei. Der Anblick der im Sommer in leuchtendem Rot blühenden Neuseeländischen Weihnachtsbäume ist sehr eindrucksvoll. Für jene, die nicht gerne in der sommerlichen Hitze wandern, gibt es einen kleinen Traktor mit Anhänger, der über holprige Schotterwege fast bis zum Gipfel fährt.

(398) Offizieller WOMO-Stellplatz: Bayswater Marina
GPS: S 36°49'16" E 174°46'0", 21 Sir Peter Blake Parade, Bayswater, Tel. 09 446 1600, www.bayswater.co.nz. **Max. WOMOs:** 15. **Preise:** 60 NZD. **Ausstattung:** Toilette, Wasser, Dusche, Müllcontainer, Waschmaschine. **Beschreibung:** Großartige Lage an einem Yachthafen mit Blick auf Waitemata Harbour und Auckland City. Die Fähre bringt sie in sieben Minuten zum Ferry Building. Sie stehen auf einer großen Wiese, den Fähranleger vor der Nase. **Hinweise:** Maximal vier Nächte (verhandelbar). Buchung und Zahlung sollte im rechtzeitig im Voraus erfolgen. Das Büro ist am Wochenende geschlossen. **Zufahrt:** Die Sir Peter Blake Parade biegt rechts vom SH26 (Richtung Devonport) ab. Der Sir Peter Blake Parade 2,7 km folgen.

Ein weiteres Highlight der Inselwelt ist das einzigartige Naturreservat **Tiritiri Matangi Island**. Nach der einstündigen Café Fährüberfahrt mit 360 Discovery Cruises erreicht man die zur offenen Schutzzone erklärte Insel. Man kann sich frei auf der Insel bewegen, aber auch eine von DOC-Rangern angebotene Führung in Anspruch nehmen. Auf der einst im Ackerbau genutzten Insel wurden mehr als 300.000 einheimische Bäume gepflanzt. Die von Raubtieren freie Insel ist heute ein ideales Vogelschutzgebiet. Elf bedrohte Vogelarten, darunter auch der besonders seltene Takahe, fühlen sich heute auf Tiritiri Matangi Island zu Hause.

Waiheke Island

Nur 35 Minuten dauert die Überfahrt von Auckland nach **Waiheke Island**. Die malerisch vor den Toren Aucklands gelegene Insel ist bekannt für ihre atemberaubende Naturschönheit, eine lebendige Kunstszene und ein entspanntes Inselleben. Die 92 Quadratkilometer große Insel, auf der 5.000 Menschen leben, hat sich ihren Südseecharme bewahrt: Grüne Hügel, weiße Sandstrände und türkisblaue Lagunen laden zum Wandern, Radfahren, Baden oder Segeln ein. Auf Waiheke Island gedeiht zudem einer der besten Rotweine Neuseelands. Die Insel beheimatet eine Vielzahl hervorragender Weingüter, die für ihre erstklassigen Weine bekannt sind. Weinproben und Touren durch die Weinberge sind bei Besuchern sehr beliebt. Meistens ist auch ein Restaurant angeschlossen. Neben der Naturschönheit und den Weingütern hat Waiheke auch eine lebendige Kunstszene zu bieten. Auf der Insel gibt es zahlreiche Galerien und Kunsthandwerksläden, in denen einheimische Künstler ihre Werke ausstellen. Von Gemälden über Skulpturen bis hin zu handgefertigtem Schmuck ist für jeden Kunstliebhaber etwas dabei. Für Aktivurlauber bietet Waiheke zahlreiche Wander- und Radwege durch malerische Landschaften. Von gemütlichen Spaziergängen entlang der Küste bis hin zu anspruchsvollen Wanderungen durch die Hügel bietet die Insel etwas für jeden Geschmack und jedes Fitnesslevel. Der Hop-on-Hop-off-Bus ist eine gute Möglichkeit, Waiheke Island zu erkunden und alle wichtigen Sehenswürdigkeiten und Attraktionen bequem zu erreichen. Der Bus fährt regelmäßig auf einer festgelegten Route und ermöglicht es den Fahrgästen, an verschiedenen Haltestellen aus- und wieder einzusteigen. Entdecken Sie die Insel!

Die 88 Kilometer nordöstlich von Auckland gelegene **Great Barrier Island** ist durch seine schönen Strände, fantastische

Auckland Harbour Bridge

Schnorchel- und Tauchmöglichkeiten und viele reizvolle Wanderwege bekannt. Wege von insgesamt mehr als 100 Kilometer erstrecken sich über diese schöne, abgeschiedene Idylle. Wegen seiner vielfältigen Möglichkeiten und relativ großen Entfernung zu Auckland empfiehlt es sich, eine Übernachtung einzuplanen, die rechtzeitig gebucht werden sollte. Mit Great Barrier Airlines können Sie von Auckland und von North Shore in einer halben Stunde nach Great Barrier Island fliegen.

Devonport ist ein kleiner charmanter Ort, der an der Nordseite des Waitemata Harbour auf einer Halbinsel liegt und zur North Shore City gehört. Während Devonport mit der Fähre vom Ferry Building aus in 12 Minuten zu erreichen ist, muss man mit dem Auto einen zeitraubenden Umweg von ca. 16 Kilometern über die Harbour Bridge in Kauf nehmen. Devonports Charme geht von seinen gepflegten viktorianischen Holzhäusern und Villen aus. Die Blumenpracht, die Gärten und die Nikau-Palmen verleihen dem Ort das Flair eines malerischen Seebades. Unweit der Anlegestelle befindet sich das im viktorianischen Stil erbaute Esplanade Hotel und hier beginnt die Victoria Road. Entlang der Victoria Road, der Hauptgeschäftsstraße Devonports, die man vielleicht besser als Shopping- und Flaniermeile bezeichnen sollte, findet man kleine Cafés, interessante Galerien sowie gut sortierte Buchläden und Antiquariate. Am Ende der Victoria Road beginnt der steile Aufstieg zum **Mount Victoria**, dessen zwei kegelförmige Hügel vulkanischen Ursprungs sind. Sie wurden von den Maori bewohnt, die auf dem Gipfel eines ihrer befestigten Dörfer errichteten. Die von den Maori angelegten Terrassen sind noch heute zu sehen. Obwohl der größere der beiden Vulkankegel nur

Auckland Ferry Building

87 Meter hoch ist, bietet er einen ungehinderten Panoramablick in alle Richtungen, der unserer Meinung nach wirklich umwerfend ist und das Attribut »atemberaubend« zu 100 Prozent verdient. Besuchen Sie auch den einen Kilometer östlich gelegenen Vulkankegel North Head.

Aucklands Zentrum

Aucklands Zentrum an der »Waterfront« wird beherrscht von dem markanten **Ferry Building**, das der Architekt *Alex Wiseman* 1912 im Stil des englischen Barocks anlegen ließ. Es liegt gegenüber vom *Britomart Transport Centre*, dem Verkehrszentrum für lokale Busse und Züge, am unteren Ende der Queen Street. Das Ferry Building ist das quirlige Zentrum des Fährverkehrs und der Hafenrundfahrten im *Waitemata Harbour.* Es gewinnt seinen außergewöhnlichen Reiz aus seiner exponierten Lage und seiner lebhaften Nutzung durch Touristen und Einheimische Pendler. An diesem Ort ist immer Leben, es herrscht ein ständiges Kommen und Gehen vor. Vom Ferry Building aus hat man einen wunderbaren Blick auf die Vulkaninsel *Rangitoto*, *Devonport* mit dem *Mount Victoria*, die Harbour Bridge und den Yachthafen. Neben dem zentralen Reisebüro der Fährgesellschaft Fullers ist im Gebäude auch das Hauptbüro des Department of Conservation untergebracht.

Sie können Auckland City durchaus zu Fuß erkunden. Der **Mt Eden Heritage Walk** und der **Coast to Coast Walkway** sind zwei der vielen Möglichkeiten. Infos erhalten Sie in der i-Site am Viaduct Harbour. Der **Viaduct Harbour** ist ausgesprochen betriebsam und sehenswert. Von den vielen Cafés und Restaurants sei das **Kermadec Ocean Fresh Restau-**

rant (Viaduct Harbour Level 1/204 Quay St, Tel. 09 304 0454) hervorgehoben. Daneben stehen Ihnen zwei Möglichkeiten zur Verfügung, die im Folgenden beschriebenen Attraktionen kennenzulernen. Zum einen der **Explorer Bus**, der am Ferry Terminal startet und 14 Haltepunkte hat, an denen Sie ein- und aussteigen können. Alternativ dazu können Sie sich ein Tagesticket kaufen (*Discovery Pass*), das für alle öffentlichen Verkehrsmittel einschließlich der Fähre nach Devonport gilt. Empfehlenswert ist der **Inner Link Bus**, der je nach Tageszeit alle 10 oder 15 Minuten fährt und in etwa 1,5 Stunden eine große Schleife um Aucklands Zentrum zurücklegt (www.linkbus.co.nz). Der Link Bus hält auch in den trendy Stadtteilen **Parnell** und **Ponsonby**. Parnell gilt als schick und teuer, Ponsonby als angesagt.

(399) WOMO-Campingplatz: North Shore Motels & HP

GPS: S 36°47'36" E 174°44'46", 52 Northcote Rd, Auckland, Tel. 09 418 2578. **Ausstattung:** Spielplatz, Pool, Spa, nahe Restaurants. **Preise:** 50-60 NZD. **Beschreibung:** Sauberer, enger Platz, ideal als Ausgangspunkt für Busausflüge nach Auckland oder für die Weiterfahrt nach Norden. **Zufahrt:** Vom Stadtzentrum aus über die Harbour Bridge fahren. An der Ausfahrt »Exit 419 Northcote Rd« links in die Northcote Rd einbiegen, nach 700 m links.

(400) WOMO-Campingplatz: Takapuna Beach HP

GPS: S 36°47'3" E 174°46'31", 22 The Promenade, Takapuna, Auckland, Tel. 09 489 7909.**Ausstattung:** Spielplatz. **Preise:** 50-60 NZD. **Beschreibung:** An der Küste mit weißem Sandstrand gelegen. Nur 350 m vom Zentrum Takapunas mit Cafés und Restaurants entfernt. Den Sonnenaufgang sehen Sie direkt über der nahen Rangitoto Island. Um nach Auckland zu gelangen, gehen Sie zur nahen Bushaltestelle. Von dort können dann entweder direkt ins Zentrum fahren oder zunächst zum Fähranleger in Devonport und dann mit der Hafenfähre übersetzen.
Zufahrt: Vom Zentrum aus die Harbour Bridge überqueren, am *Exit 420* Richtung National Route 26 fahren, dieser 3 km folgen (im Kreisverkehr erste Ausfahrt), dann rechts in die Straße »The Promenade« abbiegen.

etwa zwei Kilometer entlang zu schlendern, denn es wird viel Abwechslung geboten auf der einstigen Prachtstraße, die einen reizvollen Kontrast zwischen modernsten Glashochhäu-

Auckland bei Nacht

sern und gut erhaltenen Bauten aus der Zeit um 1900 bietet. Am oberen Ende der Queen St mit ihren zahlreichen Sakralbauwerken wird dieser Gegensatz durch den alten Myers Kindergarten und das benachbarte moderne Verwaltungszentrum ausgedrückt. Ebenfalls am oberen Ende der Queen St liegt der *Aotea Square*, auf dem fliegende Händler und Marktbuden ihre Waren feilbieten. Im **Le Garde-Manger** (466 Queen St, Tel. 09 362 0655) bekommen Sie gute französische Küche geboten. Aucklands Hauptschlagader beherbergt trendige Edelboutiquen, Textil-Discounter, Buchläden, Sushi Shops, Internetcafés, Spielhallen und Kinos. Sehr in Mode sind Passagen und Arkaden, von denen die »Queens Arcade« und die 100 Jahre alte »The Strand Arcade« hervorzuheben sind.

(401) Offizieller WOMO-Stellplatz: Auckland Western Springs Garden Community Hall

GPS: S 36°52'6" E 174°43'15", Great North Road, Auckland, Tel. 09 301 0101. **Max. WOMOs:** 5. **Ausstattung:** Toilette. **Beurteilung:** Parkplatz an der Community Hall. Ziemlich laut, da der von Bäumen eingerahmte Platz. zwischen Motorway und der Great North Road liegt. Maximal zwei Nächte. **Hinweis:** Auf der anderen Seite der Great North Road liegt eine Bahnstation. **Zufahrt:** Auf SH16 Ausfahrt 6 nehmen, SH16 überqueren in links in die Great North Rd fahren. Der Parkplatz liegt nach 600 m links.

Der 1997 eröffnete Sky Tower ist mit 328 Metern das höchste Gebäude der südlichen Hemisphäre. Seine Aussichtsplattformen bieten spektakuläre Ausblicke auf Auckland und die herrliche Umgebung. Gläserne Aufzüge bringen die Gäste in einer rasanten 40-Sekunden-Fahrt zur ersten Station auf 182 Metern Höhe. Dort befindet sich ein Café, die »Sky Lounge«. Das vier Meter höher gelegene »Main Observation Deck« er-

Winter Gardens am Auckland Museum

möglicht durch dicke, in den Boden eingelassene Glasscheiben den Blick in die Tiefe. Die Glasscheiben können auch betreten werden, was sicher nicht jedermanns Sache ist. In 194 Metern Höhe befindet sich das Drehrestaurant »Orbit«, das sich in einer Stunde um die eigene Achse dreht. Hier kann man zu Mittag oder zu Abend essen. Das Essen und der Service sind sehr gut und der Preis angemessen. Für die Gäste des Restaurants ist die Benutzung des Aufzugs kostenlos.

(402) Offizieller WOMO-Stellplatz:Takanini Bruce Pulman Park

GPS: S 37°2'42" E 174°56'26", 90 Walters Rd, Takanini,Tel. 02 295 0020, www.brucepulmanpark.com/FACILITIES-1/Motorhome-Park.
Ausstattung: Toilette, Entsorgungsstation, Wasser, Müll. **Preise:** 10 NZD.
Beschreibung: Großer asphaltierter Parkplatz an einem Sportpark. Es finden regelmäßige große Sport- und Kulturveranstaltungen statt. Der Parkplatz ist dann natürlich sehr belebt. Informieren Sie sich über die Webseite, an welchen Tagen der Wohnmobilparkplatz geschlossen ist. Buchungen und Zahlungen müssen montags bis freitags zwischen 9.00 und 18.00 Uhr an der Rezeption oder am Empfang per Kreditkarte erfolgen. Alternativ können Sie über das Internet bezahlen. Das Bankkonto ist 02-0404-0279239-00, bitte Nachnamen, Autokennzeichen und Check-in-Datum angeben.
Zufahrt: In Takanini die Porchester Rd nach Süden Richtung, dann die Walters Road, links abbiegen auf Pulman Road.

Das **Auckland Museum** ist in einem neoklassizistischen Bau über drei Stockwerke untergebracht. Das wuchtige Gebäude mit Säulenportal befindet sich im oberen Bereich der *Auckland Domain* - der größten zentrumsnahen Grünanlage - und bietet einen schönen Ausblick auf Aucklands Zentrum und den Waitemata Harbour. Das Erdgeschoss ist weitgehend von dem großen Saal »He Taonga Maori« eingenommen, in dem in

Auckland, Albert Park

eindrucksvoller Fülle und Intensität Maori-Geschichte, -Kultur und -Kunst präsentiert wird. Die kleineren Säle im Erdgeschoß sind der Lebensform und Kunst der Völker des Pazifik-Raumes gewidmet. Im ersten Stock wird die Naturgeschichte Neuseelands präsentiert. Neben der gefährdeten Tier- und Pflanzenwelt des Landes wird auch das Leben in den Ozeanen gezeigt. Auch ein Fossil des ausgestorbenen Riesenvogels Moa kann hier bewundert werden. Sehr eindrucksvoll ist die Darstellung der geologischen Entstehungsgeschichte Neuseelands und das Aufzeigen der Implikationen der Plattentektonik für die Zukunft des Landes. Der zweite Stock ist Neuseelands Militärgeschichte gewidmet. Etwa drei Kilometer südwestlich des Museums befindet sich der 196 Meter hohe **Mount Eden**, der höchste der zahlreichen Vulkankrater auf Aucklands Stadtgebiet. Sein Gipfel beherbergt Überreste eines sehr alten *Maori-Pa* und bietet die sicherlich schönste Aussicht über die Stadt.

Der **Albert Park** ist sehr zentral gelegen und kann über die City schnell erreicht werden. Entsprechend ist diese grüne Oase bei Bankern, Verkäufern und anderen Geschäftsleuten als Ort für ihre Mittagspause sehr beliebt. Der Park im viktorianischen Stil hat einen tollen Baumbestand und zieht sich den Hügel hinauf bis zur Universität. Er zeigt eine Bronzestatue von Königin Victoria und verfügt in seinem Südteil über einen Konzertpavillon. Am südwestlichen Ende des Parks ist die Auckland Art Gallery Toi o Tamaki anzutreffen, die vor ihren Toren mit einigen Exponaten auf sich aufmerksam macht, darunter George Rickeys »Double L Gyratory« (1984) aus rostfreiem Stahl und Neil Dawsons monumentale, halbkreisförmige »Throwback-Skulptur«.

Auckland, Botanical Gardens

Auckland Botanical Gardens (102 Hill Road, Manurewa, Tel. 09 267 1457, freier Eintritt, Öffnungszeiten: täglich von 8 bis 20 Uhr. Das Besucherzentrum wochentags von 8 bis 16.30 Uhr und am Wochenende von 8 bis 17 Uhr. Das Café Miko täglich von 8 bis 16 Uhr). Ein Besuch lohnt sich unbedingt. Schon das Betreten des preisgekrönten Besucherzentrums Huakaiwaka ist ein beschwingtes Erlebnis. Das herausragendste Merkmal des Botanischen Gartens ist aber die Vielfalt an Pflanzenarten. Die Gärten beherbergen eine beeindruckende Sammlung von einheimischen Pflanzen sowie eine Vielzahl von exotischen Arten aus der ganzen Welt. Der Garten erstreckt sich über eine Fläche von 64 Hektar, darunter 10 Hektar Naturwald. Besucher können durch üppige tropische Gärten schlendern, sich an farbenfrohen Blumenbeeten erfreuen und seltene Baumarten aus verschiedenen Teilen der Welt entdecken. Für Naturliebhaber und Fotografen sind die Auckland Botanical Gardens ein wahres Paradies. Die weitläufigen Grünflächen, malerischen Teiche und kunstvoll angelegten Pfade bieten unzählige Möglichkeiten für atemberaubende Fotos und entspannende Spaziergänge. Egal zu welcher Jahreszeit man die Gärten besucht, es gibt immer etwas Neues zu entdecken und zu genießen. Es wird eine Vielzahl von Aktivitäten und Veranstaltungen für Besucher jeden Alters angeboten. Von geführten Touren und botanischen Workshops bis hin zu Kinderprogrammen und Konzerten im Freien gibt es immer etwas zu erleben und zu entdecken. Der Botanische Garten liegt verkehrsgünstig in der Nähe der Südautobahn, zwischen Manukau und Takanini.

Anreise

Die Anreise mit dem **Schiff** dauert 4 bis 5 Wochen. Die allermeisten Neuseeland-Besucher wählen deshalb den Luftweg mit einer reinen Flugzeit von etwa 24 Stunden, wobei Sie mindestens einen Zwischenstopp in Kauf nehmen müssen. Sie können zwischen der Ost- (Asien) und Westroute (Amerika) und den **Ankunftsflughäfen Auckland** und **Christchurch** wählen. Die Preise lagen 2023 in der Economy-Class zwischen 1600,- € und 2200,- €. Flugtickets erhält man online direkt bei den Fluggesellschaften oder aber in Reisebüros. Auf Neuseeland spezialisierte Reiseanbieter bieten Flüge in Verbindung mit Pauschalangeboten oder dem Anmieten von Wohnmobilen an.

Wegen des großen Zeitunterschiedes von bis zu 12 Stunden ist zu prüfen, ob Sie nicht einen längeren Zwischenstopp in Australien, Asien oder den USA einlegen wollen. Auf der Ostroute kommen Singapur, Bangkok oder Dubai in Frage, auf der Westroute Los Angeles, Toronto oder Santiago de Chile. Ebenfalls möglich ist es, im Rahmen eines *Round-the-World-Tickets*, in Neuseeland einen längeren Zwischenstopp einzulegen. Vor allem *Air New Zealand* hat spezielle Angebote mit Hinreise über Asien und Rückreise via dem Pazifik und Los Angeles oder umgekehrt.

Wer einen Gabelflug wählt, muss sich entscheiden, ob er nach Auckland fliegen will und von Christchurch aus die Heimreise antritt oder umgekehrt.

Folgende **Airlines** bieten Flüge nach Neuseeland an:

• Air New Zealand	www.airnewzealand.de	0800 1830619
• Air China	www.airchina.de	0800 86100999
• Cathay Pacific	www.cathaypacific.com/de	0800 7244208
• Emirates	www.emirates.de	069 945192000
• Korean Air	www.koreanair.com	0800 065652001
• Lufthansa	www.lufthansa.com	069 86799799
• Malaysia Airlines	www.malaysiaairlines.com	069 380791399
• Qantas	www.qantas.de	069 299571421
• Qatar Airways	www.qatarairways.com	..069 260904400
• Singapore Airlines	www.singaporeair.de	069 7195200
• Thai Airways	www.thaiair.de	069 92874444

Zwischen Lufthansa und Air New Zealand, sowie zwischen einigen anderen Airlines besteht *code sharing*. Die angegebenen Buchungstelefonnummern sind nur in Deutschland gültig. Für weitere Informationen zum Thema An- und Abreise steht Ihnen das Fremdenverkehrsamt zur Verfügung.

Webseite von Tourism New Zealand: www.newzealand.com/de

Tipp: Wenn Sie über 55 Jahre alt sind oder eine Venenerkrankung haben, sprechen Sie vor der Reise mit Ihrem Hausarzt wegen einer Thrombosespritze für diesen Langstreckenflug.

Automobilclub, Pannenhilfe

Neuseelands Automobilclub AA (New Zealand Automobile Association) leistet landesweit **Pannenhilfe (Tel. 0800 500 222)**. Die Mietwagen haben meist einen AA-Servicevertrag. Mitglieder einiger ausländischer Automobilclubs erhalten gegen Vorlage ihres Mitgliedsausweises eine kostenlose, halbjährige Mitgliedschaft im AA. Für Wohnmobile über 3,5 t müssen Sie ein Upgrade auf AA Motorhome Plus vornehmen (75 NZD pro Jahr). Mit Ihrer AA-Mitgliedschaft können Sie den AA-Service in Anspruch nehmen und erhalten darüber hinaus kostenlos ausgezeichnetes Kartenmaterial. AA hat fast überall im Lande Vertretungen.

AA-Office, Level 17, 99 Albert St, Auckland, Tel. 09 966 8800 (8689), www.aa.co.nz, info@aa.co.nz

Campen

Campingparadies Neuseeland

Neuseeland ist wie für einen Wohnmobilurlaub gemacht! Die Flexibilität, die Ihnen ein Womo bietet, passt ideal zu dem entspannten Lebensstil der Neuseeländer. Neuseeland ist so groß wie die alte Bundesrepublik und hat gerade einmal 5,1 Millionen Einwohner. Sie werden also fast überall genügend Platz vorfinden, um sich nach Belieben entfalten zu können. Überfüllte Straßen gibt es nur in den wenigen Großstädten. Das Landschaftsbild ändert sich nach fast jeder Kurve und oft haben Sie die enorm vielfältigen Naturschönheiten Aotearoas ganz für sich alleine. Zudem ist Neuseeland extrem gut für Camper ausgestattet. Es gibt eine Vielzahl von Campingmöglichkeiten, Picknickplätzen und öffentlichen Toiletten, denn auch die Kiwis (Neuseeländer) lieben den Urlaub mit dem Wohnmobil (*Motorhome, Camper, Campervan, RV, Mobile Home*). Neuseeland mit dem Wohnmobil zu erkunden, ist ein einzigartig schönes Erlebnis, das Ihnen ein Höchstmaß an Unabhängigkeit bietet.

Kommerzielle Campingplätze

Neuseeland verfügt über eine Vielzahl von Campingplätzen verschiedener Preisklassen, die oft an den schönsten Stellen des Landes liegen. Sie werden beeindruckt sein von den umfassenden Ausstattungen (*Facilities*), die auf den Campingplätzen angeboten werden, wie sanitäre Einrichtungen, große und gut bestückte Gemeinschaftsküchen, Waschmaschinen, Trockner, Grillbereiche, Spielplätze, Swimmingpools und vieles mehr. Auf großen Plätzen werden diese Einrichtungen mehrfach angeboten, alles befindet sich in erreichbarer Nähe. Häufig gibt es auch einen gemeinsamen Speiseraum sowie ein gemütliches Fernsehzimmer. Für die Nutzung der Waschmaschinen und Trockner sollten Sie 1- und 2-Dollar-Münzen bereithalten. Sie können zwischen Plätzen mit (*Powered Sites*) oder ohne Stromanschluss wählen. Allgemein gilt die Regel, *Holiday Parks* gehören zur gehobenen Kategorie, während *Campgrounds, Motor Camps* oder *Caravan Parks* preisgünstiger zu haben sind. Fast alle Campingplätze verfügen über *Tourist Cabins* und *Motel Units*, bieten also auch PKW-Reisenden Unterkunftsmöglichkeiten.
Die Holiday Parks werden von drei Ketten angeboten:

- Top 10 Holiday Parks — www.top10.co.nz
- Kiwi Holiday Parks — www.kiwiholidayparks.com
- Family Parks — www.familyparks.co.nz
- Tasman Holiday Parks — www.tasmanholidayparks.com/nz/

Wenn Sie die Kundenkarte einer dieser Ketten erwerben, erhalten Sie auf allen Plätzen der jeweiligen Kette Rabatte. Informieren Sie sich über die aktuellen Angebote! Ein Beispiel: Mit der Mitgliedskarte der Top 10 Holiday Parks sparen Sie 15% bei Nutzung der Interisländer Fähre. Neben den Holiday Parks findet man, oft abseits der Hauptreiserouten, privat geführte Campingplätze, die gemütlicher, individueller und auch preisgünstiger sind.

DOC Campingplätze

Die Alternative zu kommerziellen Campingplätzen bieten DOC Campingplätze (siehe Department of Conservation). Diese vom DOC unterhaltenen Conservation Campsites sind immer naturnah und liegen meist landschaftlich besonders schön inmitten von Nationalparks und umgeben von herrlichen Wanderwegen. Verzeichnisse aller DOC-Campingplätze der Nord- und der Südinsel finden Sie in jedem Information Centre. Fragen Sie dort auch nach dem DOC Campsite Pass. DOC-Website:

www.doc.govt.nz/parks-and-recreation/places-to-stay

Für Wohnmobile relevant sind drei Kategorien von DOC Campsites:

Basic Campsite, keine Gebühr (Fee)

Einfache Ausstattung mit Plumpsklo und Wasser vom Tank, Fluss oder See. Unbehandeltes Wasser muss vor der Verwendung abgekocht werden

Standard Campsite, 15 NZD (18 mit Strom) pro Erwachsenem und Nacht. Im Einzelfall ist ein abweichender Preis möglich.

Bessere Ausstattung, die zusätzlich Picknicktische, Duschen (kalt), Müllentsorgung, Kochgelegenheit sowie Grill und Feuerstelle umfassen kann.

Serviced Campsite, 20 NZD (23 mit Strom) pro Erwachsenem und Nacht

Zur Ausstattung gehören: Toiletten mit Wasserspülung, fließendes Wasser, Küche, heiße Duschen und Müllentsorgung. Auch Waschmaschine, Barbecue und Feuerstelle sind möglich.

Kinder zwischen 5 und 17 Jahren zahlen den halben Preis, Kinder unter 5 Jahren sind frei. An der Einfahrt der Campsites finden Sie eine Preistafel und Umschläge zur Selbstregistrierung. Diese beschriftet man sofort bei Ankunft, steckt die Gebühr hinein und wirft den Umschlag in eine Box. Bei Unterlassung wird man am nächsten Morgen zwischen 6 und 7 Uhr von einem DOC-Ranger geweckt! Bei Serviced Campsites gibt es einen Host. Die Campsites können online gebucht und bezahlt werden.

Freies Campen

Freies Campen (Freedom Camping) hat in Neuseeland eine lange Tradition und ist im Selbstverständnis der Kiwis ein natürlich gegebenes Recht. Leider hat der zunehmende Tourismus negative Auswirkungen mit sich gebracht. Es häuften sich Fälle, in denen freie Camper den Übernachtungsplatz verschmutzt zurückließen. Mit dem »Freedom Camping Act« von 2011 wurden die Regeln deutlich strenger. In der Folge hat heute jeder Bezirk (District) seine eigenen Vorschriften darüber, wo freies Campen erlaubt ist und wo nicht. Wohnmobile freier Camper sollten auf jeden Fall eine eigene Toilette und einen eigenen Abwassertank (Greywater Tank) an Bord haben, also selfcontained sein (blaue Prüfplakette erforderlich!). Die Regeln für die Vergabe dieser Plakette wurden zum 31. Januar 2018 verschärft. Freedom Camper müssen für mindestens drei Tage autark sein, dürfen weder Wasser nachtanken noch Müll oder Abwasser entsorgen müssen. Im Jahr 2023 gab es eine weitere Verschärfung: Ab dem 07. Juni 2023 erhalten nur noch Fahrzeuge mit fest eingebauter Toilette das »self contained« -Zertifikat. Fahrzeuge, die nach den neuen Standards zertifiziert werden, erhalten zusätzlich zur blauen eine grüne Plakette und einen Aufkleber für die Windschutzscheibe. Es gilt eine Übergangszeit bis 07. Juni 2025, in der sowohl der grüne als auch der blaue Aufkleber zum Freedom Camping berechtigen. Freie Camper, die diese Voraussetzung nicht erfüllen, müssen mit erheblichen Strafen rechnen (bis zu 10.000 NZD).

Unter: **www.newzealand.com/de/feature/free-camping/**
können Sie sich im Internet einen Überblick verschaffen. Sie können sich aber auch an jede i-Site wenden, um Informationen über die Campingmöglichkeiten an einem bestimmten Ort zu erhalten. In diesem Buch werden eine Reihe von Plätzen aufgezeigt, an denen im März 2023 eine freie Übernachtung möglich war. Wir appellieren an Sie, Ihren freien Übernachtungsplatz so zu verlassen, wie Sie ihn angetroffen haben.

Tipp: Laden Sie sich eine der folgenden Apps auf ihr iOS-Gerät, in denen jeweils auf Basis einer offline Neuseeland-Karte Campingplätze, freie Stellplätze, Entsorgungsstationen, i-Sites, Tankstellen, öffentliche Toiletten, Supermärkte, und vieles mehr aufgezeigt werden.

- **CamperMate NZ:** kostenlos
- **WikiCamps NZ:** kostenlos
- **Rankers Camping NZ:** kostenpflichtig

Achtung: Das Schild »No Camping« mit rot durchgestrichenem Zelt gilt nicht für selfcontained Motorhomes!

An allen Stellen, die in öffentlicher Hand sind, ist freies Campen möglich, wenn es nicht ausdrücklich durch Schilder oder Regelungen des Distriktes ausgeschlossen wird. Es gilt die Regel: Wird es nicht explizit verboten, so ist freies Übernachten erlaubt. Um eine Gefährdung durch Übermüdung zu vermeiden, ist zudem ein sogenanntes *short term sleeping* zur Wiederherstellung der Fahrtauglichkeit auf ansonsten verbotenen Stellflächen erlaubt. Folgende Regeln sollten Sie für freies Campen beachten:

- Ihr Wohnmobil muss self-contained sein (blaue und grüne Prüfplakette und Registrierung erforderlich!)
- In Nationalparks ist freies Campen verboten
- An allen Stellen, die in öffentlicher Hand sind, ist freies Campen möglich, wenn es nicht ausdrücklich durch Schilder oder Regelungen des Distriktes ausgeschlossen wird
- Auf privatem Gelände die Erlaubnis des Eigentümers einholen
- Den Übernachtungsplatz so verlassen, wie Sie ihn angetroffen haben

Department of Conservation (DOC)

Dem Kürzel **DOC** werden Sie während Ihres Neuseelandurlaubes immer wieder begegnen. Es steht für **Department of Conservation (www.doc.govt.nz).** DOC, die Behörde zum Schutz des Natur- und Kulturerbes, definiert ihre eigene Aufgabe wie folgt: »Das ursprüngliche und historische Erbe Neuseelands zur Freude aller, heute und in der Zukunft zu bewahren«. In Neuseeland gibt es 14 Nationalparks, die zusammengenommen rund 10% der Gesamtfläche des Landes einnehmen. Für den Unterhalt dieser Parks ist das DOC zuständig, genauso wie für Naturschutzgebiete, Waldparks und einige Formen von Reservaten. Der Zugang ist, mit einigen wenigen Ausnahmen, kostenlos. Die meisten Wanderwege führen durch vom DOC verwaltete Naturschutzgebiete. Auch die Gebiete der zehn »Great Walks« werden vom DOC verwaltet. Sie befinden sich in Staatsbesitz und stehen unter Naturschutz. Das DOC ist zuständig für die Instandhaltung der Hütten, Campingplätze, Wanderwege, Brücken und aller anderen Einrichtungen. Sie sind für den öffentlichen Gebrauch zugänglich, jedoch werden für die Unterkunft in den Hütten und für die Nutzung der Campingplätze Gebühren erhoben. Auch der Erhalt einheimischer Arten gehört zu den Aufgaben des DOC. Darunter fällt auch das Aufstellen von Fallen für eingeschleppte »Schädlinge«, die Ihnen bei Ihren Wanderungen immer wieder begegnen werden. Das DOC unterhält eigene Visitor Information Centres, deren Besuch sehr zu empfehlen ist. Sie erfahren dort viel über die einzigartige Tier- und Pflanzenwelt Neuseelands, oft in ausgezeichneten audiovisuellen Vorführungen. In den i-Sites (siehe Touristeninformation) erhalten Sie ein Verzeichnis dieser Informationsbüros.

Diplomatische Vertretungen in Neuseeland

Botschaft Deutschland
90-92 Hobson Street, P.O.Box 1687, Thorndon, Wellington
Telefon 04 473 6063, Mobil 021 651 987
German.Embassy@iconz.co.nz, www.wellington.diplo.de

Honorarkonsulat Österreich
Level 4, 75 Ghuznee Street, P.O.Box 9395, Wellington
Telefon 04 384 1402, (+64) (8) 003 333 22
wellington@austria.org.nz, bmeia.gv.at/oeb-canberra

Botschaft Schweiz
10 Customhouse Quay, Level 12, P.O.Box 25004, Wellington
Telefon 04 472 15 93
wel.vertretung@eda.admin.ch, www.eda.admin.ch/wellington

Einreise

Die Einreise nach Neuseeland war im Februar 2023 ohne Nachweis einer Covid-19 Impfung möglich. Auch der Nachweis eines negativen Corona-Tests vor oder nach Einreise sowie das Tragen einer Maske war nicht mehr erforderlich. Wenn Sie nicht länger als drei Monate bleiben wollen benötigen Sie eine elektronische Reisegenehmigung für Neuseeland, das «New Zealand Electronic Travel Authority« (NZeTA). Die Genehmigung wird elektronisch mit Ihrem Reisepass verknüpft und Ihnen per Mail zugesandt. Das Visum müssen Sie ausdrucken und auf Ihrer Reise stets griffbereit haben. Das NZeTA ist für zwei Jahre gültig. Wer länger als drei Monate bleiben möchte, kann online ein Besuchervisum beantragen.

www.immigration.govt.nz/new-zealand-visas/apply-for-a-visa

Die neuseeländische Botschaft in Berlin ist auch für Österreich und die Schweiz zuständig.

Botschaft von Neuseeland
Friedrichstr. 60, D-10117 Berlin
Tel. 0049 30 206 210, Visaabteilung 0049 30 2065 3900
www.nzembassy.com/de/deutschland

Elektrizität

Die Netzspannung beträgt 230/240 Volt bei 50 Hertz. Stecker haben zwei oder drei abgeschrägte Pins, wie sie auch in Australien und Teilen Asiens genutzt werden. Adapter bekommen Sie in neuseeländischen Flughäfen, Duty Free Shops, Outdoor Geschäften, Baumärkten oder beim AA. Da Sie im Wohnmobil sicherlich diverse Geräte betreiben oder aufladen wollen, raten wir Ihnen eine deutsche **Mehrfachsteckdose** mitzunehmen. Sie können dann alle elektrischen Geräte über einen Adapter betreiben.

Essen und Trinken

Restaurants

Äpfel, Kiwi, Honig, Lamm- und Wildfleisch, Fisch und Muscheln sind neben dem Wein wohl die bekanntesten neuseeländischen Nahrungsprodukte. Lange Zeit dominierte in Neuseeland die englische Küche. Vor allem die zahlreichen Einwanderer aus Asien und der Südsee haben die „Kiwi-Küche" in den letzten Jahren bereichert, indem sie Spezialitäten aus ihren Heimatländern mitbrachten. Heute gibt es eine Multikulti-Mischung, in der auch mediterrane Einflüsse sichtbar sind. Schaf, Rindfleisch und Wild, Langusten, Austern, Muscheln und Fische, frisches Gemüse und Obst, die neuseeländische Küche ist sehr vielfältig geworden! Es ist jedoch nicht ganz einfach, ein gutes Restaurant zu finden, daher der

Tipp: Dort, wo die Tische sehr schön und liebevoll eingedeckt sind, ist das Essen fast immer gut. Das gilt insbesondere für die ausgezeichneten Restaurants der Weingüter. In den besseren Restaurants wird Ihnen ein Platz zugewiesen. Ein Restaurant, das über keine Lizenz zum Ausschank von Alkohol verfügt, erlaubt in der Regel das Mitbringen von Alkohol (BYO - Bring Your Own). Es wird dann ein Korkengeld erhoben.

Das charakteristisch neuseeländische Frühstück ist reichhaltig, mittags gibt es einen leichten Lunch und die warme Hauptmahlzeit wird abends eingenommen. Eine Besonderheit ist das **Maori-Hangi**, eine Zubereitungsmethode, die von den polynesischen Vorfahren übernommen wurde. Fleisch und Gemüse werden in Blätter eingewickelt und in einem mit heißen Steinen ausgelegten Erdofen gegart. Das traditionelle Hangi wird im Rahmen von Maori Veranstaltungen für Touristen angeboten. Die beliebteste Nachspeise trägt den Namen **Pavlova** und besteht aus einer zuckersüßen Baiser-Basis, die je nach Belieben mit Früchten und viel Sahne gefüllt wird.

Getränke

Das Leitungswasser hat in Neuseeland eine ausgezeichnete Qualität und wird Ihnen in Cafés und Restaurants kostenlos angeboten. Neuseeland hat zwar keine namhaften **Biere**, aber die Brauereikultur kann sich durchaus sehen lassen. Die neuseeländische Brautradition begann schon mit der Ankunft der ersten europäischen Siedler. Der in der Region Nelson angebaute Hopfen wird heute in ca. 50 Brauereien zu Bier verarbeitet. Der neuseeländische

Biermarkt ist von den beiden Großbrauereien *Dominion Breweries* und *Lion Nathan* geprägt, die zusammen knapp 90% des Umsatzes generieren.

Die südlichsten **Weinbaugebiete** der Welt liegen in Neuseeland und sind heute jedem Weinkenner ein Begriff. Die Wachstumsbedingungen für Weinreben sind durch die starken Winde rund um den 40. Breitengrad nicht ideal, doch die hohe Sonneneinstrahlung, der mineralische Boden und der Piniergeist der Kiwis machen das mehr als wett. In den 1980er Jahren wurde aus Frankreich die Rebsorte *Sauvignon Blanc* importiert und brachte es bis zur Jahrtausendwende zur Spitzenqualität. Auch der *Chardonnay* nimmt heute eine bedeutende Position auf dem Weltmarkt ein. *Riesling* und *Pinot Gris* werden ebenfalls angebaut und unter den Rotweinen ist die Rebsorte *Pinot Noir* am erfolgreichsten.

Hochprozentigen Alkohol gibt es nur in speziellen Shops zu kaufen **(Liquor Stores** oder **Bottle Shops)**. Supermärkte verkaufen ausschließlich Bier, Wein und Sekt. Tankstellen dürfen überhaupt keinen Alkohol verkaufen. Wer jünger als 25 Jahre alt aussieht, darf beim Kauf nach seinem Alter gefragt werden.

Lebensmittel

Als Selbstversorger ist es empfehlenswert in folgenden **Supermärkten** einzukaufen: *Countdown, FreshChoice, NewWorld, PAK'nSAVE oder SuperValue*. Sehr zu empfehlen sind die Theken mit frischem Fisch, der preisgünstig zu haben ist. Probieren Sie auch mal die *Süßkartoffel (Kumara)*, die Sie in den Farben lila-rot und orange erwerben können. An die Rechnung des Supermarktes angehängt erhalten Sie Gutscheine für Preisnachlässe an kooperierenden Tankstellen. *PAK'nSAVE* wirkt wenig einladend und ist sehr unübersichtlich, hat aber die günstigsten Preise. In kleineren Orten gibt es oft den kleinen und recht teuren *Four Square Supermarkt*. Daneben finden Sie in ländlicheren Gegenden Läden, die **Dairy** genannt werden. In diesen „Tante-Emma-Läden" können Sie alle Grundnahrungsmittel erwerben. Etwas, das Sie in Neuseeland sicher vermissen werden, ist das gute deutsche Brot. In den Supermärkten werden Sie eine schier unendliche Auswahl an Toastbrotvariationen vorfinden. Auch in einer Bakery ist in der Regel kein besseres Brot zu haben. Es gibt jedoch eine wachsende Anzahl Bäcker in Neuseeland, bei denen Sie die Chance haben, Ihre Lust auf gehaltvolles Brot zu befriedigen.

Geld und Devisen

Währung ist der **Neuseeland-Dollar (NZD)**, der in 100 Cents (c) unterteilt ist (1 und 2 Cent-Münzen gibt es nicht). Gängige Kreditkarten werden im ganzen Lande akzeptiert, aber z.B. nicht an jedem Campingplatz. Zu Bargeld kommen Sie am einfachsten an **Geldautomaten** mit Kredit- oder ec-Karte und PIN-Nummer. **Banken** haben montags bis freitags zwischen 9.30 und 16.30 Uhr geöffnet und werden Ihnen dann gerne Ihre Euro- oder USD-Reisechecks einlösen. Die Einfuhr von Bargeld-Beträgen im Gegenwert von 10.000 NZD erfordert das Ausfüllen eines Cash Reports beim Zoll.

Gesundheit, Ärzte, Apotheken

Um in Neuseeland einzureisen, sind keine speziellen **Impfungen** vorgeschrieben. Aus ärztlicher Sicht sind jedoch die folgenden Impfungen generell zu empfehlen: *Tetanus, Diphtherie, Polio, Masern, Mumps, Röteln und Hepatitis A + B*. Der medizinische Standard in Neuseeland ist hoch, die Versorgung mit Ärzten und **Apotheken** (*Chemists, Pharmacies*) sehr gut. Im Krankheitsfall wenden Sie sich zunächst an einen **Allgemeinarzt** (*General Practitioner, GP*). Das Büro des Campingplatzes oder die i-Site können Ihnen bei der Suche weiterhelfen. In dringenden Fällen steht Ihnen der **Notruf 111** zur Verfügung. In Neuseeland gibt es nicht alle in Europa erhältlichen Medikamente unter dem gleichen Namen. Darum empfiehlt es sich, dringend benötigte **Medikamente** mitzubringen. Bei Medikamenten, die Narkotika enthalten, müssen die entsprechenden Rezepte und die Originalverpackungen mitgeführt werden (Zollvorschrift).

Während das Leitungswasser bedenkenlos getrunken werden kann, sollte man kein Wasser aus Seen, Teichen oder Flüssen trinken, ohne es vorher drei Minuten abgekocht zu haben. Diese Vorsichtsmaßnahme ist erforderlich, da der eine schwere Darminfektion auslösende **Parasit Giardia** recht weit verbreitet ist. In dem heißen Wasser natürlicher Hot Water Pools kommen oft **Amöben** vor, die Meningitis verursachen können, wenn sie durch Nase oder Ohren in den Körper eindringen können. Sie sollten also beim wohligen Bad im Hot Water Pool den Kopf über Wasser lassen, es sei denn, der Betreiber des Pools erlaubt dies ausdrücklich.

Beim Baden im Meer sollten Sie immer große Vorsicht walten lassen, da es an den Küsten Neuseelands recht oft gefährliche Strömungen gibt.

Neuseeland hat eine klare, unverschmutzte Atmosphäre und liegt dem Äquator deutlich näher als Deutschland. Daher ist die **Sonneneinstrahlung** in Neuseeland wesentlich stärker als bei uns. Da meist ein leichter Wind weht, wird die Temperatur als angenehm empfunden und eine Sonnenbrandgefahr oft zu spät bemerkt. Es empfiehlt sich immer, Sonnenbrille und Sonnenschutzkleidung dabei zu haben und eine Sonnencreme mit einem Lichtschutzfaktor von mindestens 30 aufzutragen. Neuseeland hat die höchste **Hautkrebsrate** der Welt.

Die gute Nachricht ist, in Neuseeland lebt keine einzige giftige Schlange, die schlechte, es gibt hier Millionen von Sandflies. Speziell beim Durchfahren der Westküste der Südinsel stürzen sie sich sofort in großen Schwärmen auf jeden potentiellen Blutlieferanten. Die winzigen Kriebelmücken verursachen mit ihren Bissen Quaddeln, deren Größe etwa dem 50-fachen ihres eigenen Körpervolumens entsprechen. Die Pusteln jucken etwa drei bis vier Tage lang teuflisch. Nutzen Sie also rechtzeitig Mückenschutzmittel!

Internet Zugang

In Neuseeland ist die Internetnutzung unkompliziert und die Netzabdeckung ist gut. Lediglich in einigen ländlichen und abgelegenen Gebieten steht kein Mobilfunknetz zur Verfügung (Abdeckungsrate etwa 98%). Wenn Sie unterwegs mit dem Internet verbunden sein möchten, empfehlen wir Ihnen, eine SIM-Karte mit Datenpaket von einem der neuseeländischen Mobilfunkanbieter zu erwerben:

Spark (Telecom), Two Degrees und One NZ (Vodafone) haben Stände an den Flughäfen. Suchen Sie sich dort gleich nach der Ankunft das für Sie passende Angebot aus. Es gibt kaum Unterschiede im Preis, Geschwindigkeit und Abdeckung. Beachten Sie die aktuellen Kombi-Pakete:

- www.telecom.co.nz/internet/mobilebroadband/plansandpricing/prepaid
- www.vodafone.co.nz/prepay
- www.2degreesmobile.co.nz/prepay/pricing

Dazu gibt eine Reihe von Mobilfunk-Discountern, welche keine eigenen Funknetze betreiben.

- Warehouse (nutzt das Netz von Two Degrees)
- Skinny (nutzt das Netz von Spark)

Wenn Sie mehrere Geräte für die Internetnutzung verwenden, ist es die kostengünstigste Variante, das Handy als WLAN-Hotspot einzurichten, auf das die anderen Geräte dann zugreifen.

Tipp: Wenn Sie sich für ein Mobilfunkpaket vom Anbieter Spark (Telecom) entscheiden, können Sie die Spark-WLAN-Hotspots, die im ganzen Land verteilt sind, kostenlos nutzen.

Kostenloses WLAN:

- in vielen Stadtzentren
- in allen öffentlichen Bibliotheken
- in vielen i-Sites, Cafés, Restaurants, Supermärkten, Fastfoodketten und Campingplätzen

Kleidung

In Neuseeland brauchen Sie immer alles: Sie erleben manchmal vier Jahreszeiten an einem einzigen Tag. Das Wetter ändert sich sehr schnell. Wo es eben noch sonnig und warm war, ist es auf einmal unangenehm kalt und windig. Auch im Sommer kann es nachts richtig kalt werden, und wenn Sie in einem Tief reisen müssen, freuen Sie sich über warme Socken und eine Fleecehose. Eine Regenjacke ist unbedingt notwendig und gute Wanderschuhe sind sehr wichtig. Zu empfehlen ist Kleidung, die vor Kälte schützt, aber auch schnell wieder trocknet. Eine gute Idee ist es auch, warme Kleidung mitzunehmen, die Sie lagenweise tragen können. Wenn Sie sich nun Sorgen machen, so sei Ihnen versichert: Neuseelands Bekleidungsgeschäfte sind auf Kälte vorbereitet, überall bekommen Sie sehr schöne, warme Kleidung zu kaufen. Aus Merino- und Possum-Wolle gefertigte Produkte sind besonders angenehm zu tragen. Kiwis lieben es leger - Shorts und ein einfaches Shirt gehören zur Standardkleidung - und so wird in Neuseeland zu fast allen Anlässen ungezwungene Kleidung getragen. Schicke Freizeitkleidung wird auch in feinen Restaurants und Nachtclubs akzeptiert. Es gibt kaum eine Situation, in der man sich nicht leger kleiden kann.

Klima, Jahreszeiten, Reisezeit

In Aotearoa sind die Jahreszeiten gegenüber Europa vertauscht: Während in Deutschland die Blätter anfangen bunt zu werden, beginnt im Land der langen weißen Wolke der Frühling. Neuseeland hat ein sehr ausgeglichenes, maritimes Klima und kann zu allen Jahreszeiten bereist werden. Die Temperaturen in den warmen, sonnigen Sommermonaten und den milden Wintern unterscheiden sich in den meisten Teilen des Landes nur um 10°C. Am wärmsten wird es im Januar und Februar. Wer also der Winterkälte der Nordhalbkugel entfliehen möchte, für den ist von Dezember bis März die ideale Reisezeit. Allerdings verbringen über Weihnachten und Neujahr auch die Kiwi-Familien an den begehrtesten Stellen des Landes ihre Sommerferien. Daher ist es ratsam, Fähren und Campingplätze im Voraus zu buchen.

Auch zwischen Ende September und Anfang Mai herrscht ein angenehm warmes Klima. In den Spätsommermonaten März und April ist das Wetter sehr stabil und diese Monate eignen sich hervorragend für Aktivitäten im Freien. Ein schöner Reisemonat ist auch der in Deutschland oft so graue November, wenn am anderen Ende der Welt die Bäume blühen. Die Durchschnittstemperatur liegt im Sommer zwischen 20-30°C und im Winter zwischen 10-15°C. Im Winter erwarten Sie in den Bergregionen Schnee und hervorragende Skipisten. In allen anderen Regionen sind die Winter mild, und die Temperaturen fallen normalerweise nicht unter den Gefrierpunkt. Informationen zum Wetter in Neuseeland finden Sie auf der Website des New Zealand Met Service (neuseeländischer Wetterdienst).

Das Wetter kann sich in Neuseeland aufgrund plötzlicher Kaltfronten oder tropischer Wirbelstürme abrupt ändern. Sie sollten auf diese Veränderungen vorbereitet sein, insbesondere wenn Sie wandern gehen oder andere Aktivitäten im Freien unternehmen möchten. Mitten im Ozean, zwischen tropischer Südsee im Norden und frostiger Antarktis im Süden, sind rasche Wetterwechsel fast schon die Regel. Bei uns nennt man das »Aprilwetter«. Die Kiwis leben daher nach folgender Wetterweisheit: »Wenn euch das Wetter nicht gefällt, wartet 10 Minuten«.

Kriminalität

Neuseeland ist eines der sichersten Reiseländer der Welt, auch wenn die Zeiten, in denen die Kiwis ihre Autos und Häuser nicht abzuschließen brauchten, der Vergangenheit angehören. Die Kriminalitätsrate Neuseeland liegt weit unter der in Europa. Die Tendenz ist allerdings deutlich steigend. Vor allem Diebstahlsdelikte und Autoaufbrüche kommen häufig vor, von denen auch Touristen betroffen sind. Schließen Sie immer Ihr Wohnmobil ab und lassen Sie keine Wertsachen wie Ihren Pass, Bargeld oder Kameras zurück, insbesondere an Aussichtspunkten und Wanderwegen. Dies gilt besonders an populären Aussichtspunkten oder an den

Startplätzen beliebter Wanderwege. Dort werden Sie durch das Schild »lock it or lose it«. permanent daran erinnert. Sein Wohnmobil ohne Rucksack oder Taschen zu verlassen, signalisiert Kriminellen: »Da ist was zu holen«. Der Abschluss einer Reisegepäckversicherung ist sinnvolle. Falls es zu einem Diebstahl kommt, rufen Sie bitte unverzüglich die Polizei unter der Nummer 111 an. Diese kann von jedem Telefon aus angerufen werden.

Maori

Die aus Polynesien kommenden ersten Einwanderer Neuseelands werden Maori genannt. Die Polynesier waren große Seefahrer, die nach den Sternen, Meeresströmungen und Zugvögeln navigierten. Beginnend vor etwa 800 Jahren kamen sie in mehreren Einreisewellen in Reisekanus (*Wakas*) über den Pazifik. Vermutlich war Überbevölkerung die Ursache für diese wagemutigen Seereisen. Die Maori nennen das Heimatland ihrer Vorfahren **Hawaiki**. Viele ihrer traditionellen Künste wie Schnitzen, Weben und Tätowieren werden heute noch im ganzen Land praktiziert. Gäste werden überall in Neuseeland mit der Maori-Sprache konfrontiert, da die Mehrzahl der Ortsnamen eine Maori-Bedeutung haben. Die Maori-Sprache und Kultur ist reich an Geschichten und Legenden. Diese Mythen werden Ihnen bei verschiedenen Kulturveranstaltungen, in den Versammlungshäusern (*Marae*) oder bei von Maori geführten Wanderungen begegnen. Bei dem Besuch eines Versammlungsplatzes lernen Sie die eindrucksvolle formelle Begrüßungszeremonie der Maori kennen. Mit weit aufgerissenen Augen, herausgestreckten Zungen, imposanten Posen und lautem Brüllen prüfen die Maori-Krieger die Absichten der Neuankömmlinge. In aller Regel bestehen die Touristen diese Prüfung und werden mit einem Nasenkuss (**Hongi**) willkommen geheißen. Danach folgt ein gemeinsames Essen, das in einem *Hangi-Erdofen* zubereitet wurde. Schauen Sie sich die Gesichtstätowierungen der Maori an, sie sind faszinierend ebenso wie ihr Jade-Brustschmuck sowie die Federmäntel aus Kiwi-Federn. Die Motive der traditionellen Gesichtstätowierungen in Spiralmustern geben Auskunft über Identität und soziale Stellung. Die Maori sind für ihr kunsthandwerkliches Können bekannt.

Der 1840 unterzeichnete Vertrag von Waitangi besiegelte die politische Inbesitznahme Aotearoas - so der Maori Name für Neuseeland - durch Großbritannien und sicherte den Maori den Schutz der englischen Krone zu. In der Folgezeit kaufte die Krone wiederholt Land zu sehr niedrigen Preisen auf. Aufgrund von Unklarheiten des Vertrags es kam zu mehreren kriegerischen Auseinandersetzungen. Bis in die Gegenwart gibt es Unstimmigkeiten über die Auslegung des Vertragstextes. Sie werden im sogenannten Waitangi Tribunal behandelt. Die Maori stellen heute 16,5% der Bevölkerung und besitzen 5% des Landes.

Die Maori sind heute in Neuseeland gut in die Gesellschaft integriert. Viele Ranger in den Nationalparks, Mitarbeiter in den i-Sites und manche Reiseführer, denen Sie auf Ihrer Reise begegnen werden, sind Maori. Allerdings ist das durchschnittliche Einkommen pro Person der Maori immer noch deutlich niedriger als das der Gesamtbevölkerung Neuseelands und sie sind überproportional häufig in der sozialen Unterschicht vertreten.

Einige Maori-Begriffe:

Aotearoa	Das Land der langen weißen Wolke (Neuseeland)
haka	Kriegstanz
haere mai	willkommen
hangi	im Erdofen gegartes, traditionelles Mahl
hongi	Begrüßung durch aneinander drücken der Nasen.
iwi	Stamm
kia ora	Hallo, danke, alles Gute
kumara	Süßkartoffel
marae	Versammlungshaus, heiliger Boden
moko	traditionelle Gesichtstätowierung

pakeha	Nicht-Maori, Fremder, (heute: Europäer)
pounamu	Jade
tane	Mann
tapu	etwas Unantastbares, Unverletzliches, Geheiligtes (tabu)
wahine	Frau
wai	Wasser
waka	Kanu
whenua	Land, Boden, Plazenta
whanga	Bucht, Hafen, Meeresarm

Siehe auch: www.maoridictionary.co.nz

Nationalparks, Naturschutzgebiete

In Neuseeland gibt es 14 Nationalparks, drei Meeresparks und zahlreiche weitere Naturschutzgebiete. Insgesamt wird in einem Drittel des Landes das natürliche Erbe Neuseelands geschützt. Dabei werden 10 Prozent der Gesamtfläche (30.000 Quadratkilometer) von Nationalparks eingenommen. Sie umfassen atemberaubender Küsten (Abel Tasman National Park), Gebirgszüge, Vulkanlandschaften (Tongariro National Park), Strände, einheimische Wälder und Wasserwege (Whanganui National Park). Sie können zu Fuß, mit dem Auto, per Boot, Flugzeug und sogar mit dem Zug erkundet werden. Geschützt werden darin eine große Vielfalt verschiedener Landschafts- und Vegetationsformen sowie die einheimischen Tierarten. In den Nationalparks werden Sie Neuseeland in seiner ursprünglichen Schönheit kennenlernen. Bitte erkundigen Sie sich beim DOC (siehe Department of Conservation) über die jeweiligen Regelungen. Dort erhalten Sie auch die Broschüre *Exploring New Zealand's Parks.*

Neuseeländer

Es kann kein Zuckerschlecken gewesen sein, sich in der Wildnis am Ende der Welt ein neues Leben aufzubauen. Die europäischen Pioniere, die Neuseeland besiedelten, waren mutig, rau und unabhängig. Ein ruhiger, bisweilen derber Individualismus ist auch heute noch angesagt. Die Abgeschiedenheit und die Tatsache, dass man schutzlos den Elementen ausgesetzt war, zwangen die Neuankömmlinge zu Härte und Vielseitigkeit. Zusammenhalt war gefragt. Wenn man etwas aus der alten Welt benötigte, musste man monatelang darauf warten. Da war es oft einfacher, sich Dinge selbst zu bauen. Handwerkliches Geschick, Findigkeit und Einfallsreichtum waren damals überlebenswichtig. Heute gehören Gefrierfleisch, Jetboote und das Bungy-Jumping zu den bekanntesten neuseeländischen Erfindungen.

Die Neuseeländer sind abgehärtet und zwischen November und April meist in Shorts, T-Shirt und Sandalen unterwegs, auch wenn es für unser Empfinden eisig kalt ist. Die Frage »Wie ist die Wassertemperatur?« ist für einen echten Kiwi völlig unverständlich. Wenn er schwimmen will, geht er ins Wasser, sonst nicht, so einfach ist das. Die Wassertemperatur spielt dabei keine Rolle!

Die Neuseeländer sind stolz auf ihr Land und viele lieben die Landschaft und die freie Natur. Wandern, Mountainbiken, Kajakfahren und Angeln sind beliebte Freizeitbeschäftigungen. Bei 15.000 km Küste ist es kein Wunder, dass die Neuseeländer das Wasser lieben. Sie haben eine Leidenschaft für Segelboote, ind führend im internationalen Yachtdesign und gewinnen hin und wieder den prestigeträchtigen America's Cup oder olympische Medaillen im Segeln, Windsurfen, Kajakfahren und Rudern. Der Nationalsport ist jedoch Rugby und die All Blacks, die neuseeländische Rugby-Nationalmannschaft, sind der ganze Stolz der Nation. Die ganz in schwarz gekleideten All Blacks gelten als die beste Mannschaft der Welt. Vor jedem Spiel tanzen sie den Haka, um die gegnerische Mannschaft einzuschüchtern und sich selbst auf das Match einzustimmen.

Laut der OECD-Studie »How's Life« gehören die Neuseeländer zu den zufriedensten Menschen der Welt. Ein Kiwi ist demnach glücklicher als die meisten Angehörigen anderer Nationen. Am besten schnitt Neuseeland beim sozialen

Faktor ab. 97 Prozent der Befragten gaben an, Freunde oder Verwandte zu haben, die ihnen jederzeit helfen würden. Loyalität gegenüber Freunden und Nachbarn ist ein geschätzter sozialer Wert. Die Gemeinschaft hat in Neuseeland einen hohen Stellenwert. Gemeinsame Aktivitäten mit Freunden oder der Familie sind weit verbreitet. Man trifft sich auf dem Sportplatz, im Pub, beim Barbecue oder beim Camping.

Mit dem Fortschreiten des 20. Jahrhunderts begann sich die Zusammensetzung und der Charakter der neuseeländischen Bevölkerung radikal zu verändern. In den 70er Jahren des 20. Jahrhunderts ließen sich viele Einwanderer von den pazifischen Inseln in Neuseeland nieder, gefolgt von Asiaten und Europäern in den 80er und 90er Jahren. Die kulinarischen Vorlieben, Moden und Lebensstile dieser Neuankömmlinge vermischten sich mit den bestehenden und trugen zusammen mit den technischen und wirtschaftlichen Veränderungen zu einer völlig neuen nationalen Identität bei. Die neuseeländische Regierung bemüht sich, diese Entwicklung zu bewahren, da sie einen wichtigen Beitrag zur Vielfalt und Identität Neuseelands leistet. In den letzten zwanzig Jahren haben sich die Neuseeländer den Herausforderungen der globalen Wirtschaft und den neuesten technologischen Errungenschaften gestellt. Die Neuseeländer haben weltweit die meisten Mobiltelefone und Internetzugänge pro Kopf.

Trotz aller Veränderungen hat Neuseeland immer noch eine ansehnliche ländliche Bevölkerung und die Landwirtschaft gehört zu den wichtigsten Exportbranchen. Diversifizierung und Technologisierung machten Neuseeland zu einem der produktivsten und effizientesten landwirtschaftlichen Produzenten der Welt. Während die traditionellen Exporte von Wolle stark zurückgegangen sind, haben Fleisch und Milchprodukte ihre Bedeutung erhalten können. Heute spielen Rehfleisch, Blumen, Früchte, Biotechnologie und Wein eine wichtige Rolle als Exportgüter.

Im Land der langen weißen Wolke ticken die Uhren langsamer als bei uns. »*Take it easy!*« ist das allgegenwärtige Motto der Kiwis. Geduld ist eine ihrer Haupttugenden. In einem Land, das regelmäßig von Erdbeben erschüttert wird und in dem es oft heftig stürmt und wolkenbruchartig regnet, können vom Menschen erbaute Strukturen nicht dauerhaft widerstehen. So werden zum Beispiel regelmäßig Straßen am Hang ganz oder teilweise weggeschwemmt (*washouts*) oder von Erdrutschen überdeckt (*slides*), Bäume stürzen auf Stromleitungen und Dächer werden vom Wind abgedeckt. Der Neuseeländer lebt in und mit der wilden Umwelt und baut ohne zu Murren wieder auf, was ihm die Naturkräfte zuvor kaputt gemacht haben. Entsprechend bringt einen Kiwi auch nichts so schnell aus der Ruhe und ein sehr beliebter Spruch ist »*she'll be alright!*« was so viel heißt wie: »*das wird schon (wieder)!*«.

Kiwis sind weltoffen, interessiert und lieben es, ein Schwätzchen zu halten. Der leichte, unverfängliche Plausch wird häufig eingeleitet mit »*Where are you coming from?*«. Sie werden fast überall in Neuseeland auf Gastfreundschaft und Hilfsbereitschaft stoßen. Kiwis sind höflich und helfen bereitwillig, ohne von Ihnen eine Gegenleistung zu erwarten. Wer nach Neuseeland reist, der wird eine Zeit mit herzlichen und gastfreundlichen Menschen erleben.

Pflanzen

Neuseeland verdankt seine üppige und vielfältige Pflanzenwelt dem Zusammenspiel von hohen Niederschlägen, vielen Sonnenstunden und einem insgesamt milden Klima. Trotz großflächiger Rodungen, vor allem seit der Ankunft der Europäer, sind immer noch 37,5 % des Landes bewaldet (vor der Ankunft der Maori waren es etwa 80 %). Waldflächen mit einheimischen Arten sind in zahlreichen Nationalparks vor menschlicher Nutzung geschützt. So findet man auch heute noch überall faszinierende Pflanzen und Bäume, von den Kauriwäldern im hohen Norden und auf der Coromandel-Halbinsel über die Südbuchenwälder vor allem auf der Südinsel bis hin zu den alpinen Tussockwiesen der alpinen Vegetationszone in den Südalpen. Die majestätischen, immergrünen Wälder werden Sie beeindrucken: Rimu, Totara, Südbuchenarten und der größte einheimische Baum, der riesige Kauri, werden Ihnen besonders auffallen. Die Kauribestände sind derzeit durch eine übertragbare Pilzkrankheit (Phytophtora agathis) bedroht, daher werden Sie als Wanderer am Beginn einiger Wanderwege gebeten, Ihre Schuhe an den eingerichteten Waschstationen zu reinigen. Bitte beachten Sie diese Maßnahme!

Unter den Bäumen befindet sich meist ein dichtes und üppiges Unterholz mit einheimischen Sträuchern, einer Vielzahl von Farnen, Moosen und Flechten. Im typischen neuseeländischen Wald sind riesige Baumfarne allgegenwärtig, Kletterpflanzen und Epiphyten lassen ihn wie einen tropischen Dschungel erscheinen. Von den 200 Farnarten ist der bis zu 10 m hohe Silberfarn (Maori: Ponga) mit seiner silbrigen Blattunterseite der bekannteste. Er dient als Nationalsymbol im Staatswappen, als Emblem von Air New Zealand und als Symbol verschiedener Nationalmannschaften. Der sich entfaltende Farnwedel (Koru) wird symbolisch als Zeichen von Stärke und Wachstum gedeutet und findet sich im Schmuck der Maori.

Wer in der Weihnachtszeit die Nordinsel besucht, dem fallen die prächtig blühenden, immergrünen Bäume aus der Familie der Myrtengewächse auf, die sich im neuseeländischen Sommer in einen dunkelroten, leuchtenden Feuerball verwandeln. Die Rede ist vom Pohutukawa, dem neuseeländischen Weihnachtsbaum, der vor allem in den Küstenregionen wächst und 15 bis 20 Meter hoch werden kann. Leider haben ihn auch die Possums »zum Fressen gerne« und gefährden seinen Bestand.

Auch die südlichste Palmenart der Welt, die bis zu 15 m hoch werdende Nikau-Palme, gehört zu den nur in Neuseeland heimischen Pflanzen. Sie trägt keine Nüsse, sondern kleine rote Früchte, eine Nahrungsgrundlage einheimischer Vogelarten, ebenso wie der Nektar der Blüten.

Besonders auffällig ist der Cabbage Tree, dessen schwertähnliche Blätter von den Maoris zum Herstellen von Medizin genutzt werden. Eine weit verbreitete Pflanze ist der neuseeländische Flax (Maori: *Harakeke*, nicht verwandt mit unserem Flachs, sondern ein Tagliliengewächs), aus dessen Fasern die Maori Matten, Unterlagen, Körbe, Seile oder auch Angelschnüre fertigten. Auch als Medizinpflanze fand Flax bei den Maori Anwendung.

Im Pflanzenreich gibt es in Neuseeland jedoch unerwünschte Einwanderer, die sich unkontrollierbar ausbreiten und so die einheimischen Pflanzen verdrängen. Dazu gehören zuallererst Stechginster, Lupinen und die gemeine Waldrebe, aber auch die exotische Alge Didymo, die sich in Flüssen und Seen ausbreitet. Sie wird z.B. über Sportboote und verunreinigtes Angelgerät weiterverbreitet wird. Hier gilt die Devise: Check, clean, dry!

Post

Die Postämter in Neuseeland haben in der Regel Öffnungszeiten montags bis freitags von 9.00-17.00 Uhr. Wohingegen Postshops, also Läden (Bookshops, Convenience Stores, etc.) mit einer Postannahmestelle, länger und auch samstags und sonntags geöffnet haben. Sie sind in fast jedem Dorf anzutreffen. Öffnungszeiten und Adressen lassen sich schnell und einfach auf der Webseite der New Zealand Post herausfinden (www.nzpost.co.nz/tools/postshop-kiwibank-locator). Briefe/Karten und Dokumente via Luftpost sind nach Europa ca. 6-10 Tage unterwegs. Bringen Sie auch einen blauen »International Air« Aufkleber an. Die Sendungen können in den meisten Postshops abgegeben werden. Die Briefkästen der NZ-Post sind rot. Der Einwurfschlitz für internationale Postsendungen ist mit einem blauen Aufkleber versehen. Wir raten Ihnen, die Briefmarken erst dann zu kaufen, wenn Ihre Postkarten oder Briefe versandbereit sind. Sie können dann Ihre Post dort abgeben, wo Sie die Briefmarken erworben haben.

Reiseführer

Bergwild Verlag: Neuseeland live

Völlig neues Konzept. Buch, App, eBook und Hörbuch in einem! Der Reiseführer beschreibt u.a. 87 Wander-, Fahrrad- und Städtetouren.

Dumont, Richtig Reisen: Neuseeland

Von einem absoluten Kenner Neuseelands geschrieben. Es zeichnet sich durch eine Fülle von Hintergrundinformationen aus.

Iwanowski's: Neuseeland

Reiseführer mit Routenbeschreibungen und einem übersichtlichen Informationsteil: Pro Reiseziel Unterkünfte, Restaurants, Aktivitäten, etc.

Lonely Planet: Neuseeland
Bei Backpackern beliebter Reiseführer mit umfassenden praktischen Informationen und Tipps. Alles Wichtige wird angesprochen.

Mana: Aotearoa, Ein Reiseführer durch das Neuseeland der Maori
Liefert kulturelle Angebote, die Einblicke in Vergangenheit und Gegenwart der Ureinwohner und Zugang zur Maori-Kultur vermitteln.

Mana: Wandern in Neuseeland
Das Buch enthält alles Wichtige für den Wanderer in Neuseeland. Die meist mehrtägigen Wandertouren werden sehr lebendig beschrieben.

Michael Müller Verlag: Neuseeland
Neben zahlreichen praktischen Tipps liefert dieser Reiseführer die Beschreibung von mehr als 40 Trekking und Radtouren.

Stefan Loose: Neuseeland
Bei Backpackern beliebt, mit vielen praktischen Informationen und Tipps. Alle Regionen werden vorgestellt, die Highlights am Anfang aufgezeigt.

Terra Natur Reiseführer: Neuseeland
Pflanzen und Tiere Neuseelands werden anschaulich und informativ beschrieben. Enthalten sind auch Wander- und Tourenvorschläge mit Karten.

360°Medien: Als Dach der Sternenhimmel: Camping in Neuseeland
Enthält vielfältige Informationen rund um das Campen, die Ihnen bei der Vorbereitung auf einen Wohnmobilurlaub in Neuseeland helfen können.

Sprache

Seit 1987 ist **Maori** (siehe Maori) neben dem Englischen 2. Amtssprache. Neuseeländisches Englisch ist irgendwo zwischen dem australischen Englisch und dem britischen Englisch angesiedelt. Neuseeländer sind meist gut zu verstehen. Im Folgenden sind einige nützliche Begriffe vorgestellt:

Aussie	Australier
Awesome	Klasse, super
Bach	Ferienhaus
Bucks	Dollar, Geld
Bush	Regenwald, Urwald
Camping Ground	Campingplatz
Caretaker	Verantwortlicher (z.B. an Campingplätzen)
Concealed Road	Versteckte Einfahrt, schlecht einsehbare Seitenstraße
Cattle	Rinder, Rindvieh, Vieh
Cattlestop (-grid)	In die Straße eingelassenes Viehgitter/-roste
Dairy	Tante-Emma-Laden, Eck-Kiosk
Dump Station	Entsorgungsstation für Womo Bordtoilette und Abwasser
EFTPOS	Mit Karte zahlen (wie mit der EC Karte in Deutschland)
Fee	Gebühr, Preis
Give Way	Vorfahrt achten
G'day	Guten Tag
Good on ya	Ausgezeichnet, gut gemacht
Gravel road	Schotterstraße
Greywater	Abwasser
Guys	Leute (Are you guys ready? - Seid ihr fertig?)
Hump	Verkehrsberuhigungs-Buckel (Achtung mit dem Womo!)
Indicator	Blinker
Landfill	Wertstoffhof
Long drop toilet	Plumpsklo, chemische Toilette
Loop	Schleife, Rundweg
Mate	Kumpel
Motorhome	Wohnmobil
No worries	Keine Sorge, alles ok
One Lane Bridge	Einspurige Brücke
Passing Lane	Überholspur
Peninsula	Halbinsel
(Powered) Site	Stellplatz (mit Strom)

Public Toilet	Öffentliche Toilette
Range	Bergkette, Gebirgszug
Roadworks ahead	Straßenbaustelle folgt
Roundabout	Kreisverkehr
Speed limit	Geschwindigkeitsbegrenzung
See ya	Bis dann
(live)Stock	Vieh
Track	Langer Wanderweg
Traffic Lights	Ampeln
Tramp, tramping	Wanderung, wandern
Uneven Surface	Unebener Straßenbelag
Walk	Spaziergang
Windscreen	Windschutzscheibe

Strände

An der 15.000 km langen Küste Neuseelands finden sich schneeweiße oder goldgelbe Sandstrände ebenso wie schwarzgraue Kies- oder Felsstrände. Es gibt unzählige einsame, romantische und bezaubernde Strände, aber auch wilde und ursprüngliche, von Wind und Wellen gepeitschte Küstenabschnitte. Ob Sie surfen, schnorcheln, tauchen, angeln, Kajak fahren oder einfach nur schwimmen wollen, Neuseelands Strände bieten Ihnen die Möglichkeit dazu. Oft kann man in der Nähe der Strände auch campen. Die Neuseeländer lieben es, viel Zeit im oder am Wasser zu verbringen, und doch werden Sie nie einen überfüllten Strand vorfinden. Was man an den Stränden immer wieder antrifft, sind Autos! Für Neuseeländer ist es selbstverständlich, mit dem Auto an den Strand zu fahren, wo immer es möglich ist.

Sicherheit im Wasser

Die Wassertemperatur beträgt maximal 22°C. Beim erfrischenden Bad im Wasser ist Vorsicht geboten. Oft gibt es starke Strömungen, Querströmungen, kalte Unterströmungen oder sogar Unterströmungen. Am sichersten ist es, nur an offiziellen und bewachten Badestränden zu baden. Wir empfehlen Ihnen, die Website von Water Safety New Zealand www.watersafety.org.nz zu besuchen, die Ihnen Tipps für einen sicheren Aufenthalt an den Stränden und in den Gewässern Neuseelands gibt.

Telefonieren

Alle öffentlichen Telefone und Telefonzellen können mit Telefonkarten, die in den meisten Buchhandlungen und Kiosks erhältlich sind, verwendet werden. Zur Nutzung der Telefonkarte rufen Sie die kostenlose 0800-Nummer der Karte an und nach Eingabe einer PIN können Sie telefonieren. Einige Telefonzellen akzeptieren auch Kreditkarten, Münzen können allerdings nur sehr selten verwendet werden.

Wir empfehlen Ihnen Ihr Handy mitzunehmen und eine Prepaid SIM-Karte zu erwerben. Achten Sie auf Angebote, die eine bestimmte Zahl von Gesprächsminuten nach Europa und ein Internet Datenvolumen umfassen. Die größten Anbieter sind Spark, Vodafone und Two Degrees. Auf den folgenden Webseiten sind die verschiedenen Netzabdeckungen grafisch dargestellt:

- www.spark.co.nz/shop/mobile/whyultramobile/network.html
- www.vodafone.co.nz/coverage
- www.2degreesmobile.co.nz/coverage

Einige Unternehmen in Neuseeland bieten kostenlose Servicenummern an, unter der Sie Buchungen vornehmen können. Diese beginnen mit 0800 (in Ausnahmefällen auch mit 0508) und können nicht aus dem Ausland genutzt werden. In den größeren Städten sind die Polizei, Feuerwehr und der Rettungsdienst über die **Notrufnummer 111** zu erreichen, andernfalls finden Sie entsprechende Informationen auf den ersten Seiten des Telefonbuchs oder in jeder Telefonzelle. Die Telefonauskunft hat die Nummer 018 für das Inland und 0172 für das Ausland. Die Vorwahl für Deutschland ist 0049,

Österreich 0043 und in die Schweiz 0041. Um von Deutschland aus in Neuseeland anzurufen, wählen Sie bitte die 0064 vor.

Tipp: Die billigste Möglichkeit ist ein Telefonat über Internet (Skype, WhatsApp, etc.).

Tiere

Als sich Neuseeland vor etwa 80 Millionen Jahren vom urzeitlichen Superkontinent Gondwana abspaltete, gab es weder Schlangen noch Säugetiere. Vögel, Reptilien und Insekten prägten die Fauna. Zu den direkten Nachfahren der prähistorischen Tierwelt gehört neben den Vögeln beispielsweise die Brückenechse Tuatara, die als »lebendes Fossil« gilt. Sie kann bis zu 75 cm lang werden, ist aber völlig ungefährlich und am besten im Museum von Invercargill zu bewundern. Von der Isolation profitierten vor allem die Vögel, die ungestört einzigartige Formen ausbilden konnten. Da es keine feindlichen Säugetiere gab, konnten sich die Vögel gefahrlos am Boden aufhalten, fressen und brüten. Im Laufe der Evolution verloren einige Arten nach und nach ihre Flugfähigkeit. Der bekannteste flugunfähige Vogel ist der Kiwi, das Nationalsymbol Neuseelands, der heute vom Aussterben bedroht ist. Ebenfalls flugunfähig sind der Weka, der Takahe und der Kakapo, mit bis zu 3,5 kg der schwerste Papagei der Welt. Weithin bekannt ist der neugierige Bergpapagei aus der alpinen Region der Südinsel, der Kea, einer der intelligentesten Vögel der Welt. Er ist wenig scheu gegenüber Menschen und liebt vor allem deren Autos, an denen er gerne Scheibenwischer und andere Gummiteile anknabbert! Leider musste er kürzlich auf die neuseeländische Rote Liste der bedrohten Tierarten gesetzt werden.

Von den zahlreichen heimischen Singvögeln sollte der Tui besonders hervorgehoben werden, der in ganz Neuseeland anzutreffen ist. Er hat einen wunderschönen, markanten Gesang und ein auffälliges Paar aufgeplusterter, weißer Kehlfedern (»Pastorenkragen«). Sein dunkles, schwarz wirkendes Federkleid hat einen grünlich-bläulichen Schimmer.

Für Vogelliebhaber empfiehlt sich ein Besuch auf Kapiti Island (nördlich von Wellington) und Tiritiri Matangi (nördlich von Auckland). Beide Inseln wurden von Ratten und anderen Beutegreifern befreit, um den neuseeländischen Vögeln eine Chance zu geben. Zu den Seevögeln, die in Neuseeland brüten, gehören Königsalbatros, Australtölpel (Morus serrator) und Silberreiher. Auch die Zwergpinguine (Little Blue Penguins, Eudyptula minor) und die seltenen Gelbaugenpinguine nisten hier. Aotearoa ist außerdem Winterquartier für viele arktische Zugvögel wie Regenpfeifer, Flussuferläufer, Zwergstrandläufer, Brachvogel und Steinwälzer. Viele legen beachtliche Strecken von bis zu 12 000 km zurück.

Als die Maori mit ihren Kanus in Neuseeland landeten und die polynesischen Ratten und Hunde mitbrachten, war die paradiesische Zeit der Vögel vorbei. Einige hundert Jahre später brachten die Europäer weitere 30 Säugetierarten nach Aotearoa, darunter zwei Rattenarten, Wiesel (syn. Hermelin), Katzen und Füchse. Diese fanden unter den flugunfähigen Vögeln und ihren Eiern reichlich Nahrung. Die eingeschleppten Tiere richten bis heute große Schäden an, da sie keine natürlichen Feinde haben und als große Plage gelten. Allen voran das aus Australien eingeschleppte Possum (deutsch: Fuchskusu). Die Population dieser kletternden, nachtaktiven Beuteltiere explodierte förmlich, nachdem die ständige Bejagung aufgegeben wurde. Heute bedrohen etwa 30 Millionen (in den 80er Jahren sollen es 60-70 Millionen gewesen sein) der etwa katzengroßen Opossums die heimische Flora und Fauna. Die Ausbringung von Giftködern (1080 Poison) ist ein umstrittener Versuch zur notwendigen Dezimierung der Possums. Weitere Methoden sind der Abschuss und der Fang mit Fallen.

Der Mensch trug und trägt zur Dezimierung von Arten bei. Der Moa, der größte Laufvogel, der jemals auf der Erde gelebt hat, wurde von den Maori bis auf das letzte Exemplar gejagt und getötet. Heute ist die Hälfte der endemischen Vogelarten Neuseelands ausgestorben und weitere Arten sind bedroht. Mit zahlreichen Schutzprogrammen versucht man ihr Überleben sicherzustellen. Informationen dazu finden sich auf der Website des Department of Conservation (www.doc.ovt.nz). Nicht zu unterschätzen ist die Gefährdung von Lebensräumen, z.B. ursprünglich klaren Seen und Flüssen durch die intensive Milchviehwirtschaft und die damit verbundene Überdüngung.

Neben den tierischen Attraktionen an Land ist auch das Meeresleben in Neuseeland reich und vielfältig. Das Beobachten von Robben, Seelöwen und Walen sowie das Schwimmen mit Delfinen sind zwei der besonders zu empfehlenden Touristenattraktionen. Der Hector-Delfin ist der seltenste Delfin der Welt und kommt nur in den Gewässern Neuseelands vor. Auch Orcas, Bottlenose-, Dusky- und Common-Dolphins tummeln sich vor den Küsten, ebenso wie zahlreiche Fischarten. In Kaikoura sind neben Whale Watching Bootsfahrten mit Schwerpunkt Albatros-Beobachtung lohnend, da die Vögel auf Armeslänge an den Beobachter herankommen.

Toiletten

Es ist kein Problem, in Neuseeland eine öffentliche Toilette zu finden. Es gibt sie überall, selbst an abgelegenen Stränden, Picknickplätzen, Sehenswürdigkeiten und in kleinen Ortschaften. Und sie sind in den allermeisten Fällen sauber und mit Toilettenpapier ausgestattet. Die bekannteste - und mit Abstand kunstvollste - öffentliche Toilette in Neuseeland ist die Hundertwasser Toilette in Kawakawa.

Touristeninformation

Fast jeder kleinere Ort in Neuseeland verfügt über ein Visitor Information Centre. Dabei ist zu unterscheiden zwischen kommerziellen Büros, die in erster Linie ihre eigenen Produkte vermarkten wollen, und offiziellen Fremdenverkehrsbüros, die objektiv informieren. Letztere erkennt man an grün-weiß-grauen Schildern mit der grünen Aufschrift i-SITE. Die i-SITEs (www.newzealand.com/travel/i-sites) sind immer sehr gut ausgeschildert und verfügen in der Regel über Stellplätze für Wohnmobile. Während in kleineren Orten auch weniger gut geschultes Personal anzutreffen ist, zeichnen sich die i-SITEs in größeren Orten durch viel Wissen, enorme Hilfsbereitschaft und sehr guten Service aus. Hier werden Sie umfassend und objektiv informiert, z.B. über Sehenswürdigkeiten und mögliche Aktivitäten in der Region. Außerdem erhalten Sie in den i-SITEs kostenloses Kartenmaterial der jeweiligen Umgebung und können sich auf Wunsch Campingplätze zeigen lassen. Die i-SITEs buchen für Sie auch Ausflüge oder fragen bei Campingplätzen nach freien Plätzen. Auch die Fähre zwischen Nord- und Südinsel kann hier gebucht werden. Broschüren, die Wanderungen in der Region beschreiben, sind gegen eine geringe Gebühr erhältlich. Aufgrund der Corona-Pandemie mussten leider einige i-SITES geschlossen werden.

Neben den i-SITEs betreibt das DOC (siehe Department of Conservation) ausgezeichnete und sehr informative Besucherzentren. Über die Webseite von Neuseelands Tourismusorganisation *Tourism New Zealand (www.newzealand.com)* können Sie sich sehr gut über Neuseeland informieren. Die Basisinformationen gibt es auch in deutscher Sprache. Ausgesprochen informativ sind auch die deutschsprachigen Online-Magazine www.neuseeland-news.co.nz und www.360grad-neuseeland.de.

Die Fremdenverkehrsämter haben einen **Radio**-Service für Touristen eingerichtet. Wissenswertes in deutscher Sprache empfangen Sie unter 100.4 FM.

Trinkgeld

Alle Preise in Bars, Cafés, Hotels, Restaurants oder Taxis sind Komplettpreise. Trinkgeld wird also nicht erwartet. Auf der anderen Seite ist in den letzten Jahren ein Trinkgeld in den besseren Restaurants durchaus üblich geworden. Also scheuen Sie sich nicht den Rechnungsbetrag großzügig aufzurunden, wenn Sie mit dem Service zufrieden sind.

Verkehr

Verkehrsregeln

Die wichtigste Verkehrsregel vorweg: Auf der linken Straßenseite fahren! Die Umstellung auf den Linksverkehr wird Ihnen wahrscheinlich nicht schwerfallen, dafür werden Sie in den ersten Tagen die Hebel von Blinker und Scheibenwischer vertauschen.Trotz Linksverkehr gilt im Prinzip *rechts vor links*. Details siehe:

www.nzta.govt.nz/roadcode

»*Give Way*« bedeutet »*Vorfahrt achten*«. Die Regel rechts vor links bewirkt, dass der Kreisverkehr Vorfahrt hat. Ansonsten gelten meist die uns bekannten Verkehrsregeln.

Die **Höchstgeschwindigkeit** beträgt innerhalb geschlossener Ortschaften 50 km/h und außerhalb 100 km/h. Ein haltender Schulbus darf mit maximal 20 km/h überholt werden. Geschwindigkeitskontrollen werden häufig vorgenommen und es gibt keine Toleranz. Vor Kurven wird oft eine maximale Richtgeschwindigkeit angegeben. Wir empfehlen dringend diese einzuhalten. Bei 15 km/h wird's eng!

Europäische nationale Führerscheine werden anerkannt, sofern eine englische Übersetzung vorliegt. Einfacher ist es zusätzlich zum nationalen Kartenführerschein einen **internationalen Führerschein** mitzuführen. Er wird von den Bürgerämtern ausgestellt und ist drei Jahre gültig. Man muss persönlich erscheinen, seinen nationalen Führerschein und ein Passfoto mitbringen. Das gesetzliche Mindestalter, um ein Auto in Neuseeland zu mieten, beträgt 21 Jahre. In Neuseeland herrscht Sitzgurtpflicht für Fahrer sowie alle Insassen. Für Alkohol am Steuer gilt unter 20 Jahren die Null-Promille-Grenze und ab 20 Jahren eine Obergrenze von 0,5 Promille. Gelbe Linien am Straßenrand bedeuten Parkverbot. Kleine blaue Schilder zeigen die maximal erlaubte Parkzeit an. Eine Parkscheibe ist nicht nötig. Die Parkzeit beginnt erst zu laufen, wenn ein Kontrolleur einen Reifen mit Kreide markiert hat.

Wir möchten Sie noch auf zwei Besonderheiten aufmerksam machen. Anders als bei uns soll die weiß schraffierte Fläche vor den Abbiegebuchten befahren werden! Der rückwärtige Verkehr wird es Ihnen danken. Auch zwischen den Fahrbahnen gibt es gelegentlich weiß schraffierte Flächen. Diese dürfen zum Abbiegen befahren werden.

Straßennetz

Das neuseeländische Fernstraßennetz besteht aus den so genannten State Highways und ist gut gepflegt. Die State Highways sind in der Regel zweispurig ausgebaut, verfügen also über eine Fahrspur in die jeweilige Richtung. Die Bezeichnung der State Highways, wie sie auch in diesem Buch verwendet wird, besteht aus den beiden Buchstaben »SH«, sowie der Nummer des Highways (z.B. »SH77«).

Es gibt immer noch viele Schotterstraßen *(metal surface, unsealed* oder *gravel road)* in Neuseeland. Schauen Sie bitte in Ihren Vertrag, ob Sie diese fahren dürfen. Manche dieser Straßen sind sehr unschön und löchrig, das Womo leidet. In Neuseeland haben viele Brücken aus Kostengründen nur eine Spur (*one lane bridges*). Der rote Pfeil in Fahrtrichtung heißt Vorfahrt gewähren. Das Verkehrsschild *„concealed road*« heißt »Vorsicht, versteckte Einfahrt« oder »Schlecht einsehbare Seitenstraße«. Selbst auf Highways müssen Sie immer damit rechnen, dass Farmer Rinder oder Schafe über die Fahrbahn treiben. Nicht immer wird mit einem Hinweisschild (etwa »*Stock on the road*«) oder gelbem Blinklicht vor dem Tiertrieb gewarnt. Haben Sie Geduld, der Viehtrieb kann eine Weile dauern.

Straßenzustand

Die Straßen sind überwiegend in einem guten Zustand. Die geografischen Gegebenheiten in Neuseeland führen jedoch häufig zu schmalen, kurvenreichen und steil ansteigenden Straßen. Auch sind einige Nebenstraßen holprig (*bumpy*). Das Hinweisschild »*uneven surface*« sollten Sie ernst nehmen, um Ihr Womo nicht zu heftig ins Schaukeln zu bringen. Bei Sturm und starken Regenfällen kommt es regelmäßig zu Erdrutschen oder Auswaschungen. Die Straße wird dann schnellstmöglich wieder fahrbereit gemacht. Aktuelle Informationen über den Straßenzustand bietet die Webseite:

www.journeys.nzta.govt.nz/traffic

Fahrtzeiten

Außerhalb der Städte sind die meisten Straßen in beiden Richtungen einspurig und teilen sich nur hier und da in zwei Spuren, um ein sicheres Überholen zu ermöglichen. Da die Straßen zudem häufig eng und kurvenreich verlaufen, müssen Sie mit längeren Fahrtzeiten als erwartet rechnen. Planen Sie mit einer Durchschnittsgeschwindigkeit von 50 km/h. Nehmen Sie sich viel Zeit, damit Sie die Reise entspannt genießen können.

Andere Verkehrsteilnehmer haben es eiliger als Sie. Bitte fahren Sie bei passender Gelegenheit an den Straßenrand, und ermöglichen so dem nachfolgenden Verkehr Sie zu überholen. Man wird es Ihnen mit einem freundlichen Hupen danken.

Versicherungen

Eine Auslandskrankenversicherung ist sehr zu empfehlen. Über Ihre Kreditkarte sind die ersten sechs Wochen in aller Regel abgedeckt. Für längere Aufenthalte benötigen Sie eine Langzeitversicherung, die möglichst auch einen Rücktransport umfassen sollte.

In Neuseeland gibt es keine Versicherungspflicht für Autofahrer. Wenn Sie ein Wohnmobil anmieten, werden Sie in Sachen Versicherung beraten und haben verschiedene Optionen. Alle anderen sollten eine Unfallversicherung abschließen. Eine einfache *Third Party-Versicherung* ist preiswert und unbedingt zu empfehlen. Diese erhalten Sie z.B. beim AA (siehe Automobilclub).

Wandern

Es gibt kaum eine bessere Möglichkeit, die unberührten Landschaften und außergewöhnlichen Naturschönheiten Neuseelands kennenzulernen, als zu Fuß. Neuseeland ist von einem dichten Netz aus Wanderwegen durchzogen und damit ein Eldorado für Wanderer. Dabei wird jeder eine Vielzahl von für ihn geeigneten Tracks vorfinden. Das Spektrum reicht von *Short Walks*, die nicht länger als eine Stunde in Anspruch nehmen, bis zu den mehrtägigen *Great Walks.* Das vielfältige Angebot an Wanderungen kann in jeder *i-SITE* erfragt werden. Dort erhalten Sie kostenlose oder kostengünstige Broschüren, in denen die Wanderwege beschrieben sind. Bei Wanderungen in Nationalparks empfiehlt es sich, vor Ort bei einem DOC Visitor Information Centre (siehe Department of Conservation) Informationen zu Wetter, Beschaffenheit, Dauer und Schwierigkeit der Ausflüge zu besorgen.

In vielen Städten gibt es Historic Walks, die an historisch interessanten Stätten vorbeiführen. Es werden Wanderungen in allen **Schwierigkeitsgraden und Längen angeboten.** Wählen Sie die Strecke entsprechend Ihrer Fähigkeit und aktuellen Kondition aus. Die *Walking Tracks* sind in der Regel relativ einfach und auch für wenig geübte Wanderer geeignet. Alle Wege sind gut ausgeschildert und am Startpunkt auf einer Schautafel beschrieben. Bedenken Sie bitte, dass es zu sehr schnellen Wetterwechseln kommen kann, daher sollten Sie bei Wanderungen in der neuseeländischen Natur immer gut ausgerüstet sein. Bei längeren Ausflügen raten wir Ihnen zu guten Wanderschuhen, warmer Thermo-Kleidung (Fleecejacken haben sich gut bewährt), Regenjacke, Mütze, Sonnen- und Mückenschutz. Auch ein »Erste Hilfe Päckchen« und ausreichend Verpflegung sollten Sie mit auf den Weg nehmen. Informieren Sie sich beim nächsten Visitor Centre über die aktuellen Wanderbedingungen und über den Wetterbericht.

Die zehn mehrtägigen Great Walks werden vom DOC verwaltet. Um sie wandern zu können, benötigen Sie einen *Great Walk Pass*, den Sie in den Büros der DOC Visitor Information Centre bekommen. Der Pass beinhaltet die Übernachtungen in Hütten. Die einzelnen Great Walks müssen oft lange im Voraus gebucht werden! Die Gebühren variieren zwischen den einzelnen Wanderwegen. Es gibt folgende Buchungsmöglichkeiten:

- Online booking.doc.govt.nz
- Telefon +64 3 249 8514,
- E-Mail greatwalksbooking@doc.govt.nz

Wohnmobil, eine Liebe auf Zeit!

Es gibt verschiedene Wege, in Neuseeland zu einem Wohnmobil zu kommen:

1. Sie mieten ein Wohnmobil
2. Sie tauschen Ihr Wohnmobil gegen das eines Kiwis
3. Sie kaufen ein Wohnmobil in Neuseeland
4. Sie verschiffen Ihr eigenes Wohnmobil nach Neuseeland

1. Mieten:

Da dies die mit Abstand gebräuchlichste Variante ist, werden wir ausführlich auf die WOMO-Vermieter eingehen. Es gibt inzwischen eine unglaubliche Vielzahl von Firmen. Für die wichtigsten Anbieter geben wir Ihnen die Kontaktdaten:

Apollo	09 889 2976	www.apollocamper.co.nz
Britz	09 255 3910	www.britz.co.nz
Jucy	09 374 4360	www.jucy.co.nz
Maui	09 255 3983	www.maui.co.nz
Mighty Campers	0800 422 505	www.mightycampers.com/nz
Sunrise Holidays	22 567 3918	www.sunriseholidays.co.nz
Wilderness Motorhomes	09 255 5300	www.wilderness.co.nz
Wendekreisen	09 256 0177	www.wendekreisen.co.nz

Über die Webseite **www.newzealand.com/de** von *Tourism New Zealand* gelangen Sie über die Auswahl „Transport" und den Knopf „Wohnmobile" zu den restlichen Verleihern von Wohnmobilen. Beachten Sie bei der Auswahl auch die Gütesiegel von Qualmark. Bewertungen zu den einzelnen Anbietern finden Sie auf folgender Webseite:

www.rankers.co.nz/tags/motorhomes-campervans-rv

Von fast allen Anbietern werden ähnliche Fahrzeugtypen angeboten: Zwei verschiedene Modelle für 2 Personen, ein Modell für 4 Personen und ein Modell für 6 Personen. Bei den letztgenannten Modellen ist ein Doppelbett über dem Führerstand (Alkoven) platziert. Auch wenn Sie zu zweit durch Neuseeland reisen wollen, ist die Anmietung eines Womos für 4 Personen in Erwägung zu ziehen. Es bietet Ihnen zwei wesentliche Vorteile: Ihnen steht mehr Platz zur Verfügung und Sie brauchen ihr Bett nicht jeden Tag umzubauen. Abhängig von der Saison gibt es große Preisunterschiede. Buchen Sie möglichst früh, das spart Ihnen viel Geld (Frühbucherrabatt)!

Es gibt gute Gründe, das Wohnmobil über deutsche Reiseunternehmen zu buchen. Sie erzielen damit nicht unbedingt die besseren Konditionen, haben aber einen deutschen Vertragspartner. Selbstverständlich können Sie auch über das Internet ein Wohnmobil in Neuseeland anmieten:

- www.adacreisen.de/ratgeber/camper/neuseeland
- www.bestcamper.de
- www.camperboerse.de

Ausstattung der gemieteten Wohnmobile

Die Wohnmobile aller Anbieter sind mit Kühlschrank, Spüle, Gasherd und Gasflasche ausgestattet. Die Gasflaschen können problemlos an fast jeder Tankstelle (Campingplatz, Supermarkt) aufgefüllt oder gegen eine volle getauscht werden. Leider werden auch Wohnmobile ohne WC angeboten. Wegen der eingeschränkten Möglichkeiten für freies Campen raten wir davon ab. Die Küchenausrüstung ist im Preis inbegriffen. Ebenso ein Bettlaken, Bettdecke und Kopfkissen mit Bezug, Handtücher und Geschirrtücher. Der Stauraum für Gepäck und der Schrankraum für Kleidung sind sehr unterschiedlich. Für die Unterbringung im Wohnmobil sollte Ihr Gepäck elastisch sein. Sie können Ihre Koffer zwar kostenlos bei den Vermietern unterbringen, aber oft ist es praktischer, mit nicht ausgepackten Koffern loszufahren oder vor der Rückgabe des Wohnmobils zu packen.

Darauf sollten Sie bei der Auswahl besonders achten:

- Wie hoch ist die Selbstbeteiligung?
- Sind Fahrzeugunterboden, Dach, Windschutzscheibe und Reifen versichert?
- Verfügt der Camper über ein Navigationsgerät?
- Gibt es eine Rückfahrkamera oder einen Rückfahrwarner?
- Ist die Dieselsteuer im Preis enthalten (ca. 7,60 NZD / 100 km)?
- Ist die Campingausrüstung im Preis enthalten?
- Verlangt der Vermieter einen internationalen Führerschein?
- Wie hoch ist das Mindestfahreralter?
- Zahlt ein junger Fahrer mehr?
- Gibt es Gebühren für einen zweiten Fahrer?
- Ist der Transfer zwischen Flughafen und Mietstationen kostenfrei?
- Gibt es eine 24-Stunden-Notfallnummer?
- Gibt es eine Einwegmiete zwischen Auckland und Christchurch?
- Gibt es einen Sonderpreis für die Fähre zwischen Nord- und Südinsel?
- Welche Straßen dürfen nicht befahren werden?

Ankunft und Übernahme des Wohnmobils

Wegen der meist anstrengenden Anreise und dem Jetlag raten wir, zumindest die erste Nacht im Hotel zu verbringen. Sollten Sie den Camper gleich bei Ankunft übernehmen wollen, empfehlen wir für die erste Nacht, den nächstgelegenen Campingplatz anzusteuern. Bei den meisten Anbietern ist der Transfer vom Flughafen bzw. dem Hotel zum Depot inklusive. Die Übernahme des für Sie bereitgestellten Wohnmobils erfolgt in der Regel gegen Mittag oder sogar erst am frühen Nachmittag. Bitte nehmen Sie sich bei der Übernahme Zeit und lassen Sie sich das Fahrzeug genau erklären. Die meisten Anbieter haben deutschsprechendes Personal. Nach der gründlichen Einweisung in die Handhabung des Fahrzeuges und die Ausstattung, sowie die Benutzung von Propan-Kühlschrank, Herd und Heizung, richten Sie sich häuslich in Ihrem Fahrzeug ein. Falls Sie sich in der Kürze der Zeit nicht alles merken konnten, hilft man Ihnen am nächsten Campingplatz gerne weiter. Planen Sie für die Fahrzeugübernahme mindestens eine Stunde ein, besser zwei. Eventuelle Fahrzeugmängel sowie Kratzer und Dellen sollten Sie sofort reklamieren. Sie werden in einem Übergabeprotokoll vermerkt. Die Fahrzeuge werden mit gefüllter Gasflasche und vollen Wasser- und Kraftstofftanks übernommen. Nachdem Sie Ausrüstung und Funktionsfähigkeit Ihres Wohnmobils selbst kontrolliert haben, kann es losgehen. Ihr erstes Ziel wird sicherlich ein großer Supermarkt sein. Gute Fahrt!

Mietvertrag und Kaution

Falls noch nicht geschehen, schließen Sie vor der Übernahme des Wohnmobils einen rechtsgültigen Mietvertrag ab. Lassen Sie sich den Inhalt genau erklären. Bei Fahrzeugübernahme wird eine Kaution fällig, deren Höhe vom Vermieter und der gewählten Versicherung abhängt. Die Kaution zahlen Sie über Ihre Kreditkarte. Bei einigen Anbietern wird der gesamte Betrag sofort von Ihrem Konto abgebucht. Achten Sie in diesem Fall darauf, dass Ihre Kreditkarte über ein entsprechendes Verfügungslimit verfügt. Die Kaution wird nach einwandfreier Fahrzeugrückgabe ohne Schäden und unter Einhaltung der Mietbedingungen rückerstattet. Die Rückzahlung auf Ihr Kreditkartenkonto dauert in der Regel ca. 2-3 Wochen. Der Vermieter haftet dabei nicht für eventuelle Kursverluste. Bei anderen Anbietern ist die Kaution mittels Kreditkarten-Imprint zu hinterlegen. Dieser wird Ihnen bei ordnungsgemäßer Rückgabe zurückerstattet oder in Ihrem Beisein vernichtet.

Wohnmobil Rückgabe

Die Fahrzeuge müssen besenrein und vollgetankt zurückgebracht werden. Die Endreinigung ist meistens im Mietpreis inklusive. Abwassertank und Bordtoilette müssen leer sein. Ansonsten wird Ihnen eine Gebühr berechnet.

Bei einem vorzeitigen Reiseabbruch werden nicht genutzte Miettage nicht rückerstattet, ebenso wenig wie nicht genutztes Gas. Das Wohnmobil wird auf Schäden untersucht und gegen das Übergabeprotokoll gecheckt. Bei Dieselfahrzeugen wird noch eine kilometerbezogene *Diesel tax recovery fee* fällig (derzeit 7,60 NZD pro 100 km für Fahrzeuge unter 3,5 t).

2. Tauschen (Swap):

Wir haben damit sehr gute Erfahrungen gemacht. Sie stellen Ihr Wohnmobil einer Kiwi-Familie zur Verfügung und nutzen im Gegenzug deren *motorhome* in Neuseeland. Die folgenden Internet-Tauschbörsen machen es möglich:

- www.wohnmobiltausch.de
- www.RVworldwide.com

3. Kaufen und Verkaufen:

Wohnmobile sind in NZ sehr teuer, selbst für ältere Modelle zahlen Sie viel Geld. Zudem ist es nicht einfach, den Camper wieder punktgenau zur Abreise zu verkaufen. Oft wird das erworbene Wohnmobil zum Ende der Saison wieder verkauft, also nicht gerade zum günstigsten Zeitpunkt. Mit etwas Glück können Sie bei Kauf und Verkauf eines Wohnmobils einen sehr preisgünstigen Urlaub haben. Wenn es dagegen schlecht läuft, bleiben Sie auf Ihrem Womo sitzen. Das kann Ihnen nicht passieren, wenn Sie ein Womo mit einem garantierten Rückkauf (*buy back*) erwerben. Diese Option wird von einigen Autohändlern angeboten sowie von bedmobils (www.bedmobils.com).

4. Verschiffen:

Für einen sehr langen Aufenthalt ist auch das Mitbringen des eigenen Wohnmobils eine Option. Das Verfahren von der Einschiffung in Deutschland bis zur Zulassung in Neuseeland ist jedoch sehr aufwendig und dann sitzen Sie auch noch auf der falschen Seite. Anbieter sind:

www.pangaeacargo.com/de/fahrzeug-transport/wohnmobil-verschiffung
www.seabridge-tours.de/html/verschiffung_australien_neuseeland.php

Zeitunterschied

Der Zeitunterschied zu Neuseeland schwankt zwischen 10 und 12 Stunden. Er ist abhängig von der jeweiligen Sommer- und Winterzeit, denn die Uhren werden sowohl in Deutschland als auch in Neuseeland entsprechend den Jahreszeiten umgestellt. Die Sommerzeit in Neuseeland beginnt am letzten Sonntag im September und endet am ersten Sonntag im April. In unserer Winterzeit ist uns Neuseeland 12 Stunden voraus, wenn dort Sommerzeit ist. In Neuseelands Winterzeit, d.h. in deutscher Sommerzeit, beträgt der Zeitunterschied lediglich 10 Stunden. In den dazwischenliegenden Phasen beträgt der Zeitunterschied kurzfristig 11 Stunden.

Zollbestimmungen

Um Neuseeland frei von Schädlingen, Pflanzenkrankheiten und Tierinfektionen zu halten, wird die Einfuhr folgender Waren mit erheblichen Geldstrafen geahndet:

- Tierprodukte, einschließlich Häuten, Fellen, Dung, Federn, Knochen, Korallen, Eiern, Honig und Muscheln.
- Frische, verderbliche Lebensmittel wie Obst, Gemüse und Fleisch.
- Aus Pflanzenprodukten hergestellte Artikel. Diese können keimfähige Samen oder Insekten mit sich führen.

Beispiel: Wenn man in Ihrem Gepäck einen nicht angemeldeten Apfel findet, haben Sie 400 NZD Strafe zu zahlen. Einen angemeldeten Apfel nimmt man Ihnen ab. Bevor Sie durch die Passkontrolle gehen, müssen Sie eine *arrival card* (Zollkarte) ausfüllen. Bitte deklarieren Sie hier alle Waren, von denen Sie nicht sicher sind, ob sie eingeführt werden dürfen. Verschreibungspflichtige Medikamente können Sie nur einführen, wenn Sie eine ärztliche Verschreibung vorweisen können.

Stichwortverzeichnis

Der WOMO® Online-Service

Nutzen Sie auch das Angebot unseres Online-Shops!
Unter **www.womo.de** finden Sie nicht nur sämtliche Reiseführer, sondern weitere wertvolle Anregungen und Zusatzinformationen – von der Gesamtübersicht aller Touren eines WOMO-Reiseführers bis zu weiterführendem Material. Dazu gehören:

- die **besten Autokarten**, die garantiert die komplette Reiseroute abdecken
- und die **passenden Rother-Wanderführer** mit den schönsten Wanderregionen Ihres Reiselandes.

Einfach sicher unterwegs.

Sichern Sie Ihr Wohnmobil ab: mit unserer **exklusiven**, universellen und **sofort sichtbaren** Einbruchssperre. Sie wird **ganz einfach** in die beiden Tür-Armlehnen eingehängt, zusammengeschoben und abgeschlossen.

Der WOMO® Knackerschreck

- Passend für Ducato, Peugeot, Renault Master, MB Sprinter bis 2018 und VW (alle Typen)
- Krallen aus **10 mm massivem**, einbrennlackiertem, also nahezu unverwüstlichem Stahl

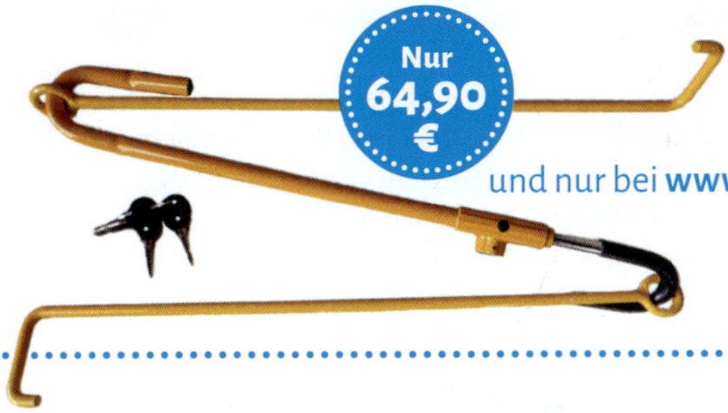

und nur bei **www.womo.de**

Alle WOMO® Reiseführer auf einen Blick

Albanien, Ulrike und Frank Staub
Allgäu, Heiner Newe
Andalusien, Christina und Christian Winkler
Baden-Württemberg, Heiner Newe
Baltikum, Stefanie Holtkamp und Andrea Bergmann Neu 2024
Bayern Der Nordosten, Heiner Newe
Bayern Der Südosten, Christina und Christian Winkler
Bayern Der Nordwesten, Heiner Newe
Belgien/Luxemburg, Ulrike und Frank Staub
Bretagne, Anette Scharla-Dey und Franz Peter Tschauner
Burgund, Ralf Gréus Neu 2024
Dänemark, Anke Globi
Elsass, Ralf Gréus
England Der Süden, Christina und Christian Winkler Neu 2024
England Der Norden, Christina und Christian Winkler
Finnland, Uwe und Annegret Rohland
Französische Alpen, Heiner Newe
Französischer Jura, Heiner Newe
Griechenland, Waltraud Roth-Schulz und Reinhard Schulz
Harz, Heiner Newe
Hessen Der Norden, Anette Scharla-Dey und Franz Peter Tschauner
Hessen Mitte und Süden, Anette Scharla-Dey und Franz Peter Tschauner
Hunsrück/Mosel/Eifel, Anette Scharla-Dey und Franz Peter Tschauner
Irland, Uwe und Annegret Rohland
Island, Jutta und Alexander Ramin
Katalonien, Ulrike und Frank Staub Neu 2024
Korsika, Stefanie Holtkamp und Andrea Bergmann Neu 2024
Kroatien und Montenegro, Anne und Michael Lindner Neu 2024
Languedoc-Roussillon, Ralf Gréus Neu 2024
Ligurien, Ralf Gréus
Lothringen, Friedrich Riehl
Lüneburger Heide, Heiner Newe
Marokko, Ulrike und Frank Staub
Mecklenburg-Vorpommern Teil 1, Stefanie Holtkamp und Andrea Bergmann
Mecklenburg-Vorpommern Teil 2, Stefanie Holtkamp und Andrea Bergmann
Münsterland, Regina Stockmann
Namibia, Ute Nast-Linke und Frank Linke
Neuseeland Nordinsel, Andrea Lossen und Dieter Giesen
Neuseeland Südinsel, Andrea Lossen und Dieter Giesen Neu 2024
Niederlande, Friedrich Riehl
Normandie, Anette Scharla-Dey und Franz Peter Tschauner Neu 2024
Norwegen Der Süden, Waltraud Roth-Schulz und Reinhard Schulz
Norwegen Der Norden, Waltraud Roth-Schulz und Reinhard Schulz
Österreich Der Osten, Christina und Christian Winkler
Österreich Der Westen, Christina und Christian Winkler
Ostfriesland, Heiner Newe

Weitere Infos unter **www.womo.de**

Pfalz, Ralf Gréus
Piemont und Aostatal, Ralf Gréus
Peloponnes, Waltraud Roth-Schulz und Reinhard Schulz
Polen Der Norden, Nicola Kluftinger
Portugal Der Norden, Stephanie Seufert Neu 2024
Portugal Der Süden, Stephanie Seufert Neu 2024
Provence Der Westen, Ralf Gréus
Provence Der Osten, Ralf Gréus
Pyrenäen, Stefanie Holtkamp und Andrea Bergmann
Rumänien, Christina und Christian Winkler
Sachsen, Anette Scharla-Dey und Franz Peter Tschauner
Sardinien, Waltraud Roth-Schulz und Reinhard Schulz
Schleswig-Holstein und Hamburg, Heiner Newe
Schottland, Uwe und Annegret Rohland
Schwarzwald, Ralf Gréus
Schweden Der Norden, Uwe und Annegret Rohland
Schweden Der Süden, Anke Globi Neu 2024
Schweiz Der Osten, Stefanie Holtkamp und Andrea Bergmann
Schweiz Der Westen, Stefanie Holtkamp und Andrea Bergmann
Sizilien, Christina und Christian Winkler Neu 2024
Slowakei, Ulrike und Frank Staub
Slowenien, Silvia Sussmann und Peter Simm
Spanien Der Norden, Waltraud Roth-Schulz und Reinhard Schulz
Süditalien Der Osten, Waltraud Roth-Schulz und Reinhard Schulz
Süditalien Der Westen, Waltraud Roth-Schulz und Reinhard Schulz
Südafrika Krügernationalpark, Ute Nast-Linke und Frank Linke
Südwestfrankreich, Stefanie Holtkamp und Andrea Bergmann
Südtirol, Waltraud Roth-Schulz und Reinhard Schulz
Tal der Loire und Paris, Anette Scharla-Dey und Franz Peter Tschauner
Thüringen, Katja Eisenschmidt
Toskana und Elba, Ralf Gréus
Trentino und Gardasee, Angela Misslbeck Neu 2024
Umbrien und Marken, Ralf Gréus
Ungarn, Silvia Sussmann und Peter Simm
USA Südwesten mit Yellowstone, Regina Stockmann Neu 2024
Venetien und Friaul, Christina und Christian Winkler
Wales, Christina und Christian Winkler Neu 2024
Zentralspanien Der Osten, Ulrike und Frank Staub
Zentralspanien Der Westen, Ulrike und Frank Staub

Außerdem im Programm:
Die gordische Lüge – Reiseroman, Ralf Gréus
Allgemeines Wohnmobil Handbuch, Reinhard Schulz
Allgemeines Wohnmobil Kochbuch, Waltraud Roth-Schulz
Heitere Wohnmobil Geschichten, Silvia Sussmann und Peter Simm

Ihr WOMO® Stellplatz-Dienst

Wir führen Sie zu den **schönsten Orten**, die unsere erfahrenen Autoren **selbst besucht und getestet** haben. Die GPS-Daten ihrer Stell- und Campingplatz-Empfehlungen finden Sie im Online-Shop unter **www.womo.de**

Mehr erfahren. Mehr erleben.

womo.de ist der **Spezialist** für Ihren entspannten **Erlebnisurlaub auf vier Rädern**. Profitieren Sie für Ihre Reisevorbereitung und -planung von unserer **jahrzehntelangen Erfahrung**. Seit 2022 arbeiten wir daran, Bewährtes noch besser zu machen: Dazu gehört die **moderne Optik** unserer neu gestalteten und **neu aufgelegten** Reiseführer.

Selbstverständlich werden unsere WOMO-Reiseführer permanent auf einen **aktuellen inhaltlichen Stand** gebracht. Jeder einzelne bietet eine Fülle an Ideen, Inspiration und Information **für Ihren Erlebnisurlaub**.

Wenn Sie persönliche Anregungen oder **konkrete Fragen zu Ihrer Reiseplanung haben**, dann schreiben Sie uns gern unter: **verlag@womo.de**

Den kostenlosen Download-Link für die **GPS-Daten** zu diesem WOMO-Reiseführer finden Sie im Shop unter: **www.womo.de**
Ihr Passwort lautet: **Ns7Ndi**

WOMO®
Der Wohnmobil-Verlag
An der Liethe 4
36452 Kaltennordheim
Telefon: 036946 20691
www.womo.de